古史新探

主编 程民生

执行主编 田志光

第三辑

社会科学文献出版社
SOCIAL SCIENCES ACADEMIC PRESS (CHINA)

序

　　《古史新探》第三辑稍经踌躇，还是出了。本书共收十七篇论文，从时期看，先秦两篇，汉至南北朝四篇，宋代八篇，明清三篇。从内容看，政治研究八篇，历史地理和区域研究四篇，法制、社会、文化研究四篇，经济研究一篇。管孔窥豹，从中似乎可以感受到，我们的优势是宋史和政治史，经济史、新方向及交叉学科缺少。换句话说，我们身上传统多些，时尚少些。想来，与地处八朝古都、百年老校相适应。

　　但是，这不意味着我们故步自封、墨守成规。我们当然希望创新开拓，但学问是非常个人以及地域化的行为，我一向认为，做什么学问，怎么做学问，只能按各人的禀赋爱好选择，好也罢，不好也罢，强制或跟风往往是东施效颦，邯郸学步，不如坚守本分。

　　做学问，最合适的生态是黄卷青灯。什么意思呢？窃以为可以从两个方面理解：一是夜以继日的钻研，即身体的勤奋；二是甘于寂寞的心态，即心神的静谧。坐不下来冷板凳不行，三天打鱼两天晒网不行，追名逐利不行。既然选择了这个行当，就应有思想准备。我一直有个本位主义或者说自恋的观念，那就是我校历史专业的学风在全国是第一流的，我们的老师大都勤奋向学，不慕浮华，因为传统优良，因为地处偏僻，没有机会或者说没有诱惑。"适合做学问"的客观环境和"只问耕耘不问收获"的主观因素，共同造就了我们的学风。

　　我校密迩有"天下第一塔"美誉的北宋铁塔，其挺拔的身影荫映着学子，其悦耳的风铃滋润着神志，河大人因自称"铁塔牌"。我们的学风、学术风格，自然也是"铁塔牌"。在浮躁喧闹的背景中，谁能坚守沉静，谁就是胜利者。是耶非耶？读者诸君多多指教！

程民生

2019 年 5 月 27 日

目　录

荥阳娘娘寨城址当为春秋初年的京邑

李玉洁

摘　要　荥阳娘娘寨城址是郑庄公的弟弟共叔段营建的京邑。从地域上说，叔段所居的京县故城在荥阳县东南，娘娘寨城址亦在荥阳县之东南。从遗址所处的年代在西周之春秋初年，与共叔段营建京邑的实践吻合。根据娘娘寨城址的规模、所处的地理位置环境、城址所出的时代，结合先秦文献的记载进行研究，极有可能娘娘寨城址就是当年的京邑。

关键词　娘娘寨城址　共叔段　京邑

郑州市荥阳市发现的娘娘寨城址是郑州地区首次发现的、能够确认的西周晚期的城址，引起了学界的广泛关注。目前，学术界对娘娘寨城址的性质问题有很多说法，纷纭不一。笔者认为，从娘娘寨城址的地域、时代、规模、特征来看，这座城址当是春秋初年郑武公的弟弟叔段所居的京邑。今不揣浅陋，论证如下，以正于方家。

一　娘娘寨城址的发现及对该城址性质的几种观点

2004 年 8 月，郑州市文物考古研究院在郑州市荥阳市豫龙镇寨杨村西北的娘娘寨发现一座两周时期的城址。该城址北邻索河，西南是龙泉寺冲沟，东西长 1200 米、南北宽 800 多米，城址面积近 100 万平方米。2005 年 5 月，郑州市文物考古研究院对其进行了连续发掘，发掘面积达到 15000 平方米。

2008 年，郑州市文物考古研究院进行勘探，发现娘娘寨城址分为内城、外城。外城东墙、南墙皆有城址遗迹，城墙夯层明显。外城发现有外城壕，外城壕仅在南城墙外发现，宽约 20 米，残深 6 米。外城东面、南面城墙和龙泉寺冲沟、索河一起形成封闭的城圈。

内城遗址外有护城河，围绕内城一周。该护城河宽 48 米，深 12 米。该护城河上部坡度较缓，下部为一宽约 4 米，深约 3 米的陡直的河底。护城河内上部淤土中可见东周时期遗物，底部淤土中包含物较少，为西周晚期器物残片以及动物骨骼等，护城河在两周时期均使用。内城城垣，为方形。内城文化层保存较厚，分布有丰富的遗存。内城面积约 14 万平方米，尚保存有部分残城墙。内城目前发现有 8 处夯土基址，南北向道路 1 条 L1，两端通向南北城门，宽约 3 米至 4 米；东西向道路 2 条 L2 和 L3，宽约 3 米至 5 米，L2 部分叠压 L3，均通向东西城门。其中 L1 和 L3 为西周晚期至春秋早期时的城内道路。1500 多个灰坑，主要是生活垃圾坑、窖藏坑、祭祀坑等。33 座墓葬，均为竖穴土坑墓，时代有西周墓和战国墓。其中西周晚期墓葬 10 座。部分西周晚期墓出有随葬品，其中 M13 出土有 10 余件小型西周晚期玉器。遗址发现的水井较多，一般为圆形和方形，部分为长方形，水井一般深 10 米，反映了当时人们掌握了先进的凿井技术。遗址发现的陶窑较少，集中分布于内城东北部。遗址出土遗物有陶器，如陶盆、陶罐、陶鬲、陶碗、陶甑、陶簋等，另外还有石铲、石刀等；骨器有骨针、骨簪、骨凿、骨镞等，此外，还有卜骨、鹿角器等。

娘娘寨城址的性质主要有以下几种说法：娘娘寨城址是东虢国都城、管国都城；是郑国东迁都邑，是郑桓公在东虢国、郐国之间的临时"寄孥"之邑，是春秋初年郑武公的弟弟叔段所居的京邑等。

1. 娘娘寨城址是东虢都城，或者管国都城说

娘娘寨城址是东虢都城说。东虢的都城是"制邑"，如《左传·隐公元年》所说："制，岩邑也，虢叔死焉。"虢叔在自己的国都制邑被灭国而死去。

或认为娘娘寨城址是管国的都城。（晋）杜预《春秋释例》卷五《地名》云："管，荥阳京县东北有管城，古管国也。"但是很多先生已经论证，

娘娘寨城址的遗物是西周晚期至春秋早期的遗存，而东虢、管国皆是西周初期的封国，春秋之后，东虢、管国皆已经不存在了，因此在时间上不能匹配。

2. 娘娘寨城址是郑国东迁都邑说

张松林等先生认为："考两周之际发生于郑洛地区最为著名的事件就是郑桓公东迁，该城址可能与郑桓公东迁有很大关系。目前，遗址在地理位置和时代上与郑桓公东迁其民合，如推测无误，城址当为郑桓公东迁其民的重要都邑。城址在东周时期仍然沿用，这对探讨郑武公灭东虢国也具有重要研究意义。"①

3. 娘娘寨城址是郑桓公在东虢国、郐国之间的临时"寄孥"之邑说

马世之先生认为："城是一种防御设施，人们住在城内，犹如黍稷放在器中一样，这是一种十分生动而形象的比喻。城是指带有城墙的聚落中心。因而娘娘寨城址既可以用来'寄孥'，也可当作郑国军政府所在地，亦即东迁的都城。"②

如果说娘娘寨城址是郑国东迁都邑，或者说是郑桓公在西周末年在郐、虢"寄孥"之邑，还是不能解释圆满。

娘娘寨城址在今荥阳境内。如前所说，春秋时期的制邑是一个东虢君所恃的岩邑、险邑，因不修德而被郑灭之，说明制邑就是原来东虢的都城。制，在今荥阳市虎牢关附近。

郑桓公当年要求在虢国临时的"寄孥"之邑，应该小而坚固。他不至于在东虢国都的旁边修建一个如此大的、比东虢国还要大的都城，那不是很明白的表示要来抢夺吗？东虢国再软弱，也不至于别人把刀架在脖子上还要忍气吞声。郑桓公当年在郐、虢肯定有临时的"寄孥"之邑，但不可能是像娘娘寨那么大的城址。

如果说娘娘寨城址是郑国东迁都邑，笔者认为史念海先生的观点是有道

---

① 张松林、张家强、黄富成：《河南荥阳娘娘寨遗址发掘出两周重要城址》，《中国文物报》2009 年 2 月 18 日，第 002 版。

② 马世之：《娘娘寨城址性质问题试探》，《中原文物》2010 年第 5 期，第 42 页。

理的，那就是郑国自东迁之后，从未听说迁都之事，所以郑国似从未迁过都，因此娘娘寨城址也不可能是郑国东迁都邑。

笔者认为，娘娘寨城址不应该是用来"寄孥"的城址，也不是"郑桓公东迁其民的重要都邑"，娘娘寨城址当为春秋初年郑国的京邑。

二 春秋初年太叔段对京邑的营建

京，是春秋初年郑庄公弟弟叔段的封邑。《左传·隐公元年》记载着这样一个历史事件。当年郑武公娶了申国的女儿，名曰武姜。武姜生了两个儿子，即庄公及叔段。庄公出生时"寤生"，即足先生出，属于难产。武姜非常害怕，因此很厌恶这个儿子，而喜欢叔段。武姜就欲立叔段为太子，将来即位为郑国国君。但是由于西周时期实行极为严格的嫡长子承继制的宗法制度，郑武公将长子立为太子，即郑庄公。武姜为此数次向郑武公请求换太子，而郑武公没有答应。

郑庄公即位之后，武姜请求把制封给叔段。《左传·隐公元年》记载："（郑庄）公曰：'制，岩邑也，虢叔死焉，佗邑唯命。'请京，使居之，谓之京城大叔。"杜预注："京，郑邑，今荥阳京县。"① 也就是说，武姜为叔段要求制。郑庄公认为不能把制给他，因为制是岩邑、是险邑，当年东虢君虢叔就是在此被郑国所灭，但可以要其他的邑。武姜又为叔段要了京，故叔段又被称为京城大叔。

叔段得到京邑之后，非常不守规矩，在京筑造大城。郑国的大夫祭仲就认为叔段所筑造大城京，不符合礼制的要求。祭仲曰："都城过百雉，国之害也。先王之制，大都，不过参国之一；中，五之一；小，九之一。今京不度，非制也。君将不堪。"公曰："姜氏欲之，焉辟害？"对曰："姜氏何厌之有，不如早为之所。无使滋蔓，蔓难图也。蔓草犹不可除，况君之宠弟乎！"公曰："多行不义必自毙，子姑待之焉。"杜预注曰："祭仲，郑大夫。方丈曰堵，三堵曰雉。一雉之墙长三丈，高一丈；侯伯之城方五里，径三百

---

① 杨伯峻：《春秋左传注·隐公元年》，中华书局，1981，第11页。

雉；故其大都，不得过百雉。"《公羊传·定公十二年》曰："雉者何？五板
而堵，五堵而雉，百雉而城。凡周十一里三十三步二尺，公侯之制也。
《礼》天子千雉，盖受百雉之城十；伯七十雉，子男五十雉。"①

春秋初年，郑庄公封给弟弟叔段的封邑，名曰京邑。京邑在荥阳境内，
是一座规模非常大，可能已经超过了郑国的都城；如祭仲所说："都城过百
雉，国之害也。"京邑当是已经超过"百雉"的城址。每雉，长三丈、高一
丈；"百雉"，则是高百丈、长300丈的城墙，

京邑是具有强烈的军事性质的城。叔段在城中聚积粮草，缮甲兵，具卒
乘，将袭击郑国，以取代郑庄公的国君地位。母亲武姜将准备打开城门，作
为叔段的内应。郑庄公听说他们起事的日期之后，立即命子封率车二百乘以
伐京。"京叛大叔郑庄公段，段入于鄢，公伐诸鄢。五月辛丑，大叔出奔
共。书曰：'郑伯克段于鄢。'段不弟，故不言弟，如二君。"②

由此可见，叔段的军事力量与郑庄公相比"如二君"。郑庄公之所以在
伐京之役中取得胜利，并不是叔段的军事力量不如郑庄公，而是嫡长子承继
制的宗法观念在国人心中的深深印痕，才使得京邑背叛叔段。郑庄公打败叔
段，赢得胜利。郑庄公虽然在这次战争中取胜，但是不可否认，叔段所筑建
的京邑具有很宏大的规模。

三 娘娘寨城址当为春秋初年的京邑

娘娘寨城址的遗存从时空、地域，或者特征上都表现出，极有可能是春
秋初年郑庄公封给弟弟叔段的京邑。

从时空上说，娘娘寨城址是西周晚期至春秋时期的城址。京邑于春秋初
年封给叔段，在这之前，当有京邑的存在；这一时间刚好是西周晚期至春秋
时期。

从地域上说，京邑在今荥阳境内。清朝沈炳巽《水经注集释订讹》卷

---

① 《十三经注疏·公羊传·定公十二年》，中华书局，1980，第2342页。
② 杨伯峻：《春秋左传注·隐公元年》，第14页。

七《济水一》云："济水又东索水注之，水出京县……其水北流径金亭，又北径京县故城，西入于旃然之水。城，故郑邑也；庄公以居弟段，号京城大叔。祭仲曰：'京城过百雉，国之害也。'……晋《地道志》所谓京有大索、小索亭，《汉书》京索之间也。"①《四库全书》总纂官纪昀等在《水经注集释订讹提要》："沈炳巽，字绎旃，归安人。其书据明嘉靖间黄省曾所刊《水经注》本而以己意校定之，多所厘正，又以道元征引之书，极为博赡。"②纪昀等对沈炳巽《水经注集释订讹》是很认可的。

《史记》卷七《项羽本纪》"正义"引《括地志》云："京县城在郑州荥阳县东南二十里，郑之京邑也。晋《太康地志》云，郑太叔段所居邑，荥阳县即大索城。杜预云：成皋东有大索城，又有小索故城，在荥阳县北四里。京相璠《地名》云：京县有大索亭、小索亭，大小索氏兄弟居之，故有小大之号。"③

（唐）李吉甫撰《元和郡县图志》卷八《河南道四》："京县故城，县东南二十里，即郑京城太叔之邑。"④

（宋）王应麟《诗地理考》引卷二《括地志》云："京县故城在郑州荥阳县东南二十里，郑之京邑。《穀梁传·襄十一年》同盟于京城北。《地理志》河南郡京县，即共叔段所居。"

（宋）郑樵《通志》卷四〇《地理略》第一："索水出京县西南嵩渚山后齐省京入荥阳，京故城在县东南二十里，东径大索城，又北径荥阳城东入于济。"⑤

（宋）乐史《太平寰宇记》卷九《河南道九》"郑州"条下云："京县有大索亭者，今县所理即大索城是也。又县东北四里有小索城存，即六国时

---

① 沈炳巽：《水经注集释订讹》卷七《济水一》，《景印文渊阁四库全书》（简称《四库全书》）第574册，台北，台湾商务印书馆，1983，第145页。
② 《四库全书总目》卷六九《史部·地理类二》，《四库全书》第2册，第486页。
③ 《史记》卷七《项羽本纪》，中华书局，1982，第324、325页。
④ （唐）李吉甫：《元和郡县图志》卷八《河南道四》，贺次君点校，中华书局，1983，第204页。
⑤ （宋）郑樵《通志》卷四〇《地理略》，《四库全书》第373册，第492页。

二索也。又京城大叔邑即在县正东郡城也。"①

（宋）欧阳忞《舆地广记》卷九《京西北路》："荥阳县故虢国，所谓东虢也……京县故城在东，古乡邑也。庄公弟叔段居之，谓之京城太叔。而汉属河南郡，晋及后魏属荥阳郡，北齐省入焉；又有索水，楚汉战京索间，即此。"②

《大清一统志》卷一五〇《开封府》云："京县故城在荥阳县东南，《左传·隐公元年》郑武姜为叔段请京，使居之，谓之京城太叔。"③

由以上记载可知，叔段所居的京县故城在荥阳县东南。从地图上看，今所发现的娘娘寨城址当在荥阳县之东南，至于是否在荥阳县之东南20里，因时代的变迁，就很难说了。极有可能就是当年的京邑。

根据考古发现，娘娘寨城址有外城墙、外城壕，内城墙、城门、内城壕；道路、灰坑、墓葬33座，陶窑与较多的水井。遗址出土遗物非常丰富，主要有陶、石、骨等。遗址还发现8处夯土基址，但是破坏较为严重。下层建筑时代为西周晚期至春秋早期。

由此可见，娘娘寨城址应是一处保卫设施很严密、规模很大的城堡；甚至有学者认为是郑国东迁时期的都城。

京邑之城已经过了百雉，成为郑国之害。叔段在京邑缮甲兵，具卒乘，将袭郑。是时，京邑已经不折不扣的是一座军事城邑，是一座可以与郑国国都对抗的大城邑。当然郑庄公最后之所以能够打败叔段，是因为京邑人民背叛了叔段。大概在这之前，郑庄公已经做好了京邑民众的工作，才敢于讨伐叔段的。

根据《左传》的记载，京邑是一座规模很是宏大的军事城邑，娘娘寨城址在时空、地域、规模、特征等诸方面都与京邑相符合，极有可能就是西周后期至春秋时期共叔段所居的京邑。

---

① （宋）乐史：《太平寰宇记》卷九《河南道九》，王文楚等点校，中华书局，2007，第172页。
② （宋）欧阳忞：《舆地广记》卷九《京西北路》，《四库全书》第471册，第300页。
③ 乾隆《大清一统志》卷一五〇《开封府》，《四库全书》第477册，第31页。

早期楚文化研究辨析与早期楚国的地域范围

赵炳清

摘 要 早期楚文化的探索，是和"丹阳"的地望联系在一起的。由于"丹阳"地望的分歧，早期楚文化的探索也一直说不清楚，致使一些学者将江汉地区一些夏商时期的文化遗存指认为早期楚文化。南水北调中线工程的考古工作，又使一些学者认为此区域西周早期的文化遗存是早期楚文化。通过对早期楚文化研究过程的辨析，我们认为早期楚文化的时间不能无限延长，空间不能无限扩大，族群不能无限融入。楚人形成之前的文化不能称为"早期楚文化"。清华简《楚居》记载了早期楚人居住在夷屯，其地域范围为今湖北蛮河中、上游流域。

关键词 早期楚文化 《楚居》 丹阳 夷屯

在楚国早期的历史文化研究中，熊绎受封所居"丹阳"的地望无疑是学术界的难题之一，因为它不仅涉及早期楚国所在的地域，而且事关早期楚文化的考古发掘和研究。早期楚文化是在典型楚文化形成之前由楚人在特定地域里创造的物质文化和精神文化的总和。在考古学上，楚文化的典型特征形成于春秋中期前后，所以，早期楚文化时间范围应该是楚人形成至春秋中期的这段时间。然而，在目前早期楚文化的研究中，出现了一种把夏商时期或西周早期与楚文化有文化渊源的文化遗存指认为早期楚文化的现象，这是应该值得我们注意的。因此，下面我们欲以近年来一些新出的材料为基础，对早期楚文化的研究进行辨析，以及探讨早期楚国的地域范围。

一 "丹阳"地望的分歧

据《史记·楚世家》记载，熊绎受封，居于丹阳。然丹阳地望何在？学术界却是众说纷纭。在早期文献中，先后有当涂、秭归、枝江、丹淅四说，其后又派生出先秭归后枝江、先丹淅后荆山（南漳）、先丹淅后秭归再枝江、先商县后丹淅四种说法，徐少华称之为"四系八说"。[①]

当涂说，来自班固的《汉书·地理志》，其于丹扬郡"丹阳县"下注云："楚之先熊绎所封。十八世，文王徙郢。"[②] 汉丹阳县为今之安徽当涂。然此说遭到后世学者责难。郦道元《水经注·江水》云："论者云：寻吴楚悠隔，蓝缕荆山，无容远在吴境，是为非也。"[③] 从楚人的形成历程及楚人受封来看，此说当不可取信，目前，学术界已无人再坚持此说，可存而不论。

秭归说，最早当来源于郦道元的《水经注·江水》。郦氏在江水"又东过秭归县之南"注云："江水又东径一城北，其城凭岭作固，二百一十步，夹溪临谷，据山枕江，北对丹阳城，城据山跨阜，周八里二百八十步，东北两面，悉临绝涧，西带亭下溪，南枕大江，险峭壁立，信天固也。楚子熊绎始封丹阳之所都也。"在批驳了"当涂说"之后，又云"又楚之先王陵墓在其间，盖为征矣"。[④] 郦氏之说，在后世影响甚大，并多为历代地理总志所采信，如唐代的《括地志》《元和郡县志》，宋代的《太平寰宇记》、《舆地纪胜》以及清代的《读史方舆纪要》。考郦氏之说，当来自郭璞对《山海经·海内南经》中"巴人讼于孟涂"的"丹阳"注释，其文云："今建平郡丹阳城，秭归县东七里，即孟涂所居也"，[⑤] 确定秭归有丹阳。其后袁崧

---

① 徐少华：《楚都丹阳地望探索的回顾与展望》，徐少华主编《荆楚历史地理与长江中游开发——2008 年中国历史地理国际学术研讨会论文集》，湖北教育出版社，2009，第 51~63 页。

② 《汉书》卷二八上《地理志上》，中华书局，1962，第 1529 页。

③ （北魏）郦道元撰，陈桥驿校证《水经注校证》，中华书局，2007，第 791 页。

④ 《水经注校证》，第 791 页。

⑤ 袁珂校注《山海经校注》，上海古籍出版社，1980，第 277 页。

《宜都山川记》云："秭归，盖楚子熊绎之始国"，① 从而将秭归丹阳与熊绎受封联系起来。在三峡考古之前，郦氏之说由于有大量的文献支持，得到了学术界的响应，如杨宽的《西周时代的楚国》，② 谭其骧主编的《中国历史地图集》等，③ 甚至还有学者认定鲢鱼山遗址就是丹阳所在。④ 随着三峡考古的开展，对于峡江地区的各时期文化面貌的认识也越来越清晰，郦说逐渐遭到了学术界的否定，⑤ 如今亦不再坚持。

枝江说，最早来自东汉颍容《春秋三传例》，其文云："楚居丹阳，今枝江县故城是也。"⑥ 三国宋忠注《世本·居篇》"丹阳"云："丹阳在南郡枝江县。"⑦ 显然是认为鬻熊所居丹阳与熊绎所居丹阳为一地。杜预《春秋释例·世族谱》亦云："成王封其曾孙熊绎于楚，以子男之田居丹阳，今南郡枝江是也。"⑧ 随着学术界对丹阳地望的探索，枝江说成为目前的主流说法之一。⑨

---

① （晋）袁崧：《宜都山川记》，（清）王谟辑《汉唐地理书钞》，中华书局，1961，第 355 页。

② 杨宽：《西周时代的楚国》，《江汉论坛》1981 年第 5 期；又见氏著《西周史》，上海人民出版社，1999，第 625 ~ 630 页。

③ 谭其骧主编《中国历史地图集》第 1 册，地图出版社，1982，第 17 ~ 18、29 ~ 30 页。

④ 文必贵：《秭归鲢鱼山与楚都丹阳》，《江汉考古》1982 年第 3 期。

⑤ 随着三峡工程建设的开展，三峡地区古文化面貌也越来越清晰。1979 年，湖北省博物馆对秭归鲢鱼山遗址进行了勘查，未发现两周时期的文化遗物、遗迹和相关地层，认为不是楚国早期都城丹阳所在地（湖北省博物馆江陵工作站：《秭归楚王城勘探与调查》，《江汉考古》1986 年第 4 期）。1980 年和 1981 年，又对该遗址进行了全面的调查和部分发掘，并没发现楚文化遗存；又从出土的遗物来看，文化性质明显属于商周时期的早期巴文化（杨权喜、陈振裕：《秭归鲢鱼山与楚都丹阳》，《江汉考古》1987 年第 3 期；杨权喜：《西陵峡商周文化的初步讨论》，《中国考古学第七次年会论文集》，文物出版社，1989）。如今，峡区的考古资料证明，商至西周早期的秭归所在的西陵峡地区是以釜、罐为基本炊器的早期巴文化分布区，与楚文化基本无关。

⑥ （唐）张守节《史记正义》注"丹阳"引，见《史记》卷四〇《楚世家》，中华书局，1959，第 1692 页。

⑦ （清）秦嘉谟：《世本辑补》，《世本八种》，商务印书馆，1957，第 351 页。

⑧ （晋）杜预：《春秋释例》，《景印文渊阁四库全书》第 140 册，台北，台湾商务印书馆，1983，第 255 页。

⑨ 参见黄盛璋、纽仲勋《楚的起源与疆域发展》，《地理知识》1979 年第 1 期；俞伟超：《关于楚文化发展的新探索》，《江汉考古》1980 年第 1 期；高应勤、程耀庭：《谈丹阳》，《江汉考古》1980 年第 2 期；宗德生：《楚熊绎所居丹阳应在枝江说》，《江汉考古》1980 年第 2 期；牛世山：《西周时期的楚与荆》，《古代文明》第 5 卷，文物出版社，2007；刘彬徽：《关于楚鄂地之谜和楚都丹阳之谜的思考》，《楚文化研究论集》第 9 集，上海古籍出版社，2011，第 250 ~ 254 页。

丹淅说，最早来自唐司马贞的《史记索隐》，其注"丹阳"曰："故楚都，在今均州。"[1] 但此说并没有引起重视，直到清宋翔凤主张鬻熊居丹淅，[2] 才引起学术界关注。目前，丹淅说也成为丹阳地望的主流说法之一。[3] 在丹淅说的基础上，又产生了先商县后丹淅、先丹淅后荆山（南漳）两种新说。石泉认为西周晚期至春秋初期的丹阳在丹淅，而商周之际至西周中期的丹阳则在商县。[4] 张正明则认为鬻熊所居的丹阳为丹淅，熊绎所居的丹阳为南漳。[5]

对于目前丹阳地望的两种主流说法，尹弘兵从文献、族源、考古以及楚都的地理空间体系四个方面进行了全面的考察，认为丹淅说与枝江说相比，丹淅说虽有一定的疑难存在，但符合楚国早期的形势，因此，丹淅说成立，枝江说不能成立；并且还认为丹淅说存在的疑难，主要还是解释体系上的问题，而不是论据本身的问题。至于先丹淅后荆山（南漳）说，尹氏认为以考古资料来验证，南漳一带未见西周时期的遗存，并且文献证据也很薄弱。于是，尹氏发展了石泉的观点，认为鬻熊之时，楚国在丹江上游商县一带；

---

[1] （唐）司马贞《史记索隐》注"丹阳"，《史记》卷四五《韩世家》，第 1872 页。

[2] （清）宋翔凤：《过庭录》，梁运华点校，中华书局，1986，第 156～161 页。

[3] 参见童书业《楚郢都辨疑》，《中国古代地理考证论文集》，中华书局，1962；钱穆：《屈原居江北为三闾大夫考》，见氏著《先秦诸子系年》，河北教育出版社，2002；冯永轩：《说楚都》，《江汉考古》1980 年第 2 期；裴明相：《楚都丹阳试探》，《文物》1980 年第 10 期；孙重恩、黄运甫：《楚始都丹阳辨》，《郑州大学学报》1980 年第 4 期；罗桃香：《试论楚"居丹阳"问题》，《中原文物》1992 年第 2 期；赵世纲：《从楚人最初活动看丹阳之所在》，《楚文化研究论集》第 4 集，河南人民出版社，1994，第 37～50 页；许天申：《关于楚都丹阳的几个问题》，《楚文化研究论集》第 4 集，第 51～58 页；鞠辉：《浅析楚都丹阳地望》，《楚文化研究论集》第 4 集，第 59～63 页；李玉山：《楚都丹阳地望管见》，《楚文化研究论集》第 4 集，第 80～88 页。

[4] 石泉：《楚都丹阳地望新探》，见氏著《古代荆楚地理新探》，武汉大学出版社，1988，第 174～199 页。有学者对此说做了进一步的补正，参加徐少华《周代南土历史地理与文化》，武汉大学出版社，1994，第 242～254 页；刘士莪、黄尚明：《荆山与丹阳》，《楚文化研究论集》第 4 集，河南人民出版社，1994，第 28～36 页。

[5] 张正明：《楚都辨》，《江汉论坛》1982 年第 4 期。后来张先生做了进一步的补正，见其《熊绎所居丹阳考》，《楚学论丛》江汉论坛专刊，1990，第 8～21 页。张先生之说得到了一些学者的支持，参见左鹏《楚始都丹阳诸说之比较》，《江汉论坛》1995 年第 6 期；笪浩波：《从近年出土新材料看楚国早期中心区域》，《文物》2012 年第 2 期；赵炳清：《巴、楚关系诸问题之研究》，硕士学位论文，华中师范大学，2006。

熊绎受封，楚国可能在丹淅之会附近；熊渠以后，楚国开始涉足江汉或江上。①

二　早期楚文化研究的辨析

为了解决楚都"丹阳"与早期楚文化的问题，20世纪70年代末，在苏秉琦、俞伟超、邹衡等学者的关怀、指导与参与下，考古学界在沮漳河流域开展了楚都丹阳与早期楚文化的考古工作。1979年，考古工作者对当阳季家湖城址进行了试掘，得知此城遗址早于江陵纪南城遗址，但始建年代为春秋晚期。② 1980年，北京大学考古专业、武汉大学考古专业、湖北省博物馆、宜昌地区文物工作队等单位组成联合考古队，对沮漳河流域进行了考古调查，发现了大量的东周时期的楚文化遗存。③ 其后，宜昌地区博物馆发现了西周晚期的当阳磨盘山遗址。④ 后来又陆续发现了一些周代遗址，但都超不过西周晚期。从《当阳赵家湖楚墓》的发掘报告来看，其中日用陶器的时代上限，也只能到西周晚期。⑤

在早期楚文化的探索中，早期楚文化的性质、面貌学界一直难以把握。20世纪80年代，多数学者将江汉流域西周、春秋早期的文化遗存与早期楚文化对应起来。如高应勤从楚族史、墓葬、遗址及地貌四个方面论证了沮漳河流域是探索早期楚文化的中心区域；⑥ 王光镐则提出了"江汉土著鬲文化"和"芈姓公族集团文化"的相关概念，认为"典型楚文化早期主要是

① 尹弘兵：《楚国地理空间体系与丹阳地望》，《楚文化研究论集》第9集，上海古籍出版社，2011，第158～172页。

② 湖北省博物馆：《当阳季家湖楚城遗址》，《文物》1980年第10期；杨权喜：《当阳季家湖考古试掘的主要收获》，《江汉考古》1982年第2期。

③ 湖北省博物馆：《沮漳河中游考古调查》，《江汉考古》1982年第2期；湖北省博物馆等：《当阳冯山、杨木岗遗址试掘简报》，《江汉考古》1983年第1期。

④ 宜昌地区博物馆：《当阳磨盘山西周遗址试掘简报》，《江汉考古》1984年第2期。

⑤ 宜昌地区博物馆、北京大学考古系：《当阳赵家湖楚墓》，文物出版社，1992，第220～221页；高应勤、王光镐：《当阳赵家湖楚墓的分类与分期》，《中国考古学会第二次年会论文集》（1980），文物出版社，1982，第41～50页。

⑥ 高应勤：《试论沮漳河流域是探索早期楚文化的中心》，《文物》1982年第4期。

以鼎簋对偶的早期青铜文化"。① 张剑通过对淅川楚墓青铜器的分析，认为"楚文化是在中原文化的基础上发展起来的"。② 裴安平则通过对鄂西地区新石器晚期以来考古学文化的梳理，认为"西周楚文化不是原始土著文化直接发展的结果，很可能是周文化影响基础上的一种变异"。③ 随着考古工作的进一步开展，2000 年以后学术界对于早期楚文化的性质、面貌等又有了新的认识。俞伟超认为"商周之际形成的楚文化，正是长江中游地区的本地文化结合了大量周文化因素形成的"。④ 杨亚长、王昌富对丹江上游的西周遗存进行了研究，认为"这一区域的西周中、晚期遗存属于楚文化的分布区域"。⑤ 王力之则认为"鄂西北区以广肩束颈罐等器类为中心的文化遗存就是早期楚文化"。⑥ 如今，南水北调工程的开展，鄂西北、豫西南、陕东南这一区域的大量西周时期的文化遗存被揭示，应该说为早期楚文化的研究提供了一个契机。

可见，早期楚文化的探索是随着考古工作的进展而逐步加深的，但也出现一些新的问题。首先，从大的区域系统来看，目前在汉水流域中游地区及江汉地区发现的西周时期的遗存在文化面貌上都比较接近，如果仅从文化特征上来判断，都可以纳入早期楚文化的范畴，这将会导致早期楚文化是江汉流域各族群文化的观念，使早期楚文化的空间范围无限延伸。其次，早期楚文化受到周文化和江汉地区土著文化的交互影响是显然的，但究竟是周文化的因素多一点，还是江汉土著文化因素多一点？若以汉水上游、中游地区为考察，则持周文化因素为主，甚至会出现将周文化指认为早期楚文化的研究现象；若以江汉地区为考察，会持本地文化为主，产生早期楚文化诞生于新

---

① 王光镐：《楚文化源流新证》，武汉大学出版社，1988，第 266～273 页。
② 张剑：《从河南淅川楚墓的发掘谈对楚文化的认识》，《文物》1980 年第 10 期。
③ 裴安平：《鄂西楚文化渊源探索的考察——关于考古学历史文化传统的思考之二》，《楚史与楚文化研究》，求索杂志社，1987，第 295～309 页。
④ 俞伟超：《关于楚文化形成、发展和消亡过程的新认识》，《中国历史博物馆考古部纪念文集》，科学出版社，2000，第 153～162 页。
⑤ 杨亚长、王昌富：《近年来陕西境内新发现的楚文化遗存》，《古代文明研究通讯》2000 年第 6 期。
⑥ 王力之：《早期楚文化探索》，《江汉考古》2003 年第 3 期。

石器以来的文化中的研究现象，将早期楚文化的时间无限延长。第三，在江汉地区楚灭国甚多，其所灭之国文化最后都成为楚文化的重要组成部分，而其所灭国之前的国属文化显然不属于楚文化的范畴，不能将其文化遗存指认为早期楚文化。对于这些情况，学术界也对早期楚文化的探索进行了一些反思。①

其实，早期楚文化既不是周文化，也不是江汉的土著文化。楚人在形成及发展过程中，由于蛮夷族群的融入，其文化特征不可避免地带有土著文化的因素。同时，楚人受周分封以及周王朝对其南土的控制，早期楚文化也必然受到周文化的影响。因此，早期楚文化形成的政治环境与西周时期的周代南土诸侯和荆蛮等江汉土著蛮族的政治环境具有相似性，故而此一区域的西周时期的考古学文化面貌比较接近，但我们并不能说它们都是早期楚文化。为了将早期楚文化从中剥离出来，我们应根据传世与出土文献的记载来确定楚人的活动区域和楚国的地域范围，应根据春秋楚人的典型器物与器物组合来考察其最早的形成，以确定早期楚文化的文化特征和时间节点。只有这样，我们才能将早期楚文化定位为西周时期的楚人所创造的文化，既不会将其时间无限延长，也不会将其空间无限放大。

由于"丹阳"丹淅说的巨大影响，在目前的南水北调工程的考古工作中，有一些学者将此区域内的西周早期的文化遗存指认为早期楚文化。② 淅川下王岗遗址是此区域内为数不多的西周时期遗存未间断发展的遗址，位于豫鄂陕三省交界之地，遗址东、北、南三面被丹江环绕。该遗址早年曾被发掘，出土了一批周代遗存。③ 近年来进行了第二次发掘，出土了大量的周代遗存，发掘者在简报中称："下王岗遗址西周中、晚期遗存已是较为典型的

① 王红星：《关于探索早期楚文化的反思》，《楚文化研究论集》第 4 集，河南人民出版社，1994，第 184～190 页。张昌平：《早期楚文化探索之检讨》，《中华文化论坛》1996 年第 4 期。胡刚：《早期楚文化探索中的几个问题》，《江汉考古》2011 年第 3 期。傅玥、高旭旌：《"早期楚文化"研究方法的几点思考》，《楚文化研究论集》第 10 集，湖北美术出版社，2011，第 610～616 页。

② 何晓琳、高崇文：《试论"过凤楼"类型考古学文化》，《江汉考古》2011 年第 1 期。

③ 河南省文物研究所：《淅川下王岗》，文物出版社，1989。

楚文化遗存,而其西周早期遗存应是最早的楚文化遗存。"①

从目前考古学界对楚文化的认识来看,楚文化的典型特征形成于春秋中期前后,而早于春秋中期的楚式青铜器尚未见到,因此,与这些青铜器伴出的陶器就成了寻找楚文化渊源的重要依据。有学者就以楚陶器中的典型器"楚式鬲"的演变进行了分析,认为"早期楚文化遗存最早出现于夏商时期的盘龙城遗址,以鼎式鬲为代表;晚商至西周早期汉水东北地区出现柱足鬲遗存,西周中晚期时早期楚文化正式形成,出现早期楚式鬲和完整的早期楚文化陶器组合"。同时,还认为"夏商时期的早期楚文化与楚国无关,西周时期的楚国也只是早期楚文化中的一支"。② 对此,我们完全赞同其对于"楚式鬲"的追根溯源的探析,但对于其关于早期楚文化的认识则持反对意见。从其文的论述来看,显然作者的"早期楚文化"是一个宽泛的文化概念,而与严格意义上考古学上的早期楚文化概念差别甚大,因此才会得出"夏商时期的早期楚文化与楚国无关"等结论。确实,夏商时期的楚人与楚国还未形成,但是楚人与楚国还未形成,又何来的"早期楚文化"之说呢?难道"早期楚文化"是研究楚文化之前的江汉地区的文化?从考古学意义上来讲,俞伟超认为"楚文化就是中国古代楚人所创造的一种有自身特征的文化遗存",并且"这种文化遗存在一定的时间范围、一定的空间范围、一定的族属范围、一定的文化特征内涵。在这四方面中,一定的文化特征内涵是最重要的"。③ 可见,楚文化是受到时间、空间、族属和文化特征规定的,不能将其时间无限延长、空间无限扩大和族群无限融入。楚文化只能是

---

① 中国社会科学院考古研究所等:《河南淅川县下王岗遗址西周遗存发掘简报》,《考古》2010年第7期。

② 尹弘兵:《早期楚文化初探》,《江汉考古》2011年第3期。尹氏有此认识,显然与其关于"楚蛮"是楚人一部分的认识相关。我们认为楚蛮并不存在,只是太史公在《楚世家》中对荆蛮的代称而已(见赵炳清《"荆""楚"名称申论》,《荆楚学刊》2013年第5期)。在荆蛮成为楚人之前的文化遗存,是不能称为早期楚文化的。张硕认为夏商时期的早期楚文化是古三苗的后裔在改宗中原文化后所创造出来的,西周时期的早期楚文化则是由周代南土诸侯和楚蛮等江汉土著蛮族共同创造的,楚国仅是其中很小的一支(见张硕《早期楚文化的民族环境》,《江汉论坛》2010年第1期)。其显然也没有分清楚文化内涵之所在,若称为"楚地文化"则可。

③ 俞伟超:《先秦两汉考古学论集》,文物出版社,1985,第243页。

楚人与楚国所创立的文化。当然，楚人与楚国是有一个历时性的变化过程，早期的楚人是以"楚"称的族群，其受封而建立楚国，这时期的楚文化就只能是这个族群的文化，而不是其他族群与地域的文化；后来随着楚人势力的扩张，楚国空间的变大，许多蛮夷族群与地域被纳入楚人与楚国之中，这时期的楚文化不仅包括楚族群的文化，而且也包括楚人各个族群的文化。一种文化的产生并不是凭空而来，其来源也是多元的。从楚式器物的文化因素来看，其既有中原文化因素的影响，也有江汉地方文化因素的存在，如果将这种楚文化来源当作早期楚文化看待，那么楚文化之前的江汉地区的所有文化遗存都可以称为早期楚文化，因为江汉地区全部纳入了楚国疆域，其各个族群的文化都是楚文化的重要组成部分，故而称为"楚人"之前的各个族群的各个时期的文化就都应称为早期楚文化。这样一来，江汉地区的大溪文化、屈家岭文化、石家河文化、白庙文化、路家河文化以及盘龙城类型商文化都是早期楚文化。因此，早期楚文化只能是西周时期的楚人与楚国所创造的文化，是典型楚文化的发育时期。

由于楚式青铜器出现较晚，因此以陶器文化为主流去追溯楚文化因素的来源具有更为实际的意义。在楚式陶器中，标志性器物莫过于楚式鬲。"楚式鬲"这一名称是苏秉琦先生提出的，[①] 在其号召下，学术界展开了对楚式鬲形态演变的研究。俞伟超对江汉地区的各时代陶鬲进行了纵向比较研究后，认为这种高腿小口红陶鬲（楚式鬲）是长江中游原始文明中的一种红陶锥足罐形鼎同商式陶器的结合。[②] 杨权喜则按照功能将楚式鬲分为日用炊器类、日用盛器类和明器类，建议分区研究楚式鬲。[③] 随着楚文化遗址及墓葬材料的大量发表，在楚式鬲的类型学基础上，逐渐建立起了楚式鬲的形态演变序列。何介钧分析了东周时期楚式鬲的特点，追溯了楚式鬲的渊源。[④]

---

① 苏秉琦：《从楚文化探索中提出的问题》，《江汉考古》1982 年第 1 期。
② 俞伟超：《楚文化的渊源和三苗文化的考古学推测》，《文物》1980 年第 10 期。
③ 杨权喜：《江汉地区楚式鬲的初步分析》，《楚文化研究论集》第 1 集，荆楚书社，1987，第 195～205 页。
④ 何介钧：《楚鬲试析》，湖南省文物考古研究所《湖南考古辑刊》第 6 辑，湖南省考古学会，1994，第 177～185 页。

杨宝成对鄂东、鄂西两区西周时期考古学文化进行了对比，认为楚式鬲的最早形态乃脱胎于汉东地区的西周时期的柱足鬲。[①] 张昌平则对不同功能、不同类型和不同来源的楚式鬲进行了系统的研究，认为楚式鬲的文化因素主要承袭于西周中晚期姬周文化传统。[②] 近年来，随着南水北调工程的开展，鄂豫陕交界区域的考古发掘在一定程度上填补了商末西周时期陶鬲研究的不足，完整地体现了楚式鬲的流变历程。辽瓦店子遗址发掘者认为西周灰坑中的陶鬲，在器物的口部、肩部、裆部从形态到纹饰都属于典型的周文化风格，而裆部以下的高柱足则和遗址中典型东周楚式鬲有直接的发展演变关系，可以视作楚文化接受周文化在早期阶段表现出的一种典型特征。[③] 淅川下王岗遗址的发掘者从鬲足形态进行分析，认为由尖锥形足、经截尖锥形足或纵剖而呈倒梯形的柱形足，至较高的柱足以及略呈蹄足的演变脉络较为清楚，而后者是楚式鬲的特点。[④] 可见，随着考古材料的日渐丰富，学术界对楚式鬲的研究和认识越来越充分。目前，比较一致的意见是楚式鬲是在中原文化的鬲与江汉地区的鼎并存而逐渐融合形成的，在江汉地区南北由于受到不同文化影响的比重不一，体现出来的文化因素就会有一些区别。[⑤] 但是，我们不能将楚式鬲的不同文化因素来源当作早期楚文化来看待，更不能将其来源文化视为早期楚文化。因为一支考古学文化的发展都是沿着纵向和横向两方面进行的，既受着自身演变规律的制约，同时也受着其他文化的影响，当其他文化影响占主导地位的时候，其自身的文化演变就会被打破，产生文化突变现象。楚式鬲最早的形态无疑来源于中原文化的鬲，在江汉地理环境和文化因素的作用下，其鬲的尖锥足演变为江汉地区鼎的柱足，形成了上部

① 杨宝成：《试论西周时期汉东地区的柱足鬲》，《楚文化研究论集》第 4 集，河南人民出版社，1994，第 460~468 页。
② 张昌平：《楚鬲研究》，《一剑集》，中国妇女出版社，1996，第 76~100 页。
③ 辽瓦店子考古队：《湖北辽瓦店子遗址考古获重要发现》，《中国文物报》2008 年 4 月 10 日，第 2 版。
④ 中国社会科学院考古研究所等：《河南淅川县下王岗遗址西周遗存发掘简报》，《考古》2010 年第 7 期。
⑤ 张昌平：《试论真武山一类遗址》，《江汉考古》1997 年第 1 期；杨权喜：《江汉地区的鬲与楚式鬲》，《江汉考古》2001 年第 1 期。

为鬲下部为鼎的结合物，在楚人接受并使用后，成为楚文化陶器中的典型器物。

根据陶器器物形制演变的规律，目前能够确认的最早楚文化遗存是在西周中期。在襄阳真武山遗址出土了典型的楚式柱足陶鬲以及楚式盂等器物，时代为西周中期至晚期，柱足鬲虽然还保留有周鬲的瘪裆作风，但已具备楚式鬲的基本特征，与春秋中期以后典型楚式鬲有直接的演变关系。① 此外，钟祥六合遗址也有少量的西周时期遗存，其陶鬲形制与真武山西周中期陶鬲接近。② 西周中期以后，楚文化遗存已遍布襄宜平原。宜城郭家岗遗址③是一处比较典型的以楚文化为主的遗址，时代从西周晚期一直延续到战国晚期；桐树园、肖家岭等遗址④发现了由西周楚文化系统直接发展而来的春秋时期的楚文化遗存，并且面积较大，堆积较厚，内涵丰富。与此同时，沮漳河流域也出现早期楚文化的踪影。2012 年在湖北宜昌万福垴发现了西周中晚期的楚文化遗存，⑤ 出土了 11 件编钟和 1 件鼎，以及鬲、簋、尊、瓮、粗柄豆等陶器。特别是一件编钟上有铭文，明确是楚国器物。⑥ 从出土的陶鬲来看，明显比当阳赵家湖早，应为西周中期，与当阳赵家湖等沮漳河两岸发现的西周楚文化遗存有一脉相承的演变关系。在宜昌上磨垴遗址第六层出土的 A 组陶器，时代为西周中期，为早期楚文化遗存。⑦ 在当阳赵家湖楚墓的分类与分期中，第一期为西周晚期，第二期的上限也到了西周晚期的后叶，出土的器物中，以鬲、盂、罐、豆为典型楚文化的基本组合。⑧ 江陵荆

---

① 湖北省文物考古研究所、襄樊市博物馆：《湖北襄樊真武山周代遗址》，见《考古学集刊》第 9 集，科学出版社，1995，第 138~161 页。

② 荆州地区博物馆、钟祥县博物馆：《钟祥六合遗址》，《江汉考古》1987 年第 2 期。

③ 武汉大学历史系考古教研室：《湖北宜城郭家岗遗址发掘》，《考古学报》1997 年第 4 期。

④ 湖北省文物考古研究所：《宜城桐树园遗址发掘简报》，《江汉考古》1996 年第 1 期。湖北省文物考古研究所等：《湖北宜城县肖家岭遗址的发掘》，《文物》1999 年第 1 期。

⑤ 孙波：《湖北宜昌发现西周重要遗址》，《中国文物报》2012 年 8 月 22 日，第 2 版。

⑥ 刘彬徽：《楚季编钟及其他新见楚铭铜器研究》，《湖南省博物馆馆刊》2012 年第 9 辑。

⑦ 杨权喜：《宜昌上磨垴周代文化遗存的讨论》，北京大学考古文博学院编《考古学研究》（五），科学出版社，2003，第 604~612 页。

⑧ 高应勤、王光镐：《当阳赵家湖楚墓的分类与分期》，《中国考古学会第二次年会论文集》（1980），文物出版社，1982，第 41~50 页。

南寺遗址①也出土了鬲、盂、罐、豆的典型楚文化基本组合，年代在西周晚期。可见，在西周中、晚期，早期楚文化已基本形成，楚人的活动区域从襄宜平原上扩展到沮漳河流域。

至于鄂豫陕交汇地区的西周早中期文化遗存能否被指认为早期楚文化？从辽瓦店子遗址、淅川下王岗遗址、过凤楼遗址等出土的西周早期的文化遗物来看，其明显是周文化的遗存，与关中地区西周早、中期的文化遗物接近。有学者通过对此区域的西周考古学文化研究后，认为在西周早期，辽瓦店子遗址、淅川下王岗遗址、过凤楼遗址等文化面貌存在共性；到了西周中、晚期，辽瓦店子遗址、淅川下王岗遗址逐渐趋同，并向典型楚文化方向发展，而过凤楼遗址则与楚文化相去甚远。② 因此，此区域在西周早、中期应是周文化的分布区，不能将其文化遗存指认为早期楚文化。

三　早期楚国的地域范围

从前文分析可知，在西周中晚期，早期楚文化已经形成，分布在襄宜平原至宜昌一带的沮漳河流域。那么，早期楚国的地域范围能否就此确定呢？在2010年公布的清华简《楚居》中，有关于熊绎的居地详细的记载。其文曰：

> 至酓（熊）绎与屈紃（紃），使鄀嗌卜徙于（夷）宅（屯），为楩室，室既成，无以纳之，乃窃鄀人之犝以祭。惧其主，夜而纳尸，氐（至）今曰栾，栾必夜。至酓（熊）只、酓（熊）䵣、酓（熊）樊及酓（熊）锡、酓（熊）渠，尽居叆（夷）宅（屯）。③

从这段记载来看，熊绎时从京宗迁徙到了夷屯，并且有六位楚君都居住在夷

---

① 荆州地区博物馆，北京大学考古系：《湖北江陵荆南寺遗址第一、二次发掘简报》，《考古》1989年第8期。
② 傅玥：《长江中游地区西周时期考古学文化研究》，博士学位论文，武汉大学，2010。
③ 清华大学出土文献研究与保护中心编，李学勤主编《清华大学藏战国竹简（壹）》，中西书局，2010，第180～192页。文中整理者所言皆见于此，不再出注。

屯。夷屯，整理者认为是"地名，当即史书中的丹阳，近于都"。李学勤认为夷屯就是丹阳。① 高崇文也认为夷屯即楚之丹阳，在今丹江流域。② 复旦读书会则认为"叀屯"或即"夷陵"，与丹阳亦近。③ 陈伟认为"宅"在包山简中指楚王陵园，夷宅恐即夷陵。④ 李家浩也认为《楚居》的"夷屯"，即古书中的"夷陵"。⑤

《史记·楚世家》载："二十一年，秦将白起遂拔我郢，烧先王墓夷陵。"⑥《战国策·中山策》"昭王即息民缮兵"章记载："楚地方五千里，持戟百万，君前率数万之众入楚，拔鄢、郢，焚其庙，东至竟陵。楚人震恐，东徙不敢西向。"⑦ 这两则材料讲的是同一件事，"烧先王墓夷陵"就是"焚其庙"。可见，夷陵不仅为楚王墓园，也为楚国宗庙之所在。从《楚居》中熊绎在夷屯修槾室，并偷都人的犝牛来祭祀的记载来看，显然是楚国初立，迁居夷屯而修建宗庙。后来由于去世的楚君埋葬于此，夷屯也成为楚国先王的墓地所在了。

那么，夷屯在哪里呢？以"夷屯"是"丹阳"的学者认为夷屯在丹淅流域，而以"夷屯"为"夷陵"的学者，依据传统说法，认为夷屯在今湖北宜昌东。其实，对于楚先王墓夷陵地望的传统说法，钱穆先生就提出过质疑。他认为："白起破楚都，乃鄢郢，即汉宜城。《水经注》：'沔水过宜城县东，合夷水，下入若。夷水自中卢来，径宜城西山，为夷溪。又东南径罗川城，故罗国。又谓之鄢水，《春秋》'楚人伐罗，渡鄢者'也。夷水又东注于沔，昔白起攻楚，引西山长谷水，即是水也。'疑夷陵本指宜城外西山楚先王墓地，以夷水得名，非《汉志》之夷陵也。"⑧ 其说有理。从《楚

① 李学勤：《论清华简〈楚居〉中的古史传说》，《中国史研究》2011 年第 1 期。

② 高崇文：《清华简〈楚居〉所载楚早期居地辨析》，《江汉考古》2011 年第 4 期。

③ 复旦大学出土文献与古文字研究中心研究生读书会：《清华简〈楚居〉研读札记》，复旦大学出土文献与古文字研究中心网站，2011 年 1 月 5 日。

④ 陈伟：《读清华简〈楚居〉札记》，武汉大学简帛研究中心网站，2011 年 1 月 8 日。

⑤ 李家浩：《谈清华战国竹简〈楚居〉的"夷宅"及其他》，李学勤主编《出土文献》第 2 辑，中西书局，2011，第 60 页。

⑥ 《史记》卷四〇《楚世家》，第 1735 页。

⑦ 缪文远：《战国策新校注》，巴蜀书社，1987，第 1160 页。

⑧ 钱穆：《史记地名考》上册，商务印书馆，2001，第 550 页。

居》中楚人无祭品而偷鄀人的牛来祭祀的行为看，夷屯应与鄀人相邻。

关于"鄀"，整理者引《左传·僖公二十五年》"秦晋伐鄀"的杜注，认为在今河南淅川西南。然陈伟、子居、笪浩波则认为鄀为湖北宜城之鄀。① 《左传·僖公二十五年》载："秋，秦晋伐鄀。"杜预注："鄀本在商密，秦、楚界上小国。其后迁于南郡鄀县。"② 《水经注·沔水》也记云："沔水又径鄀县故城南，古鄀子之国也。秦、楚之间，自商密迁此，为楚附庸，楚灭之以为邑。县南临沔津，津南有石山，上有古烽火台，县北有大城，楚昭王为吴所迫，自纪郢徙都之。即所谓鄢、鄀、卢、罗之地也。秦以为县。"③ 宜城之鄀似乃淅川之鄀南迁而形成。对于杜预之说，由于以前没有新材料的出土，学术界多持其说。④ 然郭沫若则提出了完全相反的看法，在《两周金文辞大系》中曾详论西周晚期金文中的上鄀与下鄀。郭氏认为："上下相对，必同时并存，盖由分封而然，意南郡之鄀为本国，故称上；上雒之鄀为分枝，故称下。"⑤ 陈槃《春秋大事表列国爵姓及存灭表譔异》也赞同此说。⑥ 若如此，则淅川之鄀国与宜城之鄀国同时并存。

鄀，《世本》曰："允姓，昌意降居为侯。"⑦ 在 20 世纪河南淅川、湖北襄阳出土了上鄀公簠、⑧ 上鄀府簠。⑨ 有学者认为这是鄀国铜器。⑩ 但从上鄀

---

① 陈伟：《岳麓秦简〈三十五年质日〉"箸乡"小考》，武汉大学简帛研究中心网站，2011 年 4 月 4 日；子居：《清华简〈楚居〉解析》，简帛研究网，2011 年 3 月 30 日；笪浩波：《从近年出土新材料看楚国早期中心区域》，《文物》2012 年第 2 期。

② 杨伯峻：《春秋左传注》，中华书局，2009，第 434 页。

③ 《水经注校证》，第 668 页。

④ 如黄盛璋《鄀国铜器——铜器分国考释之一》，《文博》1986 年第 2 期。徐少华：《鄀国铜器及其历史地理研究》，《江汉考古》1987 年第 3 期。陈昌远：《上鄀府簠与鄀国地望》，《中原文物》1991 年第 4 期。沈建华：《〈楚居〉鄀人与商代鄀族新探》，见清华大学出土文献研究与保护中心编《清华简研究》第 1 辑，中西书局，2012，第 313～318 页。陈朝霞：《从近出简文再析鄀国历史地理》，《江汉考古》2012 年第 4 期。

⑤ 郭沫若：《两周金文辞大系考释》，上海书店出版社，1999，第 175 页。

⑥ 陈槃：《春秋大事表列国爵姓及存灭表譔异》，台北，中研院历史语言研究所，1988，第 702～704 页。

⑦ 《世本辑补》（秦嘉谟辑补本），第 308 页。

⑧ 河南省文物研究所等：《淅川下寺春秋楚墓》，文物出版社，1991，第 9～10 页。

⑨ 陈振裕、杨权喜：《襄阳山湾五座楚墓的年代及其相关问题》，《江汉考古》1983 年第 1 期。

⑩ 黄盛璋：《鄀国铜器——铜器分国考释之一》，《文博》1986 年第 2 期。

公簠的铭文来看，显示都为芈姓，与楚人同姓。因此，有学者认为这不是都器，而是楚器，上都公是楚国上都的县公。① 胡刚将带有"都"的 15 件铜器进行了分期和国别鉴定，认为这 15 件铜器可分为三期：第一期时代为西周晚期，第二期为春秋早期，这两期的有"都"铜器为都国铜器，"上都""下都"实为一国，代表着都国的两个都邑；第三期为春秋中晚期，有"都"铜器为楚国铜器。结合清华简，胡刚还认为："西周早中期的都国即楚昭王所徙之'都'，在汉水西岸'襄州乐乡县东北'。西周晚期，都国北迁至商密附近的'下都'；春秋早期，都国被迁于'上都'，因夹处于秦、楚之间，最终在春秋中期沦为楚之县邑。"②

在《楚居》后文中，有"若敖酓（熊）义徙居都"的记载，意味着都在西周晚期成为楚国的一处都邑，处于楚国控制之下，而上引《左传·僖公二十五年》记载的秦晋伐都，则表明都在春秋中期是依然存在的一个小国。这说明，若敖所徙居的都应是宜城之都，而淅川之都有可能是若敖灭都后都北迁所建，而非杜预之说。因此，与夷屯临近的都应是宜城之都，而非淅川之都。胡刚所论甚是。从《水经注·沔水》的记载来看，都当位于今宜城南部、钟祥北部的夷水与沔水的交汇处的沔水北岸，谭其骧主编的《中国历史地图集》将其定在今钟祥丰乐镇附近。③ 但从《元和郡县图志》卷二一襄州"乐乡县"记载："本春秋时都国之城，在今县北三十七里，都国故城是也。在汉为都县地，晋安帝于此置乐乡县，属武宁郡，隋大业三年改属竟陵，皇朝改属襄州。"又载："汉水，东去县四十二里。"④ 乐乡县，即今钟祥市城区西北 60 公里的乐乡关一带，如此，则都当在汉水西岸。故陈伟认为都的位置有两说。⑤ 2006 年 12 月，武汉大学历史地理研究所考察了钟祥罗山遗址，认为罗山遗址就是都的所在，《水经注》与《元和郡县图

---

① 徐少华：《都国铜器及其历史地理研究》，《江汉考古》1987 年第 3 期；刘彬徽：《上都府簠与楚灭都简论》，《中原文物》1988 年第 3 期。

② 胡刚：《有"都"铜器与都国历史新论》，《文物》2013 年第 4 期。

③ 谭其骧主编《中国历史地图集》第 1 册，地图出版社，1982，第 17～18、29～30 页。

④ （唐）李吉甫：《元和郡县图志》，中华书局，1983，第 531 页。

⑤ 陈伟：《岳麓秦简〈三十五年质日〉"箸乡"小考》，武汉大学简帛研究中心网站，2011 年 4 月 4 日。

志》的记载是一致的。① 从汉水由北而南流，至转斗镇而折向西南的流向看，沶水流经鄀县城之南，县南有石山，即今转斗镇附近汉江右岸的滨江山头。故应以武汉大学历史地理所的实地考察所得结论为是。

确定了鄀的地望，则夷屯也当在夷水流域之内。《水经注·沶水》载："夷水，蛮水也。桓温父名夷，改曰蛮水。夷水导源中庐县界康狼山，山与荆山相邻。其水东南流，历宜城西山，谓之夷溪。又东南径罗川城，故罗国也。又谓之鄢水，《春秋》所谓楚人伐罗渡鄢者也。"② 可见，夷水乃今流经南漳、宜城的蛮河，其上源为今蛮河支流王家河（又称清凉河），夷屯当因夷水而得名。从蛮河流域的地理形势来考察，蛮河上游为山区，中下游为平原；平原又可分为宜城平原和南漳盆地两部分，以宜城平原为主体。南漳盆地处于从南漳县城至武安镇一带，三面环山，东面敞开，与宜城平原相连，流贯其间的蛮河、王家河在武安镇西交汇。因此，有学者认为夷屯很有可能在今南漳武安镇界。③ 确实，南漳盆地是一个进可攻、退可守的战略要地，楚人徙居于此，以荆山地区作为屏障，无疑是一个理想的立国空间。

现在，我们再回过头来谈论熊绎所居丹阳的问题。从太史公《楚世家》皆记有"丹阳""夷陵"的两处地名来看，认为《楚居》"夷屯"就是史书中的"丹阳"应是不确的，"夷屯"应是史书中的"夷陵"，应在古夷水（今蛮河）流域。若"夷陵"在宜昌东，则无"鄀"可寻；若"鄀"在淅川之地，则无"夷陵"可寻。从《楚居》前文可知，在徙居夷屯之前，熊绎应居于京宗。为了便于生存与发展，熊绎在受封立国之后，就徙居夷屯，并建立祭祀先祖的宗庙。《国语·晋语》载："昔成王盟诸侯于岐阳，楚为荆蛮，置茅蕝，设望表，与鲜卑守燎，故不与盟。"④《汉书·地理志》也载："周成王时，封文、武先师鬻熊之曾孙熊绎于荆蛮，为楚

① 武汉大学历史地理研究所、钟祥市博物馆：《钟祥罗山遗址调查简报》，《江汉考古》2007年第3期。
② 《水经注校证》，第667页。
③ 笪浩波：《从近年出土新材料看楚国早期中心区域》，《文物》2012年第2期。
④ 《国语》卷一四《晋语八》"宋之盟"章，齐鲁书社，2000，第228~229页。

子，居丹阳。"① 楚为荆蛮，"荆蛮"之"荆"并非旧注所说是荆州，而应是指荆山。《左传·昭公十二年》载楚右尹子革与楚灵王对话时，回忆西周初年楚人早期生活状况就云："昔我先王熊绎辟在荆山，筚路蓝缕，以处草莽；跋涉山林，以事天子"，② 这些表明熊绎所居"丹阳"应在荆山。"京宗"即在"荆山"，③ 但"京宗"并不是一个具体的地名，而是季连部族祭祀先祖的都邑，就像我们今天称谓"首都"。因此，我们认为熊绎受封时所居的丹阳应是"京宗"的具体地名。如今，从《楚居》的记载来考察，张正明的先丹淅后荆山（南漳）之说无疑是甚有卓识的。

行文至此，对于熊绎所居"丹阳"的地望应在荆山地区的京宗。熊绎受封立国，就从丹阳迁徙到了夷屯，并建立了祭祀先祖的宗庙，其地域应在今蛮河流域中、上游地区。因此，对于这一时期楚国的地域范围也应在这一区域内。④

《左传·昭公九年》记载周大夫詹桓伯语云："及武王克商……巴、濮、楚、邓，吾南土也。"⑤ 这则材料讲的是西周初期，楚为周南土之一，与巴、濮、邓为邻。张正明认为"巴、濮、楚、邓"是从西到东按地理位置逐个点出的，⑥ 可见，只要明确了巴、濮、邓的地理位置，与之并列的楚国则可以据此判定。

巴，即姬姓巴国。周初时姬姓巴国当在今陕东南、汉水上游一带。⑦

濮是我国古代属于"南蛮"系统的民族之一，参与了武王伐纣之役。关于濮地的地望，顾颉刚、童书业考证濮地在今湖北竹山县南。⑧ 徐中舒考

① 《汉书》卷二八下《地理志下》，第 1665 页。
② 杨伯峻：《春秋左传注》，第 1339 页。
③ 李学勤：《论清华简〈楚居〉中的古史传说》，《中国史研究》2011 年第 1 期。
④ 从目前的考古调查工作来看，南漳境内尚缺乏西周时期的文化遗存，因此，遭到了学术界的一些质疑。相信随着考古工作进一步深入，南漳境内的考古学文化会被逐步揭示出来的。
⑤ 杨伯峻：《春秋左传注》，第 1308 页。
⑥ 张正明：《巴人起源地综考》，《华中师范大学学报》（哲学社会科学版）2004 年第 6 期。
⑦ 童书业：《古巴国辨》，见氏著《中国古代地理考证论文集》，中华书局，1962，第 121~122 页；又见氏著《春秋左传研究》，上海人民出版社，1980，第 241~243 页。
⑧ 顾颉刚：《史林杂识》初编，中华书局，1963，第 30~31 页；童书业：《春秋左传研究》，上海人民出版社，1980，第 366 页。

证在接近于均、郧、房三县的汉水流域。[1]

邓，旧说邓在今河南邓州。[2] 石泉考证认为邓在今湖北襄阳市的邓城遗址。[3] 此说甚是，并为《中国历史地图集》所采信。[4]

上述表明，巴、濮、邓都地处在今豫西南、鄂西与陕东南的汉江中游流域，作为与其为邻的楚也应处于此一区域内。在濮、邓之间，以今之地理形势考察，有南河流域和蛮河流域上游地域两大区域。由于熊绎辟在荆山，而"夷屯"处于夷水之上，因此，早期楚国的地域范围可以推定在今蛮河中、上游流域。

① 徐中舒：《论巴蜀文化》，四川人民出版社，1981，第85～86页。

② （清）顾祖禹：《读史方舆纪要》，贺次君、施和金点校，中华书局，2005，第2414页。

③ 石泉：《古邓国、邓县考》，《江汉论坛》1980年第3期。

④ 谭其骧主编《中国历史地图集》第1册，第17～18、29～30页。

从张汤－张安世家族看汉代的官僚政治

龚留柱　谭慧存

摘　要　张汤－张安世家族，在汉代政坛绵延十一代。解剖这个非宗室的官宦之家的演变轨迹，可以让我们更好地理解汉代的官僚政治。官僚政治是贵族政治的替代物，职位具有开放性，所以口号是"选贤任能"。对古代官僚群体能否在阶级的意义上加以理解？张氏家族提供了一个典型的范例。官僚政治同时具有"服务取向"和"自利取向"。高层官僚依靠爵位和官品制度多占土地，是一种特定类型的所有制形态。官僚权力的基础是政治暴力和意识形态，通过强制性地征收赋税以掠夺社会财富，再以优厚的俸禄等形式参与财富的分配。帝国时代为了对广大而分散的小农朝廷有效管理，从而维持稳定的政治与经济秩序，官僚群体可以凭借其专业技能与组织能力发挥必不可少的"历史作用"，并且催生了以"公权力"为基础的官僚阶级。

关键词　汉代　张汤　张安世　家族　官僚政治　官僚阶级

秦汉时代皇权－官僚政治的成立，是中国古代政治体制的一大转向，并且以其固有的性格，对后来两千年的政治实践影响深远。

2002 年，张汤墓在西安市南郊被发现并进行了考古发掘。2008 年，张汤之子张安世的家族墓地又在西安市东南凤栖原被发现，也进行了大规模的考古发掘。于是，这个在汉代具有标本意义的政治家族再次引起学术界的注意。近年来已有数篇论文对之进行研究，① 拜读之后虽有收获，但仍感到剩义未尽，故不揣浅陋，再申论之。

一 张氏家族在汉代政坛上的标本意义

西晋左思《咏史》云："郁郁涧底松，离离山上苗。以彼径寸茎，荫此百尺条。世胄蹑高位，英俊沈下僚。地势使之然，由来非一朝。金张籍旧业，七叶珥汉貂。冯公岂不伟，白首不见招。"② 这是说，汉代金日磾和张安世两个有名的家族，凭借祖上的遗业荫庇，让子孙后代都得到宫中高位，以此对照很有本事但无背景的冯唐，头发白了却还屈居于小小的郎官。《汉书》也曾评论说："安世子孙相继，自宣、元以来为侍中、中常侍、诸曹散骑、列校尉者凡十余人。功臣之世惟有金氏、张氏亲近贵宠，比于外戚"，"汉兴以来侯者百数，保国持宠，未有若富平侯者也"。③ 在汉代政坛上，张汤－张安世家族的表现相当抢眼，并且与其时整个官僚形态的演变有很突出的相关性，我们可以将之作为官僚政治的一具标本进行剖析。如果从汉景帝时张汤父为四百石的长安丞开始，经过张汤、张安世（有兄张卬、张贺）、张延寿（有兄张千秋和弟张彭祖）、张勃、④ 张临、张放、张纯、张奋（有兄张根）、张甫数代，到东汉安帝永初三年（109）的张吉"卒，无子，国除"，⑤ 则其在政坛上连续任职跨越三朝，共十一代，时间绵延二百五十年。为了分析方便，我们将其分为五个阶段。

第一阶段的代表人物是张汤父和张汤，他们是张氏家族官宦事业的起

---

① 如梁艳强《两汉张汤家族研究》，硕士学位论文，湖南大学岳麓书院，2010；丁岩：《西汉富平侯张安世系年述略》，《咸阳师院学报》2012 年第 3 期，第 23～26 页；申超：《汉代张安世家族兴盛考》，《南都学坛》2013 年第 6 期，第 17～22 页。
② 朱东润主编《中国历代文学作品选》上编第 2 册，上海古籍出版社，1979，第 301 页。
③ 《汉书》卷五九《张汤传》，中华书局，1962，第 2657 页。
④ 《汉书》卷一九《外戚恩泽侯表》作"张敞"。
⑤ 《后汉书》卷三五《张纯列传》，中华书局，1965，第 1200 页。

点。尽管有一种说法，称张汤的先代与留侯张良同祖，[①] 其源起也是三晋韩国的贵族，但到张汤父时，官职最高长安丞，不过是一个四百石的长史，连名字也未留下，显然已是普通的文墨吏了。张汤幼习决狱所用的律令文书，然后子承父业为"长安吏"。凭借对皇帝鹰犬一样的忠诚，凭借在制定律令和多次审决大案中所表现出来的专业能力，张汤作为文法吏起家于景、武之际，然后在复杂的官场上，稳步升迁至御史大夫，距取相封侯也仅一步之遥。但最后，他又成为官场恶斗的牺牲品。在被逼自杀后，汉武帝发现张汤并没有"怀诈面欺"和以权"居物致富"，反而是家产平平，于是知道他为人陷害，"惜汤"，不仅为他"尽按诛（丞相）三长史"，迫使"丞相青翟自杀"，并且"稍迁其子安世"以为补偿。[②]

第二阶段的代表人物是张汤的儿子张安世，他"少以父任为郎，用善书给事尚书"，并很快被擢拔为尚书令和光禄大夫，一直作为皇帝亲信任职在宫省，持橐簪笔，"事孝武皇帝三十余年，忠信谨厚，勤劳政事"。他对官僚政治的理解更加成熟，因此官场之路也走得更加平稳而辉煌，比其父张汤"德器自过，爵位尊显"。到昭、宣时，张安世官职升至大司马车骑将军领尚书事，秩万石；爵封富平侯，食邑达万三千三百四十户。同时其死去的哥哥张贺被追封为阳都侯，由安世小儿子张彭祖袭爵，再加上张贺孤孙张霸为关内侯，其一家三侯，这几乎是汉代人臣境界的峰极。张安世的官场得意源于他"精力于职"和沉稳平实的行事风格。但在大政方针上，他又明智地配合当权者霍光（与骄蹂的上官桀父子和桑弘羊形成鲜明对照），这很符合昭、宣时"霸王道杂之"的政治格调。与政治上的保守谨慎不同，张安世在家族经济方面却积极进取，比张汤大不同，"内治产业""能殖其货"，[③] 富于同样厚殖产业（酿酒）的霍光家。此时其家族真可谓有"烈火烹油、鲜花著锦"之盛。

第三阶段包括宣、元时期的张延寿、张勃、张临三代，皆依靠祖荫，

---

① 《汉书》卷五九《张汤传》赞曰："冯商称张汤之先与留侯同祖，而司马迁不言，故阙焉。"（第2657页）按应在成帝时冯商所续《太史公》七篇中。

② 《汉书》卷五九《张汤传》，第2646页。

③ 《汉书》卷五九《张汤传》，第2647、2648、2652页。

属于守成类型的贵家子弟，"既嗣侯，国在陈留，别邑在魏郡，租入岁千余万"，[①] 同时又世任高级内职（侍中中郎将、散骑谏大夫等），坐享厚禄。他们在政治上更加保守稳重，不再有大的拓展，只需安享官僚权贵化之后所带来的丰硕社会资源和经济红利就行了。其家族特点，一是与皇权维持着累世形成的良好的信任关系，如张临娶元帝妹为妻，其子张放又与成帝许皇后的侄女结亲，由此使得官僚与皇亲国戚之间构建出一种凝固关系，形成像"金张许史"这样利益同享、患难同当的精英网络。二是积极连接自家的宗族关系，下接地气，坐实加厚社会基础。如张临"且死"，将家财"分施宗族故旧"。原来景、武时作为原子化的个人投向皇权怀抱的单个官僚，现在已经有了自己的特殊利益，逐渐滋生和积聚出一种自主性，从而出现官僚豪族化、权贵化的趋向。

第四阶段的代表人物为成帝时期的张放。虽然他仍嗣侯并仕宦至侍中光禄大夫，秩中二千石，表面上看与其父祖并无不同。但作为"堕落的一代"，他却导致了张氏家族政治上下沉期的出现。张氏家族的这种消沉和刘姓皇权的没落是同步的。表面上看，母为公主、妻为皇后侄女的纨绔子弟张放，作为汉成帝的佞幸之臣，引导皇帝骄奢淫逸，二人同卧同起，"斗鸡走马"，仅仅属于政治意志衰退和执政能力丧失的表现，但此背后却折射出更为复杂的社会矛盾关系。汉元帝之后深重的社会危机，使皇朝及"保皇派"的官僚世家拿不出可行的解决方案，威信降低。在元后的帮助下，政治实权逐渐转移至王氏外戚手中。其代表人物王莽以儒学士大夫的领袖自居，而在政治上打击追杀张放最烈的翟方进，也是儒生参政的代表人物。他们在朝中结成政治同盟，下有民意基础，秉持理想主义的社会改造方针，呼风唤雨，不可一世。为了打击皇权，他们把张放当作替罪羊先行扫除。张放一再被赶出朝廷，对手务必将他与皇帝隔离。最后，"成帝崩，（张）放思慕哭泣而死"。[②] 张氏家族及其代表的传统文吏阶层受到沉重打击，儒学更加介入官僚政治并影响日大。

---

① 《汉书》卷五九《张汤传》，第 2653 页。
② 《汉书》卷五九《张汤传》，第 2656 页。

第五阶段的代表人物是跨越西汉、新莽和东汉的张纯。他不仅使政治世家张氏平安度过政局变乱的惊涛骇浪，重新走向复兴，而且使得他们在官僚身份上由文吏顺利转型为士大夫，浴火重生。据阎步克的研究，王莽执政代表着"直承晚周之绪"的西汉儒者精神，要寻求一种更完美纯正的王道至境，使理想主义压倒了理性实用主义，结果也使自己陷于万劫不复之境。这证明"新政"和"秦政"作为政治模式对立的两极，在中国古代都不可取。于是东汉实行"现实主义经世精神"的回归，"经术"与"吏化"并重，那种与皇权长期磨合的中国古代的士大夫政治正式形成。① 张纯改变其父张放的行事风格，有似张安世之于张汤："纯少袭爵土，哀、平间为侍中，王莽时至列卿。遭值篡伪，多亡爵土，纯以敦谨守约，保全前封。"② 张纯"潜伏"于新朝，损失不大，仅由富平侯改封为张乡侯，权贵身份得以延续。"建武初，先来诣阙，故得复国"，又更封为"武始侯，食富平之半"。③ 这是因为新的东汉王朝，急需他所代表的社会势力作为政权基础，也需要他个人突出的官僚素养以佐助政务。他既能"将颍川突骑安集荆、徐、杨部"，又能以扎实的儒学功底，使皇帝"每有疑议，辄以访纯，自郊庙婚冠丧纪礼仪多所正定"。最后张纯官至三公，任大司空，"选辟掾史，皆知名大儒"。④ 至此，张氏在汉代政坛的身份已经从文法吏顺利转型为士大夫世家。

张纯之后，其子张奋还能承其余绪，由侍祠侯而官至太常、司空，续为三公。张奋身上的新型士大夫色彩也很鲜明，他不但一再上疏要求汉和帝制作礼乐、移风易俗和赈灾恤狱，还好学行义，"常赡恤宗亲，虽至倾匮，而施与不怠"。⑤ 其后，又经过张甫、张吉两代，到汉安帝"永初三年，吉卒，无子，国除。自昭帝封安世，至吉，传国八世，经历篡乱，二

---

① 阎步克：《士大夫演生史稿》第九章"'奉天法古'的王莽'新政'"，北京大学出版社，1996，第385~412页。
② 《后汉书》卷三五《张纯列传》，第1193页。
③ 《后汉书》卷三五《张纯列传》，第1193页。
④ 《后汉书》卷三五《张纯列传》，第1193~1195页。
⑤ 《后汉书》卷三五《张纯列传》，第1198页。

百年间，未尝谴黜，封者莫与为比"。① 张氏家族在汉代政坛上的终结，
出于自然的而非政治的因素，若非此，还可能延续更久，因为汝南袁氏、
弘农杨氏之类"四世三公""五世三公"家族，正体现了东汉政治的
特色。

张汤－张安世家族在汉代政坛上的轨迹可连续 11 代，绵延二百五六十
年（若考虑"党锢"见诛的外黄令张升，则更久远）。如果从昭帝元凤六年
（公元前 75 年）安世被封侯开始，到安帝永初三年（109）张吉"国除"，
其作为非宗室的最高爵命列侯之家也绵延了九代，有一百八十余年，这在汉
代政坛上确实无与伦比。更重要的是，张氏家族长期并且连续的仕宦生涯，
也可以启发我们更好地理解秦汉时期官僚政治的一些问题。

二 "选贤任能"是官僚政治的口号

王亚南曾经说，官僚政治是专制政治的副产物，官僚政治下的官僚是贵
族的转型物。换句话说，官僚政治就是"官僚与农民构成的社会，或官民
对立的社会"。② 中国古代最早的政治形态是贵族等级制。夏、商、周三代，
天下治权层层分割，是分散型的，不可能出现官僚政治。其时的"官"和
"僚"，对贵族来说都是奴仆，没有后代"掌权者"的意思。所以，作为
"执事"（侍从使令之人）意义上的官员，历代皆有，但贵族社会或民主社
会，因能对官员的权力产生外部制衡，就不可能出现官僚政治。故官僚政治
只能是专制体制下的产物。

贵族封建制度进一步发展，由于政事的日益复杂，催生了专门化的职业
官僚。由贵族之家臣，演变成国君之官僚，"吏"之群体日益扩张，后来就
变成帝国时代不可或缺的行政命脉。于是君主独断，官吏行法，农夫和战士
耕战，强控制下的国家逐渐吞噬了社会。原来作为中间层次的宗族势力逐渐
虚弱，由国君对编户齐民实行个别的人身统治。这个过程由春秋开启，通过

---

① 《后汉书》卷三五《张纯列传》，第 1200 页。
② 王亚南：《中国官僚政治研究》，中国社会科学出版社，1981，第 5、23、123 页。

战国变法，逐渐摧毁了那种层层分封的贵族等级制，建立了新型的集权国家，而君主专制的基本要件就是官僚政治的形成。作为君主的代理人，官僚将专制君主的意志迅速准确地落实到社会的每个角落。

贵族政治之下，分割权力取决于人的先赋条件即血缘的高贵与否，不需要选贤任能。而官僚政治是自上而下的科层委任制，首先要求的是层层官僚对上级直至帝王的忠诚和负责；其次是任者要具有行政能力，能为政治目标的实现提供强力技术支持。所以官僚职位具有开放性，以便于君主能在更广大的范围内选拔人才。随着社会生活的复杂化和行政管理效能的提高，要求各级官员必须具有更精细的分工和精湛的专业素养。

张汤少年时在家中审讯偷肉的老鼠，其书写的判决书像模像样，"文辞如老狱吏"，使其父"大惊，遂使书狱"。"书狱"就是学习审案程式和判案的文书格式，即进行家庭式的系统的司法训练。这正是秦"以吏为师"和汉代《史律》中"畴官"世业的一种做法。这告诉我们，第一，张汤对法律的偏好来自家庭环境的自然熏染，所以古代很多职守是世袭的；第二，张汤是一个悟性极高的司法天才，他似乎就是为当文法吏而生；第三他还需要经过专业培训"书狱"，然后才能上岗。所以后来张汤多次定律治狱，皇帝"以为能"。这个"能"，一是政治可靠忠诚，二是素养优异。于是他在官场不断升迁，始起刀笔吏而终"致位三公"。帝国政治正需要训练有素的文吏来支撑。

张安世虽"少以父任为郎"，但那只是一个进身之阶，能否官场得意，还要看他自己的具体表现。他首先"用善书给事尚书"，即善于应对头绪纷乱的文牍，因为专业精湛被提拔到皇帝身边担任文秘工作。其次"精力于职，休沐未尝出"。他工作兢兢业业，忠于职守，五天轮休也从来不回家享受假期。再次汉武帝一次丢失文书三箱，左右茫然无措，只有张安世能够从"文海"中把它找回来，显示其心细如发丝。于是"上奇其才"，所以他被提拔为尚书令。这样的能力和素养，使张安世侍奉汉武帝三十余年，又对汉昭帝"辅政宿卫"十三年，经过多年考验，终于脱颖而出，加官封侯，位极人臣。

但不能不承认，中国古代尤其是早期的秦汉官僚政治，还不能彻底的

"去人情化"。因为察举既然是一种推荐加选拔的制度，就不可能完全客观，而且同时又容纳任子保举这样一种变相的官位世袭制。这与后来科举的考试制度比较起来，就更多地保留了官僚子弟入仕的优先权。如张氏一族在张安世之后，多由此途径，出任侍中、中郎将一类的内宫职，这就与官僚政治完全"选贤任能"的精神还有距离。

其原因也可以理解。如卜宪群说，从理论上讲，官员的世族化或贵族化是专制主义中央集权所不允许的，但是皇权为获得官僚的支持与合作，又必须让一部分官僚拥有某种特权。[①] 这是正确的。

三 官僚政治兼具"服务取向"和"自利取向"

以色列社会学家艾森斯塔德在其所著《帝国的政治体系》一书中，[②] 对历史上的官僚政治进行了深入研究，提出了官僚同时具有"服务取向"和"自利取向"的观点。前者指的是"服务于统治者这一方面"，他们是帝王的"仆从"，是贯彻帝国统治目标的有效工具。后者指官僚强调自主性和自我利益，变成一个谋求私利的群体，朝"贵族化"或"绅士化"方向演变。

按我们的理解，这两种倾向在具体的官僚身上，并不能截然分开，而是同时并存。不过在某个时期或者某个个人身上，某种倾向的比例会更大，居于主导的支配地位。那么何以如此？这当然不仅与官员的个人操守有关，更主要的还是环境因素在起着决定性的作用。社会人天然具有自私自利的本性，故权力导致腐败也就成为一条铁律。权力和资本是两种社会能量，为社会不可缺少，但又都具有两面性。政治权力一方面管理社会、维护社会稳定；另一方面它对所有社会力量都绝对强势，如果不受控制则可能成为肆虐无忌的祸害。比如贵族制或者民主制下也有官僚，但他们的祸害要小得多，原因就是有其他力量能对官僚的权力进行外部制约。即使帝国时代，虽然君

---

① 卜宪群：《秦汉官僚制度》，社会科学文献出版社，2002，第241页。
② S. N. 艾森斯塔得：《帝国的政治体系》，阎步克译，贵州人民出版社，1992。

主与官僚总体或根本利益一致，但两者各自手握权力的大小犹如跷跷板，其变动曲线呈负相关性。故在王朝初期，当帝王控制力强的时候，官僚的"服务取向"比较突出；而到了王朝末期，官僚的"自利取向"就勃然兴发而不可收拾。

以此分析，张汤属于"服务取向"类型的官僚，即"仅仅是统治者的消极工具，几乎没有内部自主性，几乎不为民众的不同阶层提供服务"。[1]以史为证，一是张汤奉命治陈皇后狱，"深竟党与，上以为能"，皇上满意，于是他升迁为太中大夫。二是他与赵禹"共定律令，务在深文，拘守职之吏"。即拘泥于做一个"守职"之吏，完全以帝王意指为依归，于是他升迁为廷尉。三是治淮南、衡山、江都反狱，"皆穷根本"，"由是益尊任"，张汤再升迁为御史大夫。四是他为"公"忘私，不置家产，死后"家产值不过五百金"，皆俸禄所得，丧葬"载以牛车，有棺无椁"。五是他任劳任怨，虽蒙冤而死，反而说自己"无尺寸之功，起刀笔吏，陛下幸致位三公，无以塞责"。[2]"无以塞责"就是没有尽到自己应尽的责任。

对这种全心全意辅佐皇帝的"好官僚"，活着时汉武亲自去家探病，死后"惜之"，诛杀"三长史"和逼死丞相为他复仇。汉朝初期属于这种类型的官僚还比较多，典型的又如晁错。

张安世则属于"服务"和"自利"两种取向混合的官僚。一方面他作为国家重臣，"忠信谨厚，勤劳政事，夙夜不殆"，体现了对帝国的服务精神。一方面他又在险恶的宦海浮沉中精明于自我保全，特别是看到霍光家族的下场后，更"小心畏忌，已内忧矣"。见到自家"父子尊显，怀不自安"，就主动要求将儿子张延寿由朝官光禄勋外放为北地太守。其实，这皆是道家"怀虚戒满"自保之术的运用，许多人看不懂，以至于盖宽饶上疏弹劾张安世"居位无补"。[3]张安世身上确实难以见到张汤那种为帝王赴汤蹈火勇往直前的精神了。

---

① S. N. 艾森斯塔得：《帝国的政治体系》，第 281 页。

② 《汉书》卷五九《张汤传》，第 2638～2646 页。

③ 《汉书》卷五九《张汤传》，第 2648～2651 页。

张安世政治上保守，经济上却很有开拓精神，"夫人自纺绩，家童七百人，皆有手技作事，内治产业，累积纤微，是以能殖其货，富于大将军光"。① 用七百个具有手工业专长的家奴进行纺织业的生产，已不是普通的家庭作坊，而是规模不小的工场手工业了。其实这是违背汉朝传统上"民不二业"方针的违法之举，属于他利用政治特权而在经济上的"自利"行为。同样，霍光家族私自酿酒，丞相匡衡多圈占封地，翟方进毁陂扩田皆是同类性质，从而显示了官僚本身逐渐加大的自利化趋向。尤其吊诡的是，张安世在全力谋利的同时，又向国家"辞禄"，即将自己俸禄的一部分退还给国库，以猎取好名声。因为无制度先例，皇帝只能"诏都内别藏张氏无名钱以百万数"。② 钱的来源无法确定名目，国库也无先例可循，只能登记为"张氏无名钱"。中国古代成熟形态官僚的复杂两重性，在张安世身上得到了充分体现。

张放则是一个更多具有"自利取向"的官僚，其特点一是走向权贵化，二是化公为私。首先他作为公主的儿子，又是汉成帝的佞幸之臣，再娶许皇后侄女为妻，多方连接皇权，就是要给子孙的世官世爵提供保障。其次他娶妻时，"上为（张）放供张，赐甲第，充以乘舆服饰，号为天子娶妇，皇后嫁女。太官私官并供其第，两宫使者冠盖不绝，赏赐以千万数"，这是明显的国帑私用。再次张放整日陪成帝微行出游，斗鸡走马，却同时担任"侍中中郎将，监平乐屯兵，置幕府，仪比将军"。③ 这不仅是职位的"世袭交换"，而且也一定当官不做事，毫无行政效率可言。最后，官僚政治的特点是依法行政。但司法官吏"奉使至放家逐名捕贼"，而张放公然抗拒，"时放见在，奴从者闭门设兵弩射吏，拒使者不肯内"。④ 这不仅是"自利"，而是严重"僭权"。如果大多数官僚皆以自利为价值取向，帝国就必将走向衰落和崩解。

我们理解官僚的"自利取向"，一是谋取权力的世袭化，由随时可以任

---

① 《汉书》卷五九《张汤传》，第 2652 页。
② 《汉书》卷五九《张汤传》，第 2652 页。
③ 《汉书》卷五九《张汤传》，第 2654 页。
④ 《汉书》卷五九《张汤传》，第 2655 页。

免的官吏变为"二代""三代"的准贵族，使社会阶层凝固化。二是不断地自我复制和扩大官员队伍。官僚总是不顾实际需要而不断制定更多的规则，设立更多的分支机构，扩充更多人员，特别是从体制内不断发现和培养最适合执行现有规则的人员，然后加以提拔。于是官僚队伍像滚雪球一样的扩大，直到引发财政预算的危机。三是由于下级对上级负责的科层组织，具有非人格性的官僚被工具化，于是他们日渐失去思想和信仰。再加上权力缺乏有效制约，官职和权力成为谋取私利的工具，及时享乐成为行为准则，直至引发整个社会意义的危机。

四　官僚群体能否在阶级的意义上来加以理解

这一问题涉及对官僚政治性质的理解以及皇权、官僚、贵族及民众之间的关系，尤其复杂。关于秦汉时代官僚政治的定性，学术界的理解有很大不同。

一种意见认为，阶级是一个经济范畴，官僚制度下的各级官僚本身不是一个阶级，但具有强烈的阶级属性，体现一定阶级的利益，他们附属于代表整个地主阶级利益的国家机器。[①] 具体到秦汉，皇权是官僚权力的唯一来源或最终根源，体现了地主阶级的总利益。而官僚制仅是一种行政管理制度，其权力表现为服务于皇权的一元垂直结构。从权力划分的角度而言，皇权与官僚制二者不可视为一体。[②]

另一种意见认为，秦汉以来的中国一直是官僚帝国，在其中供职者不仅仅是单纯的文官，还构成一个官僚统治阶级，与皇权共同对社会的经济、政治和文化资源作非正义的掠夺。官僚构成了统治阶级，官位构成了这一阶级谋取权力、财富、地位和威望的主要凭借。官僚既是行政官员，又构成特权利益集团。[③] 官僚的动力就在于不断地晋升职位、提高报酬和扩大自己所掌

---

① 卜宪群：《秦汉官僚制度》，第 4 页。
② 卜宪群：《秦汉官僚制度》，第 144～146 页。
③ 阎步克：《察举制度变迁史稿》，中国人民大学出版社，2009，引言第 4 页，正文第 20、289 页。

握的公权力，他们不仅是一个行政工具，也是一个身份主体和利益主体。总之，是皇帝与官僚集团共同对社会实施统治，后者不断向一个社会阶级演化，[1] 在典型的专制集权下，皇权与官僚的根本出发点是一致的。士人凭借道统，对皇权进行制衡和调节，有王朝专制主义，也有官僚专制主义。秦汉爵位和魏晋官品都与最基本生产资料即土地的占有额度有关，官僚地主是最有权势的社会阶层，中国官僚政治的典型形态即是士人充当官僚的"士大夫政治"。文人—官僚二重角色，损失了行政效率，则有居身其下的一个胥吏阶层（技术性行政事务骨干）构成补偿。士大夫—胥吏的体制架构是中国古代官僚政治独特性的反映。[2]

还有一种意见认为，秦汉的权力体系实际上是皇帝和官僚二者的资源配置而非权力制衡，官僚是行使皇帝意志的办事机构，真正本质的是皇帝制而非官僚体制。[3] 帝国时代，民众对官僚人身依附，官僚对皇帝人身依附，它即使官僚阶级获得了自觉的自我意识，又使官僚阶级丧失了独立的自我意识，其根源在于皇权官僚制之本质，只是在无限膨胀皇帝的神圣和绝对权威。[4] 帝国时代，职业官僚成为统治社会的主体力量，牢固的郡县官僚体制支撑起强大的皇帝制度，皇权—官僚制中皇帝与官僚权力负相关。作为国家的统治阶级，"政治共同体"的官僚阶级的自我意识，对其他社会成员发生强力规范、引导、定向和塑造示范作用。[5]

人们之所以不同意官僚构成专制社会统治阶级的观点，是因为按照马克思主义的观点，所谓阶级是一个经济概念，即在一定社会经济结构中处于不同地位的社会集团。由于在一定生产体系中所处地位不同，对生产资料的关系不同，在社会劳动组织中所起作用不同，从而领得自己所支配的那份财富的方式和多寡也不同。在帝国时代，虽然官僚集团控制了庞大数量的社会资

---

① 阎步克：《从爵本位到官本位——秦汉官僚品位结构研究》，三联书店，2009，序言第 3 页，正文第 5 页。
② 阎步克：《士大夫演生史稿》，北京大学出版社，1996，第 484 页。
③ 雷戈：《秦汉之际的政治思想与皇权主义》，上海古籍出版社，2006，第 36、40 页。
④ 雷戈：《秦汉之际的政治思想与皇权主义》，第 193 页。
⑤ 雷戈：《秦汉之际的政治思想与皇权主义》，第 178 页。

源和财富，但仍然缺少一个本质的决定性的阶级特征即特定类型的所有制，所以认为它仅是一个阶层或者等级而不是一个阶级。

但也有人认为，中国古代的所有权观念比较模糊，并没有西方那样精确的定义，官僚对生产资料的所有权也不能以西方的标准来衡量。且不说在秦汉早期"名田制"事实上的土地国有制性质，即使在以后所谓"土地私有制"的条件下，其最高的所有权和处置权仍然是国家的。皇帝和官僚正是凭此掌握着农业社会最重要生产资料土地和山川林泽的调配权，从而特别有势力。另外，在相当长的时期内，官僚个人都可以凭借爵位或者官品的制度特权，比庶民多占有土地资源，这正是一种连续性的特殊所有制类型。李开元通过对"汉高五年诏令"的研究，推算出当时赐田宅的主要对象即有爵命者约 60 万人，如果高下平均按皆被赐予五顷田和二十五亩宅的数量来计算，总数将要达到 3 亿亩田地和 1500 万亩宅地，相当于当时帝国全部耕地的 40%。假如按一家五口计算，其受惠者约为 300 万人，占当时人口总数1500 万之 20%。① 如果硬要在统治阶级和被统治阶级之间划分界限的话，这个界限在汉代就是六百石的官职和五大夫的爵位。这样一个拥有强大政治势力和经济基础、具有较高社会身份的新的社会集团，李开元称之为"军功受益阶层"，其实它已经具备了一定的阶级性。这样一个军功受益阶层，在约五十年（高惠吕文）的时段中完全支配汉帝国各级政权，再通过政权对帝国内政治权力、经济财产和社会身份——即社会总财富进行再分配。②中国古代是一种多层的土地所有关系。中国古代税赋制度，其基础就是土地王有观。土地既然在理论上是王有的，占有土地的人，就负有向天子纳贡的义务。"贡"，既表现为政治上的臣服，又是一种占有他人土地后应付的租金和劳役。商鞅推行于秦的是土地国有制，这在张金光的《秦制研究》中已有详尽论证。后世民间的土地虽然可以买卖，但无论土地如何流转，土地最终归属于天子的观念没有变。国家既承认土地可以买卖，同时又认为土地和人口都是国家的。官方统计民间家财，确实是把土地计算在内的。不过，

① 李开元：《汉帝国的建立与刘邦集团——军功受益阶层研究》，三联书店，2000，第 54 页。
② 李开元：《汉帝国的建立与刘邦集团——军功受益阶层研究》，第 240 页。

这种土地是否私有仍须两说。

刘邦夺天下离不开将士用命，未成事前，他和将军们称兄道弟；事成后大封群臣，双方其实是分享利益。汉晋以后，虽然不再封建，但与功臣"共天下"的观念仍在支配人心，比如东晋的"王与马，共天下"；又如宋朝被说成是"群臣万姓三军之天下，非陛下之天下"，[①] 其实它指的是皇室与士大夫共天下。所以，中国古代官僚的私有财产与一般平民不同，它是从政治意义的瓜分天下的观念中发展出来的。秦以后的开国皇帝，都是从别人手中夺天下，底气均不如秦，其心理颇为矛盾：既觉得这天下就是我的，又觉得功臣们也有份，于是就赋予功臣们一些特权。所谓由官贵形成的大土地所有者，只是在政治特权的保护下才有了意义。而且这种私有财产诞生之后，又伴随着相当大的政治风险，一旦失势，土地私财也就随之难保。

所以无论从权属观念，还是从保护状况上观察，古代中国的私有土地权一直是不完整的。在观念上，土地首先是皇帝的私产，平民能有土地，那是皇帝授予的，这种"恩赐"不是赠送，受赐人得用地租和劳役付出代价。从保护状况上，私人土地或许能勉强对抗私人侵害，却不能对抗政府的加赋，就在于它没有最终的所有权。

其实，中国古代官僚的权力，更多的是建立在政治暴力和意识形态教条基础之上的。他们通过强制征收赋税，掠夺农民所创造的社会财富，再以俸禄的形式付给自己优厚的报酬。因此我们看到张安世家族因为其权贵身份，就在对社会财富的再分配中占有了非常优势的地位。张安世在世时，达到了其家族事业的巅峰，其经济收入约有四项，即封邑、俸禄、皇帝赏赐和家庭手工业经营。除去后两项因为资料缺乏外，其他两项还是可以大体估算的。其富平侯封邑"万三千六百四十户"，加上其子张彭祖袭封阳都侯"千六百户"，张贺之孤孙张霸为关内侯"三百户"，共计一万五千五百四十户。其封邑收入因为计算方法不同，有说"租入岁千余万"的，也有人计算

---

① 《宋史全文》卷二〇中《宋高宗十一》，《景印文渊阁四库全书》第331册，台北，台湾商务印书馆，1983，第53页。

为"租入八百四十万钱"。① 张安世最高任职大司马卫将军，秩万石，据《汉书》如淳注，"律，丞相、大司马大将军奉钱月六万，御史大夫奉月四万也"，② 仅这一项一年下来就是七十多万钱。所以汉代大官僚最稳定最可靠的收入还是靠政治权力从国家财政收入中分得的。

总之，秦汉帝国建立后，直接面对广大分散的原子化的小农，如何对社会进行有效的治理以维持稳定，官僚的专业技能和组织能力就必不可少，故汪洋大海一般的小农为官僚政治的存在提供了雄厚的基础。由于小农与政府之间缺少其他有力的社会等级，国家权力对小农的直接干预就应运而生。正是这样的一种"历史作用"，催生了以"公权力"为力量基础的官僚统治阶级。

（原载《史学月刊》2016 年第 6 期）

---

① 杨光辉：《汉唐封爵制度》，学苑出版社，2002，第 88 页。
② 《汉书·成帝纪》，第 329 页。

汉律构成中"篇""章""条""事"之关系

宋 洁

摘 要 本文结合张家山汉简《二年律令》《奏谳书》及"古人堤汉律目录",认为《晋书·刑法志》所载"集类为篇,结事为章"当理解为"一章之中包含若干事项,若干事项组成一章,这是'结事为章';一章可视为一事类,故若干章(事类)组成一篇,这是'集类为篇'"。并可通过引入"律条""章条""刑罚条""事项条"等概念去理解史料中律令统计数目的问题。

关键词 汉律 章 事类 律条 章条 刑罚条 事项条

自从《二年律令》刊布以来,关于《二年律令》中二十几种律与萧何"九章律"之间篇目关系的探讨,一直持续不断,其中最引人注目者莫过于杨振红先生与王伟先生从《历史研究》转战《史学月刊》的论辩。在"杨王之辩"讨论的诸多焦点中,涉及一个"如何理解与汉律令有关的'篇''章''事'等概念的重要问题"。[①] 此重要问题,在杨、王的反复论辩中一直是一中心问题。其论证寓于杨先生《秦汉律篇二级分类说——论〈二年律令〉二十七种律均属九章》[②]《汉代法律体系及其研究方法》[③] 以及王先生《论汉律》[④]

---

① 王伟:《论汉律》,《历史研究》2007 年第 3 期。
② 杨振红:《秦汉律篇二级分类说——论〈二年律令〉二十七种律均属九章》,《历史研究》2005 年第 6 期。
③ 杨振红:《汉代法律体系及其研究方法》,《史学月刊》2008 年第 10 期。
④ 王伟:《论汉律》,《历史研究》2007 年第 3 期。

《辩汉律》①中。关于此问题，所有的讨论可以说是基于《晋书·刑法志》而展开，其文曰：

> 世有增损，率皆集类为篇，结事为章。一章之中或事过数十，事类虽同，轻重乖异。而通条连句，上下相蒙，虽大体异篇，实相采入。《盗律》有贼伤之例，《贼律》有盗章之文，《兴律》有上狱之法，《厩律》有逮捕之事，若此之比，错糅无常。②

此段争论的核心又在"集类为篇，结事为章"这一句上，虽仅八个字，但背后却是整个汉律构成的缩影。此八字透露的构成次序是"篇—章—事"，核心在"章"字。诸家皆已指出"章"字使用时，大到可表"篇"，小到可表"条"。故具体到"结事为章"时，各取一义，这便直接影响到对"篇""事"含义的理解。杨、王之分歧由此展开，各自提出了两种解法。前一种解法皆在对方商榷之后予以放弃。首先，杨先生说："一'事'制定一律（章），一'事'（章）下有若干律条，若干性质相同的'事'（章）被归在一个律篇之下。"其后王先生予以商榷，认为"集类为篇，结事为章"是采用互文形式，应理解为"集结事类为篇章"。杨文在受到王文商兑之后，对之前说法予以修正："一'事'下有若干律条，若干性质相同的'事'归为一'章'，若干内容相关的章归为'一篇'。"而王文在杨先生的商榷之下，也放弃了之前的"集结事类为篇章"主张，并提出新说："一个篇章由一个事类构成，一个条文（章）由一个或多个事项构成。"

通过两位先生来回地辩难，使得我们对秦汉法律中的一些概念认识达到一个新的高度，使人获益良多，也由此可见该问题之繁复。笔者在两位先生论辩启发、指引下，通过思考，认为尚可做一些细微的补充，故不揣浅陋，提出愚见。请方家指正。

笔者以为："集类为篇，结事为章"应该是"一章之中包含若干事项，

---

① 王伟：《辩汉律》，《史学月刊》2013年第6期。
② 《晋书》卷三〇《刑法志》，中华书局，1974，第923页。

若干事项组成一章，这是'结事为章'；一章可视为一事类，故若干章（事类）组成一篇，这是'集类为篇'；'章'与'条'有同有异，尤需注意，不宜混同，需结合语境分析"。下面就此展开具体讨论。

一

关于"集类为篇，结事为章"中的"章"字，我以为出土文献已为我们指出了解决的路径。1987年，在湖南张家界城西古人堤遗址出土了90片东汉时期的简牍，其中有两块木牍，残损严重。经湖南省文物考古研究所和中国文物研究所研究人员的整理，发现其中一块存有汉律目录：

□□□□、□□□□、□□□、□□□、□□□、□□□、□□□、骄□□、诈发□、盗□□、杀人□□（第一栏）

□□、□□□、□□□、□□故、盗出故（？）物、□有、诈伪始入、□亡、□□□□（第二栏）

□□□、大□□□、诸□□、□□□、对（？）……不□□、□□皇、□□汉、□□□皇、诈□丧（？）（第三栏）

揄封、毁封、为□□、诸食□肉、贼杀人、斗杀以刀、人杀戏（逆序插入）、谋杀人已杀、怀子而……□蛊人（第四栏）

□□□□、□子贼杀、□子(？)贼杀、父母告子、奴婢贼杀、□□偷、殴父母、奴婢悍、父母殴笞子、诸人食官（第五栏）

奴□□、殴决□□、贼燔烧宫、失火、贼伐燔口、贼杀伤人、犬杀伤人、船人□人、诸□弓弩、奴婢射人、诸坐伤（？）人（第六栏）[1]

此汉律目录，"其一、二栏为《盗律》目录，大部分漫漶不可识，其他为《贼律》目录，存目较多"。[2]

---

[1] 湖南省文物考古研究所、中国文物研究所：《湖南张家界古人堤简牍释文与简注》，《中国历史文物》2003年第2期。

[2] 湖南省文物考古研究所、中国文物研究所：《湖南张家界古人堤简牍释文与简注》，《中国历史文物》2003年第2期。

我们以为此"汉律目录"所载的 62 个律目，就是"汉律章目"（为行文方便，下面称为"古人堤章目"），这似乎可与《张家山汉简·奏谳书》所载"杜泸女子甲和奸案"中"致次不孝、敖悍之律二章"的说法相印证。

"次不孝章"，《奏谳书》中记为"教人不孝，次不孝之律。不孝者弃市。弃市之次，黥为城旦舂"。这可与《二年律令·贼律》简 35～37 相比较：

> 子牧杀父母，殴詈泰父母、父母、叚（假）大母、主母、后母，及父母告子不孝，皆弃市。其子有罪当城旦舂、鬼薪白粲以上，[及]为人奴婢者，父母告不孝，[勿听]。[年七十以上告]子不孝，必三环之。三环之各不同日而尚告，乃听之。教人不孝，黥为城旦舂。

对此，学者认为案例中的"教人不孝，次不孝之律。不孝者弃市。弃市之次，黥为城旦舂"是节录《二年律令·贼律》简 35～37，使其口语化。[①]

"敖悍章"，在案例中有明文："敖悍……输巴县盐。"此条是否为节录律文，不得而知。故无法展开讨论，现就"次不孝章"做一分析。

结合上引《二年律令·贼律》简 35～37，可以看出"父母告子不孝，皆弃市……三环之各不同日而尚告，乃听之"的行为为父母；"子牧杀父母，殴詈泰父母、父母、叚（假）大母、主母、后母"行为主体为子女；"教人不孝，黥为城旦舂"行为主体为他人。

既然将行为主体为他人的"教人不孝，黥为城旦舂"称之为"次不孝章"，那行为主体为父母，当也为一章，这恰可在"古人堤章目"中找到"父母告子"一目。并且行为主体为子女的也恰好有"殴父母"一目。显然，"次不孝""父母告子""殴父母"三者为平行关系，皆可视为一"章"。参照张建国先生口语化及"教人不孝"称为"次不孝章"的说法，"父母告子章"

---

① 张建国先生提出口语化的观点，参见《关于汉简〈奏谳书〉的几点研究及其他》，《国学研究》1997 年第 4 期；邢义田先生提出是节录的观点，参见《秦或西汉初和奸案中所见的亲属伦理关系（订补本）》，简帛网，2008 年 6 月 28 日。

或可称为"告不孝章","殴父母章"或可称为"不孝章"。①

另外,"章"之形式、概念尚可借鉴唐律,《唐律疏议·名例律》中的"八议者"条称为"议章","官爵五品以上"条称为"请章","七品以上之官"条称为"减章","应议请减"条称为"赎章"。②

据此,我们似乎可以确定"古人堤律目"当为章目。

二

既然"古人堤律目"皆为"章目",那"结事为章"之"事"当指其下各事项,如"古人堤章目"中的"贼燔烧宫"应指《二年律令·贼律》简4:

> 贼燔城、官府及县官积聚(聚),弃市。贼燔寺舍、民[室屋庐舍、积聚(聚),黥]为城旦舂。

其中当包括如下事项:(1)贼燔城。(2)贼燔官府。(3)贼燔县官积聚(聚)。(4)贼燔寺舍。(5)贼燔民室屋庐舍。(6)贼燔民积聚(聚)。

又如,上引"父母告子"应至少包括三个事项:(1)父母告子不孝,皆弃市。(2)其子有罪当城旦舂、鬼薪白粲以上,[及]为人奴婢者,父母告不孝,[勿听]。(3)[年七十以上告]不孝,必三环之。三环之各不同日而尚告,乃听之。

仅结合以上两例,可以看到,诸多事项具有同样的行为,如"贼燔""告子",但结果往往悬殊,如"贼燔城、官府及县官积聚(聚)"为死刑,而"贼燔寺舍、民室屋庐舍、积聚(聚)"仅仅黥为城旦舂。这应就是《晋书·刑法志》所说的"事类虽同,轻重乖异"(如果把一"事类"理解为一"篇",那"事类虽同,轻重乖异"将翻译为"篇虽同,轻重乖异"。这

---

① "父母告子"与"殴父母"皆与不孝罪相关,但本质尚存区别。父母告子不孝,是以父母对不孝的理解为出发点,有较大的主观性,故有三环之规定,行为主体为父母;殴父母是以子女客观行为为判定标准,不待父母告罪,行为主体为子女。

② 刘俊文:《唐律疏议笺解》,中华书局,1996,第113、118、127、133页。

将理解成，一"篇"之中有轻重乖异。但是，一篇之中不同性质的行为放一起比较，有轻重乖异很正常，如《贼律》中"贼燔"与"告子"，性质不同，如何去比较两者轻重乖异呢？《晋志》似乎没有必要专此一说。因此，笔者认为"事类虽同"的"事类"不能理解为"篇"，只能理解为"章"。王先生把"事类"理解为"一个事类（《杂律》除外）组成一篇"，这与笔者认为的"一个事类视为一章"有所不同。一篇之中不同性质的行为放一起比较，有轻重乖异很正常，《晋志》似乎没有必要专此一说。

且《晋书·刑法志》所载"魏律序略"曰：

> 今制新律，宜都总事类，多其篇条……《贼律》有欺谩、诈伪、逾封、矫制、《囚律》有诈伪生死，《令丙》有诈自复免，事类众多，故分为《诈律》。[1]

此间《贼律》中之"欺谩""诈伪""逾封""矫制"，《囚律》中之"诈伪生死"，《令丙》中之"诈自复免"，应皆可视为一章，尤其"逾封"章目尚能在"古人堤章目"中得见。"事类众多"显然是针对"欺谩""诈伪""逾封""矫制""诈伪生死""诈自复免"这六个事类而言。[2] 故"事类众多，故分为《诈律》"实指析分《贼律》《囚律》《令丙》中各关联诸"章"，合为一篇《诈律》。但如果以"一事类"为"一篇"，那"事类众多"将理解为"贼律篇""囚律篇""令丙篇"三篇太多，故分为《诈律》。这显然不合理。以上是笔者将"事类"理解为"章"的理由。正确与否不敢妄断，提供一孔之见而已。

在汉律构成中尚有一问题尤需重视、亟须解决："章"与"条"的关系。"章"与"条"在各论著中多有混淆之嫌。学者在分析"章""条"之

---

[1] 《晋书》卷三〇《刑法志》，第924页。

[2] 此处须补充一句：关于"事类"与"篇""章"之关系，可能存在"事类"大于"章"，小于"篇"的情形；抑或是"事类"不受篇、章的限制，如此处《贼律》有"诈伪"，而《囚律》有"诈伪生死"，这两者是否应该视为一个"诈伪"事类，尚难确定。又譬如，一些"令"是对"律"的补充，性质相同的主次之间，是否也应视为一个"事类"，这值得探讨。但从"集类为篇"四字来理解，在同一篇目之下，是可以认定"一章"为"一事类"的。

关系时,多见其同,少见其异,而未见之异对于理解史籍记载又至为重要。下面结合史料来对"条"做一探讨。

(1)《晋书·刑法志》:永元六年,宠又代郭躬为廷尉,复校律令,刑法溢于《甫刑》者,奏除之,曰:"臣闻礼经三百,威仪三千,故《甫刑》大辟二百,五刑之属三千……今律令,犯罪应死刑者六百一十,耐罪千六百九十八,赎罪以下二千六百八十一,溢于《甫刑》千九百八十九,其四百一十大辟,千五百耐罪,七十九赎罪……宜令三公、廷尉集平律令,应经合义可施行者,大辟二百,耐罪、赎罪二千八百,合为三千,与礼相应。其余千九百八十九事,悉可详除。"①

(2)《汉书·刑法志》:至成帝河平中,复下诏曰:"《甫刑》云'五刑之属三千,大辟之罚其属二百',今大辟之刑千有余条,律令烦多,百有余万言……其与中二千石、二千石、博士及明习律令者议减死刑及可蠲除约省者……其审核之,务准古法,朕将尽心览焉。"

(3)《汉书·刑法志》:(武帝时)大辟四百九条,千八百八十二事,死罪决事比万三千四百七十二事。②

(4)《魏书·刑罚志》:于定国为廷尉,集诸法律,凡九百六十卷,大辟四百九十条,千八百八十二事,死罪决比凡三千四百七十二条,诸断罪当用者,合二万六千二百七十二条。③

按:(1)中所说永元六年(公元96年),死刑610,耐罪1698,赎罪以下2681,合计4989,因为《甫刑》所言五刑之属共三千,其大辟占200,故溢出《甫刑》共1989,大辟多出410。考虑到"其余千九百八十九事,悉可详除"一语,可知所有数目是按照"事项"来统计。其中《尚书·甫刑》所说的"大辟两百,五刑之属三千"也不例外,当以"事项"来理解。但是,(2)中所载"《甫刑》云'五刑之属三千,大辟之罚其属二百',今大

---

① 《晋书》卷三〇《刑法志》,第920页。
② 《汉书》卷二三《刑法志》,中华书局,1962,第1103、1101页。
③ 《魏书》卷一一一《刑罚志》,中华书局,1974,第2872页。

辟之刑千有余条……其审核之，务准古法"，却把"五刑之属三千、大辟两百"按"条"数来理解。又，（3）"死罪决事比万三千四百七十二事"与（4）"死罪决比凡三千四百七十二条"① 中，一称之为"事"，一称之为"条"。

然而，"事项"与"条"之间差别极大，这可通过（3）"大辟四百九条，千八百八十二事"看出其间之差别。学者已指出此"大辟条"平均4.6事（1882÷409）。如此，汉武帝到东汉永元六年之间法律变化轨迹便让人费解，尤其"大辟条"在武帝至成帝之间的增设更是让人匪夷所思，怎么可能从武帝时的409条，1882事增加到"千有余条"呢？按照一"大辟条"含4.6事计算，成帝时将有5000事左右，显然这与史料记载武帝之后律条省减相违背。② 对此，我们认为应该引入四个概念：律条、章条、③ 刑罚条、事项条。

首先，一事项计为一条。上引"父母告子"章的全部内容当视为"章条"，其下的三个事项：（1）父母告子不孝，皆弃市。（2）其子有罪当城旦春、鬼薪白粲以上，［及］为人奴婢者，父母告不孝，［勿听］。（3）［年七十以上告］不孝，必三环之。三环之各不同日而尚告，乃听。皆可视为"事项条"。一般情形下，"章条"有若干"事项条"。

其次，"刑罚条"之下也有若干"事项条"。这从一"大辟条"涵4.6事可知，如结合简牍更为直观，《二年律令·贼律》简1～2："以城邑亭障

---

① 《魏书·刑罚志》卷后"校勘记"云："《汉志》死罪决死比万三千四百七十二条，此志（《魏志》）'万'作'凡'，疑亦音近而讹。"

② 《汉书·宣帝本纪》记载孝宣本始四年，诏郡国"律令有可蠲除以安百姓，条奏"。《汉书·刑法志》记载元帝时下诏"夫法令者，所以抑暴扶弱，欲其难犯而易避也。今律令烦多而不约，自典文者不能分明，而欲罗元元之不逮，斯岂刑中之意哉！其议律令可蠲除轻减者，条奏，唯在便安万姓而已"。至成帝时复下诏："今大辟之刑千有余条，律令烦多，百有余万言……其与中二千石、二千石、博士及明习律令者议减死刑及可蠲除约省者。"其后，哀帝也有所举措，《晋书·刑法志》载："哀帝建平元年尽四年，轻殊死者刑八十一事。"

③ 笔者所说"章条"是一章为一条。与史料中的"章条"概念不同，如《后汉书·儒林列传》："繁其章条。"《晋书·刑法志》："补其章条之不足。"这应该是"章"与"条"的合称。

反，降诸侯，及守乘城亭障，诸侯人来攻盗，不坚守而弃去之若降之，及谋反者，皆要（腰）斩。”此为“刑罚条”中的“大辟条”，大概可计为四个事项：（1）以城邑亭障反。（2）降诸侯。（3）守乘城亭障，诸侯人来攻盗，不坚守而弃去之若降之。（4）及谋反者。显然，“大辟条”之下有若干事项。因此，“章条”与“刑罚条”之下都包括若干“事项条”。

再次，“章条”与“刑罚条”之间的关系又如何呢？我们以为，“章条”一般大于“刑罚条”。因为今日所见简牍中，诸刑罚是并存于一章之内的。如上引“贼燔烧宫”章中弃市、黥城旦舂就同存一章。又如《二年律令·盗律》简55～56：

> 盗臧直过六百六十钱，黥为城旦舂。六百六十到二百廿钱，完为城旦舂。不盈二百廿十到百一十钱，耐为隶臣妾。不盈百一十钱到廿二钱，罚金四两，不盈廿二钱到一钱，罚金一两。

由于“古人堤章目”中盗律部分残损严重，无法见到与简55～56相关的具体章目，但可以推见，不会以赃值来分“章”。此条内容必定存于一“章”之内。所以，“刑罚条”与“章条”之关系可一目了然。

最后，“章条”之上，我以为还应该存在“律条”。“律条”中应存在包含若干“章”的情形，其内容相关的律文以共举于一条的形式出现。正由于没有区分两者，故而有学者发出“‘一条律文、两个律目’该如何解释呢”的疑问。如《贼律》简4～5：“贼燔城……黥为城旦舂。其失火延燔之，罚金四两，责（债）所燔。乡部、官啬夫、吏主者弗得，罚金各二两。”对应“古人堤章目”中的“贼燔烧宫”“失火”两目。对此现象，学者猜测原因可能有二：一是有可能律文有所改变。二是有可能书手抄写《二年律令》时将两条独立律文合二为一，今所见毕竟为抄本而非朝廷正式文本。① 其实我们可以在遵从抄手所抄《二年律令》原貌的情形下，试着做出解释。上引律文皆涉“火”，且“其失火延燔之”中的“其”字作连词，上承前句；“之”字做代词，指代延燔之场所，即上面所说的“城”“官

---

① 参见张忠炜《秦汉律令法系研究初编》，社会科学文献出版社，2012，第102页。

府""县官积冣（聚）""寺舍""民室屋庐舍""积冣（聚）"。因此，两章视为一条，当无疑问。① 故而，该"律条"之下分为两章是人为的按照造成火灾的行为性质——故意与过失——进一步做出的区分。

又如上引《二年律令·贼律》简35～37："子牧杀父母，殴詈泰父母……及父母告子不孝……教人不孝，黥为城旦舂。""古人堤章目"分为"殴父母""父母告子"（甚或尚有"次不孝"）。其内容皆涉不孝，当为一条。尤其"次不孝章"的律文"教人不孝"的"不孝"二字是针对上面"子牧杀父母，殴詈泰父母……"而言的，显然我们不能把简35～37的律文割裂为两三条"律条"，而只能考虑一个"律条"中按照主体、文义的不同分割成了若干章。

应该说，"章"更多的是按照内在文义划分，古今诸家对"章"字皆有说明；② 而"条"更多是按照外在标准进行统计，所以才会出现统计数目的不同。四者关系大致为：律条≥章条≥刑罚条≥事项条。一"律条"有若干"章条"，一"章条"有若干"刑罚条"，一"刑罚条"有若干"事项条"，这是就一般情形而言的。但是，当一"律条"只有一"章条"，一"章条"只有一"刑罚条"，一"刑罚条"只有一"事项条"时，四者可视为一。如"古人堤章目"中的"毁封"，《二年律令·贼律》简16记为"毁封，以它完封印印之，耐为隶臣妾"。此律文记一事项，此时似乎出现"律条""章条""刑罚条""事项条"四者为一的情形。当然，"律条""章条""刑罚条""事项条"四者为一的情形当较少，大部分可能存在三者为一，二者为一的情形。这当是史籍中"条"字混用的原因，也正因为该字的伸缩性，故造成后人理解窒碍。

至此，我们再回头看武帝时候大辟409条、1882事，成帝时大辟"千有余条"，东汉陈宠时610事这一死刑的变化轨迹。成帝时的大辟"千有余条"，只能作为"事项条"理解，由于不知确切数目，故只能断定"（大

---

① 从这两点来说，也很难想象是抄手将两条律文合二为一，明显是按底本抄录。
② 诸家之说可参看张忠炜《汉代律章句学探源》，《史学月刊》2010年第4期；张丽华、李尚《〈文心雕龙·章句〉辨疑》，《内蒙古师范大学学报》2010年第6期。

辟)事项条"在1882~1000之间,按照4.6事计算,"(大辟)刑罚条"在409~217之间。其后,到了东汉永元六年时已减为610事(约132条)。可见,整个轨迹是按照轻刑原则推进的。

汉武帝至和帝永元六年之间的死刑调整,也可以从史料中找到相关印证。《汉书·刑法志》记载:"考自昭、宣、元、成、哀、平六世之间,断狱殊死,率岁千余口而一人,耐罪上至右止,三倍有余……自建武、永平,民亦新免兵革之祸,人有乐生之虑,与高、惠之间同,而政在抑强扶弱,朝无威福之臣,邑无豪杰之侠。以口率计,断狱少于成、哀之间什八,可谓清矣。"① 又《晋书·刑法志》记载:"汉自王莽篡位之后,旧章不存。光武中兴,留心庶狱,常临朝听讼,躬决疑事。是时承离乱之后,法网弛纵,罪名既轻。"② 可见,东汉初期百废待兴,对西汉律文之沿用,当大为省减。可以说,"大辟条"从武帝409条、1882事到永元六年陈宠校订时的610事(约132条)这一变化是符合史实的。从"昭、宣、元、成、哀、平六世之间断狱殊死,率岁千余口而一人"到班固撰《刑法志》时的"断狱少于成、哀之间什八",背后的原因显而易见与律条的省减、继承有关。大辟从1882事减为610事,少于武帝"什七",大致符合班固所说的"断狱少于成、哀之间什八"的记载。班固与陈宠为同时代人,以两人之言互证,大致揭示出了东汉法律与西汉法律变化之情实。

三

对于"律条"与"章条"之别,涉及两汉"律章句学"的问题。对于"律章句学",张忠炜先生在前人研究的基础上做出了自己的解释:

> 所谓律章句学,是以自然章句为基础,确定某些律条的分合(亦即次生章句),构成一个意义相对完整的单位,亦即"章",与之同时是进行文字方面的断句,以及为疏通律文所作的注说。这里所说的

---

① 《汉书》卷二三《刑法志》,第1108~1110页。
② 《晋书》卷三〇《刑法志》,第917页。

"自然章句"，借用韩禄伯的话说，就是读者能够识别原文各意义单位（章）的不同，即使早期版本没有句读、章数。这可以睡虎地不同"版本"《效律》简中接续一致的律条为证，也可以《二年律令》中那些自然存在的律章为例。"次生章句"，借用宁镇疆的话说，就是以这些自然章序为基础，出于"条理""逻辑"甚至是篇幅等方面的需要，对它们进行重新的分合独立组合。①

"自然章句"是一个抽象的概念，"章"字用法可大到篇，小到条，故对自然章句的划分，受制于对律文的理解，因人而异；并且"自然章句"无论在汉律还是唐律、明律都一样，有文句便有"自然章句"，所以，讨论"自然章句"意义不大。我们要注意的是，在"自然章句"的基础上，人为所做出的进一步划分，称为"次生章句"。这与笔者所说的"章条"较为一致，其外在的表现形式就是"章目"。东汉律章句之学分为十余家，"章目"不同当是其分歧之一。从今日所见《二年律令》与"古人堤章目"之间的关系，似乎"律条"与"章条"有截然区别。但随着时人对法律认识的加深，尤其是两汉律章句学的发展，使得"律条"与"章条"的概念有趋于合一的倾向。在此基础之上，只需要经历一次由政府主导的大的修律行为，其过程中借鉴一家较为合理的"章句学"来编订"律条"，再由政府颁布正式、唯一的"章目"，此时就出现"章条"（次生章句）与"律条"合二为一的情形。考虑到无法得知"古人堤章目"的性质，出于慎重（尤其"古人堤章目"与"魏律序略"中的名目悬殊较大），暂不把"律条""章条"合一的时间定在东汉，而是极有可能从曹魏《新律》肇始。《晋书·刑法志》记载：

> （魏文帝时）是时承用秦汉旧律……《盗律》有贼伤之例，《贼律》有盗章之文，《兴律》有上狱之法，《厩律》有逮捕之事，若此之比，错糅无常。后人生意，各为章句。叔孙宣、郭令卿、马融、郑玄诸儒章句十有余家，家数十万言。凡断罪所当由用者，合二万六千二百七

---

① 张忠炜：《汉代律章句学探源》，《史学月刊》2010 年第 4 期。

十二条，七百七十三万二千二百余言，言数益繁，览者益难。天子于是
下诏，但用郑氏章句，不得杂用余家。①

因为汉律错糅无常，所以，时人以己意各为章句。其后魏文帝下诏但用"郑
氏章句"。在确定"郑氏章句"地位之后，魏文帝"又下诏改定刑制……傍采
汉律，定为魏法，制《新律》十八篇"。虽然今日已无法获知《新律》有多
少条或章，但我们可参照其后出现的晋《泰始律》。该律以法典形式出现，
"合二十篇，六百二十条"。② 此时这620"律条"可视为620"章条"。因
为《晋书·刑法志》记载："侍中卢珽、中书侍郎张华又表：'抄新律③诸
死罪条目，悬之亭传，以示兆庶。'"④ 这说明《泰始律》作为一部法典，
已有唯一法定的"条目"存在。此时"律条"与"章条"两个概念将自然
整合，再无差别。⑤《唐律疏议》尤可作为参考。《唐律疏义》502个"律
条"，皆有"条名"，这就是"条目"。502个"律条"又可称为"章条"，
如上引的《唐律疏议·名例律》中的"八议者"条称为"议章"，"官爵五
品以上"条下称之为"请章"，"七品以上之官"条称为"减章"，"应议请
减"条称为"赎章"。

据此，"律条"与"章条"（次生章句）两个概念的产生与融合，是伴
随着两汉律章句学之发展始终的。正由于早期汉律结构、形式的不合理，导
致篇章之间杂糅无常，律章句十余家的存在，正可作为此种现象之注脚。
其实，这也从侧面反映出法律从稚嫩逐步走向了成熟，故其后的王朝再也
未出现律章句十余家的情形，而是被官方所取代；从魏律但取"郑氏章
句"到长孙无忌对唐律的逐条疏解，都以法定形式予以固定；而《唐律
疏义》的撰成恰恰是律章句之学的余绪，与《五经正义》的编订正可相
映生辉。

---

① 《晋书》卷三〇《刑法志》，第922~923页。
② 《晋书》卷三〇《刑法志》，第927页。
③ 中华书局点校本《晋书》在"新律"二字上有浪线式书名号，易引误解。曹魏所制律称为
《新律》。而此处"新律"是指晋《泰始律》，是对"新颁行律"的简称。
④ 《晋书》卷三〇《刑法志》，第931页。
⑤ "律条"与"章条"两个概念统一之后并不影响"刑罚条"与"事项条"的存在。

最后，笔者结合上面引入的几个概念，套用张忠炜先生的话：所谓律章句学，是以"律条"为基础，确定某些"事项条"的分合，组成"章条"，构成一个意义相对完整的单位。

（原载《简帛研究二〇一四》）

建都洛阳与东汉防范重心之偏内

梁万斌

摘　要　东汉建都洛阳，由于洛阳本身的地理因素与帝国内部豪族势力的潜在威胁，最终使朝廷的防范重心偏内。此种变化，不但促使光武帝进行了官制和兵制改革，而且也深刻影响了帝国的边疆政策与边疆经略。原意为防范功臣、豪族而致力于君主集权的官制改革，在幼主即位的情况下却导致了外戚、宦官挟主专权；为防范地方豪族而进行的兵制改革，则不仅导致了"王旅不振"，甚至直接影响了帝国命运。另外，随国都的东迁，帝国的核心区亦东移，西北边郡乃至关中的地位降低。凡此种种因素的交互作用，则又导致了"羌祸"转剧、边塞内移。

关键词　东汉　建都洛阳　关中　西北边郡　羌祸

刘秀在击破王朗和铜马等诸部，拥有了河北以后，于建武元年（公元25年）六月即皇帝位于鄗南，是年十月定都洛阳，但"国家亦不忘乎西都"。[①] 根据《后汉书》卷一《光武帝纪》的记载，刘秀曾多次亲幸长安，特别是在建武十八年（公元42年）"幸长安"的同时，还仔细勘察了关中[②]

---

① 《后汉书》卷八〇上《文苑列传上·杜笃》，中华书局，1965，第2609页。

② 此处之关中，是指司马迁在《史记》卷一二九《货殖列传》中所谓"故关中之地，于天下三分之一，而人众不过什三；然量其富，什居其六"（中华书局，1959，第3262页），包括了陇、蜀地区的广义的关中。参见王子今《秦汉区域地理学的"大关中"概念》，《人文杂志》2003年第1期。

的地理形势："升舆洛邑，巡于西岳。推天时，顺斗极，排阊阖，入函谷，观阸于崤、黾，图险于陇、蜀……遂天旋云游，造舟于渭，北沆泾流。千乘方毂，万骑骈罗，衍陈于岐、梁，东横乎大河。"① 并于次年做出"复置函谷关都尉，修西京宫室"② 的重要举措。这在关东大族中引起了"翕然狐疑，意圣朝之西都，惧关门之反拒"③ 的震动。在这种情况下，对圣意有所体察的杜笃以"关中表里山河，先帝旧京，不宜改营洛邑"④ 为由，向光武帝上奏了主张迁都旧京长安的《论都赋》。杜笃上奏此赋之后，"耆老闻者，皆动怀土之心，莫不眷然，仁立西望。"⑤ 但朝廷并未就此迁都关中，东汉最终还是将国都定于关东的洛阳。

历代学者对东汉建都洛阳多有论述，概括地说，这些研究主要集中在作为都城之洛阳的建制规模与布局，⑥ 就东汉建都洛阳的具体原因来说，虽各

---

① 《后汉书》卷八〇上《文苑列传上·杜笃》，第2596～2597页。

② 《后汉书》卷一下《光武帝纪下》："复置函谷关都尉，修西京宫室。"李贤注："九年省，今复置。"（第72页）汉武帝时，曾"徙函谷关于新安，以故关为弘农县。"（《汉书》卷六《武帝纪》，中华书局，1962，第183页）至东汉光武帝时，函谷关可能又自新安恢复到弘农（关于此事的详细论述，请参看辛德勇《汉武帝"广关"与西汉前期地域控制的变迁》，《中国历史地理论丛》2008年第2期。邢义田《试释汉代的关东、关西与山东、山西》及其《补正》，《秦汉史论稿》，台北，东大图书股份有限公司，1987，第85～170页；《试释汉代的关东、关西与山东、山西》，原刊于《食货月刊》复刊第13卷第1、2期合刊，1983；《"试释汉代的关东、关西与山东、山西"补遗》，原刊于《食货月刊》复刊第13卷第3、4期合刊，1983）。《元和郡县图志》卷六《河南道二》："函谷故城……秦函谷关城，汉弘农县也……路在谷中，深险如函，故以为名……东自崤山，西至潼津，通名函谷，号曰天险。"〔（唐）李吉甫：《元和郡县图志》，贺次君点校，中华书局，1983，第158～159页〕函谷关处于关中通往关东的咽喉地带，既是屏蔽关中的要塞，亦是西汉立都关中，实行"以关中制关东"这一地域控制战略的关键地理凭借要素之一，其战略地位极其重要。《后汉书》卷一三《隗嚣列传》载隗嚣将王元说隗嚣曰："今天水完富，士马最强，北收西河、上郡，东收三辅之地，案秦旧迹，表里河山。元请以一丸泥为大王东封函谷关，此万世一时也。若计不及此，且畜养士马，据隘自守，旷日持久，以待四方之变，图王不成，其弊犹足以霸。"（第525页）函谷雄关对于立都关中的重要作用，于此亦可见一斑。这就不难理解，为什么刘秀于建武十九年"复置函谷关都尉"的举措，在关东大族中引起"翕然狐疑，意圣朝之西都，惧关门之反拒"的震动，两相发明，刘秀迁都关中的意图也隐然可见。

③ 《后汉书》卷八〇上《文苑列传上·杜笃》，第2598页。

④ 《后汉书》卷八〇上《文苑列传上·杜笃》，第2595页。

⑤ 《后汉书》卷七六《循吏列传·王景》，第2466页。

⑥ 参见（清）顾炎武《历代宅京记》，于杰点校，中华书局，1984；陈桥驿主编《中国七大古都》，中国青年出版社，2005；杨宽：《中国古代都城制度史》，上海人民出版社，2006。

有不同，但大都认为是，关中残破，不宜为都，洛阳地接帝国东部大平原关
键经济区，建都洛阳，主要是由于迁就经济中心的原因。① 而依据我的研
究，刘秀是在比较匆忙的情况下称帝的，在当时刘永专据东方，李宪擅命东
南、秦丰、田戎跋扈于荆州，彭宠、卢芳与匈奴相结，抗命与北方，公孙述
称帝于巴、蜀、汉中，隗嚣据天水首鼠两端，窦融拥精骑、雄踞河西"观
时变动"② 的形势下，对于以河北为根据地的刘秀而言，不可能放弃洛阳，
远离自己的根据地而改都长安，置身家性命于强敌四伏的关中。因此，东汉
建都洛阳既有河北是其深根固本赖以争夺天下的基地这一原因，也是特定时
期之形势使然，并非像西汉定都关中，是天下一统后，经帝国君臣在洛阳、
长安两京之间深思熟虑选择的结果。洛阳固然有建都的独特优势，但其客观

① 史念海先生认为："东汉以洛阳为都，显示出当时有迁就经济地区的企图。光武帝没有遵
循旧规，再以长安为都，分明是由于长安已经残破不堪，不易恢复经营。"（史念海：《中
国古代都城建立的地理因素》，《中国古都和文化》，中华书局，1998，第 233 页）Hans
Bielenstein 先生认为："…he entered this city and made it his capital. He had undoubtedly learned
from the fates of Wang Mang and the Keng‐shih emperor that Ch'ang‐an should be avoided in
times of civil war. Another motive must have been that Lo‐yang could be supplied more easily from
the key economic area in the Great Plain."（John King Fairbank and Denis C. Twichett, *The Cam-
bridge History of China*, Volume 1: *The Ch'in and Han Empires*, 221 B. C. ‐ A. D. 220, Cam-
bridge: Cambridge University Press, 1987, p. 251）钱穆先生亦认为："光武中兴，关中残破
（因王莽末年乃至更始、赤眉的大骚扰）改都洛阳。"（钱穆：《国史大纲》，商务印书馆，
1996，第 193 页）葛剑雄先生认为："政治、军事与经济布局的不一致，使经济发展不平衡
的矛盾大大加剧了，其中政治中心对经济中心的依赖作用尤其明显。秦、西汉的政治中心
在关中的咸阳（今陕西咸阳市东北）或长安（今西安市西北），但经济中心和人口的重心
在关东……东汉迁都洛阳，一方面固然是由于关中的残破和少数民族的压力，更主要的还
是为了就近控制关东。"［葛剑雄：《统一与分裂：中国历史的启示》（增订版），中华书局，
2008，第 114~115 页］邹逸麟先生认为："刘秀起兵南阳，是在平定河北基础上建立后汉
政权的，同时自西汉后期以来，河北地区已发展成为全国经济最发达的地区，欲控制黄河
流域，就必须控制河北地区，所以他不可能再以残破的长安为首都，而建都洛阳，以其
'天下之中'的地理位置，以控制河北地区。"（邹逸麟主编《中国历史人文地理》，科学出
版社，2001，第 116 页）而傅乐成先生则认为："因长安遭赤眉破坏，而其地接近外族，他
的部下又都是山东人，因而定都洛阳。"（傅乐成：《汉代的山西与山东》，原刊于《食货复
刊》第 6 卷第 9 期，1976，后收入作者论文集《汉唐史论集》，台北，联经出版事业公司，
1977，第 74 页）
② 《后汉书》卷二三《窦融列传》："及更始败，融与梁统等计议曰：'今天下扰乱，未知所
归。河西斗绝在羌胡中，不同心勠力，则不能自守；权钧力齐，复无以相率。当推一人为
大将军，共全五郡，观时变动。'"（第 797 页）

存在的地理缺陷也决定了它并非是定都的首善之选。① 在此情况之下，刘秀
一系列令"山东翕然狐疑，意圣朝之西都，惧关门之反拒"② 的举措，则进
一步清楚地表明，朝廷确有迁都关中的打算，但关东大族豪强势力的强大，
最终使朝廷迁都长安的愿望无法实现。因此，东汉最终定都洛阳，在很大程
度上是朝廷向关东大族豪强势力妥协的结果。③

顾祖禹、吕思勉、钱穆、谭其骧和傅乐成都以其敏锐的史识在不同场合
附带论及过建都洛阳对东汉帝国之影响，④ 但并未就此问题做全面、深入、

---

① 例如，顾祖禹就认为："河南，古所称四战之地也。当取天下之日，河南有所必争；及天
下既定，而守在河南，则岌岌焉有必亡之势矣。"［（清）顾祖禹：《读史方舆纪要》，贺次
君、施和金点校，中华书局，2005，第2083页］另外，本文之第二部分对洛阳的地理形势
亦有详细的分析，也可说明这一问题。
② 《后汉书》卷八〇上《文苑列传上》，第2598页。
③ 关于东汉最终定都洛阳的始末，因不是本文讨论之重点，容另文详论。但本文的论述与之
有关，势不得不在此有所交代。
④ 顾祖禹认为："汉之东也，以河南而弱。"［（清）顾祖禹：《读史方舆纪要》，第2083页］
吕思勉先生认为："其（东汉）运祚略与前汉相等，然其国力的充实，则远不如前汉了。
这是因为后汉移都洛阳，对于西北两面的控制，不如前汉之便；又承大乱之后，海内凋敝
已极，休养未几，而羌乱即起，其富力亦不如前汉之盛之故。"（吕思勉：《吕著中国通
史》，上海古籍出版社，2009，第352页）钱穆先生认为："两汉是中国史上第一次因统一
而臻国力全盛之时期，但因种种关系，东汉国力已不如西汉。先就建都而论。中国古史活
动场面，大体上主要的在黄河流域。其西部上游武力较优，东部下流则文化、经济较胜。
此种形势，自虞、夏、殷、周直到秦并六国皆然。西汉承秦而都关中，长安为全国之头目，
东方的文化、经济不断向西输送，使与西方武力相凝合，而接着再从长安向西北伸展。
（驱逐匈奴，开通西域）西汉的立国姿态，常是协调的、动的、进取的。光武中兴，关中
残破（因王莽末年乃至更始、赤眉的大骚扰），改都洛阳，从此东方的经济、文化不免停
滞，不再向西移动（中国国力以政治推动，则长向西北发展，由外寇强敌所在也；此如西
汉与唐皆是。若社会自由进展，则长向东南，以气候较佳，土壤较肥，又无强敌临前如东
汉、宋、明皆是）；而西方武力失其营卫，亦不免于转弱（因而虽小小的西羌，竟成东汉
西边之大患）。东、西两方人口密度不调节，社会经济易生动摇，正如在一端极热、一端
极冷的不调和空气下激起了大旋风，东汉国运遂于东方的饥荒，（黄巾）与西方的变叛
（凉州兵与董卓）两种势力冲荡下断送。东汉的立国姿态，可以说常是偏枯的、静的、退
守的。此乃两汉国力盛衰一总关键。"（钱穆：《国史大纲》，第192~193页）谭其骧先生
认为："东汉一代无论对内对外，武功都远不及西汉。特别是对西北边界，大有鞭长莫及
之势。西域三绝三通，合计设有都护、长史的时间不过二十余年。安帝后历次羌乱，兵连
师老，费用至数百亿，并凉为之虚耗，三辅亦遭残破。当然，东汉国力之不竟是由多种原
因造成的，但首都建在远离边境的洛阳，以致对经营边境有所忽略，不能不是原因之一。"
（谭其骧：《中国历史上的七大古都》，《长水集续编》，人民出版社，1994，第33~34页）

系统的专题研究。另外，考察上述前贤的研究，在对帝国命运产生影响之原因这一问题上，吕思勉和谭其骧先生的见解基本一致，他们认为，首都建在远离边境的洛阳，对西北两面的控制，有鞭长莫及之势，不如前汉方便，这是导致东汉衰落的一个重要原因。① 钱穆先生则认为，东汉"改都洛阳，从此东方的经济、文化不免停滞，不再向西移动；而西方武力失其营卫，亦不免于转弱"。② 傅乐成先生大体也持相似的观点，认为"西汉之强，在于以山东的财富开发山西；东汉之衰，在于全力专保山东"。③ 综观钱、傅两位先生的观点，实际上是将东汉衰落的原因，主要归于东汉建都洛阳后，帝国的重心移至关东，结果不能以关东之财富养西北之甲兵，由此导致了帝国的衰落。前贤的这些见解对于这一问题的认识显然很有启发。但依据我的研究，对东汉帝国命运产生深远影响的原因不尽如此，对其深层原因以及究竟是通过何种途径影响了帝国的命运这一关键问题的较为圆满之解决，仍须有进一步深入探讨之必要。基于此，本文以笔者对东汉最终定都洛阳之原因的观点为进一步分析之基础，并根据顾祖禹、钱穆、吕思勉、谭其骧和傅乐成就东汉建都洛阳一事之相关观点所启示的线索，从政治地理的角度，钩稽史实，深入探讨、揭示东汉建都洛阳对帝国命运产生影响之深层原因及其途径。一管之见，聊以补方家所未及，亦可借此对东汉前期之官制与兵制改革、朝廷与豪族势力之复杂关系、帝国之边疆政策与边疆经略诸问题有一通贯性之解释，由此而及于对两汉政治、社会变迁的认识。

傅乐成先生认为："东汉定都洛阳后，山东变成军事、政治、经济合一的地区，而山西则沦为军事地区。东西的界限，日益分明。渐成为两个极其不同的文化区，而致发生偏枯的现象。最后汉室对山西逐渐放弃，而胡族乃日益迫进。东汉所以亡于山西军阀，以及后来五胡之乱的发生，都与此有关。所以西汉之强，在于以山东的财富开发山西；东汉之衰，在于全力专保山东。"（傅乐成：《汉代的山西与山东》，原刊于《食货复刊》第 6 卷第 9 期，1976 年，后收入作者论文集《汉唐史论集》，第 75 页）

① 参见吕思勉《吕著中国通史》，第 352 页；谭其骧《中国历史上的七大古都》，《长水集续编》，第 33~34 页。
② 参见钱穆《国史大纲》，第 192 页。
③ 参见傅乐成《汉代的山东与山西》，《汉唐史论集》，第 75 页。

一

《后汉书》卷二二《朱景王杜马刘傅坚马列传》说：

> 永平中，显宗追感前世功臣，乃图画二十八将于南宫云台，其外又有王常、李通、窦融、卓茂，合三十二人。①

这三十二人是协助刘秀建立东汉的最主要功臣，从其所属社会阶层来看，他们差不多全是豪族出身。② 可见，刘秀最终胜利的原因很多，而得到豪族强宗的支持则是其中一个很重要的原因。③ 但是，东汉建立之后，地方豪族势力的存在同样也对朝廷构成了严重的威胁。这在东汉初期的特殊时期，表现尤为明显。《后汉书》卷一八《吴汉列传》："时鬲县五姓共逐守长，据城而反。"李贤注："五姓，盖当土强宗豪右也。"④ 《后汉书》卷七七《李章列传》："时赵、魏豪右往往屯聚，清河大姓赵纲遂于县界起坞壁，缮甲兵，为在所害……时北海安丘大姓夏长思等反，遂囚太守处兴，而据营陵城。"⑤

统一战争完成以后，随社会秩序的渐趋恢复，这些豪强虽有所收敛，但在利益受到国家损害时，仍旧以武力公然对抗朝廷。例如，鉴于"是时，天下垦田多不以实，又户口年纪互有增减"。⑥ 为此，朝廷实行"度田"。《后汉书》卷一下《光武帝纪下》："诏下州郡检核垦田顷亩及户口年纪。又考实二千石长吏阿枉不平者。"度田对拥有大量土地及依附人口的豪族强宗是不利的，因此，他们趁势起来反对。《光武帝纪下》接着记载：

---

① 《后汉书》卷二二《朱景王杜马刘傅坚马列传》，第789～790页。
② 杨联陞先生在《东汉的豪族》中指出，云台二十八将差不多全为豪族出身。参见杨联陞《东汉的豪族》，《清华学报》第11卷，1936年第4期。
③ 对此，余英时先生有详细的考论。参见余英时《东汉政权之建立与士族大姓之关系》，《士与中国文化》，上海人民出版社，2003。
④ 《后汉书》卷一八《吴汉列传》，第680页。
⑤ 《后汉书》卷七七《李章列传》，第2493页。
⑥ 《后汉书》卷二二《刘隆列传》，第780页。

郡国大姓及兵长、群盗处处并起，攻劫在所，害杀长吏。郡县追讨，到则解散，去复屯结。青、徐、幽、冀四州尤甚。冬十月，遣使者下郡国，听群盗自相纠摘，五人共斩一人者，除其罪。吏虽逗留回避故纵者，皆勿问，听以禽讨为效。其牧守令长坐界内盗贼而不收捕者，又以畏愞捐城委守者，皆不以为负，但取获贼多少为殿最，唯蔽匿者乃罪之。于是更相追捕，贼并解散。徙其魁帅于它郡，赋田受禀，使安生业。①

上计是秦汉时期的一项重要制度。② 在《后汉书》志第二八《百官志五》中有"秋冬集课，上计于所属郡国"③ 的记载，注引胡广曰："秋冬岁尽，各计县户口垦田，钱谷入出，盗贼多少，上其集簿。"④ 可见，上计的主要内容为地方之户口、垦田、钱谷入出、盗贼多少。而为了上计，"州郡检核垦田顷亩及户口年纪"，自然是两汉地方政府最主要之日常工作之一。但建武十五年（公元 39 年），为了严格核实垦田顷亩及户口、年纪的政府度田，却激起地方"郡国大姓及兵长、群盗处处并起，攻劫在所，害杀长吏。郡县追讨，到则解散，去复屯结。青、徐、幽、冀四州尤甚"的严重局面，这正反映了东汉建国以后，地方大族豪强势力之强大与跋扈不法，以及当时主要由于地方豪强大族隐瞒实际占有之土地与依附人口而造成的"天下垦田多不以实，又户口年纪互有增减"的实际情况。朝廷虽然以镇压与怀柔相结合的方式"徙其魁帅于它郡，赋田受禀，使安生业"平息了事态，但朝廷也不得不向大族豪强妥协，不再认真检查其垦田与户口的实数。⑤ 朝廷

① 《后汉书》卷一下《光武帝纪下》，第 66、67 页。
② 关于秦汉时期上计制度的具体情况，可参看白寿彝主编《中国通史》第四卷《中古时代·秦汉时期》，上海人民出版社，1995，上册，第九章。另外，在 1993 年江苏省尹湾汉墓出土的简牍中，发现了作为东海郡上计原本的"计簿"。参见连云港市博物馆等单位《尹湾汉墓简牍》，中华书局，1997。
③ 《后汉书》志第二八《百官志五》，第 3622～3623 页。
④ 《后汉书》志第二八《百官志五》，第 3623 页。
⑤ 范文澜先生认为："在解决土地问题上，汉光武帝完全失败了……从此以后，东汉朝廷向豪强势力完全屈服，不再检查垦田与户口的实数。"［范文澜：《中国通史简编》（修订本）第 2 编，人民出版社，1965，第 138～139 页］田余庆先生认为："东汉田庄发达，是度田

的度田并没有遏制住大族豪强势力的发展，这从东汉田庄的发达便可窥其一斑。大的田庄不但"连栋数百，膏田满野，奴婢千群，徒附万计"。① 而且，还拥有私家武装，"缮五兵，习战射，以备寒冻穷厄之寇"。② 就在平息了度田事件以后的第二年即建武十七年（公元 41 年），刘秀总结自己的统治经验时说："吾理天下，亦欲以柔道行之。"③ 似乎说出了问题的真相：即奉行与事实上已经崛起且强大难治的大族豪强在一定的底线内采取妥协、让步、姑息的政策。这恰如吕思勉先生所说："光武平定天下之后，自然只好暂顾目前，说不上什么远大的计划了。而自王莽举行这样的大改革而失败后，政治家的眼光，亦为之一变。根本之计，再也没有人敢提及。社会渐被视为不可以人力控制之物，只能听其迁流所至。'治天下不如安天下，安天下不如与天下安'，遂被视为政治上的金科玉律了。"④ 吕思勉先生这番话，准确地说出了自西汉末年以来地方大族势力崛起后时代政治形势的变迁。

在豪族当中，那些根基深厚，社会关系错综复杂的大豪族对朝廷的威胁则更为严重。《后汉书》卷七七《酷吏·周紆列传》：

> 周紆字文通，下邳徐人也……征拜洛阳令。下车，先问大姓主名，吏数闾里豪强以对，紆厉声怒曰："本问贵戚若马、窦等辈，岂能知此卖菜佣乎？"⑤

所谓大豪族，就是周紆所说的"若马、窦等辈"。因为，这些大豪族势力一经

事件以后国家与豪强妥协的标志。"［田余庆：《秦汉魏晋南北朝人身依附关系的发展》，《秦汉魏晋史探微》（重订本），中华书局，2004，第 77 页］Mark Edward Lewis 先生甚至认为："the Han revival marked the triumph of locally powerful families over the central court and the consequent shift of authority from the capital toward the regions."（Mark Edward Lewis, *The Early Chinese Empires: Qin and Han*, Cambridge, Massachusetts, London, England: The Belknap Press of Harvard University Press, 2007, p. 24）

① 《后汉书》卷四九《仲长统列传》，第 1648 页。
② （汉）崔寔著，石声汉校注《四民月令校注》，中华书局，1965，第 65 页。
③ 《后汉书》卷一下《光武帝纪下》，第 68～69 页。
④ 吕思勉：《中国通史》，第 351 页。
⑤ 《后汉书》卷七七《周紆列传》，第 2493～2494 页。

成长，他们往往会有更高的政治要求。① 在此情况下，诸侯王往往成为这些豪族依附或利用的对象。同样，诸侯王的力量也不仅仅在于封地的大小、人口的多少，更重要的是，他们一旦得到这些豪族势力的支持就会有谋反的实力。② 《资治通鉴》卷四四"光武帝建武二十七年"条：

> 上问赵熹以久长之计，熹请遣诸王就国。冬，上始遣鲁王兴、齐王石就国。③

从光武君臣的问答，也可以清楚地看出，这些大豪族和诸侯王对朝廷构成的严重威胁。光武帝"诏有司申明旧制阿附蕃王法"④，其用意也正在此。总之，豪族对朝廷构成了严重的威胁。因此，东汉初期打击诸侯王，实际上也是通过大狱勾连的方式，打击豪族。这在楚王英狱始末中有极其清楚的体现。《后汉书》卷四二《楚王英列传》：

---

① 例如，在王莽末天下大乱之时，作为豪族的耿纯就曾坦言："天下士大夫捐亲戚，弃土壤，从大王于矢石之间者，其计固望其攀龙鳞，附凤翼，以成其所志耳。"（《后汉书》卷一上《光武帝纪上》，第 21 页）

② 例如，虽经西汉朝廷一系列打击，"连城数十，地方千里"的诸侯王国辖地已不过数县，但淮南王安和衡山王赐仍仍图谋造反，武帝下令捕其党羽，牵连致死者数万人，为此，朝廷颁布"左官律"和"附益法"，禁止诸王交通郡国豪杰。又，"武帝崩，昭帝即位，而齐孝王孙刘泽交结郡国豪杰谋反，欲先杀青州刺史"（《汉书》卷七一《隽不疑传》，中华书局，1962，第 3036 页）。凡此，皆说明：诸侯王的力量不仅仅在于封地的大小、人口的多少，更重要的是，他们一旦得到豪族势力的支持就会有谋反的实力。

③ 《资治通鉴》卷四四"光武帝建武二十七年"条，中华书局，1956，第 1418 页。另外，《后汉书》卷二六《赵熹列传》："大姓李子春先为琅邪相，豪猾并兼，为人所患。熹下车，闻其二孙杀人事未发觉，即穷诘其奸，收考子春，二孙自杀。京师为请者数十，终不听。时赵王良疾病将终，车驾亲临王，问所欲言。王曰：'素与李子春厚，今犯罪，怀令赵熹欲杀之，愿乞其命。'帝曰：'吏奉法，律不可枉也，更道它所欲。'王无复言。既薨，帝追感赵王，乃贳出子春。"（第 913～914 页）可见地方大姓与诸侯王交通，乃至于能令诸侯王为其乞命。由此，更可见"上问赵熹以久长之计，熹请遣诸王就国。冬，上始遣鲁王兴、齐王石就国"一事之本末缘由，而赵熹之建言，并非凭空而发。

④ 《后汉书》卷一下《光武帝纪下》，第 76 页。又《后汉书》卷二四《马援列传》："援谓司马吕种曰：'……自今以往，海内日当安耳。但忧国家诸子并壮，而旧防未立，若多通宾客，则大狱起矣。卿曹戒慎之！'及郭后薨，有上书者，以为肃等受诛之家，客因事生乱，虑致贯高、任章之变。帝怒，乃下郡县收捕诸王宾客，更相牵引，死者以千数。"李贤注："旧防，诸侯王子不许交通宾客。"（第 851 页）

英少时好游侠，交通宾客，晚节更喜黄老，学为浮屠斋戒祭祀……十三年，男子燕广告英与渔阳王平、颜忠等造作图书，有逆谋，事下案验。有司奏英招聚奸猾，造作图谶，擅相官秩，置诸侯王公将军二千石，大逆不道，请诛之……明年，英至丹阳，自杀。立三十三年，国除……于是封燕广为折奸侯。楚狱遂至累年，其辞语相连，自京师亲戚诸侯州郡豪杰及考案吏，阿附相陷，坐死徙者以千数。①

正如时人寒朗所言：

是以考一连十，考十连百。又公卿朝会，陛下问以得失，皆长跪言，旧制大罪祸及九族，陛下大恩，裁止于身，天下幸甚。及其归舍，口虽不言，而仰屋窃叹，莫不知其多冤，无敢锢陛下者。②

楚王英案，虽"莫不知其多冤"，而前后牵连入狱者上万人，直至章帝建初二年（公元 77 年），③ 此事才算真正了结。

根据《后汉书》的记载，在光武帝和明帝时期，先后以各种原因遭到打击的大豪族有：马氏、④ 窦氏、⑤ 阴氏、⑥ 梁氏；⑦ 诸侯王有：沛王刘辅、

① 《后汉书》卷四二《楚王英列传》，第 1428～1430 页。

② 《后汉书》卷四一《寒朗列传》，第 1417 页。

③ 《后汉书》卷三《章帝纪》："夏四月戊子，诏还坐楚、淮阳事徙者四百余家，令归本郡。"（第 135 页）

④ 《后汉书》卷二四《马援列传》："帝乃使虎贲中郎将梁松乘驿责问援，因代监军。会援病卒，松宿怀不平，遂因事陷之。帝大怒，追收援新息侯印绶……及卒后，有上书谮之者……帝益怒。援妻孥惶惧，不敢以丧还旧茔，裁买城西数亩地槁葬而已。宾客故人莫敢吊会。严与援妻子草索相连，诣阙请罪。"（第 844～846 页）

⑤ 《后汉书》卷二三《窦融列传》："永平二年，林以罪诛……帝由是数下诏切责融，戒以窦婴、田蚡祸败之事。融惶恐乞骸骨，诏令归第养病……融在宿卫十余年，年老，子孙纵诞，多不法。穆等遂交通轻薄，属托郡县，干乱政事……帝大怒，乃尽免穆等官，诸窦为郎吏者皆将家属归故郡，独融京师。"（第 808 页）

⑥ 《后汉书》卷三二《阴识列传》："就子丰尚郦邑公主。公主娇妒，丰亦狷急。永平二年，遂杀主，被诛，父母当坐，皆自杀，国除。帝以舅氏故，不极其刑。"（第 1132 页）

⑦ 《后汉书》卷三四《梁统列传》："松数为私书请托郡县，二年，发觉免官，遂怀怨望。四年冬，乃县飞书诽谤，下狱死，国除。"（第 1170 页）

山阳王刘荆、楚王刘英、济南王刘康、淮阳王刘延。① 诚然，光武帝和明帝打击豪族、摧折诸王各有其具体的原因乃至借口，但通而观之，这些事件正反映了豪族、诸侯王与朝廷之间的矛盾以及他们对朝廷所构成之威胁。

总之，刘秀虽然利用豪族取得了天下，但经济实力雄厚、宗族势力强大且拥有大量宾客、徒附等依附人口乃至私家武装的豪族势力，② 同样也是朝廷最为严重的威胁。东汉朝廷打击豪族、诸侯王这些事件，便是东汉豪族势力强大对朝廷构成严重威胁的反映。

二

东汉都城洛阳，与西汉都城长安相比，洛阳位于"九州腹地""天下之中"，其西面为凉州刺史部与三辅，且有崤函之固；北面为并州、冀州、幽州刺史部，而兼有黄河天堑；东面为豫州、兖州、徐州、青州刺史部与东郡齐国间诸郡；南面为益州、荆州和扬州刺史部。③ 洛阳的此种地理形势，对外而言，一方面，使东汉朝廷远离西羌、匈奴、乌桓、鲜卑的驻地；另一方面，崤山、函谷关和黄河则在洛阳的西面和北面构筑了天然的地理屏障，这就使帝国所受西、北方边疆游牧民族的威胁大为减轻。其时，史书中"先是朔方以西障塞多不修复"，④ "诏罢诸边郡亭候吏卒"⑤ 等记载便部分地反映了这种情况。诚然，洛阳"东有成皋，西有崤黾，倍河，向伊雒"，但

---

① 明帝摧折诸王始末，详见《后汉书》卷四二《光武十王列传》。

② 田余庆先生认为：度田事件以后，"豪强地主仍然保持着自己的依附农民，保持着自己的私家武装，当时分别称之为佃客和部曲。不过部曲在那时不再以公开的形式而是以隐蔽的形式存在。"［田余庆：《秦汉魏晋南北朝人身依附关系的发展》，《秦汉魏晋史探微》（重订本），第 81 页］另外，据何兹全先生的研究，"在东汉豪族的羽翼下，已汇集了成千上万的人。他们的名称有宗族、宾客、部曲、门生、故吏、徒附等等。他们和主人构成一个集团，祸福与共"（何兹全：《两汉豪族发展的三个时期》，《秦汉史论丛》第 3 辑，陕西人民出版社，1986，第 115 ~ 116 页）。

③ 参见谭其骧主编《中国历史地图集》第 2 册（秦·西汉·东汉时期），中国地图出版社，1982，第 40 ~ 41 页。

④ 《后汉书》卷八九《南匈奴列传》，第 2959 页。

⑤ 《后汉书》卷一下《光武帝纪下》，第 75 页。

"其中小，不过数百里，田地薄，四面受敌"，① 并非"用武之国"。西汉建国后，刘邦君臣之所以最终弃洛阳而都长安，其原因很大程度上就在于此。② 184 年，黄巾起义爆发，朝廷仓促之间首先加强洛阳的防守力量，环洛阳增设八关都尉；③ 190 年，关东兵起，董卓惧，挟持献帝迁都长安以避其难，④ 就清楚地暴露了洛阳的这种局限性。如前分析，刘秀虽然利用豪族取得了天下，但豪族势力的强大，却是朝廷潜在的严重威胁。如果这种威胁是来自帝国内部之荆州、扬州、豫州、兖州、徐州、青州刺史部与东郡齐国间诸郡，则西面之崤函之固与北面之黄河天堑均起不到屏蔽京师的作用。因此，就对内而言，东汉建都洛阳则处于经济实力雄厚、宗族势力强大又拥有大量宾客、徒附等依附民甚至私家武装的豪族势力，尤其是关东地方大族势力的严重威胁之下。⑤ 对此，周振鹤先生亦有分析：

> 洛阳处天下之中，不但对全国行政管理十分有利，而且各地贡赋的调集，商贸上的往来也处于道里均衡的有利地位。但缺点是防守困难，

① 《史记》卷五五《留侯世家》，第 2043、2044 页。

② 《史记》卷九九《刘敬列传》中刘敬说："且夫秦地被山带河，四塞以为固，卒然有急，百万之众可具也。因秦之故，资甚美膏腴之地，此所谓天府者也。陛下入关而都之，山东虽乱，秦之故地可全有也。夫与人斗，不搤其亢，拊其背，未能全其胜也。今陛下入关而都，案秦之故地，此亦搤天下之亢而拊其背也。"（第 2716 页）又，《史记》卷五五《留侯世家》亦详载此事："刘敬说高帝曰：'都关中。'上疑之。左右大臣皆山东人，多劝上都洛阳：'洛阳东有成皋，西有殽黾，倍河，向伊洛，其固亦足恃。'留侯曰：'洛阳虽有此固，其中小，不过数百里，田地薄，四面受敌，此非用武之国也。夫关中左殽函，右陇蜀，沃野千里，南有巴蜀之饶，北有胡苑之利，阻三面而守，独以一面东制诸侯。诸侯安定，河渭漕挽天下，西给京师；诸侯有变，顺流而下，足以委输。此所谓金城千里，天府之国也，刘敬说是也。'于是高帝即日驾，西都关中。"（第 2043 ~ 2044 页）

③ 《后汉书》卷八《灵帝纪》："中平元年春二月，钜鹿人张角自称'黄天'，其部帅有三十六方，皆著黄巾，同日反叛。安平、甘陵人各执其王以应之。三月戊申，以河南尹何进为大将军，将兵屯都亭。置八关都尉官。"李贤注："都亭在洛阳。八关谓函谷、广城、伊阙、大谷、辕辕、旋门、小平津、孟津也。"（第 348 页）

④ 《后汉书》卷五四《杨震列传》："明年，关东兵起，董卓惧，欲迁都以违其难。"（第 1786 页）

⑤ 此种形势，与西汉初都洛阳，和异姓诸王共处关东的局面可谓具有一定的相似性。但是，东汉在完成统一以后，虽有改都关中的打算，但关东大族豪强势力的强大，最终使朝廷迁都长安的愿望无法实现。为此，朝廷唯有在既成的现实状况下，另谋出路，而其防范重心的变化实与此有关。

中州平原是四战之地，伊洛小平原更无险可守。所谓东据成皋，西阻崤、渑，背倚大河，面向伊洛的形胜，只是主张建都洛阳的人的说词，真正打起仗来，就如张良所说："虽有此固，其中小，不过数百里，田地薄，四面受敌，此非用武之国也。"如果王朝内部有敌对势力的叛乱，则洛阳的安全性不如西安。①

综合上述之事实，可以看出，正是豪族对朝廷所构成之严重威胁这一客观现实，与首都洛阳在帝国疆域中所处之位置及洛阳本身的地理形势这些因素的交互作用，致使朝廷的防范重心偏向帝国内部之功臣、外戚、豪族和诸侯王。② 这在以下的史实中也有清楚的反映。《后汉书》卷八九《南匈奴列传》：

> 二十二年，单于舆死，子左贤王乌达鞮侯立为单于。复死，弟左贤王蒲奴立为单于。比不得立，既怀愤恨。而匈奴中连年旱蝗，赤地数千里，草木尽枯，人畜饥疫，死耗太半。③

所以，在建武二十七年（公元 51 年），朗陵侯臧宫乃与杨虚侯马武向光武帝上书说：

> 匈奴贪利，无有礼信，穷则稽首，安则侵盗，缘边被其毒痛，中国忧其抵突。虏今人畜疫死，旱蝗赤地，疫困之力，不当中国一郡。万里死命，县在陛下。福不再来，时或易失，岂宜固守文德而堕武事乎？今命将临塞，厚县购赏，喻告高句骊、乌桓、鲜卑攻其左，发河西四郡、天水、陇西羌胡击其右。如此，北虏之灭，不过数年。臣恐陛下仁恩不忍，谋臣狐疑，令万世刻石之功不立于圣世。④

---

① 周振鹤：《东西徘徊与南北往复——中国历史上五大都城定位的政治地理因素》，《华东师范大学学报》（哲学社会科学版）2009 年第 1 期。
② 实际上，如前分析，东汉之功臣、外戚也都属豪族阶层，但因为他们的特殊身份，故与一般之豪族还是有所区别。
③ 《后汉书》卷八九《南匈奴列传》，第 2942 页。
④ 《后汉书》卷一八《臧宫列传》，第 695 页。

但是光武帝的回答却让他们大失所望：

> 诏报曰："《黄石公记》曰，'柔能制刚，弱能制强'。柔者德也，刚者贼也，弱者仁之助也，强者怨之归也。故曰有德之君，以所乐乐人；无德之君，以所乐乐身。乐人者其乐长，乐身者不久而亡。舍近谋远者，劳而无功；舍远谋近者，逸而有终。逸政多忠臣，劳政多乱人。故曰务广地者荒，务广德者强。有其有者安，贪人有者残。残灭之政，虽成必败。今国无善政，灾变不息，百姓惊惶，人不自保，而复欲远事边外乎？孔子曰：'吾恐季孙之忧，不在颛臾。'且北狄尚强，而屯田警备传闻之事，恒多失实。诚能举天下之半以灭大寇，岂非至愿；苟非其时，不如息人。"自是诸将莫敢复言兵事者。①

在面对"虏今人畜疫死，旱蝗赤地，疫困之力，不当中国一郡"，讨灭匈奴的大好机会时，刘秀仍然坚持"舍近谋远者，劳而无功"。可见，朝廷的防范重心在内不在外。另外，从上述大段引文亦可见，对于臧宫、马武讨灭匈奴的建议，刘秀的回答极尽婉转，甚至在借孔子的话表达自己的真正意思时也仅说了半句"吾恐季孙之忧，不在颛臾"，而没有将意思更为直白的"而在萧墙之内也"②说出，显然是事有不便明言者。而在三十八年以后的和帝永元元年（公元89年），窦宪还是乘"北虏大乱，加以饥蝗"③的机会，大破北匈奴，出塞三千里，刻石勒功而还。可见，光武帝所谓"且北狄尚强，而屯田警备传闻之事，恒多失实。诚能举天下之半以灭大寇，岂非至愿。苟非其时，不如息人"，不过是明显的借口而已。试想，在"匈奴中连年旱蝗，赤地数千里，草木尽枯，人畜饥疫，死耗太半"的情况下，怎么能"北狄尚强"？屯田警备乃军国大事，又岂能"恒多失实"？凡此都说明：建都洛阳后，朝廷的真正防范对象恰是帝国内部如臧宫、马武等这些功臣、豪族和诸侯王。

---

① 《后汉书》卷一八《臧宫列传》，第 695 ~ 696 页。
② 参见程树德《论语集释》卷三三《季氏》，程俊英、蒋见元点校，中华书局，1990，第 1139 页。
③ 《后汉书》卷八九《南匈奴列传》，第 2952 页。

三

朝廷防范重心的变化，则直接影响了东汉前期帝国的内外政策调整。[①]首先，为保证中央对地方的居重驭轻，也为了减少州郡大族豪强掌握本地军队的机会，光武帝进行了兵制改革。[②]《后汉书》志第二八《百官志五》：

> 中兴建武六年，省诸郡都尉，并职太守，无都试之役。[③]

又，《后汉书》卷一下《光武帝纪下》：

> 三月丁酉，诏曰："今国有众军，并多精勇，宜且罢轻车、骑士、材官、楼船士及军假吏，令还复民伍。"[④]

尽管在"每有剧贼"时，会出现"郡临时置都尉"的情况，但"事讫罢之"。[⑤] 而且，终东汉之世，由于"无都试之役"，士兵缺乏经常的训练，所

---

① 事实上，朝廷的这些政策调整，也一再反映了东汉建都洛阳后，朝廷的防范重心偏向了帝国内部，尤其是帝国内部的各类豪族势力。

② 田余庆先生认为，光武帝之所以进行这样的兵制改革，是因为"废除地方兵后，国家军队常常招募农民或征发刑徒组成，指挥权完全集中在中央和皇帝之手。这样就有可能加强皇帝镇压叛乱、控制全国的力量，减少州郡豪强掌握本地军队的机会"［参见翦伯赞主编《中国史纲要》（增订本）上，北京大学出版社，2006，第123页］。宋人陈傅良在其《历代兵制》中说："自西都之季，都试或以为患。韩延寿始以士潜拟不道诛，而翟义之反王莽，隗嚣之劫更始，李通之劝光武，皆以秋试，因勒车骑，诛守长，号令起事。光武惩之，遂罢不讲。"［王晓卫、刘昭祥：《历代兵制浅说》所附（宋）陈傅良《历代兵制》，解放军出版社，1986，第242~243页］可见，光武帝进行兵制改革，其主要的意图还是在于防范帝国内部之怀有野心者，尤其是地方上的大族豪强。另外，我认为，光武帝的兵制改革发生在平定关东以后，接下来要专力解决西部的割据势力之时，显然更有防范关东豪强，巩固、稳定关东局势，确保国都洛阳无虞的用心。而在一统天下后，兵制改革的弊端也已开始显现时，朝廷依旧不恢复内郡地方兵和"都试之役"，则进一步清楚地反映了朝廷兵制改革一以贯之的根本用心在于保证中央对地方的居重驭轻，消弭州郡大族豪强掌握本地军队的机会。

③ 《后汉书》志第二八《百官志五》，第3621页。

④ 《后汉书》卷一下《光武帝纪下》，第51页。

⑤ 《后汉书》志第二八《百官志五》注引应劭曰："每有剧贼，郡临时置都尉，事讫罢之。"（第3622页）

以，其战斗力大为下降。《后汉书》志第二八《百官志五》注引应劭《汉官》说：

> 自郡国罢材官骑士之后，官无警备，实启寇心。一方有难，三面救之……不及讲其射御，用其戒誓，一旦驱之以即强敌，犹鸠雀捕鹰鹯，豚羊弋豺虎，是以每战常负，王旅不振。①

可见，为强本弱末而采取的兵制改革却顾此失彼，导致了东汉"王旅不振"。因是之故，"方之匈奴，颇为衰寡"②的羌人，竟成了东汉最为严重的边患：

> 中兴以后，边难渐大……永初之间，群种蜂起……毂马扬埃，陆梁于三辅；建号称制，恣睢于北地。东犯赵、魏之郊，南入汉、蜀之鄙，塞湟中，断陇道，烧陵园，剽城市，伤败踵系，羽书日闻。并、凉之士，特冲残毙……自西戎作逆，未有陵斥上国若斯其炽也。③

于是朝廷先后任命邓骘、任尚、马贤、皇甫规、张奂、段颎等人进行征讨，但"羌寇转盛，兵费日广"，④最终使东汉元气大伤。《后汉书》卷八七《西羌列传》说：

> 自羌叛十余年间，兵连师老，不暂宁息。军旅之费，转运委输，用二百四十余亿，府帑空竭。延及内郡，边民死者不可胜数，并、凉二州遂至虚耗。⑤

又：

> 自永和羌叛，至乎是岁，十余年间，费用八十余亿。诸将多断盗牟

---

① 《后汉书》志第二八《百官志五》注引应劭《汉官》，第 3622 页。
② 《后汉书》卷八七《西羌列传》，第 2899 页。
③ 《后汉书》卷八七《西羌列传》，第 2899~2900 页。
④ 《后汉书》卷五一《庞参传》，第 1688 页。
⑤ 《后汉书》卷八七《西羌列传》，第 2891 页。

稟，私自润入，皆以珍宝货赂左右，上下放纵，不恤军事，士卒不得其
死者，白骨相望于野。①

对羌战争使朝廷"府帑空竭"，而且，长期战争的结果也使"并、凉二州遂
至虚耗"。例如，仅就凉州人口而言，按照何兹全先生的统计："凉州西汉
时有人口一百五十多万，东汉只有十余万，所存仅十五分之一。人口消耗原
因就是羌战。"②

羌战的结局，正如范晔所总结："羌虽外患，实深内疾，若攻之不根，
是养疾疴于心腹也。惜哉寇敌略定矣，而汉祚亦衰焉。"③

事实上，光武帝兵制改革的影响还并不仅仅在于造成了"王旅不振"，
实则更为深远，对此，宋人陈傅良在其《历代兵制》中已有阐述：

> 自中兴郡兵不练，而南北二军交惊于境。安、顺以来，窦宪（永
> 元元年）、邓鸿（永元六年）、何熙（永初三年）三将以击，刘尚（永
> 元九年）、邓骘（永初元年）、任尚、朱宠（永初五年）、马贤（永和
> 五年）、张侨（永和六年）六七将以讨羌，而鲜卑之寇（永和二年），
> 南单于之变（永和八年），亦数移屯，连年暴露。由是王旅无复镇卫之
> 职，而奔命四方之不暇。又方募为陷阵（《西羌传》），征为积射，召为
> 义从。大抵创立名号，皇甫规所为。列屯坐食之兵众矣。卒于中官之
> 诛，结援外将。故夫汉之祸，光武之销兵为之也。④

宋元之际的马端临亦云：

> 自光武罢都试，而外兵不练。虽疆场之间广屯增戍，列营置坞，而
> 国有征伐，终藉京师之兵以出。盖自建武迄于汉衰，匈奴之寇，鲜卑之
> 寇，岁岁有之。或遣将出击，或移兵留屯（如永平中伐匈奴，留兵伊

---

① 《后汉书》卷八七《西羌列传》，第 2897 页。
② 何兹全：《中国古代社会》，北京师范大学出版社，2007，第 375 页。
③ 《后汉书》卷八七《西羌列传》，第 2901 页。
④ 王晓卫、刘昭祥：《历代兵制浅说》所附（宋）陈傅良《历代兵制》，第 243~244 页。

吾庐城，至肃宗二年罢之之类是也），连年暴露，奔命四方，而禁旅无复镇卫之职矣……外之士兵不练，而内之卫兵不精，设若盗起一方，则羽檄被于三边，兴发甲卒，取办临时；战非素具，每出辄北，于是羌寇转盛，移兵赴远，民不堪命……而中平元年，黄巾遂作，所在盗贼，不可胜数，于是置八都尉。黄巾既殄，而萧墙之祸作……袁绍惩其事，故欲藉外兵以除之，于是内置园校，阳尊阉宦，外重州牧，实召边将（董卓以并州牧将兵）。阉宦虽除，而董卓之祸已成。义兵四起，郡牧争政，汉遂三分。原汉盛衰，皆兵之由，而光武实为之。①

其次，刘秀在建国以后，一反汉高祖刘邦以功臣任丞相执政的办法，不给功臣实权实职，并剥夺了他们的兵权。《后汉书》卷一七《贾复列传》：

> 复知帝欲偃干戈，修文德，不欲功臣拥众京师，乃与高密侯邓禹并剽甲兵，敦儒学。帝深然之，遂罢左右将军。复以列侯就第，加位特进。复为人刚毅方直，多大节。既还私第，阖门养威重。朱祐等荐复宜为宰相，帝方以吏事责三公，故功臣并不用。是时列侯唯高密、固始、胶东三侯与公卿参议国家大事，恩遇甚厚。②

在中央政府中，号称三公的太尉、司徒、司空只是名义上的首脑，实际权力在中朝的尚书台。《后汉书》卷四六《陈宠列传附子忠列传》：

> 时三府任轻，机事专委尚书，而灾眚变咎，辄切免公台。忠以为非国旧体，上疏谏曰："……汉典旧事，丞相所请，靡有不听。今之三公，虽当其名而无其实，选举诛赏，一由尚书，尚书见任，重于三公，陵遟以来，其渐久矣。"③

尚书虽是皇帝的近臣，权势很大，"选举诛赏，一由尚书，尚书见任，重于三公"，但品级不高，且"类无大能"，多从低级官吏中选拔。《后汉书》卷

---

① （元）马端临：《文献通考》卷一五〇《兵考二》，中华书局 1986 年影印本，第 1316 页。
② 《后汉书》卷一七《贾复列传》，第 667 页。
③ 《后汉书》卷四六《陈宠列传附子忠列传》，第 1565 页。

二六《韦彪列传》载韦彪说：

> 天下枢要，在于尚书。尚书之选，岂可不重？而间者多从郎官超升此位，虽晓习文法，长于应对，然察察小慧，类无大能。①

事实上，尚书的品级越低，越是"类无大能"，就越不敢和皇帝对抗，皇帝就越指挥自如。正如《后汉书》卷二九《申屠刚列传》所说："时内外群官，多帝自选举，加以法理严察，职事过苦，尚书近臣，至乃捶扑牵曳于前，群臣莫敢正言。"② 而之所以这样，显然是为了加强皇帝集权，而最终之真正目的则还是为了防范功臣、豪族。③ 但是，随着这种皇帝个人权力的过度加强，外朝官僚机构的作用则受到削弱，尤其是能够制衡皇权的相权受到严重削弱。结果，在和帝以降，幼主相继嗣位的情况下，却酿成了外戚、宦官利用其特殊身份所提供之机会挟主专权。外戚、宦官的交替专权与他们之间的血腥斗争（以"清流"自居的官僚士大夫亦参与其中）遂使帝国政治的腐败日甚一日。正如汉末仲长统所评论：

> 光武皇帝愠数世之失权，忿强臣之窃命，矫枉过直，政不任下，虽置三公，事归台阁。自此以来，三公之职，备员而已……而权移外戚之家，宠被近习之竖，亲其党类，用其私人，内充京师，外布列郡，颠倒贤愚，贸易选举，疲驽守境，贪残牧民，挠扰百姓，忿怒四夷，招致乖叛，乱离斯瘼……此皆戚宦之臣所致然也。④

另外，朝廷防范重心的偏内，也影响了帝国的边疆政策，致使朝廷疏于对帝国边疆地带的经略。《后汉书》卷八八《西域列传》：

> 王莽篡位，贬易侯王，由是西域怨叛，与中国遂绝……建武中，

---

① 《后汉书》卷二六《韦彪列传》，第918页。
② 《后汉书》卷二九《申屠刚列传》，第1017页。
③ 对此，何兹全先生已有较详细的论证，参见何兹全《中国古代社会》之《东汉的政治》，第310~316页。
④ 《后汉书》卷四九《仲长统列传》，第1657页。

皆遣使求内属，愿请都护。光武以天下初定，未遑外事，竟不许之……章帝不欲疲敝中国以事夷狄，乃迎还戊己校尉，不复遣都护……安帝永初元年，频攻围都护任尚、段禧等，朝廷以其险远，难相应赴，诏罢都护。自此遂弃西域……复欲进取西域。邓太后不许，但令置护西域副校尉，居敦煌，复部营兵三百人，羁縻而已。其后北虏连与车师入寇河西，朝廷不能禁，议者因欲闭玉门、阳关，以绝其患。①

又，《后汉书》卷五八《虞诩列传》：

永初四年，羌胡反乱，残破并、凉，大将军邓骘以军役方费，事不相赡，欲弃凉州，并力北边。②

又，《后汉书》卷八七《西羌列传》：

羌既转盛，而二千石、令、长多内郡人，并无守战意，皆争上徙郡县以避寇难。朝廷从之，遂移陇西徙襄武，安定徙美阳，北地徙池阳，上郡徙衙。百姓恋土，不乐去旧，遂乃刈其禾稼，发彻室屋，夷营壁，破积聚。③

又，《后汉书》卷八九《南匈奴列传》：

先是朔方以西障塞多不修复，鲜卑因此数寇南部，杀斩将王。单于忧恐，上言求复障塞，顺帝从之。④

从上面所列举的数段史实可以看出，东汉不但几度放弃了西域，而且"欲弃凉州"，甚至在"百姓恋土，不乐去旧，遂乃刈其禾稼，发彻室屋，夷营壁，破积聚"的情况下，把"陇西徙襄武，安定徙美阳，北地徙池阳，上郡徙衙"，"以避寇难"，而且还出现过"朔方以西障塞多不修复"的情况。

---

① 《后汉书》卷八八《西域列传》，第 2909～2911 页。
② 《后汉书》卷五八《虞诩列传》，第 1866 页。
③ 《后汉书》卷八七《西羌列传》，第 2887～2888 页。
④ 《后汉书》卷八九《南匈奴列传》，第 2959 页。

据廖伯源先生的考证，至东汉末，"金城、陇西、安定、北地、上郡、西河、朔方、五原、云中、定襄诸郡大多省废，或失其大半属县"。①"政策虽不弃凉州，实际仅维持凉州诸郡之行政组织，羌祸较严重之郡县，仍是弃土而徙其吏民以避难。"②结果，边塞内徙，内郡成为前线。安帝、顺帝时，朝廷不得不在内郡构筑新的防御线。"北起中山国，向南经常山国、赵郡，至魏郡凡六百一十所坞候，形成一条南北走向之防御线。此防御线到河内郡转为自东北向西南筑三十三所坞堡，往西接筑左冯翊'北界候坞五百所'，再西接筑于右扶风、汉阳郡之'陇道坞三百所'。并州、凉州位于此防御线外，盖此二州匈奴、羌、氐等民族之人口多于汉人，汉廷难于防守，乃向东向南后退，筑此新防御线。"③同时，更多的匈奴、西羌、鲜卑等边疆民族趁机入居塞内，为后来之所谓"五胡乱华"业已导其先路了。

综上所论，正是豪族对朝廷所构成之严重威胁与首都洛阳在帝国疆域中所处之位置，及洛阳本身的地理形势这些因素的交互作用，致使朝廷的防范重心偏向帝国内部之功臣、外戚、豪族和诸侯王。而此种变化，则直接影响了东汉前期朝廷的政策调整。首先，为防范功臣、豪族，光武帝不但不任功臣，"退功臣而进文吏"，就是朝廷三公也不委以重任，"虽置三公，事归台阁"。这类原本为了防范功臣、豪族而致力于皇帝集权的官制改革，却矫枉过正，随皇帝个人权力的过度加强，外朝官僚机构的作用随之受到削弱，尤其是能够制衡皇权的相权受到严重削弱。结果，在和帝以降，幼主相继嗣位的情况下，最终酿成了外戚、宦官利用其特殊身份挟主专权的后果。其次，为保证朝廷对地方的居重驭轻，同时，也为了减少州郡大族豪强掌握本地军队的机会，光武帝陆续采取了一系列罢省地方郡国兵、废除"都试之役"的兵制改革措施。然而，却顾此失彼，导致了东汉"王旅不振"。因是之故，"方之匈奴，颇为衰寡"的羌人，竟成了东汉最为严重的边患，终因羌乱而使帝国元气大伤。事实上，光武帝兵制改革的影响还不仅在于造成了东

---

① 廖伯源：《东汉西北边界之内移》，《白沙历史地理学报》2007 年第 3 期（历史地理理论、秦汉历史地理专号），第 119 页。
② 廖伯源：《东汉西北边界之内移》，《白沙历史地理学报》2007 年第 3 期，第 109 页。
③ 廖伯源：《东汉西北边界之内移》，《白沙历史地理学报》2007 年第 3 期，第 109～110 页。

汉军队战斗力的下降，甚至直接影响了帝国的命运，所以正如识者所说："故夫汉之祸，光武销兵为之也。"[①] "原汉盛衰，皆兵之由，而光武实为之。"[②] 再则，朝廷防范重心的偏内，也影响了帝国的边疆政策，致使朝廷疏于对边疆地带的经略。"西域三绝三通，合计设有都护、长史的时间不过二十余年。安帝后历次羌乱，兵连师老，费用至数百亿，并凉为之虚耗，三辅亦遭残破。"[③] 至东汉末，"金城、陇西、安定、北地、上郡、西河、朔方、五原、云中、定襄诸郡大多省废，或失其大半属县"。"政策虽不弃凉州，实际仅维持凉州诸郡之行政组织，羌祸较严重之郡县，仍是弃土而徙其吏民以避难。"[④] 结果边塞内徙，内郡成为前线，朝廷不得不在内郡构筑新的防御堡垒线，屏蔽京师洛阳。同时，更多的匈奴、羌、鲜卑等边疆民族趁机入居塞内，为后来之"五胡乱华"埋下了祸根。清朝的徐元文在为其舅氏顾炎武《历代宅京记》所作序中说："自古帝王维系天下，以人和不以地理，而卜都定鼎，计及万世，必相天下之势而厚集之。"[⑤] 东汉改都洛阳一事，似可作为这一论断的一个注解。

---

① 王晓卫、刘昭祥：《历代兵制浅说》所附（宋）陈傅良《历代兵制》，第 244 页。

② 马端临：《文献通考》卷一五〇《兵考二》，第 1316 页。

③ 谭其骧：《中国历史上的七大古都》，《长水集续编》，人民出版社，1994，第 34 页。

④ 廖伯源：《东汉西北边界之内移》，《白沙历史地理学报》2007 年第 3 期，第 110、109 页。

⑤ （清）顾炎武：《历代宅京记》，于杰点校，"徐元文序"，第 3 页。

魏晋南北朝皇家宗庙礼制若干问题再考辨

——兼与梁满仓诸先生商榷

郭善兵

摘　要　西汉儒者刘歆是随意增加不毁之庙数量学说的首倡者。汉哀帝则首次将刘歆学说付诸实践，开随己意好恶为历代先帝追加"祖""宗"庙号的先例。至少在太和六年，北魏已实行皇家宗庙迁毁礼制。太和十五年，孝文帝依据古礼，改革皇帝宗庙制度，确立皇帝"七庙"制度。北齐建国初，或出于变易前朝制度之需，或遵刘歆、王肃之说，及两晋南朝皇家宗庙礼制，确立皇家宗庙六世"亲庙"之制。北周或依谶纬之说，变更两汉以后历代大致遵行的皇帝"七庙"礼制，实行皇帝"五庙"制度。

关键词　刘歆　魏明帝　毁庙礼　宗庙礼制　皇家五庙

宗庙礼制是中国古代礼制研究的一个重点问题。近年来，王铭、梁满仓等先生相继对魏晋南北朝时期皇家宗庙礼制的有关问题进行了研究。① 有关观点基本解决了学界以往在相关问题上长期存在的疑惑、争议，较好地恢复了这一时期皇家宗庙礼制的原貌。然细绎诸先生之文，若干问题颇有待商

---

① 梁满仓：《魏晋南北朝皇家宗庙制度述论》，《中国史研究》2008 年第 2 期。该文后收录于《魏晋南北朝五礼制度考论》，社会科学文献出版社，2009，第 230～258 页。王铭：《北魏前期太庙考——以孝文帝"改庙号诏"为中心》，《清华史苑》2007 年第 2 辑，北京大学出版社，2007，第 5～20 页。以下所引梁、王二先生的论点，若无特别说明，皆分别引自上述二文，不再一一详注。

权。笔者已对梁先生论及的如下问题，包括汉献帝建安二十一年（216）曹操祭祀宗庙的地点与对象；西晋、东晋皇家宗庙"太祖"是否发生过改易？即是否如梁先生所说，西晋以司马昭为宗庙"太祖"，东晋则改以司马懿为宗庙"太祖"；两晋南朝皇家宗庙"太祖"虚位之原因等进行过考辨。① 针对王、梁诸先生论及的下列问题：魏明帝是否是随意增加不毁之庙数量的始作俑者？北魏皇家宗庙毁庙礼制何时开始实行？北齐、北周皇家宗庙制度是否是对北魏皇家宗庙礼制的继承？如否，其各自渊源又何在？笔者认为仍有继续探讨之必要，故不揣陋昧，钩稽史籍，就上述问题详加探讨。不当之处，敬请王、梁诸先生及学界诸位师友批评、指正。

一 刘歆、汉哀帝创随意增加不毁宗庙数量的先例

梁先生认为，由于魏明帝制定三祖之庙百世不毁没有一个可以操作的标准，只是根据自己的实际需要，因此开了后世可根据需要随意增加不毁之庙数量的先例。笔者认为，稽诸史文，就现有文献记载而言，梁先生之说不准确。西汉儒者刘歆，应是随意增加皇家宗庙不毁之庙数量理论的首倡者。汉哀帝则将刘歆学说付诸实践，开随己意好恶为历代先帝追加"祖""宗"庙号之先河。

尽管考古出土之商、西周甲骨文、金文表明，商、西周时，并未实行如后世文献记载的亲尽毁庙礼制。② 然而商周时对近世祖先的尊崇，对世数久远的祖先的淡漠，亦是不争的事实。③ 这或许成为后世确立亲尽后毁庙礼制的根源所在。先秦时，已出现对因有功德的祖先宗庙追加"祖""宗"庙

---

① 郭善兵：《魏晋南北朝皇家宗庙礼制若干问题考辨——兼与梁满仓先生商榷》，《中国史研究》2015 年第 2 期。

② 参见王国维《殷周制度论》，收录于《观堂集林》卷一〇，中华书局，1959，第 467～468 页；丁山《中国古代宗教与神话考》，上海文艺出版社，1988，第 484 页；章景明《殷周庙制论稿》，台北，学海出版社，1979，第 7～43 页；朱凤瀚：《殷墟卜辞所见商王室宗庙制度》，《历史研究》1990 年第 6 期；张荣明《中国的国教——从上古到东汉》，中国社会科学出版社，2001，第 123～129 页。

③ 谢维扬：《周代家庭形态》，黑龙江人民出版社，2005，第 94～95 页。

号，以此与那些在世时没有功德的祖先予以区别的观念："盖闻古者祖有功而宗有德。"① 正因如此，汉代人认为，一些生前即便有卓越政绩的帝王去世后，其子孙亦不得随意为其宗庙追加"祖""宗"庙号："非有后稷始封，文、武受命之功者，皆当亲尽而毁。成王成二圣之业，制礼作乐，功德茂盛，庙犹不世，以行为谥而已。"②

西汉初至哀帝前，历代统治者尚能大致遵循古礼，对祖先宗庙追加"祖""宗"庙号事较为慎重，唯生前有卓荦建树的皇帝去世后，其宗庙才有资格追加以"祖""宗"庙号。哀帝时，自高帝至成帝九位先帝中，唯高帝刘邦、文帝刘恒、武帝刘彻宗庙分别有"太祖""太宗""世宗"之庙号。据古礼，有"祖""宗"庙号的帝王宗庙，不必因亲尽而迁毁，万世永存。即便如此，哀帝时，光禄勋彭宣等人尚提出，武帝为哀帝六世祖，已亲尽，宗庙宜毁："继祖宗以下，五庙而迭毁，后虽有贤君，犹不得与祖宗并列。子孙虽欲褒大显扬而立之，鬼神不飨也。孝武皇帝虽有功烈，亲尽宜毁。"③ 王舜、刘歆等则胪列武帝生前卓越功绩，驳斥彭宣之说：

> 臣闻周室既衰，四夷并侵，猃狁最强，于今匈奴是也……自是之后，南夷与北夷交侵，中国不绝如线……及汉兴，冒顿始强……为中国害。南越尉佗总百粤，自称帝。故中国虽平，犹有四夷之患，且无宁岁……其为患久矣，非一世之渐也……孝武皇帝愍中国罢劳无安宁之时……南灭百粤……北攘匈奴……东伐朝鲜……西伐大宛……单于孤特，远遁于幕北。四垂无事，斥地远境，起十余郡。功业既定，乃封丞相为富民侯，以大安天下，富实百姓……又招集天下贤俊，与协心同谋，兴制度，改正朔，易服色，立天地之祠，建封禅，殊官号，存周后，定诸侯之制，永无逆争之心，至今累世赖之。单于守藩，百蛮服从，万世之基也，中兴之功未有高焉者也。高帝建大业，为太祖；孝文皇帝德

① 《汉书》卷五《景帝纪》，中华书局，1962，第137页。
② 《汉书》卷七三《韦贤传》，第3118页。
③ 《汉书》卷七三《韦贤传》，第3125页。

至厚也，为文太宗；孝武皇帝功至著也，为武世宗，此孝宣帝所以发德音也。《礼记》《王制》及《春秋穀梁传》，天子七庙，诸侯五，大夫三，士二。天子七日而殡，七月而葬；诸侯五日而殡，五月而葬；此丧事尊卑之序也，与庙数相应……《春秋左氏传》曰："名位不同，礼亦异数。"自上以下，降杀以两，礼也。七者，其正法数，可常数者也。宗不在此数中。宗，变也，苟有功德则宗之，不可预为设数……繇是言之，宗无数也，然则所以劝帝者之功德博矣。以七庙言之，孝武皇帝未宜毁；以所宗言之，则不可谓无功德……或说天子五庙无见文，又说中宗、高宗者，宗其道而毁其庙。名与实异，非尊德贵功之意也……迭毁之礼自有常法，无殊功异德，固以亲疏相推及。至祖宗之序，多少之数，经传无明文，至尊至重，难以疑文虚说定也。孝宣皇帝举公卿之议，用众儒之谋，既以为世宗之庙，建之万世，宣布天下。臣愚以为孝武皇帝功烈如彼，孝宣皇帝崇立之如此，不宜毁。①

刘歆等认为，汉武帝生前功德卓荦，其宗庙不应依亲尽迁毁例处置。皇家宗庙实行"七庙"礼制，在《礼记》《春秋穀梁传》等儒家典籍中有明文记载，毋庸置疑。如果天子也实行四世"亲庙"制度，与诸侯宗庙制度相同，无以体现上下尊卑差别，不符合礼的原则和精神。刘歆提出："七者，其正法数，可常数者也。宗不在此数中。宗，变也，苟有功德则宗之，不可预为设数……繇是言之，宗无数也。"② 这既体现了后人尊崇祖先，尤其是为国家做出卓荦贡献的祖先的孝心，也纠正了以往天子、诸侯皆实行四世"亲庙"制度，尊卑无序的谬举，使不同社会等级上下、尊卑、贵贱之序更加明晰，不致混淆、僭乱。

虽然刘歆天子"六世"、诸侯"四世"亲庙说，较天子、诸侯皆四世"亲庙"说，更能体现出尊卑有序、贵贱有别的礼义精神，更利于维护等级差异，却既违背了商、周以来逐渐确立的尊崇近世直系祖先，尤其是四代以

---

① 《汉书》卷七三《韦贤传》，第 3125 ~ 3127 页。
② 《汉书》卷七三《韦贤传》，第 3127 页。

内直系血亲的传统，亦与此前在石渠阁会议上已被诸多儒生认可的天子四世"亲庙"说背道而驰。① 原因何在？笔者认为，其或许既有学术上的考虑，也与西汉意识形态及其时政治局势有密切关系。

尽管《礼记》明文记载，"王"所立"七庙"中，"亲庙"为高祖父以下四世之庙："是故王立七庙，一坛一墠，曰考庙，曰王考庙，曰皇考庙，曰显考庙，曰祖考庙，皆月祭之。远庙为祧，有二祧，享尝乃止。"② 所谓"考""王考""皇考""显考"分别是某人之父亲、祖父、曾祖父、高祖父四世近亲："'曰考庙'者，父庙曰考，考，成也。谓父有成德之美也。'曰王考庙'者，祖庙也。王，君也。君考者，言祖有君成之德也，祖尊于父，故加君名也。'曰皇考庙'者，曾祖也。皇，大也，君也。曾祖转尊，又加大君之称也。'曰显考庙'者，高祖也。显，明高祖居四庙最上，故以高祖目之。"③ 但"天子七庙，三昭三穆，与大祖之庙而七"④ 礼文中，并未明确规定"三昭三穆"中必须包括因有功德而有"祖""宗"庙号，宗庙万世不毁的二"祧"庙。既如此，将其诠释为四世"亲庙"及在位帝王的五世祖、六世祖，亦无不可。

刘歆之说，与汉代统治者重视、提倡"孝"的意识观念亦相吻合。西汉初，统治者即重视以"孝"治天下，甚至自汉惠帝时起，即在皇帝谥号中加以"孝"字："孝子善述父之志，故汉家之谥，自惠帝已下皆称孝也。"⑤ 将本已亲尽的五世祖、六世祖的宗庙纳入四时享祭的"亲庙"中，更可凸显皇帝重"孝"敬祖虔诚之意。

刘歆之说，或许是作为宗室成员的刘歆洞悉成帝、哀帝之际统治阶层内部权力之争已渐趋激化的现实，而提出的扶持刘氏皇室的理论。汉成帝时，委政外戚王氏，导致王氏势力不断膨胀，专擅朝政。皇帝形同傀儡，尊卑失序。汉哀帝即位初，通过解除王氏家族成员的职务、推行包括礼制改革在内

① 郭善兵：《中国古代帝王宗庙礼制研究》，人民出版社，2007，第143～145页。
② 《礼记·祭法》，（清）阮元校刻《十三经注疏》，中华书局，1980，第1588～1589页。
③ 《礼记·祭法》，《十三经注疏》，第1588～1589页。
④ 《礼记·王制》，《十三经注疏》，第1335页。
⑤ 《汉书》卷二《惠帝纪》，第86页。

的诸项改革措施，强化皇权，整饬尊卑秩序。① 刘歆或秉承其父刘向强化刘氏宗室势力，与王氏相抗衡之遗愿，在皇家宗庙"亲庙"问题上借题发挥。亲庙由原来四世即属绝，② 改而为六世属绝，意味着皇帝近亲增加了两世。这些旁系宗室自然也就获得了与此前四世内宗亲享有同等权利的资格，无形中扩大了得以参与政治事务的刘氏宗亲的范围。刘歆提出的改变以往皇帝、诸侯王皆实行四世"亲庙"的传统，实行天子六世"亲庙"之制，以体现尊卑差异之说，恰恰吻合了汉哀帝强化皇权的意图。刘歆所持因有功德而有"祖""宗"庙号的皇帝宗庙不在"七庙"数中，世世不毁，且"祖""宗"宗庙数量不可事先限定，以此可劝勉后世皇帝奋发有为的学说，或许恰恰拨动了哀帝意欲重兴汉室，希望自己也能够像武帝那样流芳百世的敏感心弦。因为，若按传统旧制，唯有"祖""宗"庙号的宗庙世世不毁，且世世不毁的三庙一旦确定，此后即不可随意增加。后世即便有贤明有功德之君，亲尽后也必须迁毁其宗庙，不利于敦劝后世君主积极有为。刘歆之说虽引起激烈争议，但从哀帝最后的裁断来看，他支持并采纳了刘歆的建议。如此，哀帝时，皇家宗庙就因包括高、文、武（不在七庙常数中的三所有"祖""宗"庙号的皇帝宗庙）、惠、景、昭、宣、元、成诸帝庙，和当时未被毁弃的皇考庙，及哀帝随后于建平二年（公元前 5 年）为其亲生父亲定陶王刘康在京师所建宗庙，合计达到十一庙。③

　　或许受刘歆之说影响，西汉后期，皇家宗庙"祖""宗"庙号限制开始

---

① 参见郭善兵《汉哀帝改制考论》，《徐州师范大学学报》（哲学社会科学版）2008 年第 6 期；《汉哀帝新论》，《徐州师范大学学报》（哲学社会科学版）2010 年第 3 期。

② 西汉宗室血缘关系未终结者皆有"属籍"，由宗正管辖。宣帝幼年"后有诏掖庭养视，上属籍宗正"（《汉书》卷八《宣帝纪》，第 236 页）。据此可以享受多种政治、经济权益。文帝四年，"复诸刘有属籍，家无所与"（《汉书》卷四《文帝纪》，第 120 页）。平帝时"赐九卿已下至六百石、宗室有属籍者爵，自五大夫以上各有差"（《汉书》卷一二《平帝纪》，第 357 页）。对于犯有大逆罪的宗室，惩罚措施之一就是除其属籍。如汉景帝时，楚元王之子刘艺等参与七国之乱，景帝诏曰："朕不忍加法，除其籍，毋令污宗室。"（《汉书》卷一《景帝纪》，第 143 页）被除属籍者，若真心悔罪改过，或逢皇帝大赦，如果血缘关系尚未结束，可以恢复属籍："宗室属未尽而以罪绝者，复其属。"（《汉书》卷一二《平帝纪》，第 349 页）

③ 郭善兵：《中国古代帝王宗庙礼制研究》，第 138～150 页。

逐渐松弛。平帝元始四年（公元 4 年），王莽建议，"尊孝宣庙为中宗，孝元庙为高宗，天子世世献祭"。① 平帝去世后，王莽又"奏尊孝成庙曰统宗，孝平庙曰元宗"。② 曾抑制、排斥王氏的哀帝，自然因遭王莽敌视，而无"宗"号之追授。

王莽新朝皇家宗庙制度同样遵循刘歆学说："九庙：一曰黄帝太初祖庙，二曰帝虞始祖昭庙，三曰陈胡王统祖穆庙，四曰齐敬王世祖昭庙，五曰济北愍王王祖穆庙，凡五庙不堕云……"③

东汉初虽曾一度取消王莽摄政时为西汉宣帝、元帝、成帝、平帝宗庙所加"宗"号，但建武十九年（公元 43 年），宣布恢复宣帝"中宗"庙号。光武帝去世后，因其有中兴汉室功德，汉明帝为其特建一庙，庙号"世祖"。自明帝、章帝以后，"祖""宗"庙号再度泛滥。东汉一代，除殇、冲、质三少帝因在位日短，无功德可言。"灵帝崩而天下乱，故未议祖宗之事。"④ 献帝被迫禅位，自然无庙号，其他诸帝宗庙，皆追加有"祖""宗"庙号。直至献帝初平元年（190），始采纳蔡邕建议，取消和帝以下历代皇帝宗庙庙号。⑤

由此可见，刘歆、汉哀帝，而非魏明帝，才分别是随意增加不毁之庙数量理论的首倡者与始践行者。确如梁先生所言，魏明帝为固定自己在曹魏皇帝系统中的地位，不避忌讳，不惧讥讽，在分别追加祖父曹操、父亲曹丕宗庙"太祖""高祖"庙号后，在自己尚在世时，竟指使有司为自己确定"烈祖"庙号，且明确规定："三祖之庙，万世不毁。其余四庙，亲尽迭毁，如周后稷、文、武庙祧之制。"⑥ 意图杜绝曹魏后世皇帝随意追加先帝"祖""宗"庙号，增加不毁宗庙数量现象的发生。从这个意义上来说，魏明帝可谓是两汉儒者，尤其是郑玄所持天子"七庙"由一"始祖"庙、二因有功

① 《汉书》卷一二《平帝纪》，第 357 页。
② 《汉书》卷九九上《王莽传上》，第 4078 页。
③ 《汉书》卷九九下《王莽传下》，第 4162 页。
④ （东晋）袁宏：《后汉纪》卷二六《孝献皇帝纪》，张烈点校，中华书局，2002，第 508 页。
⑤ 郭善兵：《中国古代帝王宗庙礼制研究》，第 223～232 页。
⑥ 《三国志》卷三《明帝纪》，中华书局，1982，第 109 页。

德而有"祖""宗"庙号，世世不毁的"祧庙"，及在位天子高祖父以下四世"亲庙"组成说的坚定维护者，与刘歆首倡、王肃宣扬之天子"七庙"由一"始祖"庙、六世"亲庙"组成，"祖""宗"庙号可随需追加，不预先限定说迥然有异。

二　北魏孝文帝太和六年（482）或已实行毁庙礼制

梁先生认为，北魏皇家宗庙毁庙礼制开始于孝文帝太和十三年正月。其依据是，宗庙是否实行毁庙礼制，应以"禘""祫"祭祀礼制实施的时间为标准。因为禘、祫祭祀的一项重要内容，就是在太祖庙中合祭迁毁的祖先。拓跋珪时，皇家宗庙似乎没有实行迁毁制度。直至孝文帝太和十三年正月，才开始讨论禘、祫祭问题。随着禘祭在宗庙祭祀中的确定，亲尽而毁的宗庙迁毁制度才确定下来，可见在太和十三年以前，没有实行宗庙迁毁制度。

以皇家宗庙中有无"禘"祭礼之实行，作为判断是否实行宗庙迁毁礼制的标准，从理论上来说并无不妥。因为，自秦汉以来，由于大致于先秦秦汉时期成书的若干文献对禘、祫祭礼的相关问题，如祭礼举行的时间、祭礼的方式等记载十分简略，因而，两汉时期，儒者对禘、祫祭礼的诠释，[1] 与目前考古发现的商周时期甲骨文、金文记载的禘、祫祭礼，[2] 多有歧义。

纵使如此，由于商周时期文献的阙略，西汉以后，历代皇家宗庙禘、祫祭礼，大体遵循张纯、郑玄等人的诠释定制。鉴于历代儒者大多视禘、祫祭礼为在宗庙中合祭历代祖先，既包括已亲尽而宗庙已被迁毁的祖先，也包括因尚未亲尽而宗庙被迁毁的祖先，以宗庙禘、祫祭礼之有无，来判断某个朝代是否实行毁庙礼制，似无可厚非。因为，若其未实行毁庙礼制，自然无须实行禘、祫祭礼。

---

① 郭善兵：《中国古代帝王宗庙礼制研究》，第 152～154 页。

② 目前考古发现的商代甲骨文、周代金文有关记载表明，"禘"祭无论是祭祀神灵，还是祭礼举行的时间，皆与儒家礼书有关记载不符（参见刘雨《西周金文中的祭祖礼》，《考古学报》1989 年第 4 期；董莲池《殷周禘祭探真》，《人文杂志》1994 年第 5 期）。

不过，梁先生此处疏漏了一则史料，即孝文帝于太和六年举行宗庙祭祖事："六年十一月，将亲祀七庙，诏有司依礼具仪。于是群官议曰：'……大魏七庙之祭，依先朝旧事，多不亲谒。'"① 这表明，至少在太和六年，北魏或已实行宗庙迁毁礼制。因此，梁先生将北魏宗庙毁庙礼制开始实施的时间确定在太和十三年，并不准确。

那么，北魏究竟从何时开始实行皇家宗庙毁庙礼制的呢？王铭先生认为，早在北魏初道武帝、明元帝时，已实行宗庙迁毁礼制。道武帝时，宗庙有四所。明元帝时，始祖神元皇帝已是七世祖，不管按照郑玄的"四亲庙"说，还是按照王肃的"六亲庙"说，都应因亲尽而毁庙。明元帝按照儒家庙制"亲尽则毁"的原则，毁始祖神元庙，改以太祖平文庙为首庙。太宗明元帝时，宗庙有四所。世祖太武帝时，宗庙有五所。高宗文成帝、显祖献文帝、高祖孝文帝时，宗庙皆有七所。

笔者认为，王铭先生的上述观点并不准确。他认为，道武帝时宗庙有四所：始祖神元帝庙、太祖平文帝庙、高祖昭成帝庙、献明帝庙。依据是《魏书·太祖纪》的记载。但他却忽略了《魏书·礼志一》"又立神元、思帝、平文、昭成、献明五帝庙于宫中……又于云中及盛乐神元旧都祀神元以下七帝"② 的记载。若依王铭先生立论的逻辑，《魏书·太祖纪》记载天兴二年（399）十月，道武帝修建太庙，将始祖神元帝、太祖平文帝、高祖昭成帝、献明帝诸先帝神主纳入其中，表明此时北魏实行毁庙礼制，有上述四帝宗庙。那么，前引《魏书·礼志一》记载道武帝时又在宫中为神元、思帝、平文、昭成、献明五位先帝修建宗庙，后又于云中及盛乐旧都祭祀神元以下七帝，是否可以推定其时还实行五庙、七庙之制？史书还记载，明元帝永兴年间"于白登西，太祖旧游之处，立昭成、献明、太祖庙"，③ 是否又可作为明元帝时实行皇家三庙之制的依据？答案显然是否定的。因此，据史书记载的某帝在位时为哪些祖先修建宗庙，既不宜作为

① 《魏书》卷一○八之一《礼志一》，中华书局，1974，第2740页。
② 《魏书》卷一○八之一《礼志一》，第2735页。
③ 《魏书》卷一○八之一《礼志一》，第2736~2737页。

其时实行四庙、五庙抑或七庙的直接证据，也不能作为其时已实行毁庙礼制的依据。

或有学者认为，前述《魏书·礼志一》记载的道武帝时在宫中为神元、思帝、平文、昭成、献明五位先帝修建宗庙，后又于云中及盛乐旧都祭祀神元以下七帝；明元帝时在白登西修建昭成、献明、太祖三帝庙，或为皇家私家宗庙，其修建也具有很大的随意性，与国家太庙不可同日而语。这一看法虽有一定的道理，道武帝在宫中修建五位先帝宗庙，或许为便于随时致敬行礼。于云中、盛乐旧都修建先帝宗庙，很大程度上也具有浓郁的纪念意义。但皇家宗庙与礼书记载的"公""私"泾渭分明、不相混淆的"社""七祀"① 迥然不同的是，皇家宗庙并无"公""私"之别。无论修建于何处，皆具有相同的地位与功能。道武帝、明元帝时尚可随意于宫中或京师之外其他地区修建宗庙，且数量、行辈皆无明确之规定，更清楚地反映出，此时北魏皇家宗庙制度尚未严格遵循儒家礼典制度化、规范化。

其次，王铭先生认为，自道武帝时起，北魏已实行宗庙毁庙礼制，毁庙的原则，就是某位祖先与在位皇帝彼此之间是否还存在血缘关系。判断的标准，就是大致于先秦秦汉时期成书的若干文献记载的"四世"或"六世"之说。不过，王铭先生的有关论述，却表明他在北魏实行亲尽毁庙礼制的原则问题上，前后自相矛盾。其行文中"不管按照郑玄的'四亲庙'说，还是按照王肃的'六亲庙'说"之语，似可反映出他的这种纠结心态。也就是说，在王铭先生看来，北魏究竟是遵循郑玄四世亲尽，还是王肃六世亲尽的毁庙原则，似乎难以断言。不过，据他对高宗文成帝、高祖孝文帝时"七庙"组成的有关论述，他似乎倾向于"六世"亲尽说。若据此说，献文帝时，为何要迁毁就血缘关系而言尚为其六世祖，亲尚未尽的献明帝的宗庙呢？若据此说，道武帝修建宗庙时，为何最初只为神元、平文、昭成、献明四位祖先修建宗庙，而未给就血缘关系而言尚为其四世祖（即高祖父）的

---

① 《礼记·祭法》："王为群姓立社，曰大社。王自为立社，曰王社……王为群姓立七祀，曰司命，曰中霤，曰国门，曰国行，曰泰厉，曰户，曰灶。王自为立七祀。"（《十三经注疏》，第 1589～1590 页）

思帝及其五世祖沙漠汗（未即位，死后追谥为文皇帝）修建宗庙？为何又随后在宫中为神元、思帝、平文、昭成、献明五位先帝修建宗庙？显然，仅据《魏书·太祖纪》的记载，似难以断言道武帝时已实行依据"四世"或"六世"亲尽原则而毁庙的礼制。

王铭先生认为，明元帝时，即已据郑玄"四亲庙"说或王肃"六亲庙"说，迁毁七世祖始祖神元皇帝宗庙，改以太祖平文庙为首庙，其依据是北魏后期以太祖道武帝配祭南郊。所以，西魏文帝大统二年（536）"春正月辛亥，祀南郊，改以神元皇帝配……冬十一月，追改始祖神元皇帝为太祖，道武皇帝为烈祖"。① 若始祖神元皇帝一直居太庙始祖，西魏自然不需要再复改神元皇帝和道武帝的庙号。

笔者认为，以西魏时改易南郊祭天时配祭祖先的史料，来证实明元帝时始祖神元皇帝宗庙即被迁毁的做法并不恰当。确实，举行郊祀礼时，北魏前期与后期配祭的祖先发生过变易。北魏前期以始祖神元皇帝配祭南郊："（天兴）二年正月，帝亲祀上帝于南郊，以始祖神元皇帝配。"② 孝文帝太和十年（486），尚以神元皇帝配祭南郊："冬十月癸酉，有司议依故事，配始祖于南郊。"③ 直至太和十五年，孝文帝取消平文帝"太祖"庙号，改道武帝"烈祖"庙号为"太祖"："诏曰：'祖有功，宗有德，自非功德厚者，不得擅祖宗之名，居二祧之庙。仰惟先朝旧事，舛驳不同，难以取准……烈祖有创基之功，世祖有开拓之德，宜为祖宗，百世不迁。而远祖平文功未多于昭成，然庙号为太祖；道武建业之勋，高于平文，庙号为烈祖。比功校德，以为未允。朕今奉尊道武为太祖。'"④ 次年正月，即以道武帝取代神元皇帝南郊配祭的地位："辛酉，始以太祖配南郊。"⑤ 若配祭南郊者即可视为皇家宗庙始祖，那么，据《魏书·高祖纪下》相关记载可以推定，至少在太和十五年以前，北魏举行郊祀礼时，始终以神元皇帝配祭。也就是说，太

---

① 《北史》卷五《魏本纪》，中华书局，1974，第176页。
② 《魏书》卷一〇八之一《礼志一》，第2734页。
③ 《魏书》卷七下《高祖纪下》，第161页。
④ 《魏书》卷一〇八之一《礼志一》，第2747~2748页。
⑤ 《魏书》卷七下《高祖纪下》，第169页。

和十五年之前，神元皇帝始终被视为北魏皇室的始祖，其宗庙并未被迁毁。因此，王铭先生所持之神元皇帝的宗庙早在明元帝时已因亲尽而被迁毁的观点不能成立。

孝明帝熙平二年（517）三月，太常少卿元端认为，"圣朝以太祖道武皇帝配圆丘"，① 不合礼仪。元雍、元怿等人建议："仰惟世祖太武皇帝以神武纂业，克清祸乱，德济生民，功加四海，宜配南郊。"② 诏令采纳元雍等人的建议。显然，不宜因孝明帝熙平二年以后，以世祖太武帝取代太祖道武帝南郊的配祭地位，断言北魏以太武帝为宗庙始祖。由此可见，王铭先生以郊祀时以何帝配祭，来确定宗庙始祖的做法并不恰当。其致误之缘由，大概系受儒家有关文献"昔者周公郊祀后稷以配天"，③ "有虞氏禘黄帝而郊喾……夏后氏亦禘黄帝而郊鲧……殷人禘喾而郊冥……周人禘喾而郊稷"的记载，④ 及历代多以被追认为宗庙始祖的祖先配祭南郊，"帝王郊天，当以始祖配天"⑤ 影响所致，却未注意到孝文帝、孝明帝时，是因注重祖先事功，而先后以道武帝、太武帝配祭南郊，因而使郊祀配祭祖先与宗庙始祖无法协调统一。

太和十五年，孝文帝诏令依据古礼，改革皇帝宗庙制度。笔者曾推定改革后的北魏皇家宗庙有六所：神元皇帝（始祖）庙、道武帝（太祖）庙、明元帝（孝文帝高祖父）庙、太武帝（曾祖父）庙、文成帝（祖父）庙、献文帝（父）庙。⑥ 王铭先生则认为，太武帝长子被追尊为景穆皇帝，庙号恭宗的拓跋晃的宗庙实际上列入皇家宗庙系统中。这一说法极是。

迁毁平文帝宗庙后，此时皇家宗庙有六所：道武帝（太祖）庙、太武帝（高祖父、庙号世祖）庙、景穆皇帝（曾祖父、庙号恭宗）庙、文成帝（祖父）庙、献文帝（父）庙。因其数量与礼书记载的天子"七庙"

---

① 《魏书》卷一〇八之二《礼志二》，第 2762 页。
② 《魏书》卷一〇八之二《礼志二》，第 2763 页。
③ 《孝经·圣治章》，《十三经注疏》，第 2553 页。
④ 《礼记·祭法》，《十三经注疏》，第 1587 页。
⑤ （清）秦蕙田：《五礼通考》卷二《圜丘祀天》，《景印文渊阁四库全书》第 135 册，台北，台湾商务印书馆，1983，第 156 页。
⑥ 郭善兵：《中国古代帝王宗庙礼制研究》，第 323 页。

不符，所以孝文帝不顾忌讳，决定生前即为自己修建宗庙，以符"七庙"之数。[①] 梁先生之所以认为太和十三年制定禘袷毁之制，太祖平文之庙百世不迁，原因或许在于孝文帝于太和十三年制定的是禘、袷祭祖礼制，宗庙毁庙礼制的确定是在两年后的太和十五年。该年，孝文帝不仅取消了平文帝"太祖"庙号，且明确宣布"平文既迁"。梁先生所谓"太祖平文之庙百世不迁"的观点，显然并不准确。

三　北齐、北周变革北魏皇家宗庙制度之缘由

在北齐皇家宗庙礼制问题上，梁先生认为，北齐的皇家宗庙制度礼制受北魏的影响显而易见。高湛死后，他的儿子高纬上父亲谥号为世祖武成帝，改谥高欢为高祖神武帝，高洋为威宗景烈帝。武平元年（570），高纬又改高洋的谥号为显祖文宣皇帝。这个谥号的改动很令人玩味，伯父高澄为世宗，父亲高湛为世祖，世祖世宗，世世代代为祖为宗，颇有百世不毁的意味。因此，高纬想通过改变祖宗谥号确定高祖、世宗、世祖三庙不毁的格局，而把高洋从不毁之庙中废除。只是后来考虑到世宗、世祖同为昭庙，穆庙依然空缺，以昭穆计数，即使把文宣不毁之庙恢复也不会影响昭穆格局，所以便又谥其为显祖，依照北魏显祖之庙百世不毁的先例，恢复了其原来的地位。这又恰恰证明了北齐力图建立一祖二祧四亲庙制度的努力。北周的制度建设虽以《周礼》为指导，与北魏北齐不尽相同，但在宗庙制度上却与他们不谋而合。从建三个不毁之庙看，其宗庙制度的构想应和北魏北齐是相同的。细稽史文，笔者认为，梁先生的上述观点并不准确。

首先，高洋宗庙庙号由"高祖"改为"威宗"，并非如梁先生所说，是高湛死后，他的儿子高纬所为。高湛尚在世的天统元年（565）十二月"庚午，有司奏改'高祖文宣皇帝'为'威宗景烈皇帝'。"[②] 改动高洋宗庙庙号，应是高湛对高洋的报复行为："武成于天保世频被责，心常衔之。斑至

---

① 郭善兵：《中国古代帝王宗庙礼制研究》，第 323～324 页。

② 《北齐书》卷八《后主纪》，中华书局，1972，第 98 页。

是希旨，上书请追尊太祖献武皇帝为神武，高祖文宣皇帝改为威宗景烈皇帝，以悦武成，从之。"①

其次，北齐皇帝宗庙礼制不仅与北魏孝文帝之前带有浓郁鲜卑民族文化色彩的皇家宗庙制度有异，且与孝文帝改制后确立的皇家"七庙"由一始祖庙、二祧庙、四亲庙组成的制度亦迥然不同。其差异在于，自建国初，北齐即变更以往汉魏、北魏制度，确立皇家宗庙六世"亲庙"之制。就实际庙数而言，北齐皇家宗庙为七庙之制。至武成帝时，因遵循兄弟为昭穆同世之说，北齐皇家宗庙就世数而言为七世，就实际宗庙数量而言则为九庙。②

最后，北周建国后，其皇家宗庙庙数之制，不仅与北魏迥异，且与秦汉以来历代大致遵循的"天子七庙"制度亦截然不同的是，北周实行的是皇家"五庙"礼制，就实际庙数而言，则为六庙。③

北齐、北周统治者之所以断然变更北魏皇家宗庙制度及秦汉以来的有关传统，并非是统治者心血来潮的无谓之举，而是与其各自的政治需求，及受其时日益频繁的南北文化交流的影响等因素密切相关。笔者曾提出，随着其时南北文化交流的日益频繁，"自梁、魏通和，岁有交聘"，④ 北齐统治阶层在国家礼制问题上，更倾向于吸收较汉魏制度更为切近现实的两晋南朝制度。⑤

需要补充的是，北齐对北魏皇家宗庙礼制根本性的变革，除如上所述，或许系受两晋南朝制度影响外，受传统的改朝易代后，必"改正朔，易服色，殊徽号，异器械，别衣服"⑥ 思想学说影响，似乎亦是一重要原因，不容忽视。尽管史书记载表明，东魏时，高氏虽专擅朝政，夺取元氏皇位，已势在必行，但仍颇有畏惧、彷徨之心："时自娄太后及勋贵臣，咸云关西既是劲敌，恐其有挟天子令诸侯之辞，不可先行禅代事。"⑦ 然一旦禅代成功，

---

① 《北齐书》卷三九《祖珽传》，第516页。
② 郭善兵：《中国古代帝王宗庙礼制研究》，第346～347页。
③ 郭善兵：《中国古代帝王宗庙礼制研究》，第350页。
④ 《北齐书》卷三五《陆卬传》，第469页。
⑤ 郭善兵：《中国古代帝王宗庙礼制研究》，第347～348页。
⑥ 《礼记·大传》，《十三经注疏》，第1506页。
⑦ 《北齐书》卷三三《徐之才传》，第445页。

则无所顾忌，对前朝制度，尤其是对与国计民生关涉不大，若彻底或大部之变更不致引起国家动荡、激发民变的诸项礼制，不妨可加以剧烈之改变。

尽管此前的商周之际、秦汉之际，皆有后朝承袭前朝制度的先例，如周人礼制最初曾大量继承殷礼，[1] 西汉初更是几乎全盘承袭秦制，以至后人有"汉承秦制"之语。然此种情形，往往存在胜利者的文化、制度，远远落后于失败者的前提，故或迫于时势，或避重建体制之烦，不得不承袭前朝之制，以达稳定统治之目的。一旦自身的文化、制度臻于完善、成熟，统治逐渐稳定，则抛弃、变更前朝之制，亦势在必行。如西周自穆王以后，逐步形成了自己的礼仪体系。[2] 汉自武帝时起，亦开启由"秦政"向"汉政"的变迁。[3] 对北齐统治者来说，全盘承袭北魏制度实无必要，故有改正朔、易服色诸多举措之实施，以示不相袭前朝之意。

北周皇家宗庙实行"五庙"制度，明显违背儒家经典"天子七庙"记载，乖离秦汉以来历代大致相沿的皇帝"七庙"传统。这一做法，与其仿照《周礼》变革各项政制、变更礼书中"右社稷，左宗庙"、[4] "右社稷而左宗庙"[5] 有关记载，改行"右宗庙而左社稷"[6] 等举措的用意如出一辙，皆为就国力而言，在南朝梁（后为陈）、西魏（北周）、北齐鼎足而立的三个政权中，最初相对弱小的宇文氏大力推行所谓"复古"改革，来寻求本政权正统性心态的体现。此即陈寅恪先生所说的"关陇文化本位政策"："宇文泰为了对抗高氏与萧梁，必应别有一个精神上独立的、自成系统的文化政策，以维系关陇地区胡汉诸族的人心，使之成为一家，从思想文化上巩固关陇集团。宇文泰的，要言之，即阳傅《周礼》经典制度之文，阴适关陇胡汉现状之实。内容上是上拟周官的古制。"[7] 在苏绰、卢辩等儒学士人赞画下，宇文泰选择了被历代推崇为大同盛世的周代为仿效对象，以据说记

---

① 王晖：《商周文化比较研究》，人民出版社，2000，第 5～15、209～211 页。
② 刘雨：《西周金文中的祭祖礼》，《考古学报》1989 年第 4 期。
③ 阎步克：《士大夫政治演生史稿》，北京大学出版社，1996，第 333～346 页。
④ 《周礼·春官宗伯·小宗伯》，《十三经注疏》，第 766 页。
⑤ 《礼记·祭义》，《十三经注疏》，第 1601 页。
⑥ 《隋书》卷七《礼仪志二》，中华书局，1973，第 135 页。
⑦ 万绳楠整理《陈寅恪魏晋南北朝史讲演录》，黄山书社，1987，第 316～317 页。

载周代制度的《周礼》为施政纲领，"并撰次朝仪，车服器用，多遵古礼，革汉、魏之法"。①

西魏、北周虽表面上处处遵循《周礼》设官立制，但并非泥古不化，而是在《周礼》眩人耳目的光环下，或采秦汉魏晋乃至南朝、北齐制度，或将鲜卑习俗改头换面，托言周礼："凡西魏、北周之创作有异于山东及江左之旧制，或阴为六镇鲜卑之野俗，或远承魏、（西）晋之遗风，若就地域言之，乃关陇区内保存之旧时汉族文化，所适应鲜卑六镇势力之环境，而产生之混合品。"②

宇文氏虽在政治、经济制度上，多依托《周礼》。不过，就皇家宗庙制度而言，宇文氏并不满足于周代礼制，而是希冀上溯至年代较夏商周三代更为久远、更为后人歆羡、推崇的五帝时代，以此来争取、标榜较之南朝梁（陈）、北齐更为优越的文化正统地位。北周皇家"五庙"制度，或即来源于先秦秦汉时期成书的诸谶纬文献有关记载："《礼纬·稽命徵》云：'唐虞五庙，亲庙四，始祖庙一。夏四庙，至子孙五。殷五庙，至子孙六。'《钩命决》云：'唐尧五庙，亲庙四，与始祖五。禹四庙，至子孙五。殷五庙，至子孙六。周六庙，至子孙七。'"③ 或许在宇文氏看来，《礼记》等儒家典籍，不过是春秋以来儒者撰作之书，难免羼杂有衰世不经之言。其所载即便为周代宗庙礼制，较之谶纬文献记载的尧、舜庙制，自然相形见绌，不足为后人效法。

北周武帝宇文邕虽相当重视《礼记》，比较接近魏晋传统，与其前宇文氏历代诸帝多依据《周礼》《仪礼》，掺杂以大量少数民族习俗制定皇家制度，多有不同。武帝时制定的诸项礼仪制度，已加入大量北齐、南朝礼制有关内容。④ 但北周皇家宗庙庙数制度，似乎没有因受北齐、南朝制度影响而发生根本变革。其确立的皇家"五庙"制度，对隋初、唐初都有明显影响。

---

① 《隋书》卷六六《裴政传》，第 1549 页。
② 陈寅恪：《隋唐制度渊源略论稿》，第 4 页。
③ 《礼记·王制》，《十三经注疏》，第 1335 页。
④ 史睿：《北周后期至唐初礼制的变迁与学术文化的统一》，荣新江主编《唐研究》第 3 卷，北京大学出版社，1997，第 166～167 页。

结　语

　　综上所述，尽管先秦秦汉时期成书的若干文献记载商周时期实行因血缘关系终结，即所谓四世或六世"亲尽"毁庙礼制与史实不符；但自秦汉时起，历代大致遵循有关文献的记载，实行毁庙礼制。西汉元帝之前，虽未实行毁庙礼制，但"祖""宗"庙号的授予则较严格遵循古礼。刘歆首倡生前有功德的帝王，其宗庙皆可追加"祖""宗"庙号，其数量不可事先限定，且不在皇家"七庙"数中，因此可视为随意增加皇家宗庙不毁之庙数量的理论首倡者。汉哀帝则首次将刘歆学说付诸实践，开随己意好恶随意为历代先帝追加"祖""宗"庙号的先例。至少在太和六年，北魏已实行皇家宗庙迁毁礼制。至太和十五年，孝文帝依据古礼，改革皇帝宗庙制度，确立皇帝"七庙"制度。北齐建国初，或出于变易前朝制度之需，或遵刘歆、王肃之说，及两晋南朝皇家宗庙礼制，实行皇家宗庙六世"亲庙"之制。由于高演（孝昭帝）、高湛（武成帝）兄弟相继即帝位，北齐皇家宗庙实际上没有实行毁庙制度。武成帝时，皇家宗庙世数虽为七世，但实际庙数为九所。北周或据谶纬之说，实行皇帝"五庙"制度。虽明显违背儒家经典"天子七庙"记载，乖离秦汉以来历代大致相沿的皇家"七庙"传统，但实际上是北周统治者攀附被古人视为较夏商周三代更为久远、美好的五帝时代心理的具体体现。由此可见，历代皇家宗庙礼制之确立、变革，无一不与其时政治、文化诸因素密切相关。

　　（原载《中国史研究》2015年第2期，收录入本书时略作修改）

论宋代的私有财产权

程民生

摘　要　宋代的私有财产权产生了新观念，理论界承认贫富差异的合理性，强调私有财产权的重要性，官民的私有观念增强。宋政府依法维护私有财产的处分继承权和买卖权，对民间无主、遗弃、埋藏、遗失财产给予充分的尊重与保护。在私人利益与公共利益冲突时，宋代朝廷通常以民众的利益为先，有时甚至牺牲官方利益。作为国家意志，宋代对于私有财产的立法保护，通常与官有财产处于同等法律地位。宋政权对私有财产权的剥夺分依法剥夺和非法剥夺，其中非法剥夺更普遍、更严重，但法理上是禁止非法剥夺私有财产的。两宋时期，一般情况下民间私有财产权有基本保障，促进了宋代社会经济的繁荣发达。宋代私有财产权仍处于萌芽状态，是社会文明发展阶段性的产物。私有财产权不容他人侵犯，但官方可以侵犯，在蛮横的专制体制下，没有真正的私有财产权，更像财产使用权。

关键词　宋代　私有财产权　民间财产　富户

私有财产权概念用之于中国古代史，似乎不伦不类。[①]　因为按照基本理

[①]　有学者反对一些中国古代民法史教科书中常见的"物权""债权"的说法，认为这不过代表了一种将古代史料填充今天法律框架的企图。不假思索借用完善的当代法学体系，使得这些说法对于当时的社会是一张倒签日期的提单，错误、漏洞百出（郝维华：《清代民间财

论与常识，中国古代无疑是私有制社会，但又是帝王专制独裁时代，"普天之下，莫非王土；率土之滨，莫非王臣"，也即所谓的私有是皇家的私有，国家为君主的私有财产，君主拥有全国土地等一切财富的所有权，百姓的一切至少在名义上都是皇帝恩赐。但以此推导的逻辑结论必然是：除了皇帝以外任何人没有私有财产权，也即是皇家公有制或国有制，这显然是不合实际的。在中国古代，私有财产权具体体现在民间。对于这一微妙问题学界已多有关注，关于中国古代社会私有财产权利的形态也一直存在着争论，但基本都是法学界、经济学界的话题，① 而且一涉及宋代具体历史问题往往出错。② 唯陈志英《宋代物权关系研究》一书，从宋代物权状

产权利的观念与实践》，法律出版社，2011）。这种指责有一定道理，提出这点也具有警示意义，但也不无偏激。对此类观点学界多有辩驳，个人认为：事实上，在政治学、经济学、社会学和法学等学科里，使用私有财产权一词都不尽相同，各有专业的侧重。古代史中的相关研究如果不借用相关词语或概念，便难以提出新问题。借鉴其他学科的理论、方法是史学研究发展的道路之一，借鉴过来的概念肯定与在原来学科、语境里不完全相同，大家约定俗成地清楚这一转换，尽可能地避免机械套用。这种方法自然是有利有弊，但利多弊少，不能一概否定。

① 如柴荣《中国古代物权法研究：以土地关系为研究视角》，中国检察出版社，2007；刘丕峰：《中国古代私有财产权的法律文化研究》，山东人民出版社，2011；曾哲：《私有财产权保护：中国律例史上的儒家元典精神》，《太平洋学报》2008 年第 6 期；顾华详：《论古代土地所有权保护制度的特征》，《新疆师范大学学报》（哲学社会科学版）2009 年第 1 期；顾华详：《我国古代物权制度考察》，《乌鲁木齐职业大学学报》2009 年第 2 期；高玮：《中国古代社会私有财产权利分析》，《湖北经济学院学报》2010 年第 1 期。

② 如有法学界学者认为："我国古代曾长期存在着土地国有与私有并存的状态，但土地所有权国有的制度始终未被彻底打破……北朝、隋唐及宋朝时期实行'均田制'……宋代仍然实行土地国有制。为了防止其私有化，宋代加强了对公田的管理。宋代的土地既有国家所有，也有私人所有，即存在着公田与私田之分。"（顾华详：《论古代土地所有权保护制度的特征》，《新疆师范大学学报》（哲学社会科学版）2003 年第 1 期）无视国有土地所占比重不足 5% 并官田私田化的趋势。还有学者指出："尽管古代中国偶尔出现要求保护私人财产的认识，如宋代户部针对当时占田状况曾经提出'百姓弃产，已诏二年外许人请射，十年内虽已请射及充职田者，并听归业。孤幼及亲属应得财产者，守令验实给还，冒占者论如律。州县奉行不虔，监司按劾'（《宋史》卷一七三《食货志上一·农田条》）。但是，总体来说此类认识主要是基于官府对小民的怜悯，并无意在程序法或实体法方面确立私人财产权利的制度保障。"（邓建鹏：《私有制与所有权？——古代中国土地权利状态的法理分析》，《中外法学》2005 年第 2 期）这一判断也非史实。如果完全按照西方的法理当然不同，本文将证明宋代具有中国古代特色的"在程序法或实体法方面确立私人财产权利的制度保障"。

况的实际出发，运用现代的法学理论，对宋代所有权及各种他物权的形态，关联及特征进行了比较系统深入的研究，揭示了宋代物权关系的运行轨迹。指出宋代"一般社会成员的私有财产权利一定程度上获得了法律的支持和认可"。[①] 这是从民法角度对宋代物权关系最全面系统的研究，本文是从历史和政治经济角度关注宋代民间的私有财产权，重点在于私有财产权地位及其与公权的关系。

对于私有财产权，大陆学术界的研究不断进展，认为私有财产是人类维护生存、发展的最基本的物质保障。私有财产权则体现着人的多种权利：作为一种经济权，私有财产是私人对财富的正当控制；而财富是人类生存和发展的根本，于是又成了人权——以物为载体的人的权利，而且是人权的核心；而对于财富控制的正当性及控制量多少的判断则构成了一种政治权；私有财产权还是生命权和自由权的延伸，更是经济活动和法律活动的核心。这是现代理论和认识高度，而且多属欧美理念传播而来。古人的认识水平与此不同，表达方式也不同，但主流社会对民间私有财产权并无异议。在长期占统治地位的儒家理论中就有明确的表达，如《孟子·滕文公上》曰："民之为道也，有恒产者有恒心，无恒产者无恒心。"必须让百姓拥有稳定的财产和私有财产权，社会才能稳定。或者说只有明晰的私有财产权及稳定的预期，才能调动创造、积累财富的热情，才能实现社会经济健康稳定的发展。儒家的这种元典精神影响深远，自然不同程度地体现于古代民间以及立法执法之中，宋代就是一个比较典型的剖面，本文试做一宏观考察。

一　宋代私有财产权的观念

中国历史上一个特殊现象是，宋代立国时就率先保护私有财产。在陈桥

[①]　陈志英：《宋代物权关系研究》，中国社会科学出版社，2006，第190页。本文撰成半年后得见陈著，阅读后发现，由于角度、立意等不同，本文大多数问题是其未涉及或深入的，个别问题一样但论证不同。

兵变之际，赵匡胤首先提出的就是保护官、私财产："近世帝王，初入京城，皆纵兵大掠，擅劫府库，汝等毋得复然，事定，当厚赏汝。不然，当族诛汝。""众皆拜。乃整军自仁和门入，秋毫无所犯。"[1] 军队再也不大肆抢掠，但民间有趁火打劫者："上之入也，闾巷奸民往往乘便攘夺，于是索得数辈斩于市，被掠者官偿其赀。"[2] 官方果断打击并予以赔偿，稳定了民心，实现了和平方式改朝换代。宋真宗朝，京东都大巡检胡守节报告："部民王吉知群盗匿所，密以告官，请俟擒获，以其赃给之。"宋真宗拒绝道："如此，则被盗之家无乃重伤乎？宜赐官钱三万，赃悉归其主。"[3] 宁愿官方贴钱也不愿让受害者吃亏，其实质是公共财政承担了因政府原因即治安问题导致的民间财产损失，理念的先进性是不言而喻的。

宋代的私有财产权观念基本上继承了前代精髓，并在新的历史环境中有所更新。这就是私有财产权观念的确立，必需要解决的两个问题：一是皇帝与天下财物的关系，二是富人与穷人的关系。

1. 皇帝与天下财物的关系

皇帝与天下财物的关系是个大前提，涉及两个方面：一方面，皇帝是否天下财产的终极所有者？另一方面，民间财产是否来自皇帝？

首先我们看到，宋人否认皇帝是天下财产的终极所有者。章如愚言："天地之财，非人主所得私也。"[4] 天下财物不是君主的私产，不得私自拥有和擅用。杜范进而指出："人主代天理物，一毫之私，不容间也。敕天命以谨时几，畏天威以严夙夜，此念所存，何莫非天。赏曰天命，刑曰天讨，陟降厥士亦曰天监。若私怨之宿非天也，私恩之酬非天也，私昵之爵非天也，私谒之行非天也，私敕之降非天也，私财之贮非天也。"[5] 天子并没有最终的所有权，只是代表上天行使管理权。终极所有者是至高无上的天，实际上

① 李焘：《续资治通鉴长编》卷一，建隆元年正月甲辰，中华书局，1986，第3页。
② 李焘：《续资治通鉴长编》卷一，建隆元年正月乙巳，第6页。
③ 李焘：《续资治通鉴长编》卷七七，大中祥符五年正月己卯，第1750页。
④ 章如愚：《群书考索·后集》卷五三《田赋类》，《景印文渊阁四库全书》（简称《四库全书》），台北，台湾商务印书馆，1983，第937册，第752页。
⑤ 杜范：《清献集》卷一二《签书直前奏札（壬寅）》，《四库全书》第1175册，第710页。

就是神化的大自然。

宋人进而认为天下也不是皇帝的私产。这一理念虽然早已有之，[①] 但宋人强调的更多，更清晰透彻。北宋王禹偁提出："夫天下者非一人之天下，乃天下之天下。理之得其道则民辅，失其道则民去之，民既去，又孰与同其天下乎？"[②] 离开了人民就没有所谓的天下。南宋中的朱熹在教科书中言："天下者，天下之天下，非一人之私有故也。"[③] 南宋末御史刘黻说："天下事当与天下共之，非人主所可得私也。"[④] 最具有时代精神的是南宋初御史方庭实的言论："天下者中国之天下，祖宗之天下，群臣、万姓、三军之天下，非陛下之天下。"[⑤] 与其他有关言论的不同之处是，方庭实明确说宋朝天下不仅是开国皇帝打下的天下，还是"中国之天下"，"群臣、万姓、三军之天下"，意味着人民也是天下的所有者。如此，就从根本上否决了皇帝对天下财物独裁的所有权。皇帝也认可这一理念，如宋太祖说："我以四海之富，宫殿悉以金银为饰，力亦可办，但念我为天下守财耳，岂可妄用。"[⑥] 虽有四海之富，但属于守护者，不是所有者。

其次，与前代不同，无论在理论上还是实际上，宋代民间财产并非来自皇帝。主要是均田制不复存在，土地占有方式的主流是私有化。叶适说："古者民与君为一，后世民与君为二。"他的理论是在三代井田制下，民众的财产等一切都来自君主，"古之为民，无不出于君者，岂直授之田而已哉？"因此民众对国家承担的义务也广泛。井田制破坏后，君民一体的关系遭到破坏，"其君民上下判然出于二本，反若外为之以临其民者"。宋代的情况更加不同，均田制崩溃，"授田之制亡矣"，土地私有制成为基本土地制度，"民自以私相贸易，而官反为之司契券而取其直"。君民一体的关

① 吕不韦：《吕氏春秋》卷一《贵公》："天下非一人之天下也，天下之天下也。"（山西古籍出版社，1999，第6页）
② 王禹偁：《小畜外集》卷一一《代伯益上夏启书》，四部丛刊本，第1页。
③ 赵顺孙：《孟子纂疏》卷九《朱子集注万章章句上》，《四库全书》第201册，第664页。
④ 《宋史》卷四〇五《刘黻传》，中华书局，1977，第12248页。
⑤ 《宋史全文》卷二〇中，绍兴八年十二月辛未，黑龙江人民出版社，2004，第1301页。
⑥ 李焘：《续资治通鉴长编》卷一三，开宝五年七月甲申，第286页。

系由此破坏，"官民不急不相知也，其有求请而相关通者，则视若敌国"。① 他的另一表述方式更直接，即"县官不幸而失养民之权"。② 君民分离，就是授受关系的丧失。这就是说，民间土地等财产不再来自君主，而是自己购置的，不是皇帝养民众，而是民众自己养自己，"缘百姓私产，并用赀买"，③ 与皇帝、官府何干？超经济强制因而削弱。叶适对历史状况的分析判断未必正确，只是为了服务于他强调的现实理论。宋神宗时的李常早就指出："今则不然。田无多少之限，民无贫富之常，吏不识其民，民不信其上。"④ 土地自由买卖流通，人的贫富不断变化，所有权和社会经济在一定程度上不再世袭、固化，自由发展，君民关系、官民关系对立。

2. 富人与穷人的关系

私有财产权主要是对大量财富所有者而言，他们的财产是否合理，是问题的关键。

理论界的新观点认为，富人致富合理，其财产权应当尊重。苏辙曾强调指出："祖宗承五代之乱，法制明具，州郡无藩镇之强，公卿无世官之弊。古者大邦巨室之害，不见于今矣。惟州县之间，随其大小皆有富民，此理势之所必至，所谓'物之不齐，物之情也'。然州县赖之以为强，国家恃之以为固。非所当忧，亦非所当去也。能使富民安其富而不横，贫民安其贫而不匮，贫富相恃，以为长久，而天下定矣。"指责"王介甫，小丈夫也，不忍贫民而深疾富民，志欲破富民以惠贫民，不知其不可也"。⑤ 贫富差别是历史自然形成的，富人应当保护。叶适也在争取富人的社会地位："今俗吏欲抑兼并，破富人以扶贫弱者，意则善矣。此可随时施之于其所治耳，非上之所恃以为治也。夫州县狱讼繁多，终日之力不能胜，大半为富人役耳。是以吏不胜忿，常欲起而诛之。县官不幸而失养民之权，转归于富人，其积非一

① 叶适：《叶适集·水心别集》卷二《民事上》，中华书局，1961，第 651~652 页。
② 叶适：《叶适集·水心别集》卷二《民事下》，第 652 页。
③ 梁克家：《淳熙三山志》卷一一《官庄田》，宋元方志丛刊本，中华书局，1990，第 7882 页。
④ 李常：《上神宗论青苗》，赵汝愚编《宋朝诸臣奏议》卷一一三，上海古籍出版社，1999，第 1228 页。
⑤ 苏辙：《栾城集·第三集》卷八《诗病五事》，上海古籍出版社，1987，第 1555 页。

世也。小民之无田者，假田于富人；得田而无以为耕，借资于富人；岁时有急，求于富人；其甚者，庸作奴婢，归于富人；游手末作，俳优伎艺，传食于富人；而又上当官输，杂出无数，吏常有非时之责无以应上命，常取具于富人。然则富人者，州县之本，上下之所赖也。富人为天子养小民，又供上用，虽厚取赢以自封殖，计其勤劳亦略相当矣。"① 富人的财产是维护上下稳定的基石，其享用财富理所当然，对其私有财产权应当保护。陈亮也有相同观点："阡陌既开，而豪民武断乡曲，以财力相君，富商大贾操其奇赢，动辄距万，甚者以货自厕于士大夫之后。此言治者之通患，而抑兼并、困商贾之说，举世言之而莫得其要也。夫民田既已无制，谷不能以皆积；兵民既分，力不能以自卫；缓急指呼号召，则强宗豪族犹足以庇其乡井；而富商大贾出其所有，亦足以应朝廷仓卒之须……无乃古制之未复，则贫富之不齐当亦听其自尔乎？"② 他的中心思想是，贫富差别的形成是历史与时代造就的，应当顺其自然。南宋中期有士大夫上书皇帝，意图将这些理论落实到政治上："士大夫类曰抑强扶弱，而不知安富恤贫，亦所以为政也。"③ 尊重富家大户的财产权，应当是执政的一种理念，显然是一种新的理念，而救济贫民则是增添其私有财产，不能用均贫富的办法挖东墙补西墙。

理论界承认贫富差异的合理性，力主保护富人的私有财产，实质上就是肯定了私有财产权，强调私有财产权的重要性。

因此，朝堂之上的统治者明确反对均贫富。熙宁三年（1070），针对程颢提出的"须限民田，令如古井田"，宋神宗予以否认："如此即致乱之道……若夺人已有之田为制限，则不可。"王安石同样不赞成，理由是："今朝廷治农事未有法，又非古备建农官大防圩埠之类，播种收获，补助不足，待兼并有力之人而后全具者甚众，如何可遽夺其田以赋贫民？此其势固不可行，纵可行，亦未为利。"④ 至少在农业方面，朝廷无论精力还是财力投入都不多，生产的发展有赖于富户支持，剥夺其私有土地分给贫民既不可

① 叶适：《叶适集·水心别集》卷二《民事下》，第 657 页。
② 陈亮：《陈亮集（增订本）》卷一三《问汉豪民商贾之积蓄》，中华书局，1987，第 153 页。
③ 徐松等辑《宋会要辑稿》职官七九之二八，中华书局，1957，第 4223 页。
④ 李焘：《续资治通鉴长编》卷二一三，熙宁三年七月癸丑，第 5181 页。

实行，即使实行了也有害无利。

3. 私有财产观念增强

宋代以土地为代表的民间私有财产权逐步确立，私有财产观念日益增强。试举四个不同层面的例子以窥一斑。

其一，民众之间。洪迈道："许元惠卿，乐平士人也。其父梦有乌衣客来语曰：'吾昨贷君钱三百，今以奉还。'未及问为何人及何时所负而觉。明日思之，殊不能晓。平常蓄十余鸭，是日归，于数外见一黑色者，小童以为他人家物，约出之。鸭盘旋憩于傍，堕一卵乃去。自是历一月，每日皆然。凡诞三十卵，遂不至。竟不知为谁氏者，计其直，恰三百钱。"① 这则传说颇有深意：欠债还钱，天经地义，即使冥冥之中也要坚守，反映了深入骨髓的潜意识。

其二，官民之间。南宋人林蔚（字伯和）担任定海县丞时，"富人用本路常平使籍，傲不受役，伯和役之如令。常平檄使改役，伯和曰：'私产可公檄乎？'不许"。② "私产可公檄乎？"在这里是比喻，意思是难道私人财产可以被公家征发吗？透露出这是一个谁也无法反驳的道理：私有财产不能被政权强制征发。

其三，君民之间。宋仁宗时，宋祁在开封郊外曾问一老农："丈人甚苦暴露，勤且至矣！虽然，有秋之时，少则百困，大则万箱，或者其天幸然？其帝力然？"老农驳斥道："何言之鄙也！子未知农事矣！夫春膏之溃，夏阳之暴，我且踦跂竭作，杨芟捽中，以趋天泽；秋气含收，冬物盖藏，我又州处不迁，亟屋除田，以复地力。今日之获，自我得之，胡幸而天也！且我俯有拾，仰有取，合锄以时，衰征以期，阜乎财求，明乎实利，吏不能夺吾时，官不能暴吾余，今日乐之，自我享之，胡力而帝也！吾春秋高，阅天下事多矣，未始见不昏作而邀天幸，不勉强以希帝力也！"③ 老农明确指出获得丰收完全是自己辛勤劳动的结果，根本不是上天的恩赐，也与皇帝无关。

---

① 洪迈：《夷坚志》甲志卷一四《许客还债》，中华书局，1981，第124～125页。
② 叶适：《叶适集·水心文集》卷一五《林伯和墓志铭》，第289页。
③ 宋祁：《景文宋公集》卷九八《录田父语》，国学基本丛书本，商务印书馆，1937，第976页。

这位社会底层农民的言论，代表了宋代历史条件下广大农民反正统的新观念，把个人财产与皇帝、官方完全隔离。自我意识在民间私有财产观念强化中充分彰显了出来。

其四，君臣之间。太平兴国八年（983），曾多年担任河南尹的前宰相向拱，"表献西京长夏门北园，诏以银五千两偿之"。① 既是献给皇帝，自然是无偿呈送所有权，但皇帝尊重私有财产权，不愿领情，照样支付价钱，关系便由贡献转化成买卖，适应了时代习俗。另一例子的关系相反。绍兴十三年（1143），淮东宣抚使韩世忠，"请以赐田及私产自昔未输之税并归之官"，有诏"奖谕而可之"。② 韩世忠是高官、功臣，得到过皇帝很多奖赏的赐田。按理这些赐田由皇帝将产权转交后就属于他的财产，但韩世忠公私分得很清，来自皇帝的土地好像是临时的，可以赐给也可以收回，不比自己购置的土地属于"私产"。

二　宋代私有财产权的流转与政府的保护

私有财产权最重要的体现，就是合法权利的自我支配，具体表现为拥有财产和转移财产，显示着私有财产权的独立与尊严。对此处分继承权和买卖权，宋代官方依法给予积极维护。

1. 财产的处分继承权

继承权是依照法律规定或者合法有效的遗嘱而享有的权利。宋人对自己的财产拥有充分的处分权。

宋仁宗嘉祐年间的《遗嘱法》规定："财产无多少之限，皆听其与也；或同宗之戚，或异姓之亲，为其能笃情义于孤老，所以财产无多少之限，皆听其受也。因而有取，所不忍焉。"也即无论财产多少，完全听从遗嘱处置分配。后来官方想从中牟利提成，更改为："不满三百贯文，始容全给，不满一千贯，给三百贯，一千贯以上，给三分之一而已。"即遗产300贯以下

---

① 《宋史》卷二五五《向拱传》，第8910页。
② 《宋史》卷一七四《食货志上二》，第4215页。

全给，300 贯以上无论多少最多给 300 余贯。对此，元祐初左司谏王岩叟上书指出："臣伏以天下之可哀者，莫如老而无子孙之托，故王者仁于其所求，而厚于其所施。"指责"献利之臣，不原此意，而立为限法，人情莫不伤之……国家以四海之大、九州之富，顾岂取乎此？徒立法者累朝廷之仁尔。伏望圣慈，特令复嘉祐遗嘱法，以慰天下孤老者之心，以劝天下养孤老者之意，而厚民风焉。"朝廷因此恢复了"嘉祐遗嘱法"。①

宋太宗时，开封一孤独的李姓女子到皇宫前敲击登闻鼓上诉，"自言无儿息，身且病，一旦死，家业无所付。诏本府随所欲裁置之"。② 弱势女子因遗产处置问题直接向皇帝求助，皇帝指示开封府完全按照其个人意愿处置，实际上就是官府代为执行，体现了对私有财产的尊重与保护。法律规定，户绝财产收归官府，但"若亡人在日，自有遗嘱处分，证验分明者，不用此令"。③ 可见宋人对自己合法财产享有充分的处分权。

私有财产的特点就是排他性，宋代法令十分重视遗产的直系传授，确保子孙能够继承遗产，严防旁人窃取。例如，继母改嫁不准继承亡夫遗产。宋太宗诏令："尝为人继母而夫死改嫁者，不得占夫家财物，当尽付夫之子孙，幼者官为检校，俟其长然后给之，违者以盗论。"④ 遗产须有子孙后代继承，继承者如果年幼无知，遗产由官方代为管理，成年后移交。再如赘婿不得与亲子分享遗产。宋太宗时崇仪副使郭载言："臣前任使剑南，见川、峡富人多招赘婿，与所生子齿，富人死即分其财，故贫人多舍亲而出赘，甚伤风化而益争讼，望禁之。"朝廷批准了他的禁令。⑤ 另一案例比较复杂典型。宋真宗初，有场民家子与其姐争遗产的官司，姐夫的理由是："妻父临终，此子才三岁，故见命掌赀产，且有遗书，令异日以十之三与子，七与婿。"受理此案的长官张咏审阅了遗嘱后，以酒洒地祭祀一番表示钦佩，感叹道："汝妻父，智人也。以子幼甚，故托汝，倪遽以家财十之七与子，则

① 李焘：《续资治通鉴长编》卷三八三，元祐元年七月丁丑，第 9325 页。
② 《宋史》卷一九九《刑法志一》，第 4969 页。
③ 窦仪：《宋刑统》卷一二《户绝资产》，中华书局，1984，第 198 页。
④ 李焘：《续资治通鉴长编》卷一八，太平兴国二年五月丙寅，第 405 页。
⑤ 李焘：《续资治通鉴长编》卷三一，淳化元年九月戊寅，第 705 页。

子死于汝手矣。"于是判决："以七分给其子，余三给婿"，众人"皆服咏明断，拜泣而去"。[①] 此案是遗产的继承份额之争。当时其子三岁，不得不托付女儿女婿代养，遗产全部由女婿掌管。优惠条件是其子成年后仅继承遗产的十分之三，余七分归女婿继承。这一遗嘱显然不符合法理，但实属迫不得已。张咏洞察其隐情和智睿，判决其子继承七分，其婿继承三分，确保亲子的合法权益不受侵犯。这一判决由于合理合法合情，全体服判，赢得赞扬。

私有财产权的争夺，在民间主要体现在家庭内部的亲属之间。朝廷立法也尽可能明晰产权，如"诸应分田宅者，及财物，兄弟均分"，"妻家所得之财，不在分限"，"兄弟亡者，子承父分"，"兄弟俱亡，则诸子均分"，等等。[②] 袁采深有感触地说道："朝廷立法，于分析一事非不委曲详悉，然有果是窃众营私，却于典卖契中称'系妻财置到'，或诡名置产，官中不能尽行根究。又有果是起于贫寒，不因父祖资产自能奋立，营置财业。或虽有祖宗财产，不因于众，别自殖立私产，其同宗之人必求分析。至于经县、经州、经所在官府累十数年，各至破荡而后已。若富者能反思，果是因众成私，不分与贫者，于心岂无所慊！"[③] 分析此语，可得出三点认识。一是官方对继承财产的分家立法十分严密；二是当事人在家庭财产中另有个人的财产，私中有私；三是为多得财产用尽心机，耗费大量时间和人力财力，乃至倾家荡产。财产如此巨大的诱惑，充分说明了私有财产权的普及与威力。

2. 财产的交易权

财产权是自由经济得以运转的最重要的条件，自由贸易的实质就是财产权的流转，财产正是在这种交易中带来财富的。宋代商业发达，交易活跃，尤其是土地合法并广泛地进入市场后，私有财产权的交易盛况空前。正所谓

---

① 李焘：《续资治通鉴长编》卷四四，咸平二年四月丙子，第941页。分给女婿三分也有法令依据，《名公书判清明集》卷七《立继有据不为户绝》（中华书局，1987，第216页）："在法：诸赘婿以妻家财物营运，增置财产，至户绝日，给赘婿三分。"

② 窦仪：《宋刑统》卷一二《卑幼私用财（分异财产、别宅异居男女）》，第197页。

③ 袁采：《袁氏世范》卷上《分析财产贵公当》，天津古籍出版社，1995，第22页。

"贫富无定势，田宅无定主，有钱则买，无钱则卖"，① 激发了各阶层的活力，激荡了各阶层的变化，促进了社会加快发展。

最能反映宋代私有财产交易权的是官方的政策法令。

首先，允许、鼓励田地交易。作为最重要的不动产，土地是人类赖以生存和发展的基础，这种物权尤为重要。均田制瓦解后，国家土地政策改为维护土地的私有产权，确认土地私有制的合法性。宋太宗至道元年（995）诏云："应诸州管内旷土，并许民请佃，便为永业"，② 即是典型事例。相应地也不再抑制兼并。正如有学者指出的那样："所谓'不抑兼并'，本质上来说，就是承认并保护土地私有产权的合法性，允许其按经济规律进行流转配置，国家不再加以干预。如果站在产权制度发展变化的角度来看，'不抑兼并'无疑适应了当时土地所有制关系的变革，具有重要的进步意义，值得充分肯定。"③ 非但如此，宋政府还鼓励民间土地买卖。从建国之初的"杯酒释兵权"，宋太祖就鼓励将领们"择便好田宅市之，为子孙立永远不可动之业"。④ 在行政方面也有体现："古者制民常产，今民自有田，州县利于税契，惟恐其不贸易也。"⑤ 主观上是为了多收交易税，客观上使土地交易得以顺利开展。相应的是立法保障："官中条令，惟（田产——引按）交易一事最为详备，盖欲以杜争端也。"⑥ 详尽的田产交易法规，既说明了民间交易的频繁，更说明了官方对私有财产交易权的高度重视和尊重。

其次，官方力求维护市场秩序，公平交易。主要表现于禁止官员依仗权势，强买、贱买民间物产，违反者予以严惩，以保护民间交易者的合法权益，维护私有财产权。例如禁止地方官在所任州县拥有田产："见任官不得于所任州县典买田宅，著于敕令"，⑦ 嘉定年间，还曾"禁两淮官吏私买民

---

① 袁采：《袁氏世范》卷下《富家置产当存仁心》，第162页。
② 徐松等辑《宋会要辑稿》食货一之一七，第4810页。
③ 林文勋、谷更有：《唐宋乡村社会力量与基层控制》，云南大学出版社，2005，第19页。
④ 李焘：《续资治通鉴长编》卷二，建隆二年七月戊辰，第50页。
⑤ 何垣：《西畴老人常言·正弊》，丛书集成初编本，中华书局，1985，第18页。
⑥ 袁采：《袁氏世范》卷下《田产宜早印契割产》，第160页。
⑦ 徐松等辑《宋会要辑稿》刑法一之二八，第6475页。

田"。① 官员非法买卖土地，通常都会受到惩处。如元祐年间，前执政大臣章惇强买苏州民田，"章惇作其男名目，将朱迎等不愿出卖田产，逼逐人须令供下愿卖文状，并从贱价强买入己"。② 受害民户愤然诣阙申诉，引起御史弹劾，章惇受到降级罢官处分："诏章惇买田不法，降一官，与宫观差遣，俟服阕日给告。"③ 而有关地方官未能秉公执法，也遭处分：时任知州刘淑、两浙提刑莫君陈，由于"不受理章惇强买昆山民田事"，有诏"刘淑特罢祠部郎中，莫君陈罢两浙提刑，与知州差遣"。④ 一位罢官，一位降职。绍兴年间，方云翼任通州通判时，"奸赃狼藉，强市民田三十余顷，驱归业之民与之耕种"。御史中丞予以揭发弹劾，要求"重赐窜逐，庶几有以惩戒"。⑤ 朝廷经过数月调查核实后，诏令："左朝散大夫方云翼追两官特勒停，袁州编管"，"坐强市民田事，有司按实故也"。⑥ 不仅勒令停职，还送指定地区管制。这两例表明，宋政府对强制交易田产的官员处罚较重，执法较严。亲属也不准在其任职境内买田。如曾公亮初任会稽知县时，"坐父买田境中，谪监湖州酒"。⑦

为保护交易的公平，严禁官吏依仗权势低价购买商品。宋真宗听说"河北官吏市民物，给直不当价，令转运使以前诏揭榜戒之"。⑧ 对于那些触犯者予以处罚：宋仁宗时，知郓州杜尧臣因"市物郡内亏价，假富民车、牛辇瓦木以营私第"等罪行被贬。⑨ 淮南转运使寇平"市物不偿价"，遭到"罢所理资序"的处罚。⑩

在交易中，官员拖欠付款有赖账嫌疑，危害了民户的经济利益，官方也

---

① 《宋史》卷三九《宁宗纪三》，第 752 页。

② 李焘：《续资治通鉴长编》卷四二〇，元祐三年闰十二月末，第 10174 页。

③ 李焘：《续资治通鉴长编》卷四三五，元祐四年十一月庚寅，第 10489 页。

④ 李焘：《续资治通鉴长编》卷四三一，元祐四年八月辛亥，第 10419 页。

⑤ 李心传：《建炎以来系年要录》卷一七三，绍兴二十六年六月壬午，中华书局，1988，第 2864 页。

⑥ 李心传：《建炎以来系年要录》卷一七五，绍兴二十六年闰十月壬寅，第 2888 页。

⑦ 《宋史》卷三一二《曾公亮传》，第 10232 页。

⑧ 李焘：《续资治通鉴长编》卷六四，景德三年九月戊午，第 1426 页。

⑨ 李焘：《续资治通鉴长编》卷一〇六，天圣六年十月癸未，第 2483 页。

⑩ 李焘：《续资治通鉴长编》卷一九三，嘉祐六年四月戊午，第 4664 页。

会出面干涉。元祐三年（1088），右正言刘安世弹劾新任尚书右丞胡宗愈，罪状之一就是拖欠了七个月的房租："税周氏居第，每月僦直一十八千，自去年七月后至今二月终，止偿两月之直，遂致本主经官陈诉，乞差人追索及发遣起离。宗愈居风宪之长，素称高赀，固非不足于财，而税人之居不给其直。挟势贪黩，不修廉节。"① 房主并不因为胡宗愈是御史中丞而有所畏惧，照样向官府起诉并要求其迁出。有的地方官还负责为民户向强势的官员追缴欠负，如宋宁宗时，温州有寄居官员购买土地后未能如数支付价钱："寓官置民田负其直"，知州杨简"追其隶责之而赏所负"。② 维护民户的利益。在与官员的交易中，尽管民户处于弱势地位，但利益受到侵害时维权意识较强，甚至不畏权势进京向皇帝告状。如宋初将领李汉超，在河北担任地方军政长官时"贷民财而不归之，民挝鼓登闻上诉"。③ 欠债还钱，理所当然，因而理直气壮。

三　政府对民间无主、遗弃财产的尊重与保护

按照现代理论，私有财产权对应的是公权即国家权力，私有财产权是国家公权力的重要源泉，公权行使的重要使命之一在于保障私有财产权。④ 具体到宋代，所有问题的关键就是公权对私有财产权的保护程度如何。而该问题最具典型意义的具体情况，就是政府对户绝财产和遗弃财产的法令。私有财产权的主体是财产所有者，如果所有者死亡或因故逃亡，其财产便成为无主财产，但其性质仍是私有财产，官方不能擅为收缴。

1. 户绝财产

户绝即绝户，家长全部死亡又无男丁继承，被注销户口。⑤ 官府对于处

---

① 李焘：《续资治通鉴长编》卷四一五，元祐三年十月甲申，第10073页。

② 《宋史》卷四〇七《杨简传》，第12290页。

③ 田况：《儒林公议》卷上，丛书集成初编本，中华书局，1985，第11页。

④ 魏盛礼、赖丽华：《私有财产权法学论》，《南昌大学学报》（人文社会科学版）2006年第6期。

⑤ 参见杜栋《宋代户绝财产继承制度初探》，《韶关学院学报》（社会科学版）2006年第2期。

理户绝财产事宜高度重视。"户绝之法，朝廷行之最为周密"，比如强调及时、高效、专人："法有被差官五日起发，盖以防欺。故虽替移，不交与后官。"① 被委派处理户绝财产的官员 5 日内要到位，而且要负责到底，即使调动职务也不能转交他官，都是为了防止舞弊和差错。

宋仁宗天圣四年（1026）的《详定户绝条贯》，规定了户绝财产的处分办法："今后户绝之家，如无在室女，有出嫁女者，将资财、庄宅、物色除殡葬、营斋外，三分与一分；如无出嫁女，即给与出嫁亲姑、姊妹、侄一分，余二分；若亡人在日亲属及入舍婿、义男、随母男等自来同居营业佃莳，至户绝人身亡及三年已上者，二分店宅、财物、庄田并给为主。如无出嫁姑、姊妹、侄，并全与同居之人。若同居未及三年及户绝之人孑然无同居者，并纳官，庄田依令文均与近亲，如无近亲，即均与从来佃莳或分种之人，承税为主。若亡人遗嘱主证验分明，依遗嘱施行。"② 户绝财产除殡葬等费用外，分为三份：一份归女儿，如无出嫁女，则分给予出嫁亲姑、姊妹、侄；二份给予同居者，包括赘婿、义子、随母男等，前提是同居时间须到达三年以上；如无出嫁女、出嫁姑、姊妹、侄，上述同居者可以获得全部遗产；如无同居者，庄田均给近亲；如无近亲，均与佃种之人。但是户绝之人生前有充分权利通过遗嘱处分自己的财产，而且不受上述分配比例的限制。到元符年间，对女儿的继承又作新规定："户绝财产尽均给在室及归宗女。千贯已上者，内以一分给出嫁诸女。止有归宗诸女者，三分中给二分外，余一分中以一半给出嫁诸女，不满二百贯给一百贯，不满一百贯全给。止有出嫁诸女者，不满三百贯给一百贯，不满一百贯亦全给，三百贯已上三分中给一分。已上给出嫁诸女并至二千贯止，若及二万贯已上，临时具数奏裁增给。"③ 意味着女儿在其娘家户绝情况下的继承权扩大了。法规还考虑到户绝家庭有亲属在外但久无音讯，不知存亡，他们的权益也要保障："户

---

① 李新：《跨鳌集》卷二二《与家中孺提举论优恤户绝书》，《四库全书》第 1124 册，第 589 页。

② 徐松等辑《宋会要辑稿》食货六一之五八，第 5902 页。

③ 李焘：《续资治通鉴长编》卷五〇一，元符元年八月丁亥，第 11935 页。

绝有分人在外不知存亡者，官为录其财产，其不可留者鬻之，竢其归给付。"① 官方保留其应得份额，以俟归来领取。

在具体司法实践中，有时更加宽松。如天圣年间，雄州民妻张氏户绝，"田产于法当给三分之一与其出嫁女，其二分虽有同居外甥，然其估为缗钱万余，当奏听裁。"宋仁宗指示："此皆编户朝夕自营者，毋利其没入，悉令均给之。"宰相王曾、参知政事吕夷简、鲁宗道赞扬道："非至仁，何以得此也！"② 私有财产是百姓辛苦创造的，尽管数额巨大，官方不能要其分毫，全部分给其亲属。

从保护家庭私有财产的角度出发，为减少户绝情况，宋代法律对户绝之家规定了立继与命继制。

立继是指家无子嗣的寡妻过继一个嗣子以继承家业，立其门户。"立继者谓夫亡而妻在，其绝则其立也当从其妻。"继子具有与亡夫之亲生子同等之法律地位，继承全部财产："立继者与子承父分法同，当尽举其产以与之。"③ 宋代《户绝法》原规定："若祖有子未娶而亡，不得养孙为嗣。"就是说老人的儿子未及结婚就夭折了，不可以立一养孙为继承人。宋徽宗时户部尚书刘昺表示反对："计一岁诸路户绝，不过得钱万缗。使岁失万缗而天下无绝户，岂不可乎？"诏从其议，④ 自此可以立养孙为嗣，减少了户绝现象。

命继是指无子嗣之家夫妻俱亡，由丈夫的近亲指定一个嗣子以继承家业，"命继者谓夫妻俱亡，则其命也当惟近亲尊长"。⑤ 由于命继子的指定主体是户绝之家的亲属，并非由当事家庭组成人员之意志而定，所以其法律地位不能等同于亲子或继子，只能继承绝家财产的三分之一或更少："命继者于诸无在室、归宗诸女，止得家财三分之一"，"诸已绝之家立继绝子孙（谓近亲尊长命继者）于绝家财产者，若只有在室诸女，即以全户四分之一

---

① 李焘：《续资治通鉴长编》卷二五〇，熙宁七年二月甲申，第6097页。
② 李焘：《续资治通鉴长编》卷一〇六，天圣六年二月甲午，第2467页。
③ 《名公书判清明集》卷八《命继与立继不同·再判》，第266页。
④ 《宋史》卷三五六《刘昺传》，第11207页。
⑤ 《名公书判清明集》卷八《命继与立继不同·再判》，第266页。

给之，若又有归宗诸女，给五分之一。止有归宗诸女，依户绝法给外，即以其余减半给之，余没官。止有出嫁诸女者，即以全户三分为率，以二分与出嫁诸女均给，余一分没官"。①

保护户绝财产的法令同样适用于在外地死亡的无主商旅和来华外商。"诸商旅身死，勘问无家人亲属者，所有财物，随便纳官，仍具状申省。在后有识认勘当，灼然是其父兄子弟等，依数却酬还。"无亲属死者的财产由当地官府收纳，报朝廷备案，以后有直系亲属认领则须如数归还。元祐初，在广州居住数十年的外商辛押陁罗回国时被其国王处死，"家赀数百万缗，本获一童奴，过海遂养为子……所养子遂主其家。今有二人在京师，各持数千缗，皆养子所遣也"。有广州商人前往户部，认为"此于法为户绝，谨以告"。户部郎官对如此巨额钱物垂涎三尺，主张按户绝没收。长官苏辙亲自问询告状的广州商人："陁罗死蕃国，为有报来广州耶？"曰："否，传闻耳。""陁罗养子所生父母、所养父母有在者耶？"曰："无有也。""法告户绝，必于本州县，汝何故告于户部？"曰："户部于财赋无所不治。"曰："此三项皆违法，汝姑伏此三不当，吾贷汝。"苏辙对郎中明确指出道："彼所告者，皆法所不许。其所以不诉于广州，而诉于户部者，自知难行，欲假户部之重，以动州县耳。"② 可见户绝的认定程序严格，各级机构都不能将其财产没收。乾道年间，真里富国（今柬埔寨一带）的一位大商人死于明州，"囊赍巨万，吏请没入"。知州赵伯圭却反其道而行之："远人不幸至此，忍因以为利乎？""为具棺敛，属其徒护丧以归。"次年，该国君主派人致谢道："吾国贵近亡没，尚籍其家。今见中国仁政，不胜感慕，遂除籍没之例矣。"这位外商的家属在其国内"尽捐所归之赀，建三浮屠，绘王（指赵伯圭——引按）像以祈寿。岛夷传闻，无不感悦，至今其国人以琛贡至，犹问王安否。"③ 宋代官员对私有财产权的保护，不仅增进了两国友好感情，还直接促进了他国对私有财产权的维护，废除了籍没法。

---

① 《名公书判清明集》卷八《命继与立继不同·再判》，第 266～267 页。

② 苏辙：《龙川略志》卷五《辨人告户绝事》，中华书局，1982，第 28～29 页。

③ 楼钥：《楼钥集》卷八九《皇伯祖太师崇宪靖王行状》，浙江古籍出版社，2010，第 1582 页。

2. 遗弃财产

遗弃财产是主人外逃或被掳掠后留下的财产，以田宅等不动产为主。在主人是否死亡、能否回乡、是否收回财产等一概不明的情况下，宋政府尽可能地维护、保留其所有权。

例如，对于河北延边地区被契丹掳掠走的居民财产，咸平五年（1002）宋真宗诏令："河北陷敌民田宅，前令十五年许人请佃，自今更展五年。"① 任凭其荒废、官方不能征收赋税也要维护其独立不可动用，原定期限是15年，此时再延长5年，后来甚至无限延长保留年限。如景德三年（1006）诏："河北民有先没契丹，自塞外归，识认庄田者，据敕给付，无得用编敕年限不与本主。"② 只要有人返乡，即使超过了朝廷规定的时限，也要返还。在内地临近少数民族聚居地的州县，相同情况也是如此办理。如景德二年（1005）诏："荆湖近溪洞州县，有没身蛮境还乡者，庄田不限年月，检勒给还。"③ 对于超过期限、依法被人佃种的土地，无论将土地整理的多好，只要原主人归来就须归还。景德年间河北转运司报告："民田荒废者，或诸色人已占耕垦，才见种植滋茂，亲邻识认争夺。望自今应有人占射半年已上，不许识认。"宋真宗批示："如亲邻止在本处见请佃稍着次第而争夺者，不须施行。实曾流移，今来归业，虽已请佃，依条给还。"④

南宋初百姓被掳掠、逃难的情况更多，为快速恢复生产和安顿流民，绍兴三年（1133）朝廷规定："百姓弃产，已诏二年外许人请射，十年内虽已请射及充职田者，并听归业。孤幼及亲属应得财产者，守令验实给还，冒占者论如律。州县奉行不虔，监司按劾。"⑤ 允许佃种的期限大大缩短，保留产权的时间仅有10年，属于战时非正常状态的权宜之计。及至宋孝宗隆兴元年（1163），又诏："凡百姓逃弃田宅，出二十年无人归认者，依户

---

① 李焘：《续资治通鉴长编》卷五二，咸平五年八月甲子，第1145页。
② 徐松等辑《宋会要辑稿》食货六一之五七，第5902页。
③ 徐松等辑《宋会要辑稿》食货六一之五七，第5902页。
④ 徐松等辑《宋会要辑稿》食货六一之五六，第5901页。
⑤ 《宋史》卷一七三《食货志上一》，第4170页。

绝法。"① 将产权保留期延长至 30 年。

3. 地下财物和矿藏

另一种情况十分特殊，那就是地下不知何人埋藏的物品，被他人发现后，所有权归谁？法令明确规定："诸于官地内得宿藏物者，皆入得人；于他人私地得者，与地主中分之。若得古器形制异者，悉送官酬直。"② 根据土地、器物的性质不同，分三种情况处理：在国有土地中发现的埋藏物品，归发现者所有；在私人土地中发现的埋藏物品，与土地主人平分；古代珍贵文物一律送交官府，但官府要支付酬金，也即官府并非无条件地是文物的所有者，只是因为珍贵必须由官府保管研究，等于发现者卖给官府，实际上获得了转换成金钱的所有权。以上三条，即充分维护了私有财产权，也肯定了发现者的贡献。还有刑法专门惩治发现者据为己有："诸于他人地内得宿藏物，隐而不送者，计合还主之分，坐赃论，减三等。（若得古器，形制异而不送官者，罪亦如之。）"③ 认定其性质与盗窃相近。

至于矿藏，与土地所有权一致，在谁家地下就属于谁家所有。元祐中，莱州城东刘姓茔地发现金矿，"官莅取焉。乃发墓，凡砖瓦间皆金色也……累月取尽，地为深穴，得金万亿计，自官抽官市、匠吏窥窃外，刘所得十二三焉。京东诸郡之钱尽券与刘氏，刘氏乃一村氓不分菽麦者，得钱无所用，往来诸郡，恍惚醉饱，岁余亦死，钱竟没官，刘世遂绝"。④ 由此可知：一，刘家只有一位智力不高的男性村民，所以官方出面开采；二，开采所得分四部分：一部分是官府根据法令按一定比例抽取的类似矿产开采税，一部分必须按比例卖给官方，一部分被矿工、吏人盗窃，一部分是主人所有——只剩下了十分之二三；三，尽管数额巨大，尽管刘家唯一的主人是昏聩小民，官方仍然调集京东路各州郡所有金钱依法支付了刘家。从公权层面看，官方没

① 《宋史》卷一七三《食货志上一》，第 4174 页。
② 天一阁博物馆、中国社会科学院历史研究所天圣令整理课题组校正《天一阁藏明钞本天圣令校正》，中华书局，2006，第 372 页；参见谢深甫《庆元条法事类》卷八〇《阑遗》，黑龙江人民出版社，2002，第 906 页。
③ 窦仪：《宋刑统》卷二七《地内得宿藏物》，第 445 页。
④ 朱彧：《萍洲可谈》卷二，中华书局，2007，第 147 页。

有任何欺骗、轻视产权主人的行为。另一事例也发生在京东路。宋仁宗末年，密州"民田产银，或盗取之，大理当以强"。宰相曾公亮认为："此禁物也，取之虽强，与盗物民家有间矣。"经过司法部门的讨论，决定"比劫禁物法，盗得不死。初，东州人多用此抵法，自是无死者"。① 居民土地下的银矿属于私有财产，凡盗采者一直按强盗罪处以死刑。曾公亮认为银矿虽是私有，但当时属于禁止开采的种类，所以盗采与强盗民家财物是有区别的。自此不再判处死刑。

4. 遗失财产

丢失的物品或发现、捡到的遗失物品，性质上仍然是原主人所有，官府负责尽可能归还。法令规定："诸得阑遗物者，皆送随近（官）司，封记收掌，录其物色，榜于要路，有主识认者，先责伍保及（令）其失物隐细，状验符合者，常官随给。其非缄封之物，亦置它所，不得令认者先见，满百日无人识认者，没官附帐。"② 其要点为：一是捡到遗物一律就近送交官府；二是官府登记封存，在交通要道张榜公布遗物大体品名形状以招领；三是招领者要有保人，要讲出遗物的记号之类，确属主人者官府立即交付；四是特殊物品无法封存者要放置另外场所，不能让认领者看到，以防冒认；五是期满100天后无人认领者，没收归官，登记入账。为切实保障遗失者的利益，防止被捡到者私自昧藏，法律规定："诸得阑遗物，满五日不送官者，各以亡失罪论。赃重者，坐赃论，私物坐赃减二等……私物坐赃论减二等，罪止徒二年，其物各还官主。"③ 拾到物品应于5天内交与官方，否则就等于私自藏昧，捡到的私人物品按赃物多少治罪，最高可判处徒刑二年。

对于江河等水面漂流下的竹木物品，也有具体规定："诸公私竹木为暴水漂失有能接得者，并积于岸上，明立标榜，于随近官司申牒。有主识认者，江、河五分赏二，余水五分赏一。非官物，限三十日外，无主认者，入

① 《宋史》卷三一二《曾公亮传》，第10233页。
② 天一阁博物馆、中国社会科学院历史研究所天圣令整理课题组校正《天一阁藏明钞本天圣令校正》，第312页；参见谢深甫《庆元条法事类》卷八〇《阑遗》，第906页。
③ 窦仪：《宋刑统》卷二七《地内得宿藏物》，第445页。

所得人。官失者不在赏限。"① 捡到者应将其堆积岸上，明立榜牌标示并向官府申报，以待认领。由于打捞水中物品有风险且劳动强度大，所以当主人认领时，在江河中打捞者以物品的五分之二为奖赏，在其他水面者以物品的五分之一为奖赏。私人物品的认领期限是 30 日，期满归打捞者所有。即使被大水冲走的私人财产，只要找到也能得到大半。"诸收救得无主私船，赏以官钱充。有主认者，追赏入官。"赏金为一贯。② 打捞到无主私船，官方给予奖赏，如无主人认领则归官方，有认领者向官府支付已代支的赏金。对外商货船同样如此，元符二年（1099）户部报告："蕃舶为风飘着沿海州界，损败及舶主不在，官为拯救，录物货，许其亲属召人保任认还，及立防守盗纵诈冒断罪法。"从之。③

对于遗失的大牲畜等畜产，法令另有规定："诸官私阑马、驼、骡、牛、驴、羊等，直有官印、更无私记者，送官牧。［若无官印］及虽有官印、复有私记者，经一年无主识认，即印入官，勿破本印，并送随近牧，别群牧放。若有失杂畜者，令赴牧识认，检实委无诈妄者，付主。其诸州镇等所得阑遗畜，亦仰当界内访主。若经二季无主识认者，并当处出卖，［先卖充传驿］，得价入官。后有主识认，勘当知实。还其本价。"④ 具体原则是：一是牲畜身上有官印者直接交官方畜牧机构；二是既有官印又有私印，期限一年后无人认领者，加印官印归官所有，但还要保护好原来印记，如私印主人来认领则予交还；三是官方收到居民捡到的牲畜，要在当地寻访主人，期限半年无人认领者就地出卖，所得钱入官，若主人来认领，还其价钱。如此则是认领的期限可以无限扩大，只要确认是主人，没有牲畜也会得到同等价钱，私有财产权得到充分保障。南宋时有关法令多有修改："诸得阑遗畜产，官为养饲，私马限十五日，余众十日。无人认识者，估价依没官法。半

---

① 天一阁博物馆、中国社会科学院历史研究所天圣令整理课题组校正《天一阁藏明钞本天圣令校正》，第 370 页。
② 谢深甫：《庆元条法事类》卷八〇《阑遗》，第 907～908 页。
③ 李焘：《续资治通鉴长编》卷五一〇，元符二年五月甲寅，第 12139 页。
④ 天一阁博物馆、中国社会科学院历史研究所天圣令整理课题组校正《天一阁藏明钞本天圣令校正》，第 292 页。

年内听认识，召保三人，给还，仍理官草料钱，即已给填及卖者，给元价。"① 牲畜的保存须养饲，耗费人力财力，马的认领期限只有15天，其他牲畜10天，无人认领者归官方，但半年内仍可认领，只是需要三位保人，还要缴纳草料钱。牲畜被出卖者则支付价钱，不会有多大损失。

四　官民利益冲突时政权对私产的保护

面对巨额私有财产和无主财产，官方能够保持公正维护民众利益，那么面对私人利益与公共利益冲突时，官方的立场如何，不仅是一个法理问题、经济问题，还是一个政治问题、道德问题。在很多情况下，我们看到宋代朝廷通常是以民众的利益为先，乃至不惜牺牲官方利益。

1. 公共设施与民间田宅

水利等公共设施的建设与维护，必然涉及附近民田，但宋代法令严禁因此毁坏民田。如维护黄河大堤即不准侵挖民间土地："黄河诸埽修护堤道不得侵掘民田等罪，虽该德音降赦，并不原减。"即使是黄河大堤那样至关重要的公共安全设施，维修时动用堤旁民田之土也是犯罪行为，而且要严惩主管官员，即使逢德音赦免罪犯时也不宽恕，简直与"十恶不赦"接近了。一直到元祐六年（1091），河北路都转运司申诉惩处太重，请求将"其不原减、原免之文，并乞删去"，才得到减轻。②

水利设施的修建，可以说无法不占用民田，所谓："大凡开沟渠，岂有不犯民田哉！若不犯民田而能开之者，虽史起复生，亦不知计之安出。"③官方一般采用购买的方式解决问题。如熙宁年间，保州庞村一带泉水密布，官方计划扩大沟渠以发展水利，"所有侵占民田，欲乞比视侧近田土，优给其直收买，委为利便"。④ 要修建水利设施，先高价购买所占民田。

有时也有不赔偿或赔偿不够者，引起民众大批上诉以维护自身的合法权

---

① 谢深甫：《庆元条法事类》卷八〇《阑遗》，第906页。
② 徐松等辑《宋会要辑稿》刑法一之一五，第6469页。
③ 徐松等辑《宋会要辑稿》食货七之一〇，第4910页。
④ 徐松等辑《宋会要辑稿》食货四之四至五，第4848页。

益，朝廷只得妥协。如元祐七年，因黄河水威胁到北京大名府，水利部门要在大名之北筑堤，新堤全长 17 余里，"凡民冢之当道者一百六十余所，桑枣诸木八十余本，庐井九区，当尽撤毁，期有日矣。魏人号诉于外台者，足相踵也。虽人知其非，莫有敢言者"。朝廷经重新勘察，认为水患并不严重，不必修建新堤，竟取消此役。"魏人闻诏，鼓舞相庆。"①

2. 皇家、官府设施及活动与民间利益

皇陵的修建是皇家大事也是朝廷神圣的政务，势必占用大片民田。凡用民田，都是官方购买，而且多是高价。如天圣元年（1023），河南府报告说：巩县因建造宋真宗的永定陵，"占故杜彦珪田十八顷，凡估钱七十万"。宋仁宗诏令"特给百万"。② 占用民田地 18 顷，估价钱 700 贯，而宋仁宗将价格提高到 1000 贯，显然已不是市场价了。绍圣元年（1094），三省报告："永裕陵三里内系禁山，而民坟一千三百余，当迁去以便国音。"宋哲宗表示担忧："坟墓甚众，遽使之迁，得无扰乎？不迁可也。宜再问太史，不（害）［迁］亦无所害，则毋令迁。如于国音果非便，多给官钱，以资改（藏）［葬］之费。"③ 皇帝的意思是：迁徙 1300 多座坟墓实在扰民，能不迁就不迁，如果真的对皇家风水不利，则须多支迁葬费用以赔偿。

大中祥符七年（1014），宋真宗要建造"恭谢天地坛"，占用开封 18 户民田，"诏给直外，赐钱三十万，仍蠲其租"。④ 朝廷除了支付价钱外，还另加 30 万钱的赏赐，并蠲免这些人家的税收。绍兴二十八年（1158），安定下来的南宋朝廷开始扩建皇城，增展出故城十三丈，"凡民所占，以隙地偿之，每楹赐钱十千，为改筑之费"。⑤ 拆迁的居民房屋，每间由官方支付 10 贯为补偿。次年，位于绍兴府的攒宫破土作新城门，梓宫所经由道路，因民居狭隘临时撤毁，"每楹赐钱二十千，为迁徙之费"。⑥ 每楹 20 贯是朝廷支

① 李焘：《续资治通鉴长编》卷四七四，元祐七年六月末，第 11315～11316 页。
② 徐松等辑《宋会要辑稿》礼二九之三二，第 1079 页。
③ 徐松等辑《宋会要辑稿》礼三七之三五，第 1337 页。
④ 李焘：《续资治通鉴长编》卷八二，大中祥符七年二月壬午，第 1866 页。
⑤ 李心传：《建炎以来系年要录》卷一八〇，绍兴二十八年七月己未，第 2975 页。
⑥ 李心传：《建炎以来系年要录》卷一八〇，绍兴二十九年十月戊寅，第 3059 页。

付的拆迁赔偿费，当属在原址上重建房屋的费用。

景德年间夔州迁建新址，夔州路转运使薛颜报告说："城中创造官舍或侵民田。"宋真宗诏令："所侵民田具顷亩以闻，当除租给直。"① 占用的民田既要免除租税，也要赔偿价钱。政和年间，宋徽宗指示各地修建州县社稷等坛，同时有明确要求，"不得侵占民居及不必增广侈华"，"是致地狭者未敢修此"。② 既缺官有土地，宁可不修也不能占用民间土地。

皇家活动通常声势浩大，难免骚扰民间，首先考虑尽可能减少损害，凡有损害一律赔偿。如大中祥符元年（1008）在前往泰山封禅前，宋真宗诏："东封路并禁采捕……修建行宫不得侵占民田。扈驾步骑辄蹂践苗稼者，御史劾之。兖州户民供应东封外，免今年徭役及支移税赋。"③ 大中祥符三年宋真宗前往汾阴祭祀地祇，事先又诏："汾阴路禁弋猎，不得侵占民田，如东封之制。"④ 后来宋真宗前往亳州朝拜奉元宫，"诏所过顿、递侵民田者，给复二年"。⑤ 即免除两年的赋税徭役。庆历三年（1043），侍御史赵及等报告："太庙旁接民居而间有哭声相闻，请徙其民远庙墙。"有诏指示："遇有祠事，预令禁之。"⑥ 宋仁宗比臣僚们开明，根本不考虑拆迁太庙周围居民的动议，采用了最简单的办法解决问题：每逢有祭祀活动，事先通知百姓不要大哭就是了。隆兴二年（1164）宋孝宗要出城检阅部队，对宰执交代："朕以今月十七日幸门外大教场……仍令临安府修固桥道，不得拆毁民间屋宇。"⑦

以上史实体现了宋代在一般情况下、一定程度上，私人财产、私人利益比公共财产、公共利益乃至皇家利益具有优先性。前文提到的于私地内得宿藏物者平分，官地得者却归私，也是具体表现：官地的权益不及私地，官也不与民争利。官方、皇家无论出于什么主观愿望和目的，客观效果无疑是有利于社会和谐发展的。

---

① 李焘：《续资治通鉴长编》卷六三，景德三年六月丙子，第1405页。
② 郑居中：《政和五礼新仪·卷首》，《四库全书》第647册，第28~29页。
③ 徐松等辑《宋会要辑稿》礼二二之四，第884页。
④ 《宋史》卷七《真宗纪二》，第144页。
⑤ 《宋史》卷八《真宗纪三》，第155页。
⑥ 李焘：《续资治通鉴长编》卷一四三，庆历三年九月辛卯，第3459页。
⑦ 徐松等辑《宋会要辑稿》礼九之一一，第534页。

五　对私有财产的保护法

作为国家意志，宋代对于私有财产的立法保护，通常与官有财产地位相等，在刑法中通常并列处于同等法律地位，偶有不同也不涉及权益。主要体现在对侵犯私有财产行为的惩罚，以打击、威慑经济犯罪。有关律令很多，在此仅举数例。

保护农田方面。如盗耕田地罪："诸盗耕种公私田者，一亩以下笞三十，五亩加一等，过杖一百，十亩加一等，罪止徒一年半。荒田减一等，强者各加一等，苗子归官主。"① 不经主家允许耕种私田，会遭到笞30至徒1年半的刑罚；如是荒田罪减一等，如是强制耕种罪加一等；所种庄稼归原主。

保护住宅、财物方面。如放火罪："诸故烧官府廨舍，及私家舍宅若财物者，徒三年。赃满五匹，流二千里，十匹绞。"这是沿袭唐代的律令，入宋修订时加重："今后有故烧人屋舍、蚕簇及五谷财物积聚者，首处死，随从者决脊杖二十。"② 而且"不在自首之例"，③ 即自首也不减轻惩治。强盗罪更重："诸强盗（谓以威若力而取其财，先强后盗、先盗后强等。若与人药酒及食，使狂乱取财亦是。即得阑遗之物，殴击财主而不还，及窃盗发觉弃财逃走，财主追捕，因相拒捍，如此之类，事有因缘者非强盗）不得财徒二年，一尺徒三年，二匹加一等，十匹及伤人者绞，杀人者斩（杀伤奴婢亦同，虽非财主，但因盗杀伤皆是）。其持仗者，虽不得财，流三千里，五匹绞，伤人者斩。"④ 无论用何种方式抢劫私有财产，即使未遂也判处二年徒刑，赃物达到十匹即处死；如携带武器未遂也判流放，赃至五匹即处

① 窦仪：《宋刑统》卷一三《占盗侵夺公私田》，第203页。
② 窦仪：《宋刑统》卷二七《失火》，第436～437页；谢深甫：《庆元条法事类》卷八〇《烧舍宅财物》："诸故烧有人居止之室者，绞；无人居止舍宅若积聚财物（蚕簇同积聚），依《烧私家舍宅财物律》，死罪从及为首而罪不至死，各配千里，从者配邻州。"（第915页）
③ 谢深甫：《庆元条法事类》卷八〇《烧舍宅财物》，第916页。
④ 窦仪：《宋刑统》卷一九《强盗窃盗（监主自盗）》，第300页。

死。太平兴国三年（978），殿直霍琼即"坐募兵劫民财，腰斩"。① 为防范夜间入室盗窃，法律禁止夜入人家，并给予主人可将其当场打死的权力："诸夜无故入人家者，笞四十，主人登时杀者勿论。若知非侵犯而杀伤者，减斗杀伤二等。其已就拘执而杀伤者，各以斗杀伤论，至死者加役流。"② 无故夜入人家，处以笞四十之刑，如果主人将其按强盗当场打死无罪，属于正当防卫，此即格杀勿论。但如明知无侵犯意图而杀伤者，按减斗杀伤二等治罪，已经将其捆绑控制后又打死或打伤，按斗殴打死、打伤治罪。

保护马牛等牲畜方面。如"诸故杀官私马、牛，徒三年，驼、骡、驴，减三等，因仇嫌规避而谋杀，各以盗杀论。若伤残致不堪用者，依本杀法（马、牛仍许人告），三十日内可用者，减三等"。这是故意杀死的刑罚，如果是杀死并据为己有的盗杀，刑罚更重："诸盗杀官私马、牛，流三千里，三头匹者，虽会赦配邻州（累及者，不以赦前后准此），驼、骡、驴，徒二年，知盗情而买、杀者，各依杀己畜法。"杀他人的狗也是犯罪："诸故杀犬者，杖七十"，"诸盗杀犬者，杖八十"。③

保护农作物方面。如偷食瓜果蔬菜罪："称瓜果之类，即杂蔬菜等皆是。若于官私田园之内，而辄私食者，坐赃论。其有弃毁之者，计所弃毁，亦同辄食之罪，故云亦如之。持将去者，计赃准盗论，并征所费之赃，各还官主……强持去者，谓以威若力强持将去者，以盗论，计赃同真盗之法，其赃倍征，赃满五匹者免官。"④ 另如毁坏器物、庄稼罪："弃毁官私器物，谓是杂器财物，辄有弃掷毁坏。及毁伐树木、稼穑者，种之曰稼、敛之曰穑，麦禾之类，各计赃准盗论。即亡失及误毁，谓亡失及误毁官私器物、树木、稼穑者，各减故犯三等，谓其赃并备偿。若误毁失私物，依下条例，偿而不坐。"⑤ 毁坏财物按盗窃财物论处，如果是过失毁坏，有官私差别：毁坏官

① 《宋史》卷四《太宗纪一》，第57页。
② 窦仪：《宋刑统》卷一八《夜入人家》，第290页。
③ 谢深甫：《庆元条法事类》卷七九《杀畜产》，第889~890页。
④ 窦仪：《宋刑统》卷二七《食官私瓜果》，第441页。
⑤ 窦仪：《宋刑统》卷二七《弃毁官私器物树木》，第442页；同卷《弃毁亡失备偿》（第444页）载："诸弃毁、亡失及误毁官私器物者，各备偿。"

方财产者，减三等治罪，并赔偿；毁坏私有财产者，只赔偿不治罪。此外还专有保护桑柘的法令："诸因仇嫌毁伐人桑柘者，杖一百，积满五尺，徒一年，一功徒一年半（于本身去地一尺，围量积满四十二尺为一功），每功加一等，流罪配邻州。虽毁伐而不至枯死者，减三等。"① 罪责是决杖100至流放。

保护商品、货物方面。如在运输船中发生责任事故致使货物损失，船家负有刑事责任："诸船人行船、茹船、写漏、安标宿止不如法者，若船栿应回避而不回避者，笞五十。以故损失官私财物者，坐赃论，减五等。杀伤人者，减斗杀伤三等。其于湍碛尤难之处，致有损害者，又减二等。监当主司各加一等。卒遇风浪者勿论。"② 为人保管货物而私自使用也入刑法："受人寄付财物而辄私费用者，坐赃论，减一等，一尺笞十，一匹加一等，十匹杖一百，罪止徒二年半。诈言死失者，谓六畜财物之类，私费用而诈言死及失者，以诈欺取财物论，减一等，谓一尺笞五十，一匹加一等，五匹杖一百，五匹加一等。"③ 都是为了防止私有财产受到代管者的损害。

保护债权方面。如欠债不还罪："欠负公私财物，乃违约乖期不偿者，一匹以上违二十日，笞二十，二十日加一等，罪止杖六十。三十匹加二等，谓负三十匹物，违二十日笞四十，百日不偿，合杖八十。百匹又加三等，谓负百匹之物，违契满二十日，杖七十，百日不偿，合徒一年。各令备偿。若更延日，及经恩不偿者，皆依判断及恩后之日，科罪如初。"另一方面也维护欠债人的合法权益："公私债负，违契不偿，应牵掣者，皆告官司听断。若不告官司，而强牵掣财物若奴婢、畜产，过本契者，坐赃论。"④ 有债务纠纷应由官方判决并执行，私自强行拿走财物、奴婢、畜产价值超过债务数额，超出部分按赃物治罪。

保护家庭财产方面。如禁止不经家长同意私自乱用财物："若卑幼不由尊长，私辄用当家财物者，十匹笞十，十匹加一等，罪止杖一百。"分家必

---

① 谢深甫：《庆元条法事类》卷八〇《采伐山林》，第911~912页。
② 窦仪：《宋刑统》卷二七《官船私载物行船茹船不如法》，第433页。
③ 窦仪：《宋刑统》卷二六《受寄财物辄费用》，第411页。
④ 窦仪：《宋刑统》卷二六《公私债负》，第412页。

需公正、均平:"诸应分田宅者,及财物,兄弟均分,妻家所得之财,不在分限,兄弟亡者,子承父分。违此令文者,是谓不均平。谓兄弟二人均分百匹之绢,一取六十匹,计所侵十匹,合杖八十之类,是名坐赃论,减三等。"①

六 政权对私有财产权的剥夺

公法对私有财产权的确认与保护主要是通过规范和控制公权力。私有财产权在本质上包含两层意思:一是拥有财产;二是抵制非法剥夺,核心价值在于防范专制权力的侵犯。② 具体到宋代,政权对私有财产权的剥夺分两个方面,一是依法剥夺,二是非法剥夺。

1. 依法剥夺

宋代官府依法对私有财产权的剥夺,主要是《籍没法》的运用。籍没是将犯罪人的全部财产乃至家属一律充公的刑罚,适用对象主要是性质严重的犯罪:"国家立法,唯胥吏犯枉法、自盗赃罪至流以上者乃许籍没。"③ 例如淳熙年间,知湖州长兴县茹骧"坐赃免真决,编管台州,仍籍没家财"。④ 后来有所扩大,如"诸以铜钱出中国界者……三贯配远恶州,从者配广南;五贯绞,从者配远恶州。知情引领、停藏、负载人减犯人罪一等,仍各依从者配法。以上并奏裁,各不以赦降原减……其犯人并知情引领、停藏、负载人名下家产,并籍没入官"。⑤ 所有与携带铜钱出国有关者一律籍没家产,可谓从重惩治。

像宋代所有法令一样,在执行过程中往往因人、因时而异。籍没的实行比较随意,有从宽返还者,有纠正返还者,更有从严滥用者。

---

① 窦仪:《宋刑统》卷一二《卑幼私用财(分异财产、别宅异居男女)》,第197页。

② 魏盛礼、赖丽华:《私有财产权法学论》,《南昌大学学报》(人文社会科学版)2006年第6期。

③ 真德秀:《西山文集》卷一二《按奏宁国府司户钱象求》,《四库全书》第1174册,第189页。

④ 马端临:《文献通考》卷一六七《刑考六》,中华书局,2011,第5018页。

⑤ 谢深甫:《庆元条法事类》卷二九《铜钱金银出界》,第410页。

从宽返还者。如宋真宗时代州民李绪"有罪，亡入敌境，州捕其家属赴阙"。宋真宗说："闻绪本边民，颇有赀蓄。傥行籍没之法，则绪无由归，况其罪亦未合缘坐。"立即将其遣还本州。[①] 这里的籍没包括将其家属一起没官，皇帝认为籍没会断绝其悔过返乡的后路，况且其罪不应当连带家属，因而不实行籍没。

纠正返还者。如宋仁宗初权相曹利用被贬并籍没家产，后来皇帝"察知利用非罪，尝还其已没财产"。但一直到宋神宗时还没有归还完毕，"尚有在京屋租、河阴、荥泽等县田，为西太一宫、洪福、奉先、慈孝等寺常住，及入左藏库金银杂物"，其孙内殿崇班宗奭请求"尽给还"。宋神宗诏"以开封府界户绝田二十顷赐曹利用家，自今毋得更有陈乞"。[②] 最后这20顷地属于赔偿。嘉祐年间，荣州官盐井"岁久潴竭，有司责课如初"，承包盐井的民户无法缴纳课额，被官府强制执行，"民破产籍没者三百余家"。三司官员陈希亮为他们仗义执言，朝廷"还其所籍"。[③] 嘉定二年（1209）诏："民以减会子之直籍没家财者，有司立还之。"[④] 此为大规模的全国性纠正。

籍没之刑一般来说并非对私有财产权的侵犯，在当时是合法的，在现代也是合法的，即使当代西方一些国家仍有此刑。问题在于滥用，就属于非法了。

宋代地方官的财政压力很大，由于籍没可以使地方政府迅速获得大批财物，财政危机得以缓解，所以动辄实行籍没法。这种行径至南宋尤甚，宋孝宗时中书舍人崔敦诗指责道："籍没家财，固有成法。近来州县利其所入，遂有桀黠之人，妄乱指陈，以投其意，或称为强盗窝藏，或称非嫡嗣户绝，或侵折场务之本，或负欠豪强之财，不问何如，便皆拘籍。朝为富室，暮为穷民。且人之得罪，岂能无冤，资财既为官司之破除，田产亦为势力之贱售，后虽辨雪，难复再还，纵使多词，终成无益，子孙穷困，骨肉散亡，干

---

① 李焘：《续资治通鉴长编》卷五一，咸平五年二月己卯，第1116页。
② 李焘：《续资治通鉴长编》卷二八九，元丰元年五月丁亥，第7076～7077页。
③ 《宋史》卷二九八《陈希亮传》，第9920页。
④ 《宋史》卷三九《宁宗纪三》，第752页。

阴阳之和，害忠厚之政。"① 其后，真德秀也痛陈："至若籍没之行，尤多滥及，盖有胥吏利其多赀而因以倾夺者矣，有闾巷平时睚眦而因以中伤者矣。夫估籍之祸，甚于刑诛。刑诛虽酷，痛止其身；赀财一空，尽室沟壑。今乃不量其重轻而骤施之，亦岂朝廷立法之本意耶。"② 滥用籍没，对地方官而言是生财之道，对地方而言是一大公害，影响恶劣。

上述官吏或逼迫无奈，或挟私报复，或嫉妒仇富，滥用籍没虽气势汹汹，主观上并不理直气壮。另有出于"正义""高尚"者，颇为自得。此即"抑夺兼并之家以宽细民"之举。③ 如南宋后期，屡任地方官的吴渊"所至，好籍没豪横，惠济贫弱"。④ 籍没富豪财产的目的是以此救济贫民。为了这部分人的利益而强行剥夺另一部分人，即使其动机是善意的，也将导致恶行，使人不敢富裕的恶劣影响更严重。所谓"以财掇祸，宁若速贫，此何等气象耶！"⑤ 经济发展的基本动力遭到摧残。

为了维护私有财产和法律的尊严，朝廷采取许多措施禁止、严惩官员滥用籍没法。绍兴二十六年（1155）四月，秘书少监杨椿报告："近年两降赦文，籍没田产之人，并令所属具情犯条法申提刑司，审覆得报方许拘籍。而所至犹有不遵赦令者，盖缘未曾立法断罪故也。望诏有司申严行下，如是违法籍没罪人财产，及不先申提刑司审覆得报，便行拘籍者，科以某罪，监司不觉察者，降一等。"要求在原有制度以外再立法惩处。⑥ 五月，朝廷颁布了具体刑罚："财产不应籍没而籍没者，徒二年，即应籍没而不申提刑司审覆，及虽申而不待报者，杖一百；监司不觉察者，减一等。著为令。"⑦ 滥用籍没的官员徒2年，不按制度报提刑司复审以及不待批复便实行籍没的官

① 黄淮、杨士奇编《历代名臣奏议》卷一〇八，崔敦诗奏，上海古籍出版社，1989，第1450页。
② 真德秀：《西山文集》卷三《轮对札子》，第1174册，第41页。
③ 叶适：《叶适集·水心别集》卷二《民事下》，第655页。
④ 张铉：《至大金陵新志》卷一三下之上《吴柔胜传》，宋元方志丛刊本，中华书局，1990，第5862页。
⑤ 徐松等辑《宋会要辑稿》职官七九之二九，第4224页。
⑥ 李心传：《建炎以来系年要录》卷一七二，绍兴二十六年四月戊子，第2833页。
⑦ 李心传：《建炎以来系年要录》卷一七二，绍兴二十六年五月丁巳，第2841页。

员决杖 100，转运司等监司负连带责任，罪减一等。成为定制的法令不可谓不严，暂时遏制了滥用籍没之风，一些违法官员也被处分。如宋孝宗时，前任参知政事兼权知枢密院事、知绍兴府钱端礼"籍人财产至六十万缗，有诣阙陈诉者，上闻之，与旧祠。侍御史范仲芑劾端礼贪暴不悛，降职一等"。① 钱端礼前此曾任提举洞霄宫的闲差，因滥用籍没，被罢去知府职务，贬为提举洞霄宫并降职一等。但至南宋中后期，滥用籍没之风卷土重来，而且愈演愈烈，朝廷不得不屡屡颁布禁令：

> 嘉泰四年（1204）："禁州县挟私籍没民产。"②
> 绍定二年（1229）诏："户绝之家，许从条立嗣，不得妄行籍没。"③
> 绍定五年诏："诸路监司、郡守，今后齐民犯罪，不许妄行籍没。法当籍者，先具情节，取旨施行。违者越诉。"④

先是禁止地方官挟私籍没，其实并不具操作性；继之允许户绝之家依法立嗣，不得随便籍没，但范围有限；又规定慎用籍没，事先须上报皇帝批准，否则民户允许越级上诉，等于将籍没判决权收归皇帝。此后史籍罕见有关记载，或许得以遏制。但以南宋后期的混乱与腐败政局而言，也不可乐观。

2. 非法剥夺

私有财产权的最大危害来自公权力。与依法剥夺以及滥用籍没比较起来，宋政府以及各级官吏对民间私有财产的非法剥夺更普遍、更严重，可以说在一定程度上和个别时期内属于常态，甚至可以说是制度化，这是专制体制的本性决定的。笼统地说，就是官府通过加重赋税剥削等手段巧取豪夺。

例如，宋太宗时，"关辅之民，数年以来，并有科役，畜产荡尽，室庐顿空"。⑤ 宣和年间，尚书左丞宇文粹中揭露道："赋敛岁入有限，支梧繁

---

① 《宋史》卷三八五《钱端礼传》，第 11831 页。
② 《宋史》卷三八《宁宗纪二》，第 737 页。
③ 《宋史全文》卷三一，绍定二年五月甲辰，第 2162 页。
④ 《宋史全文》卷三二，绍定五年五月戊戌，第 2178～2179 页。
⑤ 李焘：《续资治通鉴长编》卷四一，至道三年正月辛卯，第 860 页。

夥，一切取足于民。陕西上户多弃产而居京师，河东富人多弃产而入川蜀。河北衣被天下，而蚕织皆废；山东频遭大水，而耕种失时；他路取办目前，不务存恤。谷麦未登，已先俵籴；岁赋已纳，复理欠负。"① 残酷的剥削导致富民大多破产，民不聊生。绍兴年间，监明州比较务杨炜悲愤地控诉说：历代"衰世掊克之法，略以尽行，剥肤椎髓，无所不至，膏血无余，不知何出乎！"② 对人民的剥削不择手段。宋孝宗时，中书舍人崔敦诗在《论州郡掊克疏》中指出："当今州县之吏，颇成掊克之风"，除了籍没外，还有"科罚之禁"："近来州县乃出巧谋，其有富室豪家懦子弱弟，既捃拾以负犯，遂恐吓以刑名，徐令有司开道所欲，或仓库城隍之未备，或舍馆学校之未全，逼使缮修，悉令出备，类多竭产，仅得赔偿，实出胁持，俾称情愿。破上户为下户，坏富民为贫民"；又有"受纳之弊"："今日已极。徒缘费用之广，须资赋入之赢，纵有宽容，宁无艺极。今乃年年增长，第第加添，不恤过多，悉期取足……是以公私规图，上下克剥，合入米一石，今有至二石而可输；合用钱一文，或有至两文而未已。"③

敲骨吸髓式的剥削，有官吏个人行为，也有地方政府行为，更有朝廷行为。朝廷行为表现在制度方面。例如南宋朝廷新增的版帐钱即是："版帐钱者，自渡江军兴后诸邑皆有，惟浙中尤甚，率皆无名，凿空取办。"④ 朝廷只管收税，如何增收听任地方，只要结果，不问手段。如此，"州县之吏固知其非法，然以版帐钱额太重，虽欲不横取于民，不可得已"；绍兴二年（1132）为了供给韩世忠的部队，新增月桩钱，"当时漕司不量州军之力，一例均科，既有偏重之弊，于是郡县横敛，铢积丝累，江东、西之害尤甚"。⑤ 明知非法，也无可奈何。朱熹也说："今日有一件事最不好：州县多取于民，监司知之当禁止，却要分一分！此是何义理！"⑥ 朱熹认为当时最

① 《宋史》卷一七九《食货志下一》，第4362页。
② 李心传：《建炎以来系年要录》卷一二五，绍兴九年正月乙未，第2040页。
③ 黄淮、杨士奇编《历代名臣奏议》卷一〇八，崔敦诗奏，第1405页。
④ 俞文豹：《吹剑录外集》，《四库全书》第865册，第492页。
⑤ 《宋史》卷一七九《食货志下一》，第4369页。
⑥ 黎靖德编《朱子语类》卷一一一《论民》，中华书局，1986，第2716页。

恶劣的事就是上级官府明知非法剥削民户不对，不但不制止反而要分一杯羹，等于鼓励州县实行苛捐杂税了。

许多事实表明，宋政权对私有财产权的侵犯多有发生，破坏了私人财产的稳定性，有时甚至相当严重，近乎公开的抢夺，将私有财产当作可以任意攫取的官方外财。"今或指民业为官物……今乃视民财如外府，而百计渔取矣。"① 此时，私有财产权在政权的暴虐下显得毫无意义，私有财产权的核心价值丧失殆尽。

同时还有两点应指出：一是这种行径尽管是政府行为，但朝野上下都知道是非法的，受到舆论的指责，一些典型事件在皇帝的干预下得到纠正，也即法理上是禁止非法剥夺私有财产的；二是宋政权非法施暴的非常时期毕竟少于正常时期，也即两宋时期，多数情况下民间私有财产权有基本保障，否则宋代社会经济就不可能发展和繁荣发达。这两个基本判断，保证我们的研究不至于走向偏激。

结　语

像开篇的疑虑一样，本文的结语也颇踌躇。宋政府一方面竭力维护私有财产权，一方面又粗暴地掠夺私有财产，如此矛盾，其实正是专制统治者的两面性。前者的呵护培植是为了发展巩固，后者的杀鸡取卵是为了应急救命。他们深知"民惟邦本，本固邦宁"，而财惟民本，财固民安，私有财产又是社会存在、稳定和发展的基石，是统治者的根本利益。"朝廷之根本在州县，州县之根本在田里……田里贫则国家贫，田里富则国家富，田里之财即国家之财也。在州县得数十润屋之民，乡井有所丐贷，官府有所倚办……使田里之间等是穷户，则自救不赡，焉能佐公上之急哉！"② 但在体制决定下，专制的蛮横，统治者的贪婪，势必加重剥削。何况宋代外患频繁，养兵立国，军费巨大且具有爆发性、紧迫性，许多政府行为的横征暴敛都与应付

---

①　孙梦观：《雪窗集》卷二《孔子对季康子问盗》，《四库全书》第1181册，第92页。

②　徐松等辑《宋会要辑稿》职官七九之二八至二九，第4223～4224页。

军费有关。正如朱熹所说："财用不足，皆起于养兵。十分，八分是养兵，其他用度，止在二分之中。古者刻剥之法，本朝皆备。"① 因此说宋政权对私有财产的非法施暴具有时代特点和历史原因。维持国家暴力机器，不得不采用暴力手段。

宋代私有财产权比较完全地体现在民间，体现在个体之间。民间私有财产权是政权赋予的，古代民间私有财产权的确认来自政权，这一确认是统治的基础，极大稳定并促进了社会发展。宋代私有财产权仍处于萌芽状态，或者说是一棵随时可以被政权砍伐的大树，是社会文明发展阶段性的产物。民间私有财产权充分利用官方的制度政策，在强权施虐的时间和空间的间隙顽强发展，显示出斑斑亮点在阴霾中的宝贵。私有财产权不容他人侵犯，但官方可以侵犯，这是所有问题的核心所在，也是中国式私有财产权的特点。与其说是私有财产权，不如说是财产使用权更接近真相。私有财产权最大的敌人是无限膨胀的公权力，在蛮横的专制体制下，没有真正的私有财产权。宋代的私有财产权如同一件瓷器，就其形状而言可谓精致优雅，就其质地而言有针扎不进水泼不入的坚固；但就其性质而言却十分脆弱，一遇政权的铁锤便粉身碎骨，严重者因此导致统治基础解体。法令与制度的冲突，政策与实施的冲突，本意与本性的冲突，平常与非常的冲突，大多属不可调和的矛盾。这是社会基础不稳的根本原因，专制集权的强暴是阻碍历史发展的主要因素。

究其根本原因，恐怕还是"普天之下，莫非王土；率土之滨，莫非王臣"的理念在作祟、发酵。这是大一统政治结构中固有的病根，公是有歧义的公，私是有歧义的私。皇帝的私有财产权与民间的私有财产权是对立的统一，相对一致时则民间私有财产权巩固，社会稳定，经济发展，实际上也维护了皇帝的私有财产权；一旦社会物质财富出现短缺，皇帝的私有财产权便与民间私有权对立，必然以公的名义维护前者，剥夺后者，民间私有财产权的全面崩溃，最终导致皇帝私有财产权消亡。

---

① 黎靖德编《朱子语类》卷一一〇《论兵》，第 2708 页。

略论宋代地方添差官的演变

贾玉英

摘　要　传统结论认为，添差官的出现是宋朝官吏冗滥的结果或表现。其实，就宋代地方添差官的设置而言，是宋神宗为了便于推行改革措施或解决政务之需。宋哲宗朝大批变革派被贬为地方添差监当官、宗室添差地方官制度出台、归朝和归明人添差地方官的出现，使地方添差官的性质复杂化。宋徽宗将宗室添差地方官分为厘务和不厘务两类，地方添差官性质分化，逐渐遍及州县，数量增加。南宋为了激励将士英勇作战，将退役兵官、离军将佐、十三处立战功人相继安置为地方添差官，归正、归附者可多次添差地方官，使地方添差官数量进一步增加。南宋添差通判大多厘务且置公廨，演变为地方官僚实体的重要组成部分。地方添差官的演变过程折射出宋代不同时期的时代特色。

关键词　宋代　地方添差官　地方制度　冗官

国内外学界传统的结论认为，添差官的出现是宋朝官吏冗滥的结果或表现。例如日本学者梅原郁先生认为："添差官的出现，是宋徽宗时期官吏冗滥的结果。"① 李勇先生也认为，"宋代添差官出现最直接的根源就是宋代官吏冗滥的结果"。② 国内外学者们的看法虽不无道理，但不免伤于不全。

---

① 参见梅原郁『宋代官僚制度研究』同朋舍、1985、211页。

② 李勇先：《宋代添差官制度研究》，天地出版社，2000，第6页。

就宋代地方添差官的设置而言，并非吏冗滥的结果或表现，而是政府为了解决政务之需或便于改革措施的推行。本文以地方添差官的演变为切入点，试图说明宋代添差官的出现并官吏冗滥的结果或表现，而是在演变过程中导致了某些时期官吏的冗滥。

一 宋代地方添差官出现并非官吏冗滥的结果或表现

所谓"添差官"，即"正员以外的额外差遣"。[①] 宋代地方添差最早出现在县尉司。仁宗康定年间，县尉司出现了"添差弓手"。当时，由于对西夏战争的需要，陕西安抚使韩琦上奏："本路近尝添差弓手，耳目皆已习熟，必无疑惧，请除商、虢二州外，各于逐县见管乡村三丁以下主户内选差一名充弓手，更不差强壮，使减税免役，立阶级，分番教习，著为条约甚备。"宋仁宗诏下"悉如所请"。[②] 自此，县尉司出现了添差弓手。

宋代地方添差官出现在神宗朝。

其一，出现了添差勾当公事官。熙宁二年（1069），王安石"欲力成新法"，[③] 设置了河北、陕西、京东、京西、淮南、两浙、开封府界、江南东、江南西、河东、荆湖南、荆湖北、成都府、梓州、利州、夔州、广南东、广南西、福建等路提举常平广惠仓兼农田水利差役事。

同年九月，宋神宗根据发运使、兼九路财赋使薛向的建议，"置勾当公事官九员，分领九路，凡移用财赋、兴置坑冶、茶矾酒税、钱监、造船、雇籴、辇运等事"。[④] 同年闰十一月，"又差官同管勾陕西、江西、湖北、成

---

① 李勇先：《宋代添差官制度研究》，第 1 页。何兆泉在《试论宋代添差官制度》一文中认为："添差官是指政府正式员阙之外的差遣，为非正任差遣。"（《前沿》2006 年第 3 期，第 182 页）

② 李焘：《续资治通鉴长编》（简称《长编》）卷一二六，康定元年二月丁未，上海师范大学古籍整理研究所、华东师范大学古籍研究所点校，中华书局，1979～1993，第 2979 页。

③ 司马光：《上哲宗请罢提举官》，赵汝愚编《宋朝诸臣奏议》卷六七，邓广铭等点校，上海古籍出版社，1999，第 744 页。

④ 杨仲良：《续资治通鉴长编纪事本末》（简称《长编纪事本末》）卷六六《三司条例司废置》，北京图书馆出版社，2003，第 2136～2137 页。

都府、广东、广西、福建各一员"。当时，"天下常平钱谷见在一千四百万贯石，诸路各置提举二员，以朝官为之；管勾一员，京官为之；或共置二员，开封府界一员，凡四十一人"。① 上述的勾当公事官及管勾官，虽然没有带"添差"二字，但均属于地方正额之外的添差官，正如元祐二年（1087）二月的臣僚所言："顷年添差勾当公事官，隶转运司者曰运勾、提举司者曰提勾、盐司者曰盐勾、措置司者曰措勾、安抚司者曰抚勾，官号之异，昔所无有。"② 北宋转运司的添差勾当公事官称"运勾"，提举司的添差勾当公事官称"提勾"，盐司添差勾当公事官称"盐勾"，措置司添差勾当公事官称"措勾"，安抚司的添差勾当公事官称"抚勾"。熙宁年间设置诸路勾当公事添差官的初衷，是为了保证新法在各地的推行，正如当时的发运使、兼九路财赋使薛向所言："今九路监司鲜能协力，徒害成事；请辟置本司官属分隶诸路，参举众事，纠其弛慢不职；凡财货轻重、郡县丰凶、山泽之利废兴、府库之积虚实，可以周知其数，以通有无"，③ 正是新法在各地推行受到阻力的情况下，宋神宗设置了添差九路勾当公事。元丰年间勾当公事尚存在，例如孙文在元丰八年（1085）七月出任过"提勾"。④

其二，出现了沅州黔江城添差巡检。熙宁九年（1076）十月，荆湖北路钤辖司上言："沅州归明人张奉等作过未获，东路都巡检同归明人舒光禄等与贼斗杀，获首级，夺器械，及招降人户，兼光禄等领黔江城兵数次，共杀蛮贼五十余级，并生擒首恶。"宋神宗"诏舒光禄与右班直，添差沅州黔江城巡检，仍赐锡袍、银带，及绢三百匹"。⑤ 显然，授予归明人舒光禄添差沅州黔江城巡检的原因是擒贼有功，并非官吏冗滥的结果。

其三，出现了添差金州监当。元丰四年十二月，"内藏库使、忠州刺史彭孙，护粮草为贼抄劫，不能御敌，致军食乏，贷死为东头供奉官、熙河路

---

① 杨仲良：《长编纪事本末》卷六八《青苗法上》，第2202页。
② 李焘：《长编》卷三六七，元祐元年二月戊子，第8843~8844页。
③ 杨仲良：《长编纪事本末》卷六六《三司条例司废置》，第2136~2137页。
④ 李焘：《长编》卷三五八，元丰八年七月甲辰，第8564页。
⑤ 李焘：《长编》卷二七八，熙宁九年十月庚戌，第6807页。

准备差使"，不久，"添差金州监当，令泾原路差人监伴前去"。① 彭孙添差监当属于失职受罚的贬谪性质，也并非官吏冗滥的结果。

其四，出现了添差开封府界诸县勾当公事官。元丰六年十一月，权提点开封府界诸县镇公事范峒上言："检会府界诸县秋夏之赋，收敛多不以时，而酒税课利习为亏欠，故本司五年间蒙朝廷赐借六十余万缗，不足以应用；臣自被命以来，钩考督责，遂稍增集，而今岁之费粗为充给，若非诸色官吏畏法致力，何以有此？臣昨尝奏乞差勾当公事官一员，或未许添置，则乞以提举司管勾官兼充。"宋神宗批曰："宜特创添差与本司勾当公事官一员，令自选奏差。"② 显然，设置添差开封府界诸县勾当公事的原因是征收赋税之需，也不是官吏冗滥的结果。

总之，宋神宗朝出现地方添差官，或为推行新法之需，或为征收赋税之需，或为擒贼有功，或为不能御敌被贬，均非官吏冗滥的结果或表现。

二　宋哲、徽两朝地方添差官的演变

（一）哲宗朝地方添差官种类增多，性质复杂化

宋哲宗朝，地方添差官的种类增多，性质发生了重要变化。

其一，朝廷出台了宗室添差地方官的制度。宋神宗之前，宗室靠恩荫入官，不能参加科举。熙宁年间规定：皇帝的第五代以下后裔，"不赐名授官，只令应举"。③ 自此，五服宗室虽然失去了恩荫授官的特权，但可以参加科举，且差遣的注授优于普通官员。元祐三年（1088）二月十四日，宋哲宗下诏："宗室初参选，合入监当，许添差充诸州及万户以上县监当，任满不差人。"④ 自此，宗室初参选，添差诸州及万户以上县监当官成为当时的一项制度。此后，宋廷不断补充宗室充任地方添差官的制度。元祐六年四

① 李焘：《长编》卷三二一，元丰四年十二月丁卯，第 7744 页。
② 李焘：《长编》卷三四一，元丰六年十一月戊寅，第 8208～8209 页。
③ 徐松等辑《宋会要辑稿》帝系四之一九，刘琳等校点，上海古籍出版社，2014，第 109 页。
④ 徐松等辑《宋会要辑稿》嫡系五之七，第 124 页。

月，根据吏部的上言，对宗室补授添差之地现有宗室在任者做了补充规定："应宗室补授合添差人，如所乞添差处见有宗室在任者，若去满一季内，即许定差，仍候罢任日，令所属州县放上。"① 元祐七年正月十三日，哲宗下诏："宗室袒免亲参选，常许不拘名次路分陈乞指名差遣。非袒免亲除初参选依条添差外，更许不拘名次路分陈乞指名差遣一次，并替任，满阙，初任并与监当。"② 此后对袒免③和非袒免宗室任地方添差官做了更具体的规定。绍圣三年（1096）二月六日，又对宗室添差地方官的具体地点做了规定："宗室授外官右迁者，并不注缘边差遣，令吏部于内地相度添员，候任满更不差人。"④ 绍圣四年（1097）十月，根据枢密院的上言，又对宗室添差非节度州做了规定："宗室诸司副使以上，该选将副人资任稍深者，许差非节度州钤辖及双员处都阙；无双员处，即与添差。"⑤ 按照北宋前期的制度，宗子不能为将官，资深宗子可以添差非节度州的钤辖。绍圣年间，规定了州县安置宗室添差官限额："一州添差，亲民不得过一员；一州五县以上，添差监当不得过三员"；不足五县者二员。⑥ 大批无职责宗室地方添差官的出现，改变了地方添差官政务所需的主体性质。

其二，大量添差地方监当官的出现。元丰八年（1085）三月宋神宗去世。同年十月，"前京东路转运副使吕孝廉，添差监郴州茶盐酒税，以御史言其苛刻故也"。⑦ 不久，变法派被贬为添差地方茶盐酒税监当官者接踵而至。元祐元年（1086）正月，中书省上言："点磨得宋用臣导洛通汴并京城所出纳违法等事"，哲宗诏"宋用臣降授皇城使，添差监滁州酒税"。⑧ 同年二月，福建路转运副使贾青添差监衡州在城盐酒税，转运副使王子京添差监永州在城盐仓，兼管酒税务。其原因是福建路按察张汝贤奏劾贾青兼提举盐

---

① 李焘：《长编》卷四五七，元祐六年四月乙卯，第10950页。
② 徐松等辑《宋会要辑稿》帝系五之七、五之八，第125页。
③ 指五服外的远亲。
④ 徐松等辑《宋会要辑稿》帝系五之一〇，第126页。
⑤ 李焘：《长编》卷四九二，绍圣四年十月丁亥，第11683页。
⑥ 徐松等辑《宋会要辑稿》帝系五之二二，第132页。
⑦ 李焘：《长编》卷三六〇，元丰八年十月丙子，第8608～8609页。
⑧ 李焘：《长编》卷三六四，元祐元年正月癸卯，第8710页。

事，"不究利害，严督州县广认数目，令铺户均买"；奏劾王子京"相承行遣，又违法过为督迫"。① 元祐二年五月，邕州左、右江都巡检使成卓责授内殿承制，添差均州酒税，仍令差人伴押前去交割。以枢密院言其保任交人不当，及擅将黎文盛所上书状录与安南等罪故也。② 元祐三年七月，广西路钤辖张整"添差监江州税"，"坐擅斩蛮人杨进新等十有九人"。③ 元祐四年五月，前朝奉郎、直龙图阁邢恕，落直龙图阁、降授承议郎、添差监永州在城盐仓、监酒税务。其原因是邢恕遭到左谏议大夫梁焘、右正言刘安世、御史中丞傅尧俞、侍御史朱光庭等人的弹劾，"言邢恕乃蔡确死交"。④ 元祐五年九月，如京使、前福建路都监周士隆为左藏库副使，令吏部添差充京西州军监当差遣，坐知诚州日创建堡寨，招纳溪峒蛮人，希冒功赏，及福建罢任，违条擅不赴阙，径归本贯，故有是命。⑤ 元祐七年七月，麟州孙咸宁罢泾原路准备使唤，添差监邵州酒税。其原因是监察御史黄庆基、殿中侍御史吴立礼弹劾其"守边斥堠不明，不豫为清野，致西贼恣行劫略"。⑥ 绍圣四年（1097）五月，"入内内东头供奉官冯章、入内内侍高品曾焘，各降一官，并送吏部添差远地监当"。⑦ 元符元年（1098）三月，"降授通直郎、权管勾熙州事钟传，再降为宣德郎，添差监永州税"。⑧ 同年九月，王旐罢京东路转运判官，添差监衡州盐酒税。⑨ 宋哲宗朝添差地方监当官大量增加的原因，与党争有直接的关系。这些地方添差监当官的性质比较复杂，有的有职责，有的无职责。

其三，路级添差官先罢后复。元祐更化，除河北、河东、京东三路外，其余的路添差勾当公事官均被罢去。元祐元年（1086）二月，有臣僚上言

① 李焘：《长编》卷三六六，元祐元年二月癸酉，第 8778 页。
② 李焘：《长编》卷四〇〇，元祐二年五月乙卯，第 9744 页。
③ 李焘：《长编》卷四一二，元祐三年七月丙辰，第 10026 页。
④ 李焘：《长编》卷四二八，元祐四年五月丁酉，第 10343 页。
⑤ 李焘：《长编》卷四四八，元祐五年九月己丑，第 10774 页。
⑥ 李焘：《长编》卷四七五，元祐七年七月乙巳，第 11322 页。
⑦ 李焘：《长编》卷四八七，绍圣四年五月己巳，第 11574 页。
⑧ 李焘：《长编》卷四九六，元符元年三月乙丑，第 11791 ~ 11792 页。
⑨ 李焘：《长编》卷五〇二，元符元年九月壬戌，第 11962 页。

请求罢王安石变法时期设置的添差官，高太皇太后罢去了诸路转运司中的大部分添差官。如罢河北路管准备勾当公事、准备押纲，河东路罢去了准备差使、本司催纲，京东路罢去了点检、计置盐事、准备管押纲、运诸般勾当差使、勾当盐事，淮南发运司罢去了巢籴官、准备差遣点勘文字，府界提点司罢去了勾当公事，提举陕西买马监牧司罢去了准备差使，措置河北籴司罢去了管勾文字，河东路经略安抚都总管司罢去了书写机宜文字、准备差遣，环庆路都总管经略安抚司和泾原路都总管经略安抚司均罢去了书写机宜文字，秦凤路经略安抚都总管司罢去了书写机宜文字、经略安抚司准备差使；府界提举司，左军管勾官，右军管勾提举出卖解盐司勾当公事，催促和雇脚乘，兼装发盐场勾当，成都府、利州路经制买马司勾当公事、准备差使，提举河北盐税司勾当公事，陕西铸钱司勾当公事，提举熙河等路弓箭手，营田蕃部司勾当公事等添差官，均被罢去。[1] 宋哲宗亲政后，又恢复了路级添差勾当公事官。元符二年（1099）十一月，窦志充曾任"运勾"。[2]

其四，出现了归朝、归明人添差地方官。所谓归朝人，是指从周边地区投奔归属宋朝的人。元祐七年（1092）十二月，从交趾归朝的曹纮，"能同母还归中国，特与三班差使添差河北路州军指挥使"。[3] 所谓"归明"，为非汉族的蕃夷人。绍圣四年（1089）二月十三日，宋哲宗"诏熙河兰岷路发遣到蕃官东上阁门使、雍州防御使李忠杰添差越州兵马辖、贺州刺史李世恭为婺州兵马都监当，并不金书公事"，[4] 不参与政务，没有职责。

此外，宋哲宗朝还出现了随龙人出任地方添差官。绍圣四年（1097）九月，宋哲宗"诏供备库副使刘永安令吏部添差扬州都监"，因为刘永安以先朝随龙人有请，"故有是命"。[5]

总之，宋哲宗朝地方添差官性质虽然比较复杂，但其主体已由政务所需型向闲散型转变。

---

① 李焘：《长编》卷三六七，元祐元年二月戊子，第 8844 ~ 8845 页。
② 李焘：《长编》卷五一八，元符二年十一月己丑，第 12336 页。
③ 李焘：《长编》卷四七九，元祐七年十二月庚戌，第 11400 页。
④ 徐松等辑《宋会要辑稿》兵一七之五，第 6855 ~ 6856 页。
⑤ 李焘：《长编》卷四九一，绍圣四年九月辛未，第 11658 页。

（二）宋徽宗朝地方添差官性质分化，数量增加

先看地方添差官性质的分化。宋徽宗朝地方添差官最大的变化是有了"厘务"和"不厘务"之别，宗室地方添差官时置时罢，变化频繁。宗室地方添差官原本是员阙之外的差遣，不理政事。宋徽宗朝有了"厘务"和"不厘务"之别。史载："添差之官，则不理政事也。若许干预，则曰'仍厘务'。"① 崇宁元年（1102）十一月，宋徽宗根据提举讲义司蔡京等人的建议，不仅对宗室添差地方的名额做了规定，而且将宗室添差地方官分为"厘务"和"不厘务"两类。即所谓的"崇宁宗室添差法"。其法规定："宗室非祖免以下亲量试出外官者，并各于员阙外添差，每大郡通都属县不得过十人，中郡不得过七人，小郡不得过四人。到任不签书本职公事，如有本辖长贰或监司二人保奏堪任厘务，方得供职；未厘务者，添支驿券、供给人从，并减半支破"。② 按照此法规，凡没有供职诏令者，均为地方不厘务添差官。有监司二人保奏请求供职者，为厘务添差官。自此，宗室地方添差官有了"厘务"和"不厘务"的区别。之后，吏部"拟注作不签书本职公事"，而敕文称"不厘务"，两者称呼不统一。政和七年（1117）四月，吏部奏请"依敕文改作不务厘差遣施行"，并请求"依崇宁法量试，未审系差注逐州人数，并系崇宁法只改不厘务称呼，唯复合依不厘务法，每州不得过三人"。宋徽宗下诏："依崇宁法人数，并不厘务。"③ 宣和二年（1120）七月十一日，宋徽宗下诏："近岁添置宗室不厘务差遣，既失循名责实之义，而不厘务者乃违元丰成宪，拘以同任之限，致使累岁不调，殊失先帝惇叙本旨，应宗室注不厘务差遣指挥可罢，见任者依省罢法注拟，同任条令并遵从元丰旧制施行。"④ 朝廷罢去了宗室不厘务地方添差官。

再看地方添差官数量的增加。宋徽宗朝地方添差官的人数进一步增多，逐渐遍及州县。建中靖国元年（1101）四月十六日，宋徽宗下诏规定："宗室添差阙：开封府界监当添四员，京东路监当添十员，京西路亲民添十员，

---

① 赵升编《朝野类要》卷三《不厘务》，王瑞来点校，中华书局，2007，第77页。
② 徐松等辑《宋会要辑稿》帝系五之一七、五之一八，第130页。
③ 徐松等辑《宋会要辑稿》帝系五之二七，第135页。
④ 徐松等辑《宋会要辑稿》帝系五之二九，第136页。

淮南路亲民添二员、监当添十四员，两浙亲民添二员、监当添十四员，湖北路亲民添二员、监当添四员。"① 一次就在地方增设了62员宗室添差官名额，比哲宗朝"一州五县以上，添差监当不得过三员"的规定大为增加。崇宁元年（1102）十一月，针对宗室"祖免以下亲出官者人数浸多，侵占在部员阙不少"② 的问题，宋徽宗又规定："宗室非祖免以下亲量试出外官者，并各于员阙外添差，每大郡通都属县不得过十人，中郡不得过七人，小郡不得过四人。"③ 崇宁年间以后，地方添差官数额再次大量增加，"天下州郡又皆添差，归明官一州至百余员，通判、钤辖多者至十余员。"④ 政和三年（1113），诸州设置了添差教授。⑤ 政和七年（1117）四月十九日，宋廷对宗室充任地方添差官的条件做了明确规定：宗室该出官人无阙注拟，待次半年以上，许添差，每州不得过三人。⑥ 政和末年，"州郡官额外添差至多"。⑦ 宣和年间，地方添差官中兵官数额大量增加。宣和二年（1120）十月二十三日，臣僚上奏："东南列郡及非边州，旧来不过一二人而已，比岁正额之外，添差兵官有及数倍"，"如湖州旧额一员，今乃添七人；平江旧额三员，今乃添五人；江宁、信德、襄阳、庆源府等处，见任各六七人；下至宣察小垒，亦皆五人，悉有添差之数"，⑧ 添差官已遍及各地州县。

三 南宋时期地方添差官的演变

（一）高、孝两朝地方添差官的变化

1. 宗室地方添差官增加

建炎元年（1127）十二月二十三日，宋高宗下诏："昨降指挥罢添差

---

① 徐松等辑《宋会要辑稿》帝系五之一四，第128页。
② 徐松等辑《宋会要辑稿》帝系五之一七，第130页。
③ 徐松等辑《宋会要辑稿》帝系五之一七、五之一八，第130页。
④ 陆游：《老学庵笔记》卷二，中华书局，2005，第27页。
⑤ 马端临：《文献通考》卷六三《职官考十七》，第1903页。
⑥ 徐松等辑《宋会要辑稿》帝系五之二七，第135页。
⑦ 徐松等辑《宋会要辑稿》选举二三之一〇，第5682页。
⑧ 徐松等辑《宋会要辑稿》职官四九之六，第4409页。

官，访闻诸路将宗室例罢，致各失所，可令已罢添差宗室各还旧任"，① 恢复了罢任添差宗室的官职。建炎三年十一月十二日，根据宰臣吕颐浩的请求，朝廷"令宗室赴吏部自陈，未有添差官处指定添差监当一次，仍须年及二十以上；其添差员数，每州不许过七员，县不过三员，并不厘务"，② 恢复了宗室地方添差官的制度。同时规定不厘务宗室地方添差官的人数由北宋"每州不得过三人"，增加到"每州不许过七员"。这仅仅是制度的规定，实际人数要远超出了制度规定的限额，"致溢额者众，州县无以应副"。为了解决"溢额者众"的问题，建炎四年六月五日，宋高宗下诏规定："不得过立定员额之数，其已前朝廷添差宗室虽溢额，特许赴任，仍不厘务。"③

绍兴年间，宗室添差地方官的数额每州由七员增加到十员。绍兴三年（1133）正月三十日，吏部上奏："今已添差数足，不住有宗室陈乞接续添差。"宋高宗下诏规定："宗室添差差遣，每州十县已上不得过十员，不及十县至五县去处，各随所管县分数目添差，三县已上五员，三县已下三员；诸县万户已上三员，万户已下二员，仍并以二年为任。"④ 同年三月，高宗又下敕进一步规定："诸州军添差不厘务：宗室每十县以上不得过十员，诸县万户以上三员，万户以下二员，仍并以二年为任。"⑤ 宗室地方添差官人数的不断增加，使州县添差官的人数难以计算，绍兴四年礼部侍郎陈与义言："今郡县添差之官，莫知其数。"⑥

2. 离军将士添差地方官逐渐增多

南宋初年，宋高宗为了激励将士英勇作战，对退役兵官，"多畀以添差不厘务之阙"。绍兴二年（1132），地方"上自监司、倅贰，下至掾属、给

① 徐松等辑《宋会要辑稿》帝系五之三二，第 138 页。
② 徐松等辑《宋会要辑稿》帝系五之三二、五之三三，第 138 页。
③ 徐松等辑《宋会要辑稿》帝系五之三三，第 138 页。
④ 徐松等辑《宋会要辑稿》帝系六之二，第 141～142 页。
⑤ 梁克家纂修《淳熙三山志》卷二四《宫观岳庙宗室》，《宋元方志丛刊》第 8 册，中华书局，1990，第 7997 页。
⑥ 李心传：《建炎以来系年要录》卷七七，绍兴四年六月丙申，中华书局，2013，第 1461 页。

使，一郡之中兵官八九员，一务之中监当六七员，数倍于前日"。① 这样一来，地方添差官数额大增。绍兴三年五月，侍御史辛炳入对也上奏："今福建八州，而添差至百八十余员。"②

绍兴和议以后，离军将佐授予地方添差官成为制度，且人数不断增加。绍兴十一年春，淮西战役结束。同年七月，张俊"请离军将佐，并与添差差遣"，宋高宗采纳张俊意见，把大批离军将佐安置为地方添差官，"大为州郡之患"。③ 之后，离军添差地方的人数越来越多，使地方财政难以承受。绍兴二十七年（1157）六月，尚书兵部、殿前司、侍卫马步军司上言："离军将士类得添差，州郡无以给，欲自今大郡毋过百人，次郡半之，小郡三十人为额"，宋高宗"从之"。④ 自此，地方按照朝廷限额安置添差离军将士成为制度。

宋孝宗隆兴二年（1164）三月，"再增诸州军离军添差员阙"。⑤ 乾道四年（1168）七月十二日，尚书吏部员外郎林栗上言："缘拣汰离军，类多贫乏，携家之任，曾未安居，遽以满罢，则又般挈，坐困逆旅。"请求"将离军添差指使岳庙，比附宗室岳庙不厘务差注"，宋孝宗从之。⑥ 虽然暂时规定将离军添差指使岳庙，但离军添差地方的冗员问题依然存在。乾道九年六月臣僚上言指出"近年州郡例皆穷匮、不能支吾"的首要原因就是"有拣汰之军士，有添差之冗员"。针对拣汰军人、离军人及归正添差不厘务官员"日增月添"的问题，宋孝宗命令吏部、兵部、三衙在外诸军都统总领司："凡拣汰军人并离军使臣、诸色添差不厘务人，各相照应"，按照"立定人数员阙，不得过数差注分拨"。⑦

宋孝宗淳熙年间十三处立战功人添差地方官。淳熙五年（1178）三月

---

① 《宋史》卷一六〇《选举六》，第 3755 页。
② 李心传：《建炎以来系年要录》卷六五，绍兴三年五月乙丑，第 1277 页。
③ 李心传：《建炎以来系年要录》卷一四一，绍兴十一年七月己未，第 2654 页。
④ 李心传：《建炎以来系年要录》卷一七七，绍兴二十七年六月乙卯，第 3387~3388 页。
⑤ 《宋史》卷三三《孝宗一》，第 634 页。
⑥ 徐松等辑《宋会要辑稿》选举二五之二八，第 5747 页。
⑦ （元）佚名撰《宋史全文》卷二五下《宋孝宗四》，李之亮点校，黑龙江人民出版社，2005，第 1765 页。

二十七日，吏部上言："十三处立战功已离军人，已降指挥，创置破格岳庙，每州差二员，减半请给。今乞改作添差，许修武郎以上指射，如亲民资序人，与添差诸州军兵马都监；监当资序人，与添差监当场务，并不厘务。仍许添差两任小使臣、校尉，每州亦差两员。亲民资序人，与添差诸州军兵马监押，监当资序人，与添差监当场务，校尉添差指使，并不厘务。"① 宋孝宗接受吏部的请求，将十三处立战功离军人全部改为不厘务的地方添差官，使离军将士添差地方官制度化。

嘉定九年（1216）正月二十五日，枢密院言："勘会三衙、江上诸军统制、统领、将佐离军，各有立定逐路添差差遣，其许浦水军及淮东安抚司强勇军，未有立定格法。"宋宁宗下诏："许浦水军都统司照镇江都统司，淮东安抚司强勇军照江州都统司，各立定见行离军添差立功次数，均拨逐路合入差遣施行。"② 自此，地方添差官中离军将士的人数越来越多。

3. 归正、归附地方添差官大量增加

南宋时期，归正、归附也是地方添差官的重要组成部分，并且离军、归正、归附者可以多次添差地方官。绍兴二十八年（1158）三月二十五日，吏部上言："今措置归正、归附后来曾经曾用，虽以离军添差了当，若未曾用过归正、归附恩例之人，许再行陈乞添差一次，内不曾从军人，许陈乞添差两次。其已经差两次数足之人，自合依条到部注授。内已添差过数见在任人，令终满今任，候满日到部注授。"枢密院勘会，切虑内有无力到部之人，理宜优恤。宋高宗下诏规定："不曾从军、两经添差数足之人，令吏部取索干照，更与添差一次。"③

孝宗隆兴三年（1165）增加地方归正官限额。乾道元年（1165）七月二十八日，臣僚上言："近年以来，四方州郡无有远迩，例皆穷匮，不能枝梧。绍兴三十一年以前归正从使指射州郡注授差遣，未曾立额。乞下吏部立定员额施行"。吏部勘会：绍兴三十一年以前归正官大使臣，自今立定员

---

① 徐松等辑《宋会要辑稿》职官八之三九，第3254页。
② 徐松等辑《宋会要辑稿》职官三二之四九，第3837页。
③ 徐松等辑《宋会要辑稿》兵一五之八，第8915页。

额，帅府三员，节镇二员，余州军监一员，仍许以今立定员数，依绍兴三十一年以后归正官差一政待阙，承替见一人，小使臣比大使臣员多。欲乞凡绍兴三十一年以前归正官，自今立定员额，帅府六员，节镇四员，次州军监二员。宋孝宗下诏"从之"。① 按照新规定，各地归正从使的添差员额大幅度提高，其中帅府的员额由三员增加到六员，节镇州的员额由二员增加到四员，其余州军监员额由一员增加到二员。

（二）宋宁宗地方添差官的膨胀

宋宁宗地方添差不厘务官大量增加。嘉泰四年（1204），临安府添差不厘务总管路钤二十员，州钤辖、路分都监、副都监二十员，正、副将十五员，安抚司准备将领十五员，州都监以下十员，共以八十员为额。② 《嘉定赤城志·州添差不厘务官》清楚记载了台州添差不厘务官的数额情况：

> 戚里一员，东南第四副将本州驻札一员；宗室监当三员；宗室岳庙五员；随龙一员，阙；奉使二员，阙；借使监支盐仓文臣二员，阙；三衙拣汰窠阙三十员，见任一员，余阙；战功六员；大、小使臣各三员，皆阙；军功指使三员，见任一员，余阙；军功听候使唤三员，阙；军功岳庙四员；离军准备差使二员；归正官八员，阙；旧归正战功借使二员，阙；归朝蛮徭人二员，阙；番官二员，阙；忠顺官四员，阙；养老使臣三员，见任一员，余阙；枢密院效士一员，余阙；敢勇拣汰使臣二员；添差听候使唤三员；散祗候使臣一员。③

从以上文献中可以看出，仅台州的添差不厘务官数额就达 97 员。其他州添差不厘务官也普遍存在，即使偏远小州也不例外。如嘉定五年（1212）十二月一日，广西诸司言："贺州有添差不厘务兵马监押一员，委实冗赘，乞

---

① 徐松等辑《宋会要辑稿》兵一六之一，第 8933 页。
② 《宋史》卷一六六《职官六》，第 3945 页。
③ （宋）陈耆卿：《嘉定赤城志》卷一二《州添差不厘务官》，《宋元方志丛刊》第 7 册，第 7386～7387 页。

下所属销豁。又柳州已有正任监押，又有添差监押，并无职事管干，又象州合城内外不过二百余家，军籍不满二百，既有兵马监押，又有添差，是诚为赘。"广西诸司请求朝廷："见任之人乞听其终满，自后并乞住差。"朝廷"从之"。① 同月五日，根据广西诸司的奏请，宁宗下诏罢去了贺州、象州、梧州的部分添差官。②

（三）南宋地方添差官的新变化

宋孝宗淳熙年间，严州已经有添差通判厅，《景定严州续志·郡治》载："添差通判厅在东山下，淳熙丙午，知州陈公亮始以公馆为之。"③ 据《嘉泰会稽志·通判廨舍》记载，绍兴府有三个通判厅："通判北厅在府东六十步，通判南厅在府南六十四步，通判东厅在府东南八十五步。"④ 这三个通判厅中，通判东厅就是由添差通判厅改名的。显然，宋宁宗嘉泰年间的添差通判厅，已经与通判厅一样，都是地方行政机构的重要组成部分。广德军至迟宋宁宗嘉泰年间之前，也设置了添差通判厅。⑤

南宋不少地方的添差通判不仅有公廨，而且有题名记或厅记。例如湖州，宁宗嘉泰年间通判"二员，内一员添差"。⑥ 添差通判厅内有石刻题名记，题名记上刻着曾任湖州添差通判赵名彦、秀安僖王、董长年、向子昌、李杼、胡浩、赵善长、张瑜、白彦旸、张子华、王守道、韩髦、叶綝、赵不韦、赵师严、林仁、徐发眚、曾师回、张第、赵亮、赵充、曾盘、徐纲等人的名字。⑦ 又如台州的添差通判厅，现存有洪适的《添差通判厅记》。⑧ 宋理宗朝严州添差通判厅中，有端平三年（1236）十月至景定三年（1262）十二月十五位添差通判的题名。他们是：郭磊卿、陈叔远、韦鉴、孙梦观、

① 徐松等辑《宋会要辑稿》职官四九之九，第 4412 页。
② 徐松等辑《宋会要辑稿》职官四八之一四四、四八之一四五，第 4401 页。
③ 方仁荣、郑瑶：《景定严州续志》卷一《郡治》，《宋元方志丛刊》第 5 册，第 4356 页。
④ （宋）施宿等：《嘉泰会稽志》卷三《通判廨舍》，《宋元方志丛刊》第 7 册，第 6763 页。
⑤ 黄震：《黄氏日抄》卷八七《广德军添差通判厅记》第 708 册，第 910 页。
⑥ （宋）谈钥：《嘉泰吴兴志》卷七《官制》，《宋元方志丛刊》第 5 册，第 4718 页。
⑦ （宋）谈钥：《嘉泰吴兴志》卷八《公廨·州治》，《宋元方志丛刊》第 5 册，第 4722 页。
⑧ （宋）陈耆卿：《嘉定赤城志》卷五《添差通判厅》，《宋元方志丛刊》第 7 册，第 7321 页。

赵与潨、赵时豪、留张遇、吴浞、谢奕正、潘墀、杨敬之、吴坚、郭和中、林子烈、楼晏。① 宋度宗朝咸淳年间，黄震写了《广德军添差通判厅记》。②

结　语

综上所述，宋代地方添差官经历了复杂的演变过程。这个过程与宋朝政治军事局势的变化密切相关。王安石新法时，设置了路级添差勾当公事官；元祐更化，大批变革派被贬为地方添差监当官；针对"员多阙少"的抢阙、挣阙，出台了宗室添差地方官制度；为解决其他社会问题，推行了归朝、归明人等添差地方官措施，使哲宗朝地方添差官的性质复杂化。宋徽宗朝"丰亨豫大"、改革官制，宗室添差地方官分为厘务和不厘务两类，地方添差官性质分化，数量增加，逐渐遍及州县。南宋战争频繁，为激励将士英勇作战，将退役兵官、离军将佐、十三处立战功人相继安置为地方添差官；为削弱敌对势力，实行归正、归附者可多次添差地方官政策，使地方添差官人数进一步增加。同时，南宋为加强对州府级武臣长官的监督，添差通判设置普遍，且大多具有公廨，演变为地方官僚实体的重要组成部分。地方添差官的演变过程折射出宋代不同时期的时代特色。

值得注意的是，宋代地方添差官在一定程度上导致了某些时期官吏的冗滥，但并非添差官的出现是宋朝官吏冗滥的结果或表现，因此，"添差官的出现是宋朝官吏冗滥的结果或表现"的传统结论不太准确。

［原载《郑州大学学报》（哲学社会科学版）2017 年第 5 期］

---

① 方仁荣、郑瑶：《景定严州续志》卷二《添差通判题名》，《宋元方志丛刊》第 5 册，第 4362 ~ 4363 页。
② 黄震：《黄氏日抄》卷八七《广德军添差通判厅记》，《景印文渊阁四库全书》第 708 册，台北，台湾商务印书馆，1983，第 909 ~ 910 页。

宋代宰辅理政与聚议机制研究

田志光

摘　要　宋代的都堂与政事堂是宰辅集团处理国政、办公议事、接待僚属的机构，以及重要官员聚议的处所，在中枢政务运行中发挥了重要作用。北宋元丰改制前，中书门下的办公之地称为政事堂，有时也称为都堂；改制后，三省聚议之所的法定名称为都堂，但个别文献仍称之为政事堂。此外，北宋前期尚书省内与元丰改制后重建的尚书新省内也设置有都堂。南宋时期，都堂成为三省、枢密院共有的理政之所，但仍有个别史籍习称之为政事堂。政事堂与都堂名称相近，极易混淆。实际上，随着宋朝中央官制改革与宰辅体制的调整，都堂与政事堂有着不同的内涵与功能，分别扮演着不同的政治角色，影响着宋代中央权力格局的构建与重组。

关键词　宋代　政事堂　都堂　宰辅　理政场域

两宋时期，伴随着国家政治、经济和军事的发展变化，宋廷负责处理军民政务的中枢宰辅机构屡经调整，以此适应时局的变化。北宋前期，在中央机构中，中书门下（简称"中书"）主管民政事务，与主管军政的枢密院统称为"二府"。[①] 北宋神宗元丰年间进行官制改革，中书门下分为中书省、门下省和尚书省，枢密院保留不变。中枢宰辅机构由"中书门下—枢密院"的二府模式转变为"三省—枢密院"的运作模式。南宋时期

---

① 孙逢吉：《职官分纪》卷一二《枢密使》，中华书局，1988 年影印本，第 288 页。

对宰辅制度进行了多次改革，从宰相职权上看，实际是中书、门下两省事权合一，尚书省职能弱化。孝宗乾道八年（1172），宰相通治三省之事，三省制蜕变为一省制。在军事领导机制方面，南宋高宗、孝宗两朝均曾令宰相兼任枢密使，到了宁宗开禧以后，宰相兼枢密使成为常制。关于宋代宰辅制度及其运作机制，前人多有研究。① 然而，作为宰辅办公、理政和议事之所——"政事堂"与"都堂"（合称"两堂"），则为学界所忽视，目前专论探讨尚付阙如。② 这一对看似简单熟悉的概念，却包含着丰富的研究内容。二者名称相近，极易混淆，有时二者可相互指代，有时又须严格区别，在不同时期功能不同，作用相异。对"两堂"的深入研究，有助于进一步认识宋代中枢权力格局的构建和宰辅权力运行机制的演变情况。

一　北宋元丰改制前的政事堂与都堂

1. 中书门下与政事堂的内涵及其关系

宋太祖赵匡胤建立赵宋王朝后，在中央政治制度方面大多沿袭唐、五代之制，设立中书省、门下省和尚书省，但它们的绝大部分职能已被各种使职

---

① 如钱穆、王瑞来、张邦炜、张其凡等对宋代宰相权力实施以及相权强化或削弱提出了不同观点。参见邱志诚《错开的花：反观宋代相权与皇权研究及其论争》（《海南大学学报》2007 年第 5 期，第 89～93 页）对 20 世纪 40 年代至 90 年代有关宋代相权的研究做了述评。朱瑞熙（《中国政治制度通史·宋代卷》，人民出版社，1996，第 192～219 页）、诸葛忆兵《宋代宰辅制度研究》（中国社会科学出版社，2000）、衣川强『宋代官僚社會史研究』第一章「宋代宰相考」（東京、汲古書院、2006、13－76 頁）、刘后滨《"正名"与"正实"——从元丰改制看宋人的三省制理念》（《北京大学学报》2011 年第 2 期，第 122～130 页）以及笔者《北宋宰辅政务决策与运作研究》（人民出版社，2013）讨论了宋代宰相制度运行问题。

② 关于宋代的政事堂与都堂的专文研究目前尚无，然部分论文有所涉及，如龚延明《宋代中央机构剖析》（《浙江学刊》1993 年第 3 期，第 114 页）一文认为，元丰改制后，中央政务机构尚书省令厅即为都堂，为三省议事之所，代替北宋前期政事堂的职能。季平《宋王朝集议国事考论》（《北京师范大学学报》1990 年第 4 期，第 35 页）、张仁玺《宋代集议制度考略》（《山东师大学报》1998 年第 2 期，第 43 页）、吴以宁《宋代朝省集议制度述论》（《学术月刊》1996 年第 10 期，第 60～61 页）等论文对集议的场所——都堂做了简要论述，但未区分两宋不同时期都堂的性质与内涵，甚至将政事堂与尚书省都堂混为一谈。

差遣所取代，各机构长贰官员"非别敕不治本司事"。① 三省均位于皇城之外，由于中书省、门下省承办事务很少，它们的办公场所较为狭窄，仅"官舍各数楹"。② 尚书省也只负责"集议定谥、文武官封赠、注甲发付选人、出雪投状"③ 等有例可循的一般政务，并不参与朝廷军国大政的决策与执行，所以北宋元丰改制前的三省并不是实际意义上的宰相机构。《玉海》卷一六一载：

> 中书在朝堂西，是为政事堂，其属有舍人，专职诰命，阙则以它官知制诰，或直舍人院。院在中书之西南。国朝中书、门下并列于外，又别置中书于禁中，是为政事堂。④

这里的"朝堂"指的是皇宫即禁中的文德殿。宋廷在文德殿西邻设置"中书"，作为宰相机构。此"中书"为"中书门下"之简称，并非三省中的"中书省"。"中书、门下并列于外"则指在皇宫之外设置的中书省与门下省。从上引文可以看出，《玉海》将北宋元丰改制前的"中书门下"直接称为"政事堂"。据考证，王应麟《玉海》成书于南宋咸淳七年（1271）前后，⑤ 比它成书更早的史籍又是如何记载的呢？两者看似相近，实际内涵相同吗？这还需要回溯至唐代。政事堂初设于唐太宗贞观初年，凡是国家大政方针均在政事堂商议。至唐玄宗开元十一年（723），⑥ 经中书令张说奏请，政事堂改为"中书门下"，而且有了独立的印信——"中书门下之印"。此

---

① 脱脱等：《宋史》卷一六一《职官志一》，中华书局，1977，第3768页。
② 徐松等辑《宋会要辑稿》职官一之一七，刘琳等点校，上海古籍出版社，2014，第2947页。
③ 马端临：《文献通考》卷五二《职官考六》，上海师范大学古籍所、华东师范大学古籍所点校，中华书局，2011，第1502页。
④ 王应麟：《玉海》卷一六一《宋朝政事堂》，江苏古籍出版社、上海书店，1987年影印本，第2967页。
⑤ 韩兴波：《〈玉海〉成书考略》，《荆楚学刊》2015年第2期，第86页。
⑥ 杜佑：《通典》卷二一《职官三》，中华书局，1988，第542页。关于政事堂的创立时间，有武德年间和贞观年间之说，笔者认为贞观之说较有说服力。参见姚澄宇《唐朝政事堂制度初探》，《中国史研究》1982年第3期，第97～100页；王超《政事堂制度辩证》，《中国史研究》1983年第4期，第107～109页；陈振《〈政事堂制度辩证〉质疑》，《中国史研究》1985年第1期，第89～91页。

后中书门下成为独立于三省之外的中央政务处理机构。历经晚唐五代，中书门下一仍其旧。

入宋后，在元丰改制以前，三省六部几乎是闲散机构，而中书门下作为实体机构，内设有五房：孔目房、吏房、户房、兵礼房、刑房，后又设置了生事房、勾销房。其官员众多，如中书制敕院五房公事、中书五房检正公事、堂后官、主事、录事、主书、守当官等。① 此外还有直属机构——制敕院、舍人院、铨选四曹（审官东院、审官西院、吏部流内铨、三班院）、起居院、礼仪院、群牧司、崇文院等，② 负责办理中书门下的各项事务。显然"中书门下"是名副其实的中央政府，其题榜止曰"中书"，印文行敕则曰"中书门下"，宰相员额如"二员以上，即分日知印"。③ 所以从严格意义上来说，此时的政事堂只是中书门下的一个公共办公场所（此外还有其他办公场所，见下文分析）。

接下来看成书于北宋与南宋前期的史籍是如何记载二者关系的？《国老谈苑》卷二载：真宗天禧年间，张知白为参知政事，"尝言：'参政之名，实贰彼相，礼当隆之'。每乘马直入政事堂下"。④ 张氏主张提高参知政事的礼遇标准，并且率先垂范，在赴中书门下办公时，直到政事堂前才下马。宋神宗熙宁年间，王安石变法在朝廷中引起激烈争论，监察御史程颢与张戬反对变法，结果程颢被贬外任。《邵氏闻见录》卷一五载："天祺（张戬）尤不屈，一日至政事堂言新法不便，介甫不答，以扇障面而笑。"⑤ 当程颢因反对新法被贬之际，张戬径直来到政事堂，当面与参知政事王安石理论，王安石笑而不答。以上事例中的政事堂均为中书门下的办公场所，而不能指代中书门下。即使成书于南宋高孝时期的《续资治通鉴长编》与《麟台故事》也指代分明。如《续资治通鉴长编》载，仁宗至和元

① 徐松等辑《宋会要辑稿》职官三之二二～二六，第 3038～3043 页。
② 参见龚延明《宋代官制总论》，《宋代官制辞典》前言，中华书局，1997，第 16 页。
③ 徐松等辑《宋会要辑稿》职官一之六八，第 2974 页。
④ 夷门君玉：《国老谈苑》卷二，《全宋笔记》第 2 编第 1 册，赵维国整理，大象出版社，2006，第 184 页。
⑤ 邵伯温：《邵氏闻见录》卷一五，李剑雄、刘德权点校，中华书局，1983，第 160 页。

年，"孙抃初在翰林，尝至中书白事，系鞋登政事堂。（陈）执中见之不悦，且责吏不以告"。^①当时担任翰林学士的孙抃要去中书汇报事务，缚鞋走进政事堂，当时担任宰相的陈执中见状很不高兴，便责怪吏员未将进入政事堂的着装规定告知孙抃。又如"咸平中，王曾为进士第一，通判济州，代还当试学士院，时寇准作相，素闻其名，特试于政事堂，除著作郎直史馆"。^②作为济州通判的王曾，在离任返朝后本应在学士院接受考察，但因宰相寇准对其十分赏识，破例在政事堂进行。以上两处政事堂只能是中书的办公场所，不能指代整个中央政府——中书门下。综上可知，成书于北宋和南宋前期的史籍均能够清晰地辨别中书门下和政事堂的性质与内涵，而成书较晚的《玉海》却直接将中书门下等同于政事堂，既不严谨，也不符合历史事实。

此外，中书宰辅除了有公共的处理政事的办公空间政事堂外，还有独立的办公空间，称作"本厅"或"视事阁"，它们均在中书门下之内。《吕氏杂记》所记的一个事例生动地反映了中书宰辅在办公场所上有公、私空间的差别。宋仁宗天圣年间，宰相丁谓在真宗去世后遭到罢黜，被贬往崖州。当朝廷听说交趾有可能与丁谓联合反宋的传言后，即商议派遣使者前去察验虚实。内侍杨宏作为使者在出发前被召至政事堂，中书宰辅在政事堂讨论派遣使者的用意及注意事项后，使者杨宏仍不知所措，此时参知政事吕夷简曰："分厅后却请天使（指杨宏）略到某本厅。"^③即吕氏请杨宏在宰辅分厅办公时到他个人办公的本厅，再给予具体指导意见。又如仁宗皇祐元年（1049）六月，因御史奏报"殿前副都指挥使郭承祐屡谒宰相陈执中于本厅，坐久不退"。于是仁宗于当月十七日下诏："中书、枢密非聚议，毋得通宾客。"^④太祖时期，赵普担任宰相，"尝于视事阁坐屏后设二大瓮，凡中外表奏，普意不欲行者，必投之瓮中，满则束缊焚之，以是人

① 李焘：《续资治通鉴长编》卷一七七，至和元年十二月癸丑，中华书局，2004，第4297页。
② 程俱撰，张富祥校证《麟台故事校证》卷三《选任》，中华书局，2000，第110页。
③ 吕希哲：《吕氏杂记》卷下，《全宋笔记》第1编第10册，夏广兴整理，大象出版社，2003，第278页。
④ 李焘：《续资治通鉴长编》卷一六六，皇祐元年六月戊寅，第4001页。

多怨者"。① 又如大中祥符八年（1015）四月甲子（15日），宰相王旦曾对真宗谈到中书分厅处理机密事宜时的小心谨慎，其言："臣等每奉德音，或有所施行，至视事阁中，尽屏左右，亲录进止，授本房吏，外无知者。"② 结合上下文，不难看出，以上几段引文中的"本厅"与"视事阁"是指宰辅个人独立的办公室，与作为中书门下内宰辅们的公共办公空间政事堂相比，更加突出独立与私密的性质。

通过以上分析可知，北宋元丰改制前中书门下作为中央政府，是一整套体系，含有直属和附属的诸多机构和部门。而政事堂只不过是中书门下一个公共办公场所，与之相对的是称为"本厅"或"视事阁"的宰辅独立办公空间。中书门下与政事堂，两者内涵完全不同。

2. 政事堂的别称"都堂"与尚书省都堂

北宋元丰改制前的"都堂"有两个涵义，一是中书门下内"政事堂"的别称。建隆元年（960）正月，身为殿前都点检的赵匡胤在陈桥驿被拥戴称帝后，返回京师开封，时"石守信实守右掖，开关以迎王师。至中书，立都堂下，召范质、王溥、魏仁浦与语"。③ 此段史料中，赵匡胤回京师后，来到作为中央政府的"中书"，即"中书门下"，在都堂中与后周宰相范质、王溥、魏仁浦等达成了称帝的共识。此处的都堂即指政事堂。又如《宋史》载："开宝六年，始诏（参知政事薛）居正、（吕）余庆于都堂与宰相同议政事。至道元年，诏宰相与参政轮班知印，同升政事堂。"④《续资治通鉴长编》也具体记述了该事：至道元年（995）四月十二日，"诏自今参知政事宜与宰相分日知印，押正衙班。其位砖先异位，宜合而为一。遇宰相、使相视事及议军国大政，并得升都堂"。⑤ 此处的政事堂与都堂其实是同一场所，即赋予参知政事同宰相共议政事的权力。至道元年诏规定参知政事与宰相同

---

① 王称：《东都事略》卷二六《赵普传》，孙言诚、崔国光点校，齐鲁书社，2000，第207页。
② 李焘：《续资治通鉴长编》卷八四，大中祥符八年四月甲子，第1925页。
③ 王巩：《闻见近录》，《笔记小说大观》第21编第2册，台北，新兴书局，1985年影印本，第897页。
④ 脱脱等：《宋史》卷一六一《职官志一》，第3775页。
⑤ 李焘：《续资治通鉴长编》卷三七，至道元年四月戊子，第812页。

升政事堂也是同议政事之意，只不过又增加了参知政事与宰相轮流掌印的权力。还有，在官员上任的程序中也体现出政事堂与都堂的等同，大中祥符四年（1011）五月初一日，"诏自今宰相官至仆射者，并于中书都堂赴上，不带平章事者，亦于本省赴上"。① 即本官阶达到尚书省仆射的宰相在中书门下的都堂赴任，本官阶升任仆射但非宰相的官员要在尚书省赴任。这进一步明确了都堂是在中书之内，也就是政事堂。政事堂（都堂）作为中书门下重要政务的办公场所，已是中书门下不可分割的一部分，能否进入都堂（政事堂）办公议事意味着是否拥有宰辅权力。尤其是在北宋元丰改制前，中书门下作为中央政府，都堂（政事堂）办公理政对推动政务实施具有十分重要的作用。

北宋王辟之《渑水燕谈录》中曾有这样的记载："王元之（禹偁）尝言宰相于政事堂，枢密于都堂，同时见客，不许本厅私接。议者以为是疑大臣以私也，遂寝。"② 王辟之所载之事发生于宋太宗淳化二年（991）四月，时王禹偁任左司谏知制诰，③ 他奏请宰相须于政事堂接见官员，而枢密院须于都堂接见官员，不得于宰辅本厅接见，以防止官僚间的请托。以上记载似乎给出一个信息：太宗淳化时期的政事堂与都堂是两个实体，不可相互指代。那与上面的论证相矛盾吗？朱熹、吕祖谦《近思录》卷一〇引用过程颢弟子刘安礼的一段话：

> 王荆公（安石）执政，议法改令。言者攻之甚力，明道先生（程颢）尝被旨赴中堂议事，荆公方怒言者，厉色待之。④

王安石熙宁间曾任参知政事与宰相，在中书门下的政事堂办公理政。时任监

---

① 李焘：《续资治通鉴长编》卷七五，大中祥符四年五月甲戌，第 1721 页。

② 王辟之：《渑水燕谈录》卷五《官制》，吕友仁点校，中华书局，1981，第 61 页。按，成书晚于《渑水燕谈录》的北宋罗从彦《豫章文集》（《宋集珍本丛刊》，线装书局，2004 年影印本，第 32 册，第 395 页）卷三与南宋罗愿《鄂州小集》（《宋集珍本丛刊》第 61 册，第 738 页）卷六中亦有类似记载。

③ 李焘：《续资治通鉴长编》卷三二，淳化二年四月己丑，第 715 页。

④ 朱熹、吕祖谦：《近思录》卷一〇，《景印文渊阁四库全书》（简称《四库全书》）台北，台湾商务印书馆，1983，第 699 册，第 104 页。

察御史里行的程颢奉神宗特旨前来"中堂"议事，那么此处中堂指的应是中书门下的政事堂。清代著名学者茅星来《近思录集注》卷一〇注云："中堂，中书堂也。中书堂为中堂者，犹尚书都省堂称都堂也。按宋制，宰相议事及见客于中堂，枢密议事及见客于都堂，中堂亦曰政事堂。"① 所以，王禹偁奏请的宰相接见官员的政事堂是中书门下政事堂，也即中书都堂，而作为枢密使接见官员的都堂即为尚书省的都堂。

由此也引出了"都堂"的第二个涵义：尚书省（严格意义上为尚书都省都堂，尚书都省即尚书省本部，不包括尚书省直属的六部）都堂。宋朝建立之初，尚书省机构设置与职能沿袭唐五代，总部为尚书都省，设有左、右司。尚书都省之下还设有六部二十八司，② 但如前文所述，尚书都省并不是宰相机构，不参与军国大政的决策和处理。尚书都省五代时在兴国坊，入宋后迁于梁太祖旧第。太平兴国七年（982）九月"徙于利仁坊孟昶旧第"。③ 新搬迁的尚书都省宽敞宏丽，在省中间设"都堂"。可知，尚书省都堂与代指中书门下政事堂的都堂，名称一致，然内涵完全不同。因元丰改制前尚书都省职能甚少，其都堂功能与意义当然不能与中书门下的都堂相比，主要是一些仪礼活动的聚议之所，如"集议、定谥、祠祭、受誓戒"等。④ 宋初尚书省都堂聚议制度实际承袭于唐五代，唐初有"八座议事"制度，⑤ 八座议事作为宰相机构尚书省的办公会议，负责中央政府日常重要政务的决策和执行，会议场所即设在尚书省都堂。"八座"由尚书左、右仆射（或尚书令、仆射）和六部尚书组成。此后随着尚书省退出宰相机构。八座议事的职能逐渐被政事堂会议取代。⑥ 历五代至宋，尚书省都堂聚议的形式与性质有所改变。

---

① 茅星来：《近思录集注》卷一〇，《四库全书》第 699 册，第 328 页。
② 按，六部中吏部下设七司，户部下设五司，其余礼、兵、刑、工各部下设各四司，共二十八司。
③ 马端临：《文献通考》卷五一《职官考五》，第 1473 页；李焘：《续资治通鉴长编》卷二三，太平兴国七年九月癸丑，第 528 页。
④ 徐松等辑《宋会要辑稿》职官四之一，第 3095 页。
⑤ 杜佑：《通典》卷二二《职官四》，王文锦等点校，中华书局，1988，第 603 页。
⑥ 参见周佳《北宋仁宗朝的集议》，《中华文史论丛》2012 年第 4 期，第 67 页。

关于尚书省都堂聚议，史载："国初，典礼之事当集议者，皆先下诏。都省吏以告当议之官，悉集都堂。"① 即应当聚议的仪礼事务，由尚书省组织实施，在尚书省都堂举行。中书都堂（政事堂）共议与尚书省都堂聚议除了所议事务本身重要性有重大区分外，还有参会人数以及形式方面的不同，中书都堂议事参加人员是中书宰辅，一般是现任宰相和副宰相（参知政事），形式灵活，人数较少，通常是三至五人。而尚书省都堂聚议，史载：

> 大凡在内廷论职不论官，入都省论官不论职。如学士带两省官及都省官，议事之日，入都省并缀本班坐。每议事，有司于都堂陈帘幕，设左右丞坐于堂之东北，面南向；设中丞坐于堂之西北，面南向；设尚书、侍郎坐于堂之东厢，面西向；设两省常侍、舍人、谏议坐于堂之西厢，面东向。②

由上可知，在内廷（包括在中书门下、枢密院议事以及在殿廷向皇帝奏事时），一般是根据官员担任的实际差遣或贴职的大小安排次序。而在尚书省都堂讨论事务时，参加官员包括六部尚书、侍郎、御史中丞、左右丞、诸学士、中书舍人、谏议、常侍等，人数众多，则按本官阶的大小安排座次方位，规定严格。除了座次外，官员下马地点也按官阶大小划定："仆射已上得乘马至都堂，他官虽同中书门下平章事，止屏外。"③ 即参加尚书省都堂聚议的官员只有本官阶在尚书仆射以上的才可以至都堂屏内下马，其他官员一律在屏外下马，然后步行至都堂。此外，宋敏求《春明退朝录》亦载："尚书省旧制，尚书侍郎、郎官，不得着靸鞋过都堂门。"④ 靸鞋即拖鞋，这也是对尚书省官员进出都堂的一种约束，即要求穿着规范庄重。再者，除以上规定外，尚书省都堂聚议还有一套程序，包括揖礼就坐、宣读事项、署字签名等，⑤ 虽为"聚议"，但实际上并无商议讨论环节。所议之事在聚议前

---

① 王应麟：《玉海》卷一六一《宋朝都堂》，第 2966 页。
② 田况：《儒林公议》卷下，储玲玲整理，《全宋笔记》第 1 编第 5 册，第 121 页。
③ 徐松等辑《宋会要辑稿》仪制八之一，第 2449 页。
④ 宋敏求：《春明退朝录》卷下，诚刚点校，中华书局，1979，第 39 页。
⑤ 脱脱等：《宋史》卷一二〇《礼志七三》，第 2821 ~ 2822 页。

已将意见拟定，聚议时只是轮流宣读，然后众官按官阶大小依次署名，"故都堂会议，列状以品，就坐以官"。① 有异议者则不署名。都堂议事活动流于形式、内容空泛，基本是走过场，所以一些官员不愿参加，如带三省官衔的两制、具有实职差遣的三司等机构官员多"移牒不赴"。② 甚至在都堂聚议臣僚谥号时，与会官员的餐饮需要请谥之家来提供。如景祐四年（1037）六月，权判尚书都省宋绶言："本省集官覆谥，而请谥之家皆自具饮馔。夫考行易名，用申劝沮，而飨其私馈，颇非政体，请自今官给酒食。"这种做法实在有损朝廷形象，所以仁宗批准了宋绶的奏请。③ 至和二年（1055）十一月，宣徽南院使判延州吴育上奏：

> （尚书省）自唐末五代，因循苟且，杂置他局，事无本末，不相维持，使天下之大有司废为闲居……今惟定谥时，一会都堂。是行其小而废其大，论者深惜之。④

吴育的奏言指出尚书省职事荒废的情况，同时也反映出尚书都省及其都堂地位的衰微。尚书省都堂聚议虽然流于形式，但它所"议"结果却代表着"公议"，即获得朝臣的一致或多数人的认可，具有象征意义。都堂聚议直至宋神宗熙宁时期仍然举行，如熙宁八年（1075），有两朝定策之功的前宰相韩琦病逝，神宗亲自撰写神道碑文，并篆碑首曰"两朝顾命定策元勋之碑"，⑤ 史载："以配英宗庙，食告于朝，都堂集议，合'虑国'、'入贤'二法易公名。"⑥ 即在都堂议定韩琦谥号等事项。

综上所述，在北宋元丰改制前，中书门下（中书）作为宋朝中央政府拥有一套完整的体系，而政事堂仅作为中书的公共办公场所，二者本质完全不同。中书门下都堂在内涵上等同于中书门下政事堂，功能与性质相同，是

---

① 李焘：《续资治通鉴长编》卷一二〇，景祐四年三月丙申，第2824页。
② 徐松等辑《宋会要辑稿》仪制八之四，第2450页。
③ 徐松等辑《宋会要辑稿》礼五八之三，第2014页。
④ 李焘：《续资治通鉴长编》卷一八一，至和二年十一月乙丑，第4383页。
⑤ 王称：《东都事略》卷六九《韩琦传》，第575页。
⑥ 元绛：《追荣集序》，《国朝二百家名贤文粹》卷一五八，《全宋文》第43册，上海辞书出版社、安徽教育出版社，2006，第207页。

一个场所的两种称谓。而尚书都省都堂主要作为仪礼事务的聚议之所，功能和地位与中书门下都堂差异巨大。

二　北宋元丰改制后的都堂与政事堂

1. 三省都堂的政治功能

宋神宗元丰五年（1082）五月，实施官制改革，中书门下分为门下省、中书省、尚书省，三省成为名副其实的宰相机构。改制后的中书省与门下省设在禁中，其地理位置史籍有所记载，其中《宋宰辅编年录》记载最为具体："以旧中书东西厅为门下、中书省，都台（堂）为三省都堂。徙建枢密院于中书省之西，以故枢密、宣徽、学士院地为中书、门下后省，列左右常侍至正言厅事，直两省之后。"①　即将原来的中书门下东、西厅改为门下省和中书省，以原枢密院、宣徽院、学士院之地改为中书后省和门下后省，以承办中书和门下两省的具体事务。宋人陈元靓《事林广记》后集卷六《宫室类》绘有北宋东京（开封）宫城图，其中门下省、中书省、都堂等机构位置如图1。

图1中的后省即为中书后省与门下后省，也就是元丰改制前的枢密院、宣徽院、学士院所在区域。图中门下省、都堂（三省都堂）、中书省和枢密院，也就是改制前的中书门下所在地，中书都堂（即政事堂）改称为"三省都堂"，简称"都堂"。

在新设三省之中，尚书省机构众多，下辖六部、二十八司。改制之前的三司、审官东西院、三班院、流内铨、审刑院等机构也并入尚书省。由于尚书省机构庞大，无法容纳于禁中，元丰改制伊始，"以新省营缮未毕，凡寓治四所：一、旧三司，二、旧司农寺，三、旧尚书省，四、三司使廨舍"。②　即以原尚书省、三司、司农寺等机构作为新尚书省的临时办公之所，元丰五

---

① 徐自明撰，王瑞来校补《宋宰辅编年录校补》卷八，元丰五年四月，中华书局，1986，第497页。

② 徐松等辑《宋会要辑稿》职官四之六，第3098页。

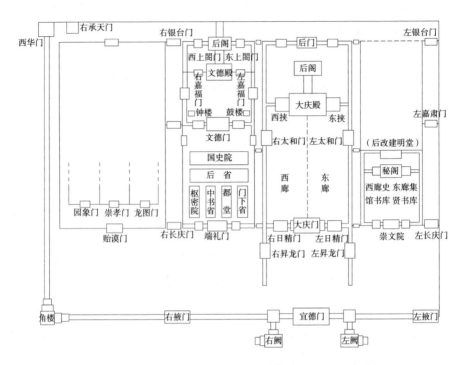

图 1　北宋东京（开封）宫城"三省都堂"所在区域示意

资料来源：据陈元靓《事林广记》后集卷六《东京旧制》（中华书局，1963，第 147 页）绘制。

年五月，在"殿前司廨舍地"开始修建新尚书省及六部诸司，元丰六年十月建成。① 新尚书省与下辖六部的办公衙署规模宏大，布局规范。前为尚书都省，后为尚书六部，建筑面积有三千一百余间。② 关于新建尚书省的位置，据《老学庵笔记》《萍洲可谈》《东京梦华录》等记载，其位于皇城之西，贴近西角楼。③

改制后的尚书省长官——左、右仆射分别兼任门下省、中书省的侍郎，作为左相和右相；此外还有副宰相——中书侍郎、门下侍郎、尚书左、右

---

①　李焘：《续资治通鉴长编》卷三四〇，元丰六年十月庚子，第 8192 页。
②　庞元英：《文昌杂录》卷三，中华书局，1958，第 29～30 页。
③　陆游：《老学庵笔记》卷五，李剑雄、刘德权点校，中华书局，1979，第 62 页；朱彧：《萍洲可谈》卷一，《全宋笔记》第 2 编第 6 册，李伟国整理，第 130 页；孟元老：《东京梦华录注》卷三之《大内西右掖门外街巷》，邓之诚注，中华书局，1982，第 82～83 页。

丞，他们构成三省宰辅。如有需要协商共议的事务，三省宰辅可就近在"三省都堂"协商。如事涉军务，枢密院长贰官员也要赴都堂商议。由于三省、枢密院共议军政事务较多，元丰八年（1085）四月十四日，"诏许枢密院依旧制开便门，与中书省相通，赴都堂议事"。①《东京梦华录》记载了四个官署在禁中的位置："右掖门里西去乃天章、宝文等阁。宫城至北廊约百余丈。入门东去街北廊乃枢密院，次中书省，次都堂，次门下省。"② 即此知，四官署在禁中右掖门内由西向东依次是枢密院、中书省、三省都堂、门下省，这样的布局使得枢密院朝东开便门通向中书省，然后再赴都堂与三省商议政务。这与元丰改制前不同，改制前战时二府聚议地点并不在中书门下的都堂（政事堂），而是另辟新地——"南厅"。③ 因此，改制前的中书都堂仅作为中书宰辅的议事场所，作为执政的枢密院长官一般不会在中书都堂与宰相、副宰相等共议军政。

改制后的"都堂"仍为议事场所，但与改制前的中书都堂有许多不同。此时的都堂在中书省与门下省中间，独立于三省之外，之所以称为"三省都堂"，表示它并不附属于某一省，更能体现出神宗所倡导的"三省体均"④的改制思路。这与改制前中书都堂设置在中书门下之内、作为其不可分割的一部分形成鲜明对比。这种布局与结构设计，致使"都堂"功能发生了重要变化。哲宗元丰八年（1085，未改元）七月十四日，三省、枢密院言："同差除及进呈文字，理须会议者，先于都堂聚议。"⑤ 即官员除授及取旨事项，如需三省、枢密院共议的必须先在都堂聚议，此提议得到了哲宗与宣仁太后的批准。这样强调了都堂的正式聚议功能。元祐元年（1086）闰二月，宣仁太后罢免了支持新法的左相蔡确，将门下侍郎司马光升任左相，起用已经致仕的前宰相文彦博。关于如何安排文彦博的职权，当年四月末司马光提议：

---

① 李焘：《续资治通鉴长编》卷三五四，元丰八年四月丁丑，第 8476 页。
② 孟元老撰，邓之诚注《东京梦华录注》卷一《大内》，第 31 页。
③ 李焘：《续资治通鉴长编》卷一二六，康定元年三月癸未，第 2992 页；徐松等辑《宋会要辑稿》职官一之七七，第 2979 页。
④ 李焘：《续资治通鉴长编》卷三二七，元丰五年六月乙卯，第 7871 页。
⑤ 李焘：《续资治通鉴长编》卷三五八，元丰八年七月庚戌，第 8567 页。

若以正太师平章军国重事，令五日或六日一入朝，因至门下（省）、中书（省）、都堂，与诸执政商量，重事令执政就宅咨谋。①

五月丁巳（初一），宣仁太后高氏降制：

授（文彦博）太师、平章军国重事。可一月两赴经筵，六日一入朝，因至都堂与执政商量事，如遇军国机要事，即不限时日，并令入预参决。②

从高氏所降制书看，基本同意了司马光关于文彦博职权的建议，然而仔细比对制书内容与司马光提议还是有一些实质上的差别：一是制书中同意文彦博六日一赴都堂共议政事，而未准其入中书省、门下省与宰辅议政。二是如有军国机要事务才可以参与共议，不能像司马光提议的那样重要事务即令执政大臣赴其住宅咨询。高氏制书强调了都堂作为三省共议政事的唯一正式场所，文彦博不能赴中书和门下二省，更不能在私邸与诸执政商议政事。在任命文彦博的同时，宣仁太后又任命门下侍郎吕公著为右仆射兼中书侍郎（右相）。吕公著上任后立即推动宰辅"日聚"都堂议事，史载：

自蔡确、章惇罢，司马光已卧疾，及韩缜去位，公著常摄宰相事。先是，执政官每三五日一聚都堂，堂吏日抱文书历诸厅白之……公著既秉政，乃日聚都堂，遂为故事。③

由上可知，元祐元年五月之前曾实施执政官每三至五日一聚都堂议事。元丰改制后，由于左、右仆射分别兼任中书省、门下省的侍郎，分别代行中书令和侍中的职权，他们办公理政的顺序是："门下、中书省执政官兼领尚书省者，先赴本省视事，退赴尚书省。"④ 也就是说，左、右仆射要先在中书省和门下省处理政务，然后再回到作为执行机构的尚书省办理政事，最后交尚

---

① 李焘：《续资治通鉴长编》卷三七六，元祐元年夏四月末，第9141页。
② 李焘：《续资治通鉴长编》卷三七七，元祐元年五月丁巳，第9148页。
③ 李焘：《续资治通鉴长编》卷三七七，元祐元年五月丁巳，第9147页。
④ 李焘：《续资治通鉴长编》卷三二三，元丰五年二月癸丑，第7775页。

书六部具体实施。通过前文分析，尚书省由于设在皇宫外西面（西角楼附近），与设在皇宫内的中书省、门下省还有一段距离，由于都堂议事三至五日一次，频率相对较低，于是都堂吏员常常持文书往来奔波于各个宰辅本厅之间，造成行政效率的低下。以上局面持续到蔡确、章惇被罢免，吕公著任右相后才改变。然而此时已升任左相的司马光因病重不能每日赴都堂议事，于是宣仁太后下诏，允许司马光"乘轿子三日一至都堂聚议，或门下（省）、尚书省治事"。① 即作为尚书省与门下省长官的司马光，在处理二省事务外，可以三日一赴都堂参加聚议。

元祐四年（1089）八月，司马康上奏其父司马光遗稿，其中有司马光请求"以都堂为政事堂"的内容，移录如下：

> 欲乞依旧令中书、门下通同职业，以都堂为政事堂，每有政事差除及台谏官章奏，已有圣旨三省同进呈外，其余并令中书、门下官同商议签书施行。事大则进呈取旨降敕札，事小则直批状指挥，一如旧日中书门下故事。②

司马光《传家集》也记载了这段话，并在其后附有"元祐元年与三省同上"③ 一语。据笔者考证，该奏疏应作于元祐元年八月中下旬。④ 当时日聚都堂正全面实施，司马光此疏意在建议令中书省取旨、门下省审驳的职能合而为一，中书省与门下省长官共同签署政令，督促实施。重要政事，二省奏请圣裁。一般事务，则直接下批状指挥实施。其奏请将三省都堂改为政事堂，即将三省、枢密院的聚议场所——三省都堂实体化，进一步推动日聚都堂议事的制度化，即回到元丰改制前的中书门下政务运行机制。很显然，在司马光心里此时的都堂与元丰改制前的中书门下政事堂（都堂）的性质是不同的，无论是之前实施的三五日一聚都堂，还是自己三日一至聚议，抑或目前实施的日聚都堂，表明都堂只是议事场所，不属于任何一省，也不能代

---

① 李焘：《续资治通鉴长编》卷三七七，元祐元年五月戊午，第 9148 页。
② 李焘：《续资治通鉴长编》卷三四一，元祐四年八月癸卯，第 10410 页。
③ 司马光：《传家集》卷五七《乞合两省为一札子》，《四库全书》第 1094 册，第 506 页。
④ 参见田志光《北宋中后期三省决策与权力运作机制》，《史林》2013 年第 6 期，第 78 页。

表某一省，能否参加都堂聚议并不代表是否享有宰辅权力，宰辅们于都堂聚议之外的绝大部分时间是在本省办公理政，并不影响宰辅个人权力的行使。而元丰改制前的中书都堂（政事堂）作为中书门下的内设机构和办公场所，与改制后作为议事场所的三省都堂有本质区别，所以司马光在奏请将中书省与门下省职能合一的同时，也要将三省都堂改为政事堂。当然，在司马康上呈此奏疏时已是元祐四年八月，宣仁太后并未采纳司马光的建议改革三省机构。

宋哲宗元祐三年（1088）四月，倡议日聚都堂的右相吕公著以老辞位，宣仁太后改任其为司空、同平章军国事，"二日一入朝，因至都堂议军国事"，① 此后吕公著二日一赴都堂议事，并同时规定"勿限时出省，常行文字免签书，及附近东西府置公廨，执政有所议，听就议"。② 吕公著参与政事的机会并未减少，这与他居住的位置密切相关。东、西府为三省、枢密院等宰辅官居住的府第，自熙宁三年（1070）九月兴建至熙宁四年（1071）八月完成，在掖城南，规模较为可观。③ 建设东、西府"以居宰执，与右掖门相对"。④ 与右掖门相对，通过前面的东京（开封）宫城局部图即图 1 知，东、西府距离三省、枢密院较近，在东、西府为吕公著置公廨，即设置办公室，执政官如有需共议和咨询的政务，则直接赴其府第的办公室。史载：

> 诏建第于东府之南，启北扉，以便执政会议。三省、枢密院条例所当关者，目曰军马（国）事焉。一月三至经筵，间日一入朝，非朝日不至都堂。⑤

引文中在"东府之南"建第，即指为吕公著所置的公廨。自宋立国以来，

① 李焘：《续资治通鉴长编》卷四〇九，元祐三年四月辛巳，第 9964 页。
② 李焘：《续资治通鉴长编》卷四〇九，元祐三年四月辛巳，第 9965 页。
③ 王应麟：《玉海》卷一六六《熙宁东西府》，第 3058 页。
④ 王安石撰，李壁注《王荆公诗注》卷二八《张侍郎示东府新居诗因而和酬二首》，《四库全书》第 1106 册，第 193 页。
⑤ 杜大珪：《名臣碑传琬琰集》下卷一〇《吕正献公公著传》，《四库全书》第 450 册，第 735 页。

在宰相府第设置办公室处理国政的，吕公著是第一人，这被后来一些权相所袭用，致使正常的议事机制被破坏。间日一入朝即指每两日一赴禁中面圣，并入都堂议事，而其他时间则不入都堂，因此由其倡导实施宰辅官"日聚"都堂议事机制也就无法正常维系了。吕公著就任平章军国事后，虽不必每日赴都堂聚议，但是其"事无大小皆得平章，名虽亚于（文）彦博，权则过之，实兼三省侍中、中书令、尚书令之职"，[①] 成为三省实际上的长官，职权甚广。元祐四年（1089）二月初三日，司空同平章军国事吕公著去世。之后，三省都堂作为聚议之所仍然发挥应有的功能。如元祐四年五月初四日诏："三省遇内降及生事文字，如合系三省、枢密院同聚，或三省聚议文字，令逐省呈覆，本省官下笔，赴都堂商议。"[②] 即明令三省、枢密院在办理皇帝内旨或处理无明文规定的事项时，需要各部门先形成初步意见，然后赴都堂聚议。元祐八年（1093）九月宣仁太后去世，哲宗开始亲政，大力起用变法派官员。新法派代表人物章惇此时任左相，在朝中十分跋扈，"排斥元祐者也，在帘前奏事，悖傲不逊，都堂会议，以市井语诮侮同列"，[③] 招致台谏官弹劾。这一事例表明都堂聚议此时仍在实施。

徽宗时期，权臣蔡京四次秉政，当政时间共计 14 年零 5 个月，约为徽宗在位时间的 55.6%。政和二年（1112）五月，蔡京落致仕后并未立即复相，而是以太师身份，"三日一至都堂议事"。[④] 此外还"每日赴朝参，退至都堂聚议，于中书省前厅直舍治事毕，直即以尚书令厅为治所，仍押敕札"。[⑤] 蔡京每日赴朝参使其获得面圣的机会，之后在都堂（三日一赴）聚议，然后在中书省处理政事，最后以尚书省令厅作为常设办公地点，签押敕札，处理尚书省政务。政和六年（1116）四月，徽宗又令蔡京"轮往逐省

---

① 徐自明撰，王瑞来校补《宋宰辅编年录校补》卷一〇，绍圣四年二月，第 635 页。

② 李焘：《续资治通鉴长编》卷四二六，元祐四年五月癸酉，第 10299 页。

③ 邵博：《邵氏闻见后录》卷二，刘德权、李剑雄点校，中华书局，1983，第 17 页。

④ 徐自明撰，王瑞来校补《宋宰辅编年录校补》卷一二，政和二年五月己巳，第 764 页。

⑤ 杨仲良：《皇宋通鉴长编纪事本末》卷一三一《蔡京事迹》，政和三年五月己巳，李之亮点校，黑龙江人民出版社，2006，第 2225 页。

通治三省事，以正公相之任"。① 这样，三省决策与政务处理权高度集中于蔡京一人之手，政事再经都堂聚议已经没有多大意义，因此三省都堂聚议的频率越来越低，为此徽宗还下过一道诏令：

> 自我烈考，肇分三省，都堂为聚议之所，参决国论，延见百辟，元丰以来，成宪具在。遵制扬功，曷可失坠？自今宰执可依旧常聚都堂，夙夜匪懈，以弼予政治。②

该诏令颁布于政和七年（1117）正月二十日，说明当时都堂聚议制度已经不能像之前那样正常实施了。该诏颁发之后都堂聚议是否走向正轨呢？政和七年八月二十五日，有臣僚奏言：

> 恭帷神考肇正六官，振饬百度，辟三省以总天下之事，建都堂以为聚议之所，体统既立，国论以定……臣窃见比来大臣退朝，随即分省治事，都堂闭阒，动辄经月，政事当合议者，或群至于省廷，则非所以养廉耻。③

从以上奏言可知，在政和七年正月颁布规范都堂聚议的诏令后，三省都堂聚议制度仍未恢复正常；宰辅官退朝后的分省治事，自元丰末由吕公著奏请实施，④ 至此时仍在实行。在一段时期内，都堂聚议的频率一般是几日一聚，最频繁时是日聚，从未像此时整月都不聚议的。更主要的是，聚议地点改到了"省廷"。据前文分析，自政和二年五月后蔡京以尚书令厅为治所，在此签署敕札命令等，因此该"省廷"很可能就是指尚书省中间的令厅，以此为聚议地点更有利于贯彻蔡京的指意。因迫于蔡京的权势，该臣僚没有直接明言，但从其部分语词中可以窥出对蔡京的不满。同年十一月，徽宗开始削弱蔡京的权力，下诏："五日一朝，次赴都堂治事，诸细务特免签书。"⑤ 此

---

① 徐松等辑《宋会要辑稿》职官一之三一~三二，第 2955 页。
② 徐松等辑《宋会要辑稿》职官一之三二，第 2956 页。
③ 徐松等辑《宋会要辑稿》职官一之三二，第 2956 页。
④ 吕中：《类编皇朝大事记讲义》卷一四《正官名》，张其凡、白晓霞整理，上海人民出版社，2014，第 266 页。
⑤ 佚名：《宋大诏令集》卷七〇《宰相》，中华书局，1962 年影印本，第 341~342 页。

诏明确要求两点：其一，蔡京须在都堂处理政务，频率是五日一赴，意即取消蔡氏在尚书省其治所聚议的做法；其二，一般政务，无须蔡京签署批准即可施行。徽宗宣和六年（1125）十二月，蔡京落致仕第四次秉政，仍"领三省，五日一赴都堂治事"。① 由于蔡京统领三省事务，但他又不是任何一省的长官，在三省中没有本厅，故其在三省都堂中处理政务也是合理之举。此时蔡京已年过八旬，"目盲不能书字，足蹇不能拜跪矣。其子（蔡）絛用事，凡判笔，皆絛为之"。② 所以此时规定蔡京五日一赴都堂治事的实际意义不大。

那么都堂聚议何时恢复？现存史籍未有确载。在钦宗靖康年间，时任知枢密院事的李纲后来撰写了一篇《辩余堵事札子》，记载了当时宋廷商议已降金的辽国贵族余堵与宋盟约之事：

> 宰相徐处仁、吴敏，知枢密院事臣某，门下侍郎耿南仲，中书侍郎唐恪，尚书右丞何㮚，同知枢密院事许翰，皆聚于都堂，召使人萧伦等，并馆伴官邢倞、张㨂，河东转运司张灏，皆使与议。③

可见，当时三省与枢密院的全体宰辅官，连同余堵所派使者萧伦以及宋朝馆伴官等皆在都堂聚议，引文中的"知枢密院事臣某"即指李纲本人。又靖康元年（1126）九月，金太宗命左副元帅完颜宗翰和右副元帅完颜宗望分率两路金兵再次南侵宋朝，时尚书左丞王寓言："金人犯边，朝廷忧恐，宰相大臣聚议都堂已半月余日矣，所谓守备攻取之策，尚未闻有定说。"④ 以上两个事例说明钦宗靖康时期都堂聚议又复实施，作为枢密院长官的李纲和作为副宰相的王寓，都是都堂聚议的参与者和见证者。

2. 尚书省都堂的性质与三省都堂的代称

元丰改制后，尚书省是否还像改制前那样建有尚书都省的都堂，以承担

---

① 徐自明撰，王瑞来校补《宋宰辅编年录校补》卷一二，宣和六年十二月癸丑，第807页。
② 杨仲良：《皇宋通鉴长编纪事本末》卷一三一引《实录·朱胜非之言》，宣和六年十二月甲辰，第2230页。
③ 李纲：《梁溪集》卷八二《辩余堵事札子》，《四库全书》第1126册，第138页。
④ 徐梦莘：《三朝北盟会编》卷五二，上海古籍出版社，2008年影印本，第393页。

一些礼仪活动的聚议？答案是肯定的。如哲宗绍圣四年（1097）二月六日，提点河东路刑狱徐君平提及尚书省都堂聚议臣僚谥号的状况，程序仍是"赐群臣谥，定于太常，覆于考功，集议于尚书省"，然聚议仍流于形式，即"集议官聚于庑下，考功吏方约所覆状示之，读未终篇，趣书名而去，至或漠然不知谁何，虽欲建明而仓卒不暇"。① 针对这种情况，徐君平奏请："愿诏有司，凡集议前期三日，以考功状遍示当议之（官），先绅绎，而后集于都堂询之。庶有所见者，得以自申。从之。"② 此奏得到哲宗批准。由此观之，尚书省都堂聚议仍与元丰改制前的性质相同，属于礼仪性质的聚议，一般不涉及军国政务的商讨。但也有特殊情况，需要大规模集合百官共议之事，限于禁中都堂的空间，而在尚书省都堂聚议。如靖康元年（1126）十一月七日，侵宋金军已兵临开封城下，钦宗令百官商议割地求和事宜，即令"百官以明日于尚书省集议以闻……择众议是者行之"。③ 此事需要更大范围的商讨，因此将集议地点定在尚书省，具体空间虽未明言，但肯定是尚书省都堂。

元丰改制后，是否有将"政事堂"代指三省都堂的说法？"都堂"作为宰辅聚议场所的法定名称，在正史、国史等多数史籍中一般都用都堂称呼。然而，在部分个人文集、笔记中偶有将"政事堂"代指三省机构或三省都堂的情况，如《铁围山丛谈》卷四载："鲁公（蔡京）崇宁末不入政事堂，以使相就第。"④ 指的是蔡京于崇宁五年二月罢相，赋闲在家。此处不入政事堂喻指罢相，即不再进入三省理政。《邵氏闻见录》卷一一载：元祐初期，司马光秉政废除新法，为迎合司马光，时任知开封府的蔡京"用五日限尽改畿县雇役之法为差役，至政事堂白温公（司马光）"。⑤ 《北山小集》

---

① 徐松等辑《宋会要辑稿》礼五八之六，第2016页。
② 徐松等辑《宋会要辑稿》礼五八之六，第2016页。按，脱脱等《宋史》卷一六三《职官志三》引文"当议之"后加"官"字。
③ 徐松等辑《宋会要辑稿》仪制八之一七，第2458页。
④ 蔡絛：《铁围山丛谈》卷四，冯惠民、沈锡麟点校，中华书局，1983，第71页。
⑤ 邵伯温：《邵氏闻见录》卷一一，第119页。按，蔡京知开封府时带职"龙图阁待制"（徐松等辑《宋会要辑稿》礼三七之一三，第1563页；彭百川：《太平治迹统类》卷二〇《哲宗委任台谏》第13册，广陵书社，1981年影印本，第51页）。

卷三〇载："绍圣间，公（王涣之）免丧还朝，见宰执政事堂，即请外，既得通判卫州。"[①] 以上记载均出自个人文集或笔记，将政事堂代指三省中的某一省或三省都堂，指代并不明晰，但概指宰辅办公理政之机构与场所当无异议。

综上所述，元丰改制后，设在禁中的三省都堂，成为三省聚议或三省与枢密院聚议军民政务的场所。三省都堂并不附属于任何一省，宰辅们都堂聚议结束后各赴本省办公，能否参与都堂聚议对宰辅行使权力未有大的影响。而改制前能否入中书都堂办公意味着是否拥有宰辅权力。因此，二者称谓虽同，但性质不同。改制后尚书省都堂依然存在，其功能仍为礼仪活动的聚议之所。而在部分个人文集或笔记中，偶有以"政事堂"代指三省或三省都堂的情况。

三 南宋时期的都堂与政事堂

1. 随行在迁转的临时"都堂"

钦宗靖康二年（1127）三月末北宋灭亡。同年五月一日，赵构在南京应天府（今河南商丘）即位，改元建炎，建立南宋。建炎初期，在尚未定都杭州时，宋朝宰辅的办公理政之所，仍沿袭北宋习惯称为"都堂"。然其大小规模并无定规，随"行在"而定，作为宰辅议事和军国政务处理的临时之所。高宗建炎元年（1127）六月，李纲被高宗任命为右相。当时"行在"在南京应天府，李纲以"材能浅薄"为由，乞高宗改授他人，高宗不许，"遣御药邵成章宣押（李纲）赴都堂治事。且命执政聚于都堂"。[②] 此时的都堂即中央政府临时理政、聚议之所。又如建炎元年七月十五日，许翰被委任尚书右丞，[③] 成为副宰相，高宗"差内侍押赴都堂治事"。[④] 再如建

---

① 程俱：《北山小集》卷三〇《王公墓志铭》，《宋集珍本丛刊》第 33 册，第 566 页。
② 李纲：《建炎时政记》卷上，《李纲全集》，第 1649 页。
③ 李心传：《建炎以来系年要录》卷七，建炎元年七月癸卯，胡坤点校，中华书局，2013，第 207 页。
④ 李纲：《建炎时政记》卷下，《李纲全集》，第 1676 页。

炎元年八月十五日，已升任左相的李纲称疾上表乞罢相，高宗仍不允，八月十六日，"差内侍宣押（李纲）赴都堂治事"。① 此时设在南京应天府的都堂成为宰相与其他执政办公议事之地。建炎元年十月，行在从应天府迁往扬州，都堂依旧是一个临时的理政场所。建炎二年（1128）八月初八日，承议郎赵子砥自燕山遁归，至行在，高宗"命辅臣召问于都堂"。②

建炎三年（1129）二月初，金兵前锋即将进攻扬州，高宗于二月十三日奔至杭州，"以州治为行宫，显宁寺为尚书省"。③ 此时南宋中枢机构官吏极少，机构建制尚不完备，④ 先设置尚书省作为宋廷政务处理的枢纽，而都堂此时也与尚书省并置，作为宰相的办公之所，此时都堂是否设置在尚书省内，史无明文，但同样设在显宁寺内应无异议。建炎三年（1129）三月初，御营军将领苗傅、刘正彦逼迫高宗退位，改元"明受"，此后一段时间二人"窃威福之柄，肆行杀戮，日至都堂侵紊机政……（苗）傅、（刘）正彦日至都堂议事"。⑤ 此时的都堂成为二人弄权乱政的政治舞台，时御史中丞郑毅言："朝廷差除行遣多出于统制苗傅、刘正彦之意，二人更迭出入都堂，殆无虚日，外议喧然。"⑥ 同月二十九日，宰相朱胜非召苗傅、刘正彦等到都堂，商议高宗复辟事宜，苗、傅等同意了朱胜非提出的复辟条件。⑦ 高宗得以再次即位，光复建炎年号。说明此时显宁寺内的都堂已是中枢权力与政务运行的中心。

同年（1129）六月，高宗君臣移跸建康府（今江苏南京），以示抗金之意。当时因久雨不止，宰相吕颐浩、张浚求罢，高宗曰："宰执岂可容易去位，来日可召郎官以上赴都堂言阙政。"⑧ 至此年闰八月，高宗仍留驻建康府，就有关留驻事项举行都堂集议。对此，《宋会要辑稿》载：

---

① 李纲：《建炎时政记》卷下，《李纲全集》，第 1677 页。

② 李心传：《建炎以来系年要录》卷一七，建炎二年八月庚申，第 406 页。

③ 李心传：《建炎以来系年要录》卷二〇，建炎三年二月壬戌，第 464 页。

④ 徐梦莘：《三朝北盟会编》卷一二一，第 885 页。

⑤ 脱脱等：《宋史》卷三九九《郑毅传》，第 12122 页。

⑥ 刘时举：《续宋中兴编年资治通鉴》卷二，王瑞来点校，中华书局，2014，第 33 页。

⑦ 李心传：《建炎以来系年要录》卷二二，建炎三年四月戊申，第 539 页。

⑧ 李心传：《建炎以来系年要录》卷二四，建炎三年六月己酉，第 572 页。

建炎三年闰八月一日，三省可召应行在职事官兵，条具以闻。是日，辅臣吕颐浩召百官就都堂，应诏条具驻跸事，共二十五封，至晚进入。①

这次都堂集议，主要是确定行在下一步的走向，赵鼎《建炎笔录》卷一言："闰八月车驾在建康，初一日，有旨召百官赴都堂，议巡幸岳、鄂、吴、越利害。"② 经过这次都堂聚议，群臣多以吴越为便，于是改变了先前拟赴湖北的计划。而此时的"都堂"已非杭州显宁寺中的都堂，而是随高宗君臣驻跸地点的临时理政议事之所。之后，随着金军的进逼和临安府（杭州已升格为临安府）的沦陷，高宗君臣离开建康，经临安逃至明州，于建炎四年（1130）四月驻跸越州，改名绍兴府。在此，高宗君臣得到停歇机会，建炎四年五月二十日，"诏侍从、台谏，并赴都堂集议分镇利害"。③ 六月初一日，"诏侍从、台谏、三衙诸军统制，并赴都堂集议驻跸事宜"。④ 此时的都堂亦在绍兴府，承担着临时政务枢纽的作用，指称宰相与其他执政办公议事之所，并不是传统意义上固定于一处的京师三省都堂。

2. 三省、枢密院长官合署办公之都堂

宋高宗绍兴二年（1132）正月，行在迁回临安府，此后南宋朝廷定都于临安，开始陆续建造中央机构衙署、馆阁和庙宇。因此有必要将南宋临安三省、枢密院、六部等机构的区位做一探讨（参见图2）。

图2为据宋版《咸淳临安志》所附《皇城图》所绘局部地区的示意图。方框中即是三省六部的整体区位。通过上图可清晰看出三省六部在朝天门街（御街）西，与六部桥隔街相对。现存史籍亦可提供相关佐证，《建炎杂记》中载："今三省、枢密院，旧显宁寺。"⑤ 说明建炎初年的显宁寺内，除尚书

---

① 徐松等辑《宋会要辑稿》帝系九之二六，第225页。
② 赵鼎：《建炎笔录》卷上，丛书集成初编，商务印书馆，1935年影印本，第3页。
③ 李心传：《建炎以来系年要录》卷三三，建炎四年五月辛酉，第765页。
④ 李心传：《建炎以来系年要录》卷三四，建炎四年六月辛未，第777页。
⑤ 李心传撰《建炎以来朝野杂记》甲集卷二《今大内》，徐规点校，中华书局，2000，第78页。

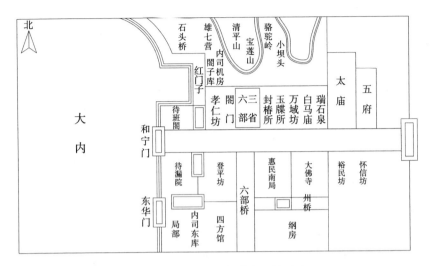

图 2　南宋三省六部所在区域示意

资料来源：据潜说友《咸淳临安志》卷一所附《皇城图》（《宋元方志丛刊》第 4 册，第 3354 页）按比例绘制。

省外，还设有中书省、门下省与枢密院。《乾道临安志》载："尚书省、中书省、门下省、枢密院，已（以）上在和宁门外之北。"① 从上图可以看出，三省六部即在和宁门北边路西之处。《咸淳临安志》卷四载："尚书省、中书省、门下省、枢密院，在和宁门北，旧显宁寺，绍兴二十七年建。"② 绍兴二十七年建，是指在原址上的扩建，不是说此时才兴建。"六部在三省、枢密院南"，③ 据吴泳《鹤林集》载："自南渡以来，惟给舍（指给事中、中书舍人——引者按）属之二省（门下省、中书省——引者按），列曹尚书以下别为一所，强分之曰'六部'。"④ 据此知，三省、枢密院在六部之北，六部虽名曰吏、兵、户、礼、刑、工等六部，其实在一处办公。绍兴二年（1132）二月二十四日，"诏六部于东北角开便门，遇有职事赴都堂禀白，

① 周淙：《乾道临安志》卷一之《三省》，《宋元方志丛刊》第 4 册，第 3215 页。

② 潜说友：《咸淳临安志》卷四之《朝省》，《宋元方志丛刊》第 4 册，第 3379 页。

③ 潜说友：《咸淳临安志》卷五之《六部》，第 3400 页。

④ 吴泳：《鹤林集》卷一九《论今日未及于孝宗者六事札子》，《宋集珍本丛刊》第 74 册，第 455 页。

听于便门出入"。① 也就是说，六部在东北角开一便门即可到达都堂，说明
三省、枢密院、六部、都堂距离很近。

在宋版《咸淳临安志》所附《京城图》中也未标出枢密院，在图2中，
"三省六部"的位置很醒目，但也未标识枢密院的位置。不过，据以上记载
可知，三省与枢密院皆在显宁寺内是不争的事实。② 魏了翁《鹤山全集》
载："南渡草创，三省、密院合为一所，宰执会议，日至三四。"③ 此处三
省、枢密院合为一所，是指它们的衙署设在同一地点，并非机构合一，由于
地理位置接近，宰辅们聚议也很频繁。吴自牧《梦粱录》载：

> 三省，即尚书省、中书省、门下省。枢密院，国初循唐旧制，置院
> 于中书（省）之北。今在都堂东，止为枢属列曹之所。盖枢密使率以
> 宰臣兼领，自知院以下皆聚于都堂治事。省、院在和宁门北首，旧显宁
> 寺也。④

这段史料记载了两宋枢密院位置的变动情况，与其他史籍可相互印证。首先
明言国初沿袭唐制在中书之北置院，即指元丰改制前，枢密院设在中书门下
的北面，与中书紧邻，即在图1所示的后省区域。南宋时期，枢密院在和宁
门北的旧显宁寺内，与三省所在地点完全相同。其次还明确了枢密院的位置
在都堂之东，又因南宋时枢密使副常由三省宰辅兼任，所以枢密使副皆在都
堂理政，而一般的属员则在本院办公。绍兴三年（1133）十二月二十二日，
韩肖胄上奏请辞同签书枢密院事，高宗"诏不许，令干办内东门司王柔宣
押赴都堂治事。"⑤ 同签书枢密院事韩肖胄作为枢密院的副长官，辞职未获
批准，高宗仍令宦官监押他赴都堂理政。这说明枢密院长官在都堂办公理政
已有成规。绍兴三年（1133）九月初二日，左相吕颐浩以疾求罢，高宗不

---

① 李心传：《建炎以来系年要录》卷五一，绍兴二年二月丙戌，第1063页。
② 〔日〕斯波义信：《宋代江南经济史研究》前篇第四节之"南宋都城杭州的城市生态"，
　　绘制出了三省、六部、枢密院的位置，他们十分接近，可资参考（方健、何忠礼译，江苏
　　人民出版社，2001，第359~360页）。
③ 魏了翁：《鹤山先生大全文集》卷一八，《宋集珍本丛刊》第76册，第753页。
④ 吴自牧：《梦粱录》卷九《三省枢使谏官》，古典文学出版社，1957，第201页。
⑤ 李心传：《建炎以来系年要录》卷七一，绍兴三年十二月壬寅，第1377页。

许，"诏干办御药院赵彻宣押赴都堂视事"。① 说明宰相也在都堂办公。绍兴四年（1134）九月二十七日，诏知枢密院事、都督川陕荆襄诸军事赵鼎守尚书右仆射、同中书门下平章事、兼知枢密院事。"（赵）鼎入谢，命坐赐茶，即赴都堂治事"。② 赵鼎任宰相兼枢密院长官，同样赴都堂办公。绍兴八年（1138）七月，枢密副使王庶与左相赵鼎在都堂共同约见金国使节。③通过以上事例可知，绍兴时期都堂已正式成为三省和枢密院长官共用的办公理政之所。

综上所述，在距离皇宫和宁门不远的原显宁寺（图2 三省六部位置）内有一个紧凑的空间，分布着南宋中枢最核心的机构——三省、枢密院、都堂与六部。孝宗乾道八年（1172）二月，三省设置左、右丞相与参知政事，宰相通治三省之事。从宰相、副宰相的职权看，即三省领导权合一，但名义上三省机构仍存在。三省领导权的合一，为三省宰辅合署办公提供了第一个条件。而南宋时期实行宰辅互兼体制，即宰相常兼枢密使，参知政事兼任枢密副使，这一体制在南宋共施行149年，④ 几乎囊括了整个南宋。宰辅互兼为三省、枢密院长官合署办公提供了第二个条件。而"都堂"则是三省、枢密院长官合署办公的不二之选。再就地理位置言，因都堂与六部紧邻，方便宰辅与六部长官商议政事，一般非奏裁的政务经三省或三省、枢密院长官共议后，可立即下发六部实施办理。这样的机构布局更有利于提高行政效率。

3. 南宋时期都堂的特征

南宋定都临安后的都堂，与北宋元丰改制前后的都堂相比有三个特征。其一，北宋元丰改制前的中书都堂（政事堂），只作为宰相（有时含参知政事）的必备办公场所，置于中书门下之内，与中书门下浑然一体。枢密院长官不会在中书都堂办公理政，如有军政需共议时，中书与枢密院宰辅于

① 李心传：《建炎以来系年要录》卷六八，绍兴三年九月癸丑，第1323页。
② 李心传：《建炎以来系年要录》卷八〇，绍兴四年九月癸酉，第1519页。
③ 李心传：《建炎以来系年要录》卷一二一，绍兴八年七月戊子，第2254页。
④ 梁天锡：《宋宰辅制度研究论集》第一章"宋宰辅互兼制度"，香港，中国佛教文化出版有限公司，1996，第8页。

"南厅"聚议。北宋元丰改制后的"三省都堂",仅作为三省(或三省、枢密院)的聚议场所,[①] 聚议后宰辅们各回本省(院)办公理政。南宋时期,由于受到三省、枢密院长官事权集中统一的影响,都堂不仅仅是一个聚议场所,而且还是三省、枢密院长官合署办公之地,即由元丰改制后赴都堂"聚议""商议""议军国事"转变为南宋时赴都堂"治事",强调了南宋都堂的理政功能,使之朝着实体化、职能化的方向发展,如绍兴四年(1134)四月十八日,左谏议大夫唐辉针对当时宰辅都堂理政的情况,发出"都堂穷日之力,颇困于簿牒之烦"[②] 的感慨,说明当时都堂需要处理大量琐细事务,部分承担了三省、枢密院,甚至六部的工作职能。其二,北宋时期的都堂有两个含义,一指设在禁中的都堂(无论是中书都堂,还是三省都堂),二指在禁中之外的尚书省都堂。而南宋时期由于三省、枢密院均在禁中之外,且同处一地,所以都堂只有一个,即与三省、枢密院同在显宁寺中。因此,南宋都堂在一定程度上也承担了礼仪活动的聚议功能,一些议谥活动在此举行。[③] 其三,也是南宋都堂最为重要的一个特征,即与北宋相比,某些权相专断独裁的作风限制,甚至是破坏了都堂办公议事功能的发挥。一般认为,南宋时期有四位权相(或平章军国事),分别是秦桧、韩侂胄、史弥远与贾似道。秦桧当政期间,虽然擅权专断、结党营私,但他较好地保持了都堂理政功能的正常发挥。如《独醒杂志》载:"秦丞相与翟参政汝文同在政府,一日于都堂议事不合,秦据案叱翟曰:'狂生',翟亦应声骂曰:'浊气',二公大不相能。"[④] 宰相秦桧与参知政事翟汝文同时在任的时间是绍兴二年四月至六月,因二人在都堂议事不合而引发争吵。这也从侧面说明秦桧是在都堂办公理政的。绍兴八年(1138),金国使节入宋境,宋廷拟令吏部侍郎魏矼充馆伴使,"秦桧召矼至都堂,问其所以不主和之意,矼具陈敌情

---

① 如前文所述,北宋末蔡京执政后期曾短暂治事于三省都堂,因当时情况特殊,且是权宜之计,并不影响三省都堂作为聚议之所的性质。

② 李心传:《建炎以来系年要录》卷七五,绍兴四年四月丁酉,第 1432 页。

③ 参见周必大《文忠集》卷一五三(《四库全书》第 1148 册,第 674 页)、卷一七四(《四库全书》第 1149 册,第 4 页)的相关记载。

④ 曾敏行:《独醒杂志》卷一〇,朱杰人点校,上海古籍出版社,1986,第 96 页。

难保"，① 即秦桧在都堂与馆伴使商讨议和之事。像以上秦桧在都堂办公议事、召见同僚的事例，《建炎以来系年要录》《三朝北盟会编》等史籍也有记载，此不赘举。然而至绍兴二十年（1150），秦桧因染病告假，在高宗所赐府邸休养，宰辅都堂办公议事很难实施，史载：

> （绍兴二十年）九月，秦桧以病在告，独签书枢密院巫伋一人每日上殿，及至都堂，不敢开一言可否事，六部百官皆停笔以待桧疾愈，不敢裁决，唯行常程文书而已。②

面对这种情况，当年十月二十八日，参知政事余尧弼、签书枢密院事巫伋"奏乞今后朝退，依典故，权赴秦桧第聚议三省、枢密院事"，得到高宗批准。③ 当时秦桧独相且兼任唯一的枢密使，三省中除秦桧外只有参知政事余尧弼一人，而枢密院中除秦桧外也仅有签书枢密院事巫伋一人，所以二人只好奏请赴秦桧府第商议三省与枢密院事。所谓"依典故"，所据何时何人之典故，史无明言，据前文探讨，很可能是依照哲宗元祐时期吕公著任平章军国事时在府第共议政务的"故事"。因为除吕公著外，至此时尚无宰辅在自己府第办公。因特殊情况，秦桧府第成了暂时的政务中心，"权"字表明临时之意，所以到了"十二月，桧疾愈，出治事"。④ 即秦桧病愈后，又回到都堂办公理政，直至其再次病重罢相。之后是韩侂胄，早在绍熙时期，时任知阁门事的韩侂胄就已谋求预政，当然预政的地点就是都堂。史载：

> 韩侂胄浸谋干政，时诣都堂。及公（留正）召还，一日复至赵汝愚阁中。公闻之，令省吏谕使去，曰："此非知阁往来之地"。侂胄大怒而出。由是亟谋去公。⑤

---

① 脱脱等：《宋史》卷三七六《魏矼传》，第 11632 页。
② 徐自明撰，王瑞来校补《宋宰辅编年录校补》卷一六，绍兴二十年九月，第 1103 页。
③ 李心传：《建炎以来系年要录》卷一六一，绍兴二十年十月庚午，第 3059 页；李埴撰，燕永成校正《皇宋十朝纲要校正》卷二四，绍兴二十年十月庚午，中华书局，2013，第 697 页。
④ 徐自明撰，王瑞来校补《宋宰辅编年录校补》卷一六，绍兴二十年十二月，第 1103 页。
⑤ 徐自明撰，王瑞来校补《宋宰辅编年录校补》卷二〇，绍熙五年八月丙辰，第 1294 页。

以上情况发生在绍熙五年（1194）六月至八月间，正值光宗内禅宁宗之际，韩侂胄利用知阁门事传达诏旨政令的便利与时任知枢密院事的赵汝愚合作，商议如何奏请光宗禅位之事，为自己谋求"定策功"，所以经常往来于都堂。而此时担任左丞相的留正因疾在告结束，返回都堂办公，听闻韩侂胄在都堂后，即令吏员将韩侂胄赶出了都堂。说明在韩侂胄秉政前，都堂仍是政务运行的中心。后来经过政治斗争，韩侂胄步步高升，宁宗开禧元年（1205）七月初五日，诏"韩侂胄平章军国事，立班丞相上，三日一朝，赴都堂治事"。[①] 此诏规定了韩侂胄的杂压位、面圣频率，以及理政地点——都堂。但在开禧北伐中，出于军事部署、将帅调动的效率考虑，韩侂胄"自置机速房于私第，甚者假作御笔，升黜将帅，事关机要，未尝奏禀，人莫敢言"。[②] 此外，"（三）省印亦归其第，宰相不复知印"。[③] 韩侂胄在私第行使权力和签署命令，绕过其他宰执，甚至是皇帝，专断独裁，这无疑破坏了宰辅都堂办公机制的正常运行。开禧三年（1207）十一月，宁宗杨皇后及其兄杨次山与礼部侍郎史弥远，参知政事钱象祖、李壁等密谋将韩侂胄杖杀于玉津园。再后是史弥远，其在秉政前中期，都堂还是政务处理的中心，即使史弥远在嘉定间屡次称疾在告，"犹不过数月"，[④] 之后仍赴都堂理政。绍定三年（1230）十二月，诏史弥远"可十日一赴都堂治事"。[⑤] 然而到了史弥远执政后期，由于其病情恶化，不得不长期卧床，但他仍然掌控中枢权力，"决事于房闼，操权于床第，人莫知其存亡"。[⑥] 说明史弥远病重期间，将中枢权力转移至私第之中。最后是贾似道，理宗开庆元年（1259）九月二十五日，"诏上流事急，令侍从、台谏、卿监、郎官赴都堂集议以闻。以贾似道兼节制江西、二广人马，通融调度，应援上流"。[⑦] 当时贾似道担任枢密使，说明当时的都堂仍发挥着议政功能。同年十月，贾似道升任右丞相

---

① 脱脱等：《宋史》卷三八《宁宗本纪二》，第 738 页。
② 脱脱等：《宋史》卷四七四《韩侂胄传》，第 13775 页。
③ 脱脱等：《宋史》卷一六一《职官志一》，第 3774 页。
④ 魏了翁：《鹤山先生大全文集》卷一八《应诏封事》，第 754 页。
⑤ 脱脱等：《宋史》卷四一《理宗本纪一》，第 793 页。
⑥ 魏了翁：《鹤山先生大全文集》卷一八《应诏封事》，第 754 页。
⑦ 佚名撰《宋史全文》卷三六《宋理宗六》，汪圣铎点校，中华书局，2016，第 2885 页。

兼枢密使。到了度宗咸淳三年（1267）二月初七日，贾似道升任平章军国重事，诏令其"三日一朝，治事都堂"。[①] 然实际上，贾似道以"养疾"为由自行一套。史载："居西湖葛岭赐第，五日一乘湖船入朝。不赴都堂治事，吏抱文书就第呈署，宰执书纸尾而已。"[②] 贾似道并未执行三日一赴朝、在都堂理政的规定，而是居于西湖边的皇帝所赐的私第中，五日一赴朝，也不在都堂理政。当时人讽刺说："朝中无宰相，湖上有平章。"[③] 说明贾似道在担任平章军国重事时，中枢政务处理已经完全脱离正常轨道，权相的私第再次成为政务裁决的中心。通过以上四个权相行使权力的探讨，可知都堂在权相秉政的部分特殊时期，未能正常发挥作用。

南宋时期仍有以政事堂代指都堂的情况，如史载："临漳有东溪先生高公者……绍兴初召至政事堂，又与宰相秦桧论不合，去为静江府古县令，有异政。"[④] 又如《建炎以来系年要录》卷三九载，建炎四年十一月初七日，"秦桧入见……宰相范宗尹、同知枢密院李回与桧善，力荐其忠，乃命先见宰执于政事堂"。[⑤] 前文已述，政事堂在北宋元丰改制后即不再设置，然其在南宋部分史籍中仍有出现，这纯属沿袭北宋时的习称，绝大部分史籍还是使用"都堂"一词，以"政事堂"代指"都堂"的情况极少。

四　余论

两宋时期的都堂与政事堂，伴随着宋代官制改革和宰相制度的调整，内涵不断演变。又因史籍记载的模糊不清，所以两者极易混淆。北宋元丰改制前的政事堂，附于中书门下之内，仅是中书宰辅的公共办公空间，宰辅在中

---

① 脱脱等：《宋史》卷四六《度宗本纪》，第 897 页。
② 佚名撰，王瑞来笺证《宋季三朝政要笺证》卷四，度宗丁卯咸淳三年，中华书局，2010，第 327 页。
③ 刘一清撰，王瑞来校笺考原《钱塘遗事校笺考原》卷五《似道专政》，中华书局，2016，第 164 页。
④ 朱熹：《晦庵先生朱文公文集》卷七九之《漳州州学东溪先生高公祠记》，《朱子全书》第 24 册，戴扬本、曾抗美点校，上海古籍出版社、安徽教育出版社，2002，第 3784 页。
⑤ 李心传：《建炎以来系年要录》卷三九，建炎四年十一月丙午，第 867～868 页。

书门下之内还有独立的办公空间，称为"本厅"或"视事阁"。此时的政事堂也可称为都堂。此时除了中书都堂外，还有尚书省都堂，该称呼系沿袭南北朝隋唐时期的尚书省都堂而来，此都堂用来举办一些仪礼聚议活动，参加的官员级别相对较低，所议之事不涉及国家重要及机密事务。元丰改制后，中书门下的都堂改为三省都堂，独立于中书省、门下省与尚书省之外，成为三省、枢密院专门的聚议之所。三省、枢密院宰辅聚议结束后，各回本省（院）办公，三省都堂中没有宰辅独立办公的空间。此期尚书省都堂亦改在新建的尚书省内，其功能与元丰改制前相同。南宋建炎初期，都堂随行在而定，沿用北宋时的称谓，实际上并无固定场所，作为临时政务处理和军事指挥的中心。定都杭州后，都堂成为三省、枢密院长官合署办公之所，"都堂治事"常态化，都堂成为中枢政务运行的中心和枢纽，表现出实体化的发展趋势，这对元代中央只设置一省（中书省）掌管军民大权具有重要的影响。然而在权相当政的特殊时期，如权相疾病、战争爆发时，政务枢纽转移至权相的私第，当然在一般宰相执政或权相执政的一般时期，都堂仍是政务决策与处理的中心，南宋的大部分时期即是如此。南宋时期都堂仅此一个，因此亦承袭了北宋时礼仪聚议的功能。在北宋元丰改制后至南宋时期，文集、笔记中偶有以政事堂指代都堂的情况，然而正史中则极少如此指代者。

两宋时期作为中枢权力运行中心和政务处理枢纽的都堂，有作为的宰相或是权相试图通过操控都堂来加强集权，左右其他宰执。平田茂树曾提出"物理性政治空间"的概念，包括宫城结构、宫殿、官府的布局等要素。①笔者认为，具体到官署的空间布局上，它可细分为三个含义：一是地域空间，即官署在城市（皇城、宫城）区划中的布局、位置；二是建筑空间，即官署的建筑结构、规制、形式；三是政治空间，即官署在政务决策处理、政令颁行中的功能以及在官僚交往中发挥的作用。从这三个空间的含义上去解读都堂和政事堂，可以更好地反映出它们在政治运作中的作用。作为外朝

---

① 〔日〕平田茂树：《解读宋代的政治空间》，载氏著《宋代政治结构研究》，林松涛、宋刚译，上海古籍出版社，2010，第291页。

宰辅所处的都堂（政事堂）与内廷皇帝所居的殿阁构成决策的两个支点，而都堂（政事堂）又与中书门下（三省）、枢密院甚至六部紧密相关，成为政务具体实施的起点。也就是说，在政务决策中，都堂（政事堂）连接内外；在政务实施中，都堂（政事堂）沟通上下。这对宋代中枢决策与政务施行具有重要作用。

（原载《史学月刊》2018 年第 7 期）

宋代地方建设危机及其应对研究

祁琛云

摘 要 宋代地方财政困难，尤其南宋已降，随着财政中央化趋势的发展，地方政府陷入无钱可用的窘境。此种情况下，水利、桥道、学校、寺观等基础设施，因为建设资金匮乏而常年失修，废坏无用者比比皆是，甚至连官署等政府建筑也往往破败不堪。面对地方建设的种种危机，各级政府采取积极措施，包括开创多元化融资途径及委托民间人士管理工程建设等，以期通过调动更多社会力量参与地方建设，以应对建设资金匮乏、工程监管不力、劳动力不足等问题，进而有效推动地方公共建设事业快速发展。

关键词 宋代 地方建设危机 政府应对

本文所考察的地方建设的范围概指官署、廨宇等官用房舍及水利、学校、桥梁、寺宇等民用基础设施的建设情况。关于宋代地方基础设施建设，学界多有研究。① 不过已有成果更多集中在对地方建设资金、劳动力及建设

---

① 如黎沛红、纪万松《北宋时期的汴河建设》，《史学月刊》1982 年第 1 期；庄义青：《宋代潮州古城的城市建设》，《韩山师专学报》1989 年第 1 期；庄景辉：《论宋代泉州的石桥建筑》，《文物》1990 年第 4 期；梁中效：《宋代汉水上游的水利建设与经济开发》，《中国历史地理论丛》1995 年第 2 期；杨果、陈曦：《宋代江汉平原水陆交通的发展及其对经济开发的影响》，《武汉大学学报》2003 年第 3 期；杨文新：《宋代僧徒对福建桥梁建造的贡献》，《福建教育学院学报》2004 年第 1 期；马玉臣：《试论熙丰农田水利建设的劳力与资金问题》，《中国农史》2005 年第 2 期；黄登峰：《宋代城池建设研究》，博士学位论文，河北大学，2007；张涛、宋三平：《宋代江西地区交通建设与维护述论》，《南昌航空大学

成就的考察与总结，很少关注建设危机问题，对危机产生的原因及地方政府
应对危机的措施未做深入探究。受地方财政危机的影响，从北宋后期开始，
地方建设发展趋于滞后，大量基础设施年久失修，至南宋出现了严重的建设
危机。为化解危机，各级政府采取各种应对措施，以推动地方建设事业的发
展。本文拟在前人研究的基础上，对宋代地方建设危机及其应对之策做全面
系统的探究。

一 宋代地方建设危机的表现

受财政中央化及战争形势的影响，北宋中期以后，地方政府财政日益拮
据，南宋时期出现了严重的地方财政危机。[①] 在财力不足的情况下，地方政府
在财政支配的过程中，首先要确保税额及政府的日常开支，对于投入大、公益
性强、收效慢的各项基础设施建设，则往往无暇顾及，导致像官署、学校、寺
宇、水利、桥道等基础设施因为长期得不到有效维缮而出现了严重的建设危机。

（一）官署廨宇年久失修

北宋中期以后，地方官署宇廨的破败情况十分严重，如苏轼在哲宗元祐

学报》2009 年第 3 期；苟海林、刘飞华：《宋代江西地方官学的兴建及其发展》，《南昌工程
学院学报》2009 年第 5 期；张杨：《宋金桥梁建造与维护管理研究》，硕士学位论文，河北
大学，2011；郭艳艳：《宋代地方官学建校资金来源探究》，《衡阳师范学院学报》2011 年
第 1 期；宋燕鹏：《南宋地方官学的修建与士人参与》，《安徽师范大学学报》2012 年第 1
期；宋燕鹏、张素格：《南宋地方桥梁的修建与士人参与》，《山西师范大学学报》2013 年
第 1 期等。上述论文分别对宋代地方水利、学校、桥道、城池等公共设施建设的经费与劳
动力来源、建设成就及影响等做了专题性研究。此外，陆敏珍的《唐宋时期明州区域社会
经济研究》（上海古籍出版社，2007）、廖寅的《宋代两湖地区民间强势力量与地方秩序》
（人民出版社，2011）分别考察了宋代明州及两湖地区水利等基础建设的情况。
① 关于北宋中期以后地方财政的困境，包伟民先生在《宋代地方财政史研究》一书中分析指
出："从北宋中期起，地方州县财政开始出现入不敷出的现象，此后日益严重，至南宋而
趋于极端。"（中国人民大学出版社，2011，第 136 页）黄纯艳先生认为地方财政困境始于
北宋后期的"熙宁变法"，变法期间朝廷加剧对地方财政的收夺，至"徽宗朝对地方财政
收夺达于北宋的顶峰"，并"使地方财政彻底陷入捉襟见肘的境地"（氏著《宋代财政史》，
云南大学出版社，2013，第 264 页）。

间知杭州时对当地官署损毁程度的描述令人动容：

> 杭州地气蒸润，当钱氏有国日，皆为连楼复阁，以藏衣甲物帛。其余官屋，皆珍材巨木，号称雄丽。自后百余年间，官司既无力修换，又不忍拆为小屋，风雨腐坏，日就颓毁……而近年监司急于财用，尤讳修造，自十千以上，不许擅支。以故官舍日坏，使前人遗构，鞠为朽壤，深可叹惜。臣自熙宁中通判本州，已见在州屋宇，例皆倾邪，日有覆压之惧。今又十五六年，其坏可知。到任之日，见使宅楼庑，欹仄蠹缝，但用小木横斜撑拄，每过其下，栗然寒心，未尝敢安步徐行。及问得通判职官等，皆云每遇大风雨，不敢安寝正堂之上。至于军资甲仗库，尤为损坏。今年六月内使院屋倒，压伤手分书手二人；八月内鼓角楼摧，压死鼓角匠一家四口……①

从上述苏轼的描述中可以获知如下信息。一是杭州府衙的建筑系五代钱氏所创，北宋建国百余年间，未有大的改建或修缮，以致苏轼在神宗熙宁、哲宗元祐两次任职杭州期间，目之所及，尽是摇摇欲坠的危楼残屋，即便在王安石变法期间、国家财政明显好转的形势下，这种情况也未有丝毫改善。二是关于官署建设危机出现的原因，一方面是因为财政拮据而"无力修换"，另一方面则由于"监司急于财用，尤讳修造"。也就是说，在财力有限的情况下，地方政府不愿意在基础建设上过多投入，导致官舍大面积失修坠坏。三是官署破败所引发的严重危机，不仅在官衙中办公的官员面对随时可能倒塌的屋宇不敢安步缓行、安坐大堂，而且屋倾人亡的事故也时有发生。这不仅是建设危机的表现，更是引发了影响政府正常运转、危及人身安全的社会危机。

苏轼作为文人，行文之间不免有虚张夸饰之词，加之为了说服朝廷拨款，也难免夸大其词，如所谓"每过其下，栗然寒心，未尝敢安步徐行"，"每遇大风雨，不敢安寝正堂之上"云云。然而作为地方长官上报朝廷的奏章，其所陈述的基本情况应该是可信的，如百余年来官署未曾改作修缮及因

屋宇倒塌死伤人数等。可见作为当时天下首富的两浙路政治、经济、文化中心的杭州府衙的建设是相当落后的。

试想，像杭州这样富丽甲天下、府衙这类权力集中处的官署建设尚如此滞后，那么在那些贫弱的州县，像水利、桥道、学校等与政府没有直接利害关系的公益性建设事业，其落后程度当更为严重。类似记载也频见于史册，如南宋孝宗淳熙元年（1174），宗室赵某任长洲县丞，目见丞厅"栋宇欹桡，榱桷朽蠹，上漏下湿，殆弗可居"。① 宁宗嘉泰三年（1203），高不倚任钱塘县尉，下车"环视官舍，栋挠橡腐，若将压焉"。② 另如理宗淳祐年间，曾垓赴任义宁知县，"见吏民于邑治，瞬息瓦解门坏，中有门将压，而两庑且墟，惟瓦砾在草莽中"。③ 官署破败如此，学校、寺宇、水利、桥道等公共设施更是因为修葺不及时而多有毁坏。

（二）学校祠庙破败不堪

虽然宋代统治者普遍重视学校教育，尤其自"庆历兴学"以来，各地兴建州县学，地方学校教育得到长足发展，但随着之后政府投入的减少，州县学发展迟缓，校舍屋宇残破废弃已为常态。如南宋初年，历经战火的雷州孔庙破损不堪，设于庙内的州学荒废无依，绍兴中知州胡某下车伊始，"首谒宣庙，见其地形湫隘，殿宇隳败，喟然兴叹"。④ 又如琼州儒学，自高宗绍兴末年初创，至宁宗嘉定初，历经五六十年，"岁月寝久，隳剥不治，乃至讲肄之堂，执经问疑之所，寻亦倾毁"。⑤ 另如海盐县儒学始创于北宋中期，中间几经毁损，至南宋初，虽"旧学斯在"，然"瓦裂桷腐，将就倾

---

① 方杅：《长洲县重建丞厅记》，钱毅编《吴都文粹续集》卷九，《景印文渊阁四库全书》（简称《四库全书》），台北，台湾商务印书馆，1983，第1385册，第224页。
② 《咸淳临安志》卷五四《诸县官厅·钱塘县》，《宋元方志丛刊》第4册，中华书局，1990，第3832页。
③ 曾垓：《重修义宁县治记》，汪森编《粤西文载》卷二二，《四库全书》第1466册，第10页。
④ 贾洋：《雷州府修学记》，道光《广东通志》卷一四一，《续修四库全书本》第672册，上海古籍出版社，2002，第209页。
⑤ 正德《琼台志》卷一五《学校·琼州》，天一阁藏明地方志选刊本。

圮", 以至于无法正常办学。① 而像乐清县学由于长期得不到彻底修缮而"橨桡榱倾, 殆不可支"，② 吴县学因"阅岁久"不加维缮而"栋挠墉颓, 过者弗肃"的情况也十分普遍。③

学校之外，各类祠庙也是古代统治者推行教化的重要场所，由于祀神祠祖事关信仰与教化，并借以强化基层控制的大事，因此历来被地方官视为临民施政的主要方面，祠庙建设自然也是地方民政的重要内容之一。然而北宋后期以来，受地方财政危机的影响，各地祠庙建设因为投入不足而十分落后，以备受官民重视的孔庙为例，哲宗元祐年间藁城县文宣王庙失修状况十分严重，以致时人感叹称："昔之基址侵削殆尽，鸡豚狗彘，鞠养其侧，污秽狼藉，无所不至。其废坏不葺，未有如此之甚者也。"④ 南宋初名儒杨时在目睹了浦城孔庙破败，以致"春秋无以奉祀事"的现状后，不由得发出了"老佛之徒犹知严事其师，而吾徒反不知之耶"的悲叹。⑤ 连宣扬王道、教化人民的孔庙尚残破如此，其他祠庙建设的危机程度可想而知。

（三）水利桥道失于维缮

水利、桥道等关系国计民生的基础设施建设同样不容乐观，南宋以后，大量创建于北宋时期的水利工程由于得不到修护多被废弃。如孝宗淳熙四年（1177），明州地方官在上朝廷的《开东湖事宜状》中称：所辖鄞县境内的大型水利工程东湖自北宋中期县令王安石"重濬湖界"后，"至今百有余年，湖浸堙废，菱荇生之，至二万余亩"。⑥ 本来肥沃高产的湖田，由于长期失修，逐渐废为荒地。与东湖一样，昆山县境内的至和塘也因年久失修而荒废，据南宋末人郑霖记载：至和塘初建于北宋中期，"然自至和以迄

---

① 《至元嘉禾志》卷二三《重修学记》，《宋元方志丛刊》第 5 册，第 4587 页。
② 钱文子：《乐清新学记》，永乐《乐清县志》卷四，天一阁藏明代地方志选刊本。
③ 王极：《吴县重修学记》，钱毂编《吴都文粹续集》卷四，《四库全书》第 1385 册，第 99 页。
④ 齐孝先：《藁城县新迁文宣王庙堂记》，沈涛编《常山贞石志》卷一二，宋代石刻文献全编本。
⑤ 杨时：《龟山集》卷二四《浦城县重建文宣王殿记》，《四库全书》第 1125 册，第 334 页。
⑥ 赵恺：《开东湖事宜状》，《宝庆四明志》卷一二，《宋元方志丛刊》第 5 册，中华书局，1990，第 5150 页。

于今，又二百五十年，虽旧迹尚存，奈何修治之功不加"，塘坝日毁，以至于废。① 温州乐清县境有两溪，"群山环绕，雨暴至则水无所泄，溢流于市廛，公私患之"。王安石变法期间曾筑石塘以捍之，后屡有损毁，至徽宗大观初年彻底毁坏，之后四十余年间，每有"霖雨，一邑尽洿池，上下相视而莫克有为"，直到南宋绍兴年间，才重新修筑。② 水利不兴不仅是南宋地方治理中的难题，而且成为制约经济发展的主要因素。

宋人普遍认为桥梁道路作为公益性设施，其建设维护之责应由政府来承担，正所谓"桥梁道路，责在有司"、③ "抑治其道路，太守责也"④ 等。然而，北宋后期以来，地方治理难度大增，地方官无暇顾及建设事宜，桥道不治习以为常。如杭州新城县"适当西南往来之冲，四顾皆山"，哲宗元祐间，"山或决而为溪，则汹涌散漫，往往迷野"，虽有松溪桥，然因长期失修"而敝益甚，朽蠹屹立，行者病之"。⑤ 信州城南有浮桥，"岁月浸久，板罅柱脱，倾欹动摇，行者惴惴"，随时有坠落之虞，以致时人有"徒杠舆梁之不设，而民以病涉……有不可测知之害"的慨叹。⑥ 袁州"负山带水……负城两崖，东为惊湍，奔驰激射，不可以舟，桥之为宜"，然以财用不足，迟迟未建，直到宁宗庆元六年（1200），才草创营建，后二十年间因疏于修护，至嘉定中，已然"刉敝圮阙，不可顿足，负且行于其上者震怖若将溺焉"。⑦ 另如瑞州上高县有"蜀江贯乎中"，旧有浮梁以通行人，然嘉定以后，因"岁月浸深，材木多腐，邑甿病涉，相与怨嗟"。⑧ 绍兴府上虞县的酒务桥始创于五代后周时期，至嘉定末，以"岁月滋久"而修缮不及，"石

① 郑霖：《重修昆山塘记》，洪武《苏州府志》卷四八，洪武十二年刊本。
② 王宾：《赵公塘记》，永乐《乐清县志》卷六，天一阁藏明代地方志选刊本。
③ 潘梦旂：《重建夏侯桥记》，钱毂编《吴都文粹续集》卷三五，《四库全书》第1386册，第157页。
④ 王遂：《重造十桥记》，康熙《建宁府志》卷四二，南平地区地方志编纂会整理，1994，第867页。
⑤ 徐评：《岁寒桥记》，《咸淳临安志》卷二一，《宋元方志丛刊》第4册，第3574页。
⑥ 汪应辰：《文定集》卷九《平政桥记》，《四库全书》第1138册，第671页。
⑦ 滕强恕：《平政桥记》，康熙《江西通志》卷一二六，《四库全书》第517册，第422页。
⑧ 江湘：《济川桥记》，同治《重修上高县志》卷一〇，同治九年刻本。

或断缺，往来者凛乎有压溺之忧"。① 如此之类，不胜枚举。

考察可知，北宋后期以来地方建设方面存在严重危机，尤其是南宋时期，地方建设几乎陷入停滞状态，这种状况既存在于落后的边远地区，也存在于经济发达的江淮一带。就建设的领域而言，不仅事关人才培育、社会教化、国计民生等的学校、祠庙、水利、桥道等基础设施建设滞后，就连各级政府办公的官署廨宇也多破损不完，可见当时地方建设危机不仅严重，而且普遍存在。

二　宋代地方建设发展滞后的原因

宋代地方建设危机主要是由建设经费短缺所致，经费是制约地方建设发展的关键性因素。此外，部分官员不作为、朝廷为节省开支限制地方兴造等也是造成建设出现危机的重要原因。

（一）地方财政危机是导致建设事业发展滞后的根本性因素

宋朝自立国之初，为强化中央集权，朝廷全面推行"制其钱谷"的理财措施，通过在各路设置转运司，将地方上的财税收入源源不断地转送至朝廷，这就是财政中央化的过程。在这一国策的主导下，各级地方政府所掌握的财富是有限的。在北宋前期国家基本保持稳定的情况下，地方政府还可以拿出一部分资金支持地方建设，大量工程多是在这一时期兴建的。从中后期开始，内忧外患不断，地方政府开支随之增加，财政吃紧，对地方建设投入不断压缩。南宋以降，受战争、冗官及国土面积大幅减少的影响，政府收入与支出严重失衡，地方政府忙于应付朝廷需索，可用于建设的经费越来越少，这正是南宋时期大批基础设施常年得不到修缮而坠坏废弃的主要原因。包伟民先生在《宋代地方财政史研究》一书中对宋代地方财政窘境的影响做了深入分析，指出财政方面的困境严重影响了荒

---

① 袁燮：《丰惠桥纪略》，雍正《浙江通志》卷三六，《四库全书》第520册，第68~69页。

年赈灾等民政项目的开支。① 其实，除了影响赈灾开支外，北宋后期以来的地方财政危机也迫使政府不断压缩基础建设方面的资金投入，导致建设经费十分紧缺。

有关建设经费短缺的问题，多见于时人的长嘘短叹中，如前述高宗绍兴中，胡某知雷州，目见孔庙破旧，"喟然兴叹，窃有意于作新，念军旅之后，顾惜民力而未遑"。② 又如孝宗时明州地方官员谋重开东湖，然"工役至大，费用不赀，以故中辍"。③ 淳熙末，袁燮任江阴县尉，到任之初，发现弓手多缺额，查询之下，原来是因为营房不足所致，于是"欲择便地为营，役大用艰，莫开其端"。④ 另如南宋后期人边明在《重建慧聚寺大佛宝殿碑记》中称："端平甲午间，佛殿尽爇……过之者欲薙榛棘，疏瓦砾，卒以费役巨烦而止。"⑤ 更有甚者，因为无钱修建贡院，每逢大考，不得已借占寺院屋舍，史载台州"素匮乏，官兵衣廪皆不时给……郡无贡院，每大比，则辟寺宇为之，科需烦扰，士民皆不便"。⑥ 类似这种因为资金短缺而导致基础建设被搁置的现象在南宋时期相当普遍。

（二）部分官员对地方建设缺乏积极性是导致其滞后的重要原因

除了资金匮乏外，部分地方官对基础建设不关心、不作为、疏于管理也是建设危机产生的重要原因。相对于课劝农桑、征调赋役、审断狱讼等容易产生政绩的事务，投入大、周期长、见效慢的基础建设对于任期有限的地方官员而言显然不是其施政之首选，更何况在财政日益困难的情况下，地方官的首要任务是保证朝廷税额，而不是花钱搞建设。

针对部分地方官不热心建设的现象，有识之士多有批评，如南宋初沈与求在分析德清县庙学破败的原因时说："朝廷兴学，而有司便事，仅于旧宇

---

① 包伟民：《宋代地方财政史研究》，第 135 页。
② 贾洋：《雷州府修学记》，道光《广东通志》卷一四一，《续修四库全书》第 672 册，第 209 页。
③ 赵恺：《开东湖事宜状》，《宝庆四明志》卷一二，《四库全书》第 487 册，第 198 页。
④ 袁燮：《絜斋集》卷九《江阴尉司新建营记》，《四库全书》第 1157 册，第 114 页。
⑤ 边明：《重建慧聚寺大佛宝殿碑记》道光《昆新两县志》卷一○，中国地方志集成本。
⑥ 蔡戡：《定斋集》卷一五《中大夫致仕朱公墓志铭》，《四库全书》第 1157 册，第 724 页。

丹垩而已矣。"由于官方不作为，致使庙学"墙屋颓圮，草莽于唐。庙貌虽存，丹青缺落，使人喟然有宁不嗣音之叹"。① 孝宗淳熙间，成都北门外的驷马桥因修建时官方管理不善，建成后屡有损毁，几不能用。对此，知府京镗称："桥隶邑尉，邑尉多苟且逭责，叠石编木，工不精良……岁久石且泐，木且折，势将圮败。"② 光宗时人邵康认为州县学不兴的原因在于官府不能任责，他说："有司自财赋讼狱之外，不以为殿最也。或长吏欲以余力及此，而莫为之助，勉强补苴，类不免于文具。"③ 钱文子在《乐清新学记》中称：县学年久失修，而"令者往往坐视其废坏，恬不为意……顾日事鞭棰、敛财贿，以应州郡之求，汲汲若不足，而宫室之将摧，廪积之不继，器用百需之废阙，主学者亦无所致其力也"。④ 可见学校等基础设施废而不建，当地的官员有不可推卸之责任，他们的不作为在很大程度上造成了地方建设停滞不前的后果。

地方官之所以不热心搞建设，与南宋时期地方治理难度增加有关，在国家财政极度困难的南宋一朝，赋税征调成为地方官最重要的职责，各级官员忙于应付朝廷需索，自然无暇顾及建设事宜了，对此，孝宗时宜黄知县周梦若深有体会，他说："吏以爱民为职"，面对水利不兴、学校不修、桥道不通等问题，本应"出捐帑藏，因时兴缮……然智术乏催科之长，版帐有愆期之责。日对簿书，蹙额危坐，左支右吾，穷于料理"。⑤ 真德秀在《铅山县修学记》中表达了同样的无奈，他说：铅山学自孝宗时兴建，到理宗绍定初，历五十载，"向之修者益坏，士无所于业，县方疲于供亿，何暇议学校事"。⑥ 任期短促也是导致地方官不愿致力于建设的原因之一，南宋后期人曾垓在分析义宁县官署破败不治的原因时称："因为官是邑者，率视官舍为邮舍，盲攫而疾走，他不之恤。"⑦ 时人陈宓也说，为官者"以治赋为急，

---

① 沈与求：《龟溪集》卷一一《湖州德清县重修孔子庙碑》，《四库全书》第 1133 册，第 234~235 页。
② 京镗：《驷马桥记》，《成都文类》卷二五，《四库全书》第 1354 册，第 577 页。
③ 邵康：《重修学记》嘉庆《旌德县志》卷九，民国十四年石印本。
④ 钱文子：《乐清新学记》，永乐《乐清县志》卷四，天一阁藏明代方志选。
⑤ 周梦若：《立义桥记》，光绪《抚州府志》卷四五，光绪二年刊本。
⑥ 真德秀：《西山文集》卷二五《铅山县修学记》，《四库全书》第 1174 册，第 375 页。
⑦ 曾垓：《重修义宁县治记》，《粤西文载》卷二二，《四库全书》第 1446 册，第 10~11 页。

不暇他及，视其居如传舍，计日去之，唯恐不速，故官舍常圮敝"。① 受冗官问题的影响，宋代官员任期一般都比较短，长则三两年、短不过数月。因为任期短，官员多不安职守，朝至而夕徙，"视官舍为邮舍"者比比皆是。既无恋职之意，则难有兴建之志，人人抱着得过且过的心态而不作为，以至于连县衙官署的建设也无人问津。地方官不热心建设，往往委权于吏人，吏人则乘机渔利，导致建设不兴，百弊丛生。

（三）朝廷擅兴禁令也在一定程度上影响着地方建设的发展

受宋初朝廷不得擅兴禁令的影响，地方政府对工程建设多持慎重态度。北宋初期削平诸国后，为防止地方割据，下令摧毁旧政权的城防设施，并严禁擅自兴建之举。擅兴禁令最初仅限于城防建设，后来出于撙节费用及息役宽民的考虑，逐渐扩展到其他公共建设领域，如宋仁宗时诏令："自今京城惟仓库、营房、官舍敝坏者修完之，余无得擅兴力役。"② 神宗熙宁年间，朝廷再颁土木之禁，受禁令约束，地方官员多不敢违禁而兴造，时人汪齐称："自熙宁创法，禁天下郡县土木之工；必可改作，则申明检计，率从官谕。当事者惮于征缮，苟免吾身，以遗后人而已。"③ 北宋后期人郭知章亦深有同感，他说："比岁郡邑拘挛于法，尤惮营造，一秋毫不敢以役民，为吏者仅能应督责足矣，奚暇论法令绳墨之外乎？"④ 因擅自兴役而受到朝廷制裁的官员大有人在，如高宗绍兴间，濠州通判曾恬因"擅兴工役"被罢免。⑤ 孝宗乾道四年（1168），主管殿前司公事王琪因"擅兴工役，降三官放罢"。⑥ 在此形势下，一些地方官员出于免责自保的考虑，以此为借口，

---

① 陈宓：《复斋集》卷九《兴化县重建厅事记》，曾枣庄、刘琳主编《全宋文》第 305 册，上海辞书出版社，2006，第 221 页。

② 李焘：《续资治通鉴长编》（简称《长编》）卷一〇七，仁宗天圣七年闰二月戊申，中华书局，2004，第 2500 页。

③ 汪齐：《平政桥记》，嘉庆《旌德县志》卷九，民国十四年石印本。

④ 郭知章：《王公桥记》，乾隆《龙泉县志》卷一〇，《全宋文》第 85 册，第 128 页。

⑤ 李心传：《建炎以来系年要录》（简称《系年要录》）卷一五六，绍兴十七年十一月丁丑，中华书局，2013，第 2973 页。

⑥ 《宋史》卷三四《孝宗本纪二》，中华书局，1977，第 644 页。

推卸建设之责，连正常的工程建设都不愿支持，这在一定程度上影响着地方建设的发展。正如苏轼所言："监司急于财用，尤讳修造，自十千以上，不许擅支。以故官舍日坏，使前人遗构，鞠为朽壤，深可叹惜。"① 南宋梁该在《重建德生桥记》中也说："岁久屋败梁腐，浸趋于废，更数令，讳财靳力，漫不訾省。"② 财力不足固然是导致公共建设出现危机的最主要因素，而在擅兴禁令的钳制下，避免惹火烧身也是地方官推诿责任、不事兴建也是导致基础建设落后的主要原因。

三　地方政府应对建设滞后的措施

面对地方建设危机，各级地方官积极采取应对措施，以解决建设经费短缺、工程建设监管不力及劳动力不足等问题，努力推动地方建设事业的发展，应对建设落后所引发的种种社会危机。

（一）多途集资以应对建设资金不足的难题

南宋人周必大在谈到地方公益性建设时称，地方建设的发展主要依靠三种力量，即所谓"郡邑以势，道释以心，富家以赀。然势者或病于扰而其成也苟，心者必藉于众而其成也缓，赀高者又丰入而啬出，瘠彼而肥己，能推惠者几何人哉？"③ 可见，调动各方力量致力于公益事业，难度可想而知，然而要应对建设危机，地方官员不得不绞尽脑汁以劝诱官民致力其间，这一点在建设经费的筹集中表现的尤为突出。为解决建设中资金短缺的难题，宋代官方构建起多元化筹资途径，通过多种方式筹措地方建设经费。

一是向上级政府申请建设经费。如湖州武康县学设于文宣王殿内，年久失修，徽宗即位之初，诏天下"祠庙损者以系省钱修之"，知县毛滂应诏上

---

① 《苏轼文集》卷二九《乞赐度牒修廨宇状》，第 842～843 页。
② 梁该：《重建德生桥记》，民国《东莞县志》卷九〇，中国地方志集成本。
③ 周必大：《文忠集》卷二八《邹公桥记》，《四库全书》第 1147 册，第 305 页。

书监司，乞请经费。于是"提点刑狱使者檄县曰：当出转运司钱如诏意。他日又奉转运判官檄曰，给八万钱"，县学赖此以成。① 孝宗淳熙四年（1177），知鄞县姚枟请重开东湖，并向朝廷及明州知州申请兴工之费，后朝廷与当地政府共同筹资，其中朝廷出"内帑会子五万贯、义仓米一万硕"作为开湖专项经费，其所用"竹木、支犒赏、般运茭葑，并用本州钱以佐其费"。② 淳熙十四年（1187），江阴县尉袁燮为修建本县弓手营舍，向路、州两级政府祈请经费，其中常平司拨款"千七百余缗"，州府也以钱、米及木材等"佐其费"。③ 在路、州政府的共同支持下，江阴县弓手营舍得以建成。理宗淳祐三年（1243），建宁府突发洪水，境内十座主要桥梁被冲垮，严重威胁民众出行安全。在财政极其困难的情况下，当地政府除了积极筹资外，还向转运司、提举常平司等上级财政主管部门申请修桥费用，并得到大力支持，其"费出于郡者为钱五千缗。转运副使项公寅孙闻之，出钱三千缗、盐万斤。提举蔡公钥以千缗佐其费"。④ 在各方共同努力下，桥得以重建，道得以通畅。

二是节缩日常开支以筹措建设经费。除了向上级政府申请经费外，压缩日常开支，节省经费搞建设也是地方官筹集建设资金的重要手段。如光宗绍熙年间，王木叔知绩溪县，面对连年频发的旱情，决心兴修水利一解民于倒悬，为筹集经费，"治县节缩，稍得余钱，遂请于监司，买民田使为之，古迹之废并修之"。两年间，兴建塘堨 70 余处，而"绩溪之田无不得水"。⑤ 理宗宝庆间，永嘉人周果出任兴化县令，目睹"屋朽且压"的县衙官舍，"取财于节缩之余，役工于间隙之日"，"因旧基鼎新之"。⑥ 绍定四年（1231），在绵竹县修建湖桥的工程中，共享"钱五百一十九万有奇"，皆为

① 毛滂：《东堂集》卷九《湖州武康县学记》，《四库全书》第 1123 册，第 413 页。
② 赵恺：《开东湖事宜状》，《宝庆四明志》卷一二，《四库全书》第 487 册，第 198 页。
③ 袁燮：《絜斋集》卷九《江阴尉司新建营记》，《四库全书》第 1157 册，第 114 页。
④ 王遂：《重造十桥记》，康熙《建宁府志》卷四二，第 867 页。
⑤ 叶适：《水心集》卷九《绩溪县新开塘记》，《四库全书》第 1164 册，第 196 页。
⑥ 陈宓：《先生龙图陈公文集复斋集》卷九《兴化县重建厅事记》《续修四库全书》第 1319 册，第 354 页。

知县宇文峒"节缩浮蠹以营之"。[1] 绍定六年（1233），知汀州李某为筹重修谯楼之费用，"益务节缩，得锱二万缗"。[2] 淳祐间淳安县重建县狱，县令虞某除"亟请于郡，求捐金谷给费"外，在县衙范围内"节缩浮费，以县余财佐之"。[3] 虽然地方政府积极筹资以应对地方建设资金严重不足的难题，但在整个国家财政状况不断恶化及地方财政中央化的背景下，政府对建设的投入是有限的，更多的经费需要地方官员自行解决。于是，一些有作为的地方官或出于对民生的关注，或为政绩所驱使，在财力允许的前提下，纷纷解囊捐资，以解燃眉之急。地方官捐资搞建设，从一个侧面体现了宋代士大夫经世致用的政治抱负。

三是地方官捐资捐俸搞建设。在政府财力不足的情况下，官员捐资成为宋代地方建设经费的重要来源。如仙居县尉厅重建的资金就来自当地官员的捐助。史载其尉厅始建于北宋宣和年间，至宁宗嘉泰年间，近百年未曾大修，屋宇损毁，"挠敝欲压"，后在县尉钱子立的倡议下进行修缮，由于资金紧缺，知县"率先捐钱五万佐费，子立复捐俸继焉"。[4] 临海县狱修复的费用，同样来自官员的捐献，据《临海县狱记》载：钱温伯任临海县令，"顾县狱岁久，库陋倾侧……恻然兴念，捐金五十余万，鸠工度材，撤而新之"。[5] 另如南宋赵汝潏为奉新县丞，"丞无厅事已三十年，公捐俸一新之"。[6] 地方官员除了捐建官署及公共房舍外，对于事关教化的孔庙及学校的建设，也多有捐助。南宋初，仁和县先圣庙毁于战火，至宁宗开禧初，知县谢庭玉"捐己之公租钱二十万"以复建。[7] 理宗宝祐年间，连江县知县陈某谋修县学，"时公帑赤立，侯勇为之，悉出己俸"。[8] 安溪县孔庙久废不修，度宗初知县钟某"捐金为倡，授匠指画，僚佐邑属暨职事员秩，致助

① 魏了翁：《鹤山集》卷四四《绵竹县湖桥记》，《四库全书》第 1172 册，第 501 页。
② 刘克庄：《后村集》卷二一《汀州重建谯楼记》，《四库全书》第 1180 册，第 214 页。
③ 高斯得：《耻堂存稿》卷四《淳安县修狱记》，《四库全书》第 1182 册，第 61 页。
④ 俞建：《仙居县重修尉厅记》，林表民编《赤城集》卷四，《四库全书》第 1356 册，第 647 页。
⑤ 王谦之：《临海县狱记》，林表民编《赤城集》卷七，《四库全书》第 1356 册，第 676 页。
⑥ 黄震：《黄氏日抄》卷九七《赵奉议墓志铭》，《四库全书》第 708 册，第 1054 页。
⑦ 陆游：《渭南文集》卷二一《仁和县重修先圣庙记》，《四库全书》第 1163 册，第 469 页。
⑧ 常挺：《凿泮池记》，民国《连江县志》卷二一，中国地方志集成本。

有差"。① 由地方官员解囊援建的公共设施还包括桥道与水利等，如温州径川镇交通发达，向为江南"万商之渊薮，浦有桥三间……陵谷既迁，亭毁桥圮，涉者病之"。巡检秦梓倡议重建桥道，"凡縻钱文若干万，米若干石，大半出己帑"。② 徽宗大观初年，名宦钱通致仕乡居，乡有东湖，其"族人环湖皆有田，赖以灌溉"，然由于得不到有效维护，以致"淀淤颓圮"，通"于是捐余俸以旁市滨湖之地而增益之"。③ 南宋时新安境内有堨曰"清陂"，"溉田千余亩，堨久废，田不治"，宁宗时新安籍官员黄何捐资，"率众筑之。是春旱，种不入土，而堨下之田秧独以时，秋倍入，人欢戴之"。④由官员捐资援建的工程主要限于官署、学校等投入少、收效快、对政绩有重要影响的工程项目，对于像水利、桥道等耗资巨大、公益性更强、建设周期更长的公共设施，官员个人捐资相对较少。

四是动员民众捐钱支持建设。地方建设往往耗资巨大，仅靠政府拨款和官员捐金显然难以保证建设事业的顺利开展，于是地方政府频繁地向民间募资以支持基础建设。由民众出资兴建的多为学校、水利及桥道等基础设施，且大多是在地方官员劝诱下捐献的。如南宋初乐清县欲重修县学，时值宋金鏖战之际，县尉吴芾请迁址重建，并向民间募捐，"邑人义其为，争出力，捐金佐之，不数年学成"。⑤ 孝宗淳熙八年（1181），宁德县令赵善悉为重修儒学，多方筹资，"斥公帑，捐己俸，令其乡大姓劝相输力，以佐其费"。⑥淳熙十三年（1186），慈溪县兴修水利，主簿赵汝积劝募于民，并"捐金钱为之倡"，于是"父老训率子弟，莫不劝趋，凡田于西者亩出钱三百"以助役。⑦ 南宋中期以后，随着地方财政持续恶化，建设经费更加依赖于民间财富，尤其在宁宗时期，地方政府多次向民众募筹建设经费，如庆元二年

① 梁椿选：《重修大成殿记》，嘉靖《安溪县志》卷七，天一阁藏明代地方志选刊本。
② 林千之：《寿安桥记》，《全宋文》第 356 册，第 263 页。
③ 钱通：《东湖塘记》，乾隆《浦江县志》卷一五，道光二十三年补刻本。
④ 汪泳：《黄公何行状》，程敏政辑《新安文献志》卷八四，《四库全书》第 1376 册，第 377 页。
⑤ 林季仲：《竹轩杂著》卷六《温州乐清县学记》，天一阁藏明代地方志选刊本。
⑥ 张瀚：《重建宁德县儒学记》，乾隆《宁德县志》卷二，乾隆四十六年刻本。
⑦ 楼钥：《攻媿集》卷五九《慈溪县兴修水利记》，《四库全书》第 1153 册，第 46 页。

（1196），昌国县重建主簿厅，主簿杨某"捐资调度"，在他的倡导下，"邑人相与分材效力，不劝而集"。① 嘉定间，南浦县致仕乡居的官员黄克宽等谋建漳浦桥，为筹经费，"或拉耆艾捐金以倡始，或命浮屠作偈以劝施，铢积寸累，前规后画，以迄于成"。② 北宋理学大师周敦颐曾任桂阳县令，后人为其立祠纪念，至南宋后期，饱经战火风雨侵蚀的濂溪祠损毁严重，"独存大成殿，其门庑遗址尽没于蒿莱"。嘉定中，主簿萧允恭谋划重修，劝士民捐资助役，"好义者捐金为之助"。③ 正是在地方官员的积极劝募下，南宋中期以后民间资金纷纷进入建设领域，并在很大程度上有效地化解了建设经费不足的难题。

北宋前期，地方财政状况较好，官方对地方建设投入较多，大部分工程建设由政府出资兴建。从熙宁变法起，随着朝廷加大对地方税赋的征调力度，地方财政日益困难，政府对公共建设的财政性支持逐渐转变为政策性支持。在此背景下，地方官员个人捐资及向民间募资逐渐成为应对建设经费不足的重要手段。尤其是南宋中期以后，在地方财政极度恶化的形势下，向民间募捐成为地方建设资金筹集的主要途径。

综上，宋代地方建设经费的筹集方式，经历了由北宋前期官方主筹，到北宋后期及南宋前期官民共筹，再到南宋中后期民间募资为主的演变过程，这背后折射的是在财政日益恶化的形势下地方政府被迫向民间势力让渡地方事务主导权的发展趋势。这一趋势不仅体现在建设经费筹集方面，也反映在工程建设的管理上。

（二）委托民间人士加强工程管理

宋代地方建设出现危机的原因之一是基层政权设官精简，地方官员对建设疏于管理，多由胥吏出面经营，而胥吏趁机上下其手，截留经费、克扣工钱，严重影响了工程建设的进度与质量。为了有效防范建设中的贪腐与不法

---

① 楼钥：《攻媿集》卷五八《昌国县主簿厅壁记》，《四库全书》第1153册，第43页。
② 许应龙：《东涧集》卷一三《漳浦桥记》，《四库全书》第1176册，第553页。
③ 周思诚：《濂溪祠记》，《全宋文》第318册，第407页。

行为，加强建设的监管力度，地方政府有意识地委托民间人士参与工程管理，充分发挥民间力量在地方建设中的作用。参与工程管理的民间人士有富民乡绅、耆老长者及僧侣等宗教界人士，也就是学术界所谓的民间精英力量。①

宋高宗时安福县重修县学，知县向子贲不用吏人，而是"推择诸儒有行业者六人，董而作之"。② 孝宗乾道间，处州创建平政桥，知州范成大为杜绝吏人从中取利，将经费"授州民豪长者四人，使董役，吏毋得有所与"。③ 淳熙四年（1177），明州重开东湖，虽然因为工程浩大而主要由官方督办，但为加强监管，"复选择土人有心力者，相与办集"。④ 淳熙八年，宁德县重修儒学，完全依靠民间力量进行管理，史载县令赵善悉"命士之勉强可任者何升之、姚德懋、陈经、林大春、林昱、庄童董役事"。⑤光宗绍熙二年（1191），桐庐县重建政惠桥，所筹经费"入出不付吏，使其豪长者自治"。在官府的鼓励下，民间人士参与的积极性很高，不仅豪长主管工程，而且90%以上的经费均出自"民财"。⑥

宁宗以后，越来越多的工程项目委托民间人士代管，如庆元二年（1196），青田县重建永济桥，县令黄某因为政务缠身，不能亲自督办，便将募集到的数百万经费交付乡官赵希愒、刘陟管理，由他们"首任其事"。⑦嘉定十四年（1221），明州重建乌金碣，为防止吏人上下其手，"委里士为人信服、有计知者督其役，出给调度，皆不属吏，民以不扰而咸劝趋"。⑧理宗淳祐三年（1243），建宁府重建被洪水冲垮的桥梁，"选郡人新兴化判官周杆、将仕郎吴壮礼董其役，僧智仁、大澧任其责"。⑨ 这里提到的兴化

---

① 参见刁培俊《宋代乡村精英与社会控制》，《社会科学辑刊》2004 年第 2 期。
② 王庭珪：《庐溪文集》卷三五《安福县重修学记》，《四库全书》第 1134 册，第 259 页。
③ 范成大：《平政桥记》，雍正《浙江通志》卷三八，《四库全书》第 520 册，第 112 页。
④ 赵恺：《开东湖事宜状》，《宝庆四明志》卷一二，《四库全书》第 487 册，第 198 页。
⑤ 张瀚：《重建宁德县儒学记》，乾隆《宁德县志》卷二，乾隆四十六年刻本。
⑥ 孙应时：《烛湖集》卷九《桐庐县重作政惠桥记》，《四库全书》第 1166 册，第 627 页。
⑦ 郑汝谐：《永济桥记》，雍正《浙江通志》卷三八，《四库全书》第 520 册，第 114 页。
⑧ 魏岘：《四明重建乌金碣记》，雍正《浙江通志》卷五六，《四库全书》第 520 册，第 453 页。
⑨ 王遂：《重造十桥记》，康熙《建宁府志》卷四二，第 866～867 页。

判官周杆、将仕郎吴壮礼并不是当地在职官员，而是寓居该地的士人，让他们与僧侣一起主持建设，更有利于加强监督。同时期，长泰县重修虎渡桥，为防吏人为奸，知县"命僧董役"。① 而湘阴县重建黄陵庙，同样"命邑士才而能者戴邦用以董其役"。② 民间人士参与工程管理的效果是明显的，如雷州府学的建设，因为官方"推乡间宿学老儒者以董其事"，使得建设成本得到节约，工程效率也大大提高，以致"不费公家一金，不调编户一民……不踰时而告成"。③

南宋以后之所以有越来越多的建设项目由民间人士参与管理，一方面固然是因为吏治腐败导致建设工程监管不力，严重阻碍了地方建设事业的发展，另一方面也是民间力量逐渐壮大的体现。随着民间力量在地方事务中的影响日益增大，他们已经不满足于建设经费捐献者的身份，而是要求更多的分享工程管理权。因此，将民间人士引入工程管理，表面上看是地方政府因人力不足而主动让贤，实际上是在资金投入方面越来越依靠民间的背景下，官方被动地向民间进行权力让渡的一种表现。

（三）以工代赈应对劳力不足的问题

宋代地方政府为解决工程建设中劳动力不足的问题，同时也是为了更好的安置受灾民众，有意识地在灾情暴发之际，兴建一些工程项目，招募灾民从事建设，暂时解决他们的温饱问题，这种做法被称为以工代赈。由于能够收到一举两得的效果，因此在宋代广泛使用，尤其是王安石变法期间，广兴农田水利工程，凡有灾情发生，政府即招募灾流之民充作劳动力。

神宗熙宁五年（1072），浙西发生特大水灾，民众受灾严重，为安置灾民，朝廷命浙西各"州军仍募贫民兴修水利"。④ 同年十二月，陕西

---

① 杨炎午：《长泰虎渡桥记》，乾隆《长泰县志》卷一一，民国二十年重刊本。
② 易祓：《重建黄陵庙记》，《全宋文》第 284 册，第 68 页。
③ 贾洋：《雷州府修学记》，道光《广东通志》卷一四一，《续修四库全书》第 672 册，第209 页。
④ 李焘：《长编》卷二三〇，熙宁五年二月壬子，第 5586 页。

缘边出现灾情，诏令"相度乘人力未至饥乏，募阙食汉蕃人修近便城寨及诸工役"。① 熙宁六年（1073）九月，淮南、两浙等均报旱情严重，灾民无食，朝廷诏"各拨常平司粮三万石，募饥民兴修农田水利"。② 熙宁七年二月，河阳地方官上报灾情，朝廷"赐常平谷万石兴修水利及赈济饥民"。③ 从上述史料可以看出，以工代赈的主要目的是为了赈济灾民，开工营建只是安置灾民的一种手段。不过，在农田水利法普遍实施以后，由于多处兴工，劳动力严重短缺，募民的目的也从赈灾向兴利转变。如熙宁八年（1075）十二月，判都水监侯叔献言："相度淮南合兴修水利仅十万余顷，皆并运河，乞候开运河毕工，以水利司钱募民……修筑圩埠。又昨疏浚汴河……乞以安抚司赈济米募民开修"，朝廷准其奏。④ 高宗绍兴间，吕颐浩镇荆湖，出资修筑潭州城东的水利工程，时值战乱，劳力短缺，因"募饥民补筑之"。⑤ 孝宗淳熙五年（1178），朱熹知南康军，欲筑大堤以防潮水，苦于劳力不足，适逢境内大旱，民食不继，"因募饥民筑堤捍舟"。⑥ 南宋后期人李谌知黄州，黄州靠近长江，"贾舶至，困于重征而舟无所泊，多以风涛坏"，谌"以官钱募饥民开内澳六百丈，民不告病而商客以济"。⑦ 这些都是通过以工代赈调集劳动力的史例。

在宋代，以工代赈是灾年政府惯用的赈济措施，一方面可以有效地安置和控制因灾而产生的大批流民，另一方面也可以为基础工程建设提供廉价充足的劳动力。宋神宗以前，以工代赈重在赈灾与灾民安置，熙宁年间在天下大兴水利、劳动力紧缺的情况下，逐渐由以赈灾为主向以募工为主转变。南宋以来，地方政府普遍乘灾年兴役，在很大程度上解决了地方建设中劳动力不足的问题，有效推动了地方建设事业的发展。

---

① 李焘：《长编》卷二四一，熙宁五年十二月壬寅，第5887页。
② 李焘：《长编》卷二四七，熙宁六年九月戊申，第6011页。
③ 李焘：《长编》卷二五〇，熙宁七年二月辛未，第6082页。
④ 李焘：《长编》卷二七一，熙宁八年十二月甲寅，第6652页。
⑤ 李心传：《系年要录》卷一〇九，绍兴七年三月辛巳，第2054页。
⑥ 黄榦：《勉斋集》卷三六《谥文朱先生行状》，《四库全书》第1168册，第407页。
⑦ 真德秀：《西山文集》卷四二《李公墓志铭》，《四库全书》第1174册，第665页。

结　语

传统帝制时代，财政中央化作为王朝统治者控制地方的重要手段，不仅长期存在，而且随着时代的推移不断强化，这一趋势在惩五代之弊而建立的宋代格外醒目。受此影响，宋代地方财政持续紧张，用于地方建设的资金非常有限。缺乏政府财政支持的地方建设发展迟缓，并引发了严重的危机。面对地方建设危机，各级政府积极应对，其核心措施就是向民间筹钱、募工，利用民间资源弥补官方管理的不足，而民间势力也乘机索取对地方事务的管理权，这从一个侧面反映了宋代地方事务管理权限的多元化与基层社会权力结构变迁的基本趋势。

（原载《河南大学学报》2016 年第 2 期）

唐宋名胜许昌西湖考述

张祥云

摘　要　许昌西湖是一处人工湖景观，肇始于唐代，兴盛于北宋。该湖澄澈邈远、鸟飞鱼跃、棠花梅艳、青竹密布，自然景观优美；加之处处亭台楼阁、画舫拱桥、人语喧嚣、笛声琴诉，更是兼具人文景观魅力。当时，众多名臣宿儒、高僧大德和普通民众或呼朋唤友、畅游西湖，或吟咏唱和，或谈经论典、生产种艺，有效促进了当地文化教育、宗教、艺术、园艺等事业的发展。唐宋西湖景观的发展繁盛，在某种程度上反映了许昌独特的地理环境、深厚的历史文化积淀和民俗风貌，也反映了是时中原地区物候及社会经济状况。

关键词　唐宋　许昌　西湖　民俗

"西湖者，许昌胜地也。"[①] 北宋时期，该湖与杭州西湖、颖州（今安徽阜阳）西湖齐名。又因许昌地接东京开封、西京洛阳，交通便利，具有独特的历史人文和畿辅区位优势，而被时人誉为众西湖之"首"。[②] 作为许昌历史时期的名片，展现许昌的人文风采、地理环境变迁的窗口，该湖的历史文化价值依然存在，且对今天许昌新西湖的建设开发也颇具借鉴作用。故笔者在广泛爬梳有关史料的基础上，试对唐宋许昌西湖作一考述，以再现这一

---

① （宋）欧阳修：《春日西湖寄谢法曹歌》"原注"，施培毅选注《欧阳修诗选》，安徽人民出版社，1982，第 42 页。

② 胡宿《流杯亭记》："又惟杭、颖二州西偏，皆映带流水，同得西湖之号，与许为三……许在三辅……为首焉。"（曾枣庄、刘琳主编《全宋文》第 11 册，巴蜀书社，1990，第 544 页）

历史人文景观，进而揭示许昌乃至中原地区之人文社会风貌。

一 "凿开鱼鸟忘情地，展尽江湖极目天"①

——许昌西湖的形成发展

"府寺之胜，寄于亭沼"这一城建理念，使许昌西湖发展为一处游览胜地："芹苹茭荽，菰蒲菡萏之植，含葩耸干，或丹或白，罗映洲沚，粲若绘境。"② 环境优美，冠绝一方。

相传，唐曲环筑城取土，"因以其他导潩水潴之，略广百余亩"，③ 成就了这一人工湖。因位于许昌城之西北，故称"西湖"。"大抵湖水修于南北，狭于东西"，即呈现南北长，东西短的状态。唐末，善吟咏、好游赏的薛能主政许州，进一步"增广其沚"，扩大规模，并于湖上修建水亭——"绿鸭亭"，故该湖又称"绿鸭湖（陂）"。④

"绿鸭东陂已可怜，更因云窦注西田。"⑤ 北宋时期社会较为安定，经济快速发展，民众游赏之风盛行，加之以京都为中心的漕运体系的拓展，促使许昌西湖再获发展。如郡守、皇戚李遵勖，热心园林建设，在湖之西北角修建"流杯"亭，并"砻石作渠，析潩上流"，引水"注于亭中，为浮觞乐饮之所"。名臣宋庠则利用黄河春夫，"浚治之，始与西相通"，⑥ 使该湖森漫数里，秋冬不涸。⑦ 湖之东北有壕沟与潩水曲折相通，蜿蜒十余里，两边密布大竹。这样，西湖面积逐渐从"百顷"⑧ 拓展到"万顷"。⑨

---

① （宋）宋庠：《元宪集》卷一二《重展西湖二首》，《景印文渊阁四库全书》（简称《四库全书》），台北，台湾商务书局，1983，第 1087 册，第 489 页。

② （宋）胡宿：《文恭集》卷三五《流杯亭记》，曾枣庄、刘琳主编《全宋文》第 11 册，第 543 页。

③ （宋）叶梦得：《石林诗话·许昌西湖》，《四库全书》第 1478 册，第 988 页。

④ （宋）胡宿：《文恭集》卷三五《流杯亭记》，曾枣庄、刘琳主编《全宋文》第 11 册，第 543 页。

⑤ （宋）宋庠：《元宪集》卷一二《重展西湖二首》，《四库全书》第 1087 册，第 489 页。

⑥ （宋）叶梦得：《石林诗话·许昌西湖》，《四库全书》第 1478 册，第 989 页。

⑦ （宋）胡宿：《文恭集》卷三五《流杯亭记》，曾枣庄、刘琳主编《全宋文》第 11 册，第 543 页。

⑧ （宋）邹浩：《道乡集》卷八《送郭舜俞再任颍昌》，《四库全书》第 1121 册，第 237 页。

⑨ （宋）邹浩：《道乡集》卷二《范仲成约非晚过颍昌留数日因邓兵还追用前韵寄之》，《四库全书》第 1121 册，第 173 页。

北宋中期后，西湖规模曾一度缩小，但旋即得以恢复。史载："规利者，遂涸以为田。但予（叶梦得）为守时，复以还旧，稍益开浚，渺然真有江湖之趣。"① 宋金交战，中原丧乱，许昌地区一度遭到严重摧残，② 西湖名胜也风采不再。著名诗人元好问曾感慨道："安得西湖展江手，乱铺云锦浸青山。"③ 繁盛一时的绿鸭西湖，逐步淡出人们的视野。

二 "究奇选胜，殆穷目巧"④
——许昌西湖的景观魅力

许昌西湖，物物随时，自然人文景观兼具，魅力无限，以至于"客至无情亦有情"。⑤ 下面根据唐、宋有关文献记载，描述如下。

（一）西湖自然景象

初春时，东风吹拂，物华一新："万顷琉璃蹙翠鳞"⑥"紫荷媚曲塘，青秧舞平畦"，⑦ 引惹人们纷纷出户，去感受春天的气息。正所谓："游女红裙上大堤"⑧"幽怀先赏溅滩春"。⑨ 晚春，登上湖桥、高亭，凭栏远眺，则是湖光晓烟，"夭桃弄春，残梅标格"，⑩ 别有一番韵味。初夏，树影斑驳，紫荷点点，"巨鲤开纹浪"⑪"莺度水东西"。⑫ 湖边曲径上，竹皮冠冕新颖别

---

① （宋）叶梦得：《石林诗话·许昌西湖》，《四库全书》第 1478 册，第 989 页。

② （宋）庄绰：《鸡肋编》卷上："建炎元年秋，余自穰下由许昌以趋宋城，几千里，无复鸡犬……菽粟梨枣，亦无人采刈。"（萧鲁阳点校，中华书局，1997，第 21 页）

③ （金）元好问：《遗山集》卷一二《马坊冷大师清真道院》，《四库全书》第 1191 册，第 141 页。

④ （宋）胡宿：《文恭集》卷三五《流杯亭记》，曾枣庄、刘琳主编《全宋文》第 11 册，第 543 页。

⑤ （宋）宋庠：《元宪集》卷一五《新岁雪斋到西湖作三首》，《四库全书》第 1087 册，第 511 页。

⑥ （宋）范纯仁：《范忠宣公文集》卷四《西湖四时四首》，《四库全书》第 1104 册，第 584 页。

⑦ （宋）李鹰：《济南集》卷三《己卯春许昌湖上酬王实仲弓作》，《四库全书》第 1115 册，第 729 页。

⑧ （宋）韩维：《南阳集》卷一〇《和况之》，《四库全书》第 1101 册，第 598 页。

⑨ （宋）宋庠：《元宪集》卷一五《新岁雪霁到西湖作》，《四库全书》第 1087 册，第 511 页。

⑩ （宋）苏轼撰，（清）王文诰辑注《苏轼诗集》卷二七，中华书局，1982，第 81 页。

⑪ （宋）韩维：《南阳集》卷一〇《和子华同程中散燕湖上》，《四库全书》第 1101 册，第 601 页。

⑫ （宋）梅尧臣：《夏日晚晴登许昌西湖》，朱东润编年校注《梅尧臣集编年校注》，上海古籍出版社，2006，第 181 页。

致，成为一道独特的风景。① 盛夏，蛱蝶团起，蜻蜓对飞，"荷芰忽翻倒，四散飘暗香"，② 西湖动态之美尽显。初秋的西湖，平波淼淼，色彩斑斓："芡盘凋晚翠，菊艳夺春红。"③ 人们或于湖边小径"闻草香"，④ 或湖上乘舟"度深幽"，⑤ 或收红稻、获紫菱。深秋之时，"霜风吹林叶乱坠，波下叠叠如铺茵"，⑥ 景象萧瑟。但严霜之下，棠梨叶赤，杉篁涵翠，"嘹唳惊鸿入镜中"，⑦ 同样吸引人们的眼球。冬日之西湖，空旷而不沉寂：潭水"容暖"⑧"浴凫沈鹭"⑨"雁鹜自相依"。⑩ 渔人逸叟，"直可凿水收紫鳞"⑪"独玩湖中雪"。⑫

（二）西湖人文景观

"远烟被林莽，楼阁隐岩巇。"⑬ 许昌西湖不仅自然风光迷人，亭台楼阁等人文景观，也颇具魅力、值得赏玩。

1. 亭子景观

（1）德星亭。位于许昌西湖东岸堤边，早在唐代就已存在，是为纪念

---

① （宋）宋庠：《元宪集》卷一二《闰三月再到西湖花卉已过春余夏早景物亦佳因复留连日夕忘返》，《四库全书》第 1087 册，第 489 页。

② （宋）韩维：《南阳集》卷二《和晏相公西湖》，《四库全书》第 1101 册，第 511 页。

③ （宋）韩维：《南阳集》卷一一《和微之》，《四库全书》第 1101 册，第 607 页。

④ （宋）梅尧臣：《同诸韩及孙曼叔晚游西湖》，朱东润编年校注《梅尧臣集编年校注》，第 400 页。

⑤ （宋）郑刚中：《北山小集》卷七《次韵和颍昌叶翰林七首》，《四库全书》第 1130 册，第 71 页。

⑥ （宋）韩维：《南阳集》卷一三《和晏相公湖上十月九日三首》，《四库全书》第 1101 册，第 620 页。

⑦ （宋）韩维：《南阳集》卷一一《和尧夫思湖上秋时见寄》，《四库全书》第 1101 册，第 610 页。

⑧ （宋）梅尧臣：《和仲文野湖步至新堰上》，朱东润编年校注《梅尧臣集编年校注》，第 384 页。

⑨ （宋）韩维：《南阳集》卷一三《和晏相公湖上十月九日三首》，《四库全书》第 1101 册，第 621 页。

⑩ （宋）梅尧臣：《雪后资政侍郎西湖宴集偶会》，朱东润编年校注《梅尧臣集编年校注》，第 321 页。

⑪ （宋）韩维：《南阳集》卷一三《和晏相公湖上十月九日三首》，《四库全书》第 1101 册，第 620 页。

⑫ （宋）梅尧臣：《西湖对雪》，朱东润编年校注《梅尧臣集编年校注》，第 319 页。

⑬ （宋）刘敞：《公是集》卷一一《晚过西湖》，《四库全书》第 1095 册，第 490 页。

东汉先贤陈寔、荀淑而建。① 有诗言："古贤高尚不争名，行止由来动杳冥。今日浪为千里客，看花惭上德星亭。"② 表达了对先贤的爱慕敬仰。而唐郡守薛能诗句："汉水南流东有堤，堤边亭是武陵溪。槎松配石堪僧坐，蕊杏含香欲乌啼。高处月生苍海外，远郊山在夕阳西。"③ 则将该亭在西湖的大体位置，及岸边的松、石、人、鸟、花等景观勾勒出来。

（2）绿鸭亭。唐代薛能创建。影响到该湖的别称雅号，如"渺渺鸭头春"，④ "一竿同钓鸭陂头"⑤ 等即是。宋文士李廌曾登临此亭，曾留下脍炙人口的诗句："澄波渝沦鸭头绿，秋水清于春水明。芰裳已逐秋光尽，藻带暗藏春意生。"⑥

（3）展江亭。该亭"清绝如家"，⑦ 是消夏避暑的好地方——"广寒宫"。⑧ 在此可以"看尽渚莲红"，⑨ 品鉴海棠花，以至于众多川蜀知识分子"梦魂不复过西州"，⑩ 使许昌成为诸如苏轼、苏辙、范镇等人的第二故乡。⑪

（4）湖光亭。许昌西湖上的又一著名景点。该亭由谁创建已不可考，但通过一些传世诗句，可以再现该亭景象："从容陟九层，指顾纷百态"，⑫ "只应空旷中，缥缈飞神仙"。⑬ 说明该亭为九级之高亭，凭栏远望，令人心

---

① （明）李贤等：《明一统志》卷二六《德星亭》，《四库全书》第 472 册，第 636 页。

② （唐）胡曾：《咏史诗》卷下《颍川》，《四库全书》第 1083 册，第 441 页。

③ （宋）李昉等：《文苑英华》卷三一六《许州德星亭》，中华书局，1966，第 1989 页。

④ （宋）梅尧臣：《与道损仲文子华陪观新水碢》，朱东润编年校注《梅尧臣集编年校注》，第 383 页。

⑤ （宋）韩维：《南阳集》卷一〇《和曾令绰买宅贻景仁》，《四库全书》第 1101 册，第 594 页。

⑥ （宋）李廌：《济南集》卷四《绿鸭亭》，《四库全书》第 1115 册，第 761 页。

⑦ （宋）韩维：《南阳集》卷一一《寓展江亭谢尧夫寄酒及花》，《四库全书》第 1101 册，第 609 页。

⑧ （宋）韩维：《南阳集》卷一四《和微之游湖春夏秋冬四绝》，《四库全书》第 1115 册，第 635 页。

⑨ （宋）韩维：《南阳集》卷一一《送忠玉提刑还朝》，《四库全书》第 1101 册，第 609 页。

⑩ （宋）韩维：《南阳集》卷一四《展江亭海棠四首》，《四库全书》第 1101 册，第 110 页。

⑪ （宋）朱熹：《朱子全书》卷九〇《安人王氏墓表》："盖范氏，自蜀郡忠文公中书荣国公徙居许洛，至是始还故乡。"（上海古籍出版社，2002，第 10 页）

⑫ （宋）邹浩：《道乡集》卷三《次韵和韩大资湖光亭对雪之作》，《四库全书》第 1121 册，第 184 页。

⑬ （宋）邹浩：《道乡集》卷二《次德符湖光亭之什》，《四库全书》第 1121 册，第 170 页。

旷神怡。韩维诗句"雪尽尘消径露沙……翠痕满地初生草"，[①] 描述的是此亭初春之景象；而"梅花冒雪轻红破，湖面先春嫩绿还"，[②] 则体现了冬日红梅白雪景致。需要注意的是，该亭壁画"于佛道鬼神，山林人兽，无不精绝"，[③] 吸引了众多文人游客的眼球，增添了些许宗教文化因素。

（5）流杯亭、信美亭、听水亭。流杯亭，是宋初郡守李遵勖所建，在湖之西北角。亭东、西遍植果树、花草，并砻石作渠，引潩水注于亭中，"为浮觞乐饮之所"。[④] 诗人梅尧臣，"来从百花底，转向众宾前"，[⑤] 曾携友人于此宴集；信美亭，该亭高爽华美，可南瞻津浒，[⑥] 北眺京阙；[⑦] 听水亭，亭名颇具诗意。苏辙等认为此地"夜雨朝晴似蜀天"，[⑧] 故将其宅第建在该亭附近。

（6）会景亭、象冈亭。会景亭位于西湖北岸正中，为北宋中期名相吕夷简所建。登亭可"临瞰泉水，禽鱼卉木，形无遁者"；[⑨] 象冈亭，此亭规模及景象，尚可描述："泛尽溪流数曲清，竹阴开处见新亭……莲香浮坐断还闻。诛苑结宇才方丈，占尽清风与白云。"[⑩] 看来该亭规模不大，周围密布修竹，仰可以观白云苍狗，俯可以见淙淙清波，应是一处修身养性的佳地。

2. 堂阁景观

（1）清暑堂。北宋钱惟演所建，是建在湖中小岛上，规模较大。因其修建"随所面势，咸极佳趣"。[⑪] 在其左右修建有供人垂钓、射箭用的钓台、

---

① （宋）韩维：《南阳集》卷九《登湖光亭》，《四库全书》第1101册，第590页。

② （宋）韩维：《南阳集》卷一〇《和景仁同稚卿湖亭对雪》，《四库全书》第1101册，第602页。

③ （宋）郭若虚：《图画见闻志》卷四《崔白》，《四库全书》第812册，第548页。

④ （宋）胡宿：《文恭集》卷三五《流杯亭记》，曾枣庄、刘琳主编《全宋文》第11册，第544页。

⑤ （宋）梅尧臣：《依韵和李密学会流杯亭》，朱东润编年校注《梅尧臣集编年校注》，第377页。

⑥ （宋）张嵲：《紫微集》卷八《信美亭二首》，《四库全书》第1131册，第408页。

⑦ （宋）宋庠：《元宪集》卷一五《晚登信美亭》，《四库全书》第1087册，第513页。

⑧ （宋）邹浩：《道乡集》卷七《湖上访世美不遇》，《四库全书》第1121册，第229页。

⑨ （宋）胡宿：《文恭集》卷三五《流杯亭记》，曾枣庄、刘琳主编《全宋文》第11册，第543页。

⑩ （宋）韩维：《南阳集》卷一四《游象冈亭偶成二绝》，《四库全书》第1101册，第634页。

⑪ （宋）胡宿：《文恭集》卷三五《流杯亭记》，曾枣庄、刘琳主编《全宋文》第11册，第543页。

射垛，吸引了众多老人、孩童。

（2）净居堂。该堂在会景亭的北边，周边密植梅梨桃杏，面积达"十亩"，① 是一处相对独立的园林。

3. 池渠硙景观

（1）池。《流杯亭记》载："'净居'之北，有池曰'迷鱼'。清泉碧树，幽邃闲静，有山间林下之思。"② 即在西湖主体水面之外，还有别有情趣的池塘水体，以供民众游览观赏。在这里，人们或可观赏到"日脚下波心""冲落波上霞"之夕阳美景。③

（2）渠。河渠水道，是西湖景观的一部分，增添了游人的乐趣。在沟渠两岸，栽植"有大竹三十余亩"，④ 形成了曲水园。李遵勖为建流杯亭，堆石作渠，"粼粼萦曲处，有时浮落英"，⑤ 自有一番情趣。

（3）硙。硙是利用水力的机械装置水磨。史载，李遵勖在建造流杯亭后，又在"湖之坤隅，乘羡水以作硙，纾旅力之弊，广群游之观"。⑥ 该硙的建成，既有水利之功，又增添了一处新奇景观。诗人梅尧臣对此描述道："湖壖此兴垲，许俗见仍稀。激射聊因势，回环岂息机。"⑦

4. 桥船等景观

（1）桥。在西湖，"红桥朱阁影参差"，⑧ 即拱桥与亭榭等构成了一幅组合式美景。桥连舟转，方便了游览活动。宋人刘敞曾在暑夏傍晚沿着

---

① （宋）胡宿：《文恭集》卷三五《流杯亭记》，曾枣庄、刘琳主编《全宋文》第 11 册，第543 页。

② （宋）胡宿：《文恭集》卷三五《流杯亭记》，曾枣庄、刘琳主编《全宋文》第 11 册，第543 页。

③ （宋）梅尧臣：《莲塘》，朱东润编年校注《梅尧臣集编年校注》，第 354 页。

④ （宋）叶梦得：《石林诗话·许昌西湖》，《四库全书》第 1478 册，第 989 页。

⑤ （宋）梅尧臣：《流泉》，朱东润编年校注《梅尧臣集编年校注》，第 355 页。

⑥ （宋）胡宿：《文恭集》卷三五《流杯亭记》，曾枣庄、刘琳主编《全宋文》第 11 册，第544 页。

⑦ （宋）梅尧臣：《与仲文子华陪观新水磴》，朱东润编年校注《梅尧臣集编年校注》，第382 页。

⑧ （宋）范纯仁：《范忠宣公文集》卷四《西湖四时四首》，《四库全书》第 1104 册，第584 页。

"老木森亭亭"① 的曲折小径,走上西城桥,"怅然念远渚,兴尽复行谣。"②

(2)舟船。烟波浩渺的湖面上,自然少不了舟船的影子:"春光集渔舠"③ "鸭子陂中有钓舡"④ "新试画舡浮鹢首"⑤ "舟泛荷香柳影中"⑥ "菱蔓遥迎画舸开"⑦ "日暮倚风归棹急"⑧ "惊鹭飞鸣避画桡"⑨ "移船影动波心月,横笛声随水面风"。⑩ 可见,舟舫或静浮,或游荡,或疾驶,成为西湖不可或缺的景观要素。如下诗句:"谁能尽一醉,灯火宿船篷",⑪ "妙龄才子更豪酌,月中醉倒西湖船",⑫ 则生动体现了以西湖游船为载体的世俗画卷。

5. 寺院、民居等景观

"湖水与濠接,岸亭将寺邻。"⑬ 散布在西湖周边的寺院、庭院成为西湖景观的重要部分,并在某种程度上提升了西湖的文化韵味。

(1)开元寺(观),始建于唐代。因其阁楼颇高,宜于望远:能"一阁见一郡,乱流仍乱山"。⑭ 该寺(观)壁画"五百高僧,资质风度,互有意思,坐立瞻听,皆得其妙貌慈阁,以动观者"。⑮ 为宋初名家赵光辅所作。尤其是所塑老君像据传曾"自动",⑯ 相当有灵性,增添了该寺(观)

---

① (宋)邹浩:《道乡集》卷三《次韵德符访世美》,《四库全书》第1121册,第182页。
② (宋)刘敞:《公是集》卷一一《晚过西湖》,《四库全书》第1095册,第490页。
③ (宋)邹浩:《道乡集》卷一《次韵醇中见寄》,《四库全书》第1121册,第169页。
④ (宋)韩维:《南阳集》卷一一《答外孙杨承务》,《四库全书》第1101册,第610页。
⑤ (宋)韩维:《南阳集》卷一〇《和况之》,《四库全书》第1101册,第598页。
⑥ (宋)范纯仁:《范忠宣公文集》卷四《西湖四时四首》,《四库全书》第1104册,第584页。
⑦ (宋)韩维:《南阳集》卷一三《和晏相公西湖》,《四库全书》第1101册,第620页。
⑧ (宋)杨时:《龟山集》卷四一《颍昌西湖泛舟》,《四库全书》第1125册,第475页。
⑨ (宋)韩维:《南阳集》卷一四《和杜孝锡展江亭三首》,《四库全书》第1101册,第631页。
⑩ (宋)范纯仁:《范忠宣公文集》卷五《秋晴思西湖寄韩少师》,《四库全书》第1104册,第587页。
⑪ (宋)韩维:《南阳集》卷七《西湖雨中同公懿诸君饮》,《四库全书》第1101册,第568页。
⑫ (宋)邹浩:《道乡集》卷三《戏世美》,《四库全书》第1121册,第181页。
⑬ (宋)梅尧臣:《晏公且将有宛丘之命》,朱东润编年校注《梅尧臣集编年校注》,第444页。
⑭ (宋)李昉等:《文苑英华》卷三一四《题开元寺阁》,第1971页。
⑮ (宋)刘道醇:《宋朝名画评》卷一《赵光辅》,《四库全书》第812册,第451页。
⑯ (元)脱脱等:《宋史》卷六七《五行五》,中华书局,1978,第1483页。

的影响。

（2）观音堂。大概建于北宋中后期，在西湖西南水中，"乃四门亭子，常有大蛇居之，民不敢近。"为驱邪避患，人在此塑造了一尊观音像，耸立西湖上①。因该像原型太皇太后"慈圣光献法容"②而塑，颇具皇家亲和力和宗教威仪，成为民众的膜拜对象。

（3）湖畔民居、城垣等

这些建筑为西湖景观增辉不少，如西湖东畔孙曼叔的"铃斋"，被宋庠写进了诗中："更赖鸭陂能慰我，铃斋西畔似江天。"③再如苏轼之子苏过在西湖南岸，依水营建了自己的庭院："水竹数亩，名曰'小斜川'。"④处于西湖东南部的城墙、门楼及长堤，因"楼峻城千堞，堤长竹万竿"，⑤都丰富了西湖外围景观。

三　"是中有真趣，轩裳付悠悠"⑥

——许昌西湖的游宴唱和

"池台信宏丽，贵与民同赏。"⑦景观斓然，需要人的欣赏分享，流水旨趣，需要知音者的聆听品鉴。正是各色民众的参与、融入，才使鸭湖情趣得到领悟，美景得以升华，展现出鲜明的时代特色和生活气息。

湖民——依靠西湖为生者，采莲捕鱼，"砧声渔唱"，⑧辛苦而悠然。是他们，使鱼虾菱芡之饶得以收获，丰富了人们的餐桌："贪饵鲜鳞荐客盘"⑨

---

① （宋）刘攽：《彭城集》卷一八《许州西湖观音像》，《四库全书》第 1096 册，第 177 页。

② （宋）张舜民：《画墁录》，历代笔记小说大观本，丁如明校点，上海古籍出版社，2012，第 60 页。

③ （宋）宋庠：《元宪集》卷一〇《自洛移许初至郡斋作》，《四库全书》第 1087 册，第 475 页。

④ （元）脱脱等：《宋史》卷三三八《苏轼附子过传》，第 10818 页。

⑤ （宋）韩维：《南阳集》卷一〇《游曲水园和景仁》，《四库全书》第 1101 册，第 596 页。

⑥ （宋）郑刚中：《北山小集》卷七《次韵和颖昌叶翰林》，《四库全书》第 1130 册，第 71 页。

⑦ （宋）苏轼撰，（清）王文诰辑注《苏轼诗集》卷二《许州西湖》，第 81 页。

⑧ （宋）邹浩：《道乡集》卷三《戏世美》，《四库全书》第 1121 册，第 181 页。

⑨ （宋）宋庠：《元宪集》卷一二《闰三月再到西湖花卉已过春余夏早景物亦佳因复留连日夕忘返》，《四库全书》第 1087 册，第 489 页。

"菱芡亦易求"。① 相比这些劳作者，踏青游湖的其他民众，则多了一份闲适："挈楛三且两"② "村歌社舞谩盈船"。③ 湖畔小径上，"醉客卧道傍，扶起尚偃仰"。④ 一对步履蹒跚、醉意朦胧的夫妇，正喧呼走来，更为恣意：

> 许昌制笔人郭纯隶，业甚精，远人多求之。所入日限五千，数足，不论早暮，闭肆出游，恣其所之，尽醉始回，虽寒暑不失。⑤

由此可见许昌市民之知足常乐、洒脱无羁、追求情趣的一面。

乡绅贤达、文人骚客，也是鸭湖的常客。他们境遇不同，旨趣各异，或独行，或结伴，或静思，或吟哦，或醉歌，自为西湖增色不少。儒者程颐，游湖之际，也不忘追求物外之趣，竟于石凳小坐时，因"脚踏处便湿"，竟感悟出"天地升降"的大道。⑥ 僧人芳公等于湖边漫步，"参禅摩道"，⑦ 直至鱼沉鹭起才各归家⑧。远离朝堂的晏殊，招伴游湖，"每逢嘉景便开颜"⑨。学者杨时，独步湖边，"飘然自得江湖趣，陡起归与万里心"。⑩ 随后南归，播洛学于南国。大诗人梅尧臣，每每"写景未能就，娟娟月上城"，⑪ 因迷恋湖景而忘返。"劳生从宦意多违，常恨交亲会合稀。父子相随今不间，主

---

① （宋）苏辙：《苏辙集·栾城后集》卷四《和迟田舍杂诗九首》，陈宏天等点校，中华书局，1990，第 927 页。

② （宋）苏轼撰，（清）王文诰辑注《苏轼诗集》卷二《许州西湖》，第 81 页。

③ （宋）范纯仁：《范忠宣公文集》卷五《和持国听琵琶二首》，《四库全书》第 1104 册，第 586 页。

④ （宋）苏轼撰，（清）王文诰辑注《苏轼诗集》卷二《许州西湖》，第 81 页。

⑤ （宋）范公偁：《过庭录》，见金沛霖主编《四库全书子部精要》下册，天津古籍出版社，1998，第 761 页。

⑥ 儒家经典编委会编《儒家经典》，团结出版社，1997，第 1592 页。

⑦ （宋）韩维：《南阳集》卷一○《和冲公上人》，《四库全书》第 1101 册，第 597 页。

⑧ （宋）韩维：《南阳集》卷一一《同芳公上人游湖》，《四库全书》第 1101 册，第 608 页。

⑨ （宋）韩维：《南阳集》卷一○《和景仁同稚卿湖光亭对雪》，《四库全书》第 1101 册，第 602 页。

⑩ （宋）杨时：《龟山集》卷四一《颍昌西湖泛舟》，《四库全书》第 1125 册，第 475 页。

⑪ （宋）梅尧臣撰：《王德言夏日西湖晚步十韵次而和之》，朱东润编年校注《梅尧臣集编年校注》，第 356 页。

宾交错暮忘归。"这是描述韩维兄弟、子侄们欢聚西湖的场景。因宦游四方，分多聚少，偶尔团聚西湖，赏景集宴，着实难得。所以有"尽日清欢犹有憾"① 的感慨。著名书法家米芾夜游西湖，触景抒情，赋无声之诗——泼墨作画，尽得西湖青松意蕴："淡墨画成，针芒千万，攒错如铁。今古画松，未见此制。"②

"美矣流水意，当为知音赏。"③ 宋徽宗时，郡守叶梦得组织许昌诗社，唱酬吟咏，佳作屡现，遂编为《许昌唱和集》传世，更是增光许昌，华美西湖。史载：

> 叶梦得少蕴镇许昌日……苏翰林二子迨仲豫、过叔党……时相从于西湖之上，辄终日忘归，酒酣赋诗，唱酬迭作，至屡返不已。一时冠盖人物之盛如此！④

此见许昌西湖不仅是景观之地，也是许昌文化交流的重要平台。"宣风阜俗，怡神乐职"，⑤ 郡僚们也宴聚西湖。如寓居许昌的范纯仁等，⑥ "官冷身闲百不营"，⑦ 有更多闲暇时间聚会。一边游湖赏花，一边品酒听歌，过着放旷闲适的生活。在职官员在公务之余，也来到西湖。如郡守李遵勖聚会流杯亭，"朱鲔登俎，渌醑在樽，流波不停，来觞无算，人具醉止"⑧。即将归休的长官韩维，表现得更为出格。请看如下史料：

---

① （宋）韩维：《南阳集》卷一一《和厚卿饮西湖时小侄同赴》，《四库全书》第 1101 册，第 94 页。

② （宋）邓椿撰、刘世军校注《画继校注》，广西师范大学出版社，2015，第 49 页。

③ （宋）刘敞：《公是集》卷一一《许州西湖》，《四库全书》第 1095 册，第 75 页。

④ （宋）陆友仁：《研北杂志》卷上，见舒大刚等校注《斜川集校注》"附录"，巴蜀书社，1996，第 780 页。

⑤ （宋）胡宿：《文恭集》卷三五《流杯亭记》，曾枣庄、刘琳主编《全宋文》第 11 册，第 544 页。

⑥ （宋）韩维：《南阳集》卷一一《同芳公上人游湖》："韩维、范纯仁、卞大夫在坐，桃菊盛开。宾主四人，并寮颖昌。"（《四库全书》第 1101 册，第 91 页）

⑦ （宋）韩维：《南阳集》卷一〇《予会宾答微之惠诗》，《四库全书》第 1101 册，第 91 页。

⑧ （宋）胡宿：《文恭集》卷三五《流杯亭记》，曾枣庄、刘琳主编《全宋文》第 11 册，第 544 页。

> 韩持国（维）为守，每入春，常日设十客之具于西湖，且以郡事
> 委僚吏，即造湖上。使吏之湖门，有士大夫过，即邀之入，满九客而
> 止。辄与乐饮终日，不问其何人也。曾存之常以问公曰："无乃有不得
> 已者乎？"公曰："汝少年，安知此？吾老矣，未知复有几春。若待可
> 与饮者而后从，吾之为乐无几，而春亦不吾待也。"①

这种宴集方式固然令人叫绝，但不免有种今朝有酒今朝醉的颓废心态。

当然，也有官吏目睹西湖之繁华，而更加体恤普通百姓之困苦。如苏轼
感慨道："但恐城市欢，不知田野怆。颍川七不登，野气长苍莽。"② 官员郑刚
中也在游湖时"徐行问疾苦"，③ 尽可能地了解百姓生活情况，谋求应对办法。

四　"许下今乐郊，胜事亦复繁"④

——许昌西湖兴盛之因

北宋时期，许昌西湖作为旅游胜地，吸引了众多的游客，声名远播。产
生这种现象的原因何在？值得玩味探析。根据有关史料，笔者分析认为大致
与以下因素密切相关。

1. 自然环境因素

许昌地处中原腹地，"西控汝洛，东引淮泗，舟车辐集，转输易通。原
野宽平，耕屯有赖"，⑤ 且"山色来嵩室，风光彻汝坟"。⑥ 历来是水、陆交
通枢纽，经济较为富足，为宜居游观之地。请看如下史料：

> 许洛间有椒萼梅，千叶黄香梅。⑦

---

① （宋）叶梦得：《避暑录话》，田松青、徐时仪校点，上海古籍出版社，2012，第 104 页。

② （宋）苏轼撰，（清）王文诰辑注《苏轼诗集》卷二《许州西湖》，第 81 页。

③ （宋）郑刚中：《北山集》卷七《次韵和颍昌叶翰林》，《四库全书》第 1130 册，第 71 页。

④ （宋）郑刚中：《北山集》卷七《次韵和颍昌叶翰林》，《四库全书》第 1130 册，第 70 页。

⑤ （清）和珅等：《大清一统志》卷一七二《许州》，《四库全书》第 477 册，第 461 页。

⑥ （宋）范仲淹：《范仲淹全集》卷四《寄题许州钱相公信美亭》，李勇先、王蓉贵校点，四川大学出版社，2007，第 86 页。

⑦ （宋）朱弁：《曲洧旧闻》卷三，中华书局，2002，第 125 页。

地胜依危堞，城高若半峰。①

王都且不远，乐此林泉性。②

大中祥符九年……引沙河以漕京师……以通舟运。③

泛西湖、浮潩水，登香菜楼、望陉山，起居甚适。④

水竹相望许洛居（原注：朱希真尝言山阴富水竹，有洛阳、许下
气象）。⑤

以上史料说明，北宋时期的许州，近山临水，气温较高，气候温润，竹林密
布，海棠、蜡梅、飞鹤寻常见。而交通便利，则方便了周边民众的汇集。为
该地区的经济文化发展、西湖繁盛提供了保障。

2. 社会政治因素

北宋时期，许昌称"雄藩"，⑥"领南辅都总管"，⑦治长社县（今许昌
市魏都区），辖"长社、长葛、临颍、许昌、阳翟、郾城、舞阳"⑧等数县。
"当四通五达之郊，邮传交驰，冠盖相望"，⑨是京都开封以南的政治、军
事、交通重镇。

自宋初"杯酒释兵权"事件为标志，以相对柔性手段体面安置重臣，
以达到维持政治稳定，成为北宋的政治传统。许昌离京不远且环境优美，成

---

① （宋）韩维：《南阳集》卷九《载酒过景仁东园》，《四库全书》第 1101 册，第 585 页。

② （宋）梅尧臣：《和仲文野湖步至新堰上》，朱东润编年校注《梅尧臣集编年校注》，第
384 页。

③ （元）脱脱等：《宋史》卷九四《河渠四·蔡河》，中华书局，1985，第 2337 页。

④ （宋）司马光：《传家集》卷六二《答范景仁书》，《四库全书》第 1094 册，第 557 页。

⑤ （宋）陆游：《新凉书怀》，钱忠联等编《剑南诗稿校注》，浙江教育出版社，2011，第
387 页。

⑥ （宋）陈思等辑《两宋名贤小集》卷四七《闻范景仁迁居许昌为诗寄之》，《四库全书》第
1362 册，第 628 页。

⑦ （宋）郑刚中：《北山小集》卷一九《京西北路提举常平司新移公宇记》，《四库全书》第
1130 册，第 197 页。

⑧ （宋）乐史：《太平寰宇记》卷七《河南道七·许州》，王文楚等点校，中华书局，2007，
第 125 页。

⑨ （宋）杨亿：《武夷新集》卷一一《故翰林侍读学士正奉大夫尚书兵部侍郎兼秘书监上柱国
江陵郡开国侯食邑一千三百户食实封三百户赐紫金鱼袋赠兵部尚书杨公行状》，《四库全
书》第 1086 册，第 490 页。

为权贵暂离权力中心，"濯烦襟而养妙气"①之理想地。如前文提到的李遵
勖、钱惟演、张士逊、②宋庠、宋祁、吕夷简、晏殊、贾昌朝、范仲淹、韩
维等诸多朝臣，都曾被安置到许昌为守。

同时，由于"澶渊之盟"的签订，外患减少，宋王朝进入相对和平时
期，"四方兵备，纵弛不复振，器械刓朽，教场鞠为蔬圃"。③尤其是较为宽
松的政治背景，使官吏散漫，民众享乐之风渐行，以至于"尽日临流忘吏
事"，④社会乱象频仍。此外，北宋中后期的朝堂党争，也使一大批官僚寓
居许昌，纵酒西湖，歌咏唱和。如苏世美、史从龙、崔德符、裴仲孺、胥述
之等，以文行结盟，"间或浮清溪，款招提，谈经议史……先后倡酬，以是
弥年，裕如也……共得若干篇，名之曰《颍川集》"。⑤这些社会环境因素，
使一些官僚、名人来到许昌；也正是他们的推动，许昌西湖面积不断得以拓
展，景观逐步增加，逐步成为一处闻名遐迩的游赏胜地。

3. 经济发展因素

北宋时期，社会较为稳定，经济快速发展，人口倍增，为旅游业的发展
提供坚实保障。史载："自五代之季，生齿彫耗，太祖受命而太宗、真宗休
养百姓，天下户口之数，盖倍于前矣。"⑥而许昌，也逐步改变了"地旷人
稀""荆棘布野"状况，⑦荒田变沃土，人口数量大增。司马光称誉说：
"惟许昌之奥区……土毛丰衍，民齿伙繁。"⑧其社会经济的发展情况，主要
表现为以下几个方面。

---

① （宋）胡宿：《文恭集》卷三五《流杯亭记》，曾枣庄、刘琳主编《全宋文》第11册，第
543页。

② （宋）宋祁：《景文集》卷五七《张文懿公士逊旧德之碑》："以宰相秩复守许昌，公不以
汉相尊废，事事为政有体，不曲折烦苛。"（《四库全书》第1088册，第542页）

③ （宋）叶梦得：《避暑录话》，田松青、徐时仪校点，第165页。

④ （宋）宋庠：《元宪集》卷一二《闰三月再到西湖花卉已过春余夏早景物亦佳因复留连日夕
忘返》，《四库全书》第1087册，第489页。

⑤ （宋）邹浩：《道乡集》卷二七《颍川诗集叙》，《四库全书》第1121册，第406页。

⑥ （元）脱脱等：《宋史》卷三〇一《梅询传》，中华书局，1985，第9985页。

⑦ （宋）苏辙：《苏辙集·栾城应诏集》卷一〇《民政下·第三道》，陈宏天等点校，中华书
局，1990，第1332页。

⑧ （宋）司马光：《传家集》卷一七《为文相公许州谢上表》，《四库全书》第1094册，第
173页。

首先，政府加大了对地方医疗卫生方面的投入，使民众的健康得到一定程度的保障。史载："列郡每夏岁支系省钱二百千，合药散军民"。北宋后期叶梦得主政许昌时："岁适多疾，使有司修故事……遂并出千缗，市药材京师。余亲督众医分治，率幕官轮日给散。"① 其次，除当地人口自然增长外，还积极吸纳外来流民、归降人口。叶梦得曾言："余在许昌，岁适大水灾伤，京西尤甚，流殍自邓、唐入吾境，不可胜计。"② 另，"契丹于越部下大林寨使王昭敏等归附……于许州给田归之"。③ 使许昌人口快速增加。此外，针对河流泛滥，毁坏农田的情况，政府也积极予以治理："（宋太宗）淳化二年，以汜水泛溢，浸许州民田，诏自长葛县开小河，导潩水，分流二十里，合于惠民河。"④ 去害兴利，有效促进了当地经济的发展。

众多官宦富户纷纷安家许州，也在某种程度上助推了该地经济发展。请看如下史料：

> （孙）全照许州有别墅，求典是州（许州），可之。⑤
>
> （王）嗣宗尝游是州（许州），别墅在焉。⑥
>
> （许州）城隅有大第，世本官吴楚。尝同太湖石，不惜持金取。欲作园林胜，园林宁暇睹。⑦
>
> （李昌龄）尝典许州……包苴辐重，悉留贮焉。⑧
>
> 崇宁中，（苏辙）筑室于许，号"颍滨遗老"。⑨
>
> （苏过）葬轼汝州郏城，遂家颍昌。营湖阴水竹数亩产，名曰"小

---

① （宋）叶梦得：《避暑录话》，田松青、徐时仪校点，第112页。

② （宋）叶梦得：《避暑录话》，田松青、徐时仪校点，第110页。

③ （宋）李焘：《续资治通鉴长编》卷五二，真宗咸平五年七月壬戌，中华书局，1980，第1145页。

④ （元）脱脱等：《宋史》卷九四《河渠四·蔡河》，中华书局，1985，第2337页。

⑤ （元）脱脱等：《宋史》卷二五三《孙全照传》，第8875页。

⑥ （元）脱脱等：《宋史》卷二八七《王嗣宗传》，第9651页。

⑦ （宋）梅尧臣：《同道损世则元辅游西湖于卞氏借双鹤以观》，朱东润编年校注《梅尧臣集编年校注》，第399页。

⑧ （元）脱脱等：《宋史》卷下八七《李昌龄传》，第9652页。

⑨ （元）脱脱等：《宋史》卷三三九《苏辙传》，第10835页。

斜川"。①

  司门范郎中云，叔父蜀郡公镇，近居许昌……②

如上所列大族名门的加入，不仅增加了许州的经济实力，也促进了当地城市建设，刺激了西湖胜景的发展。此外，由于朝廷元老重臣出任郡守，许州办公经费也逐步宽裕。史载：宋真宗天禧三年，"增许州公用钱至七十万"。③正是较为充裕的办公经费，使宋庠等许昌郡守能够进行一些西湖亭阁等景观建设。正是在当地经济获得较大发展的情况下，民众才能"康强直行乐"，④郡守们才安心"间引参佐，觞于湖上"。⑤

  4. 文化环境因素

  深厚的历史文化底蕴，众多名儒大德的汇聚，良好的文化艺术氛围，无疑是催化、助推许昌西湖知名度的重要因素。诚如宋人张耒所言："许昌古名都，气象良未替。"⑥许昌是历史文化名城，具有深厚的文化底蕴，不仅保留着曹魏许都遗存，"三绝碑""尹宙碑""勒马挺风图"等文化艺术瑰宝，还流传着许由、郭嘉、荀攸、荀彧等贤臣名士事迹，传诵着"薛许昌能"之诗篇佳句。唐宋时，这里仍是士大夫之渊薮，风流具在。长时期的和平环境和重视文教的社会氛围，使北宋许昌在教育、文化艺术方面有良好的发展："汝、郑、许、洛之间，士多治辞赋，从科举"，⑦英才辈出，号为"儒海"。⑧出现这种情况，要归功于当职官僚们的引领敦促，助推了当地文化教育事业的发展。请看如下史料：

① （元）脱脱等：《宋史》卷三三九《苏过传》，第10818页。
② （宋）庞元英：《文昌杂录》卷四，中华书局，1958，第43页。
③ （宋）李焘：《续资治通鉴长编》卷九三，真宗天禧三年三月乙丑，第2139页。
④ （宋）韩维：《南阳集》卷一〇《游曲水园和景仁》，《四库全书》第1101册，第79页。
⑤ （宋）胡宿：《文恭集》卷三五《流杯亭记》，曾枣庄、刘琳主编《全宋文》第11册，第544页。
⑥ （宋）张耒：《张耒集》卷六《次颍川》，中华书局，1990，第69页。
⑦ （宋）毕仲游：《西台集》卷一四《王彦明墓志铭》，陈斌校点，中州古籍出版社，2005，第234页。
⑧ （宋）邹浩：《道乡集》卷二七《颍川诗集叙》，《四库全书》第1121册，第406页。

丞相文公（彦博）出镇许昌，士大夫愿从后车以自效于幕下者甚众。①

韩维与二先生（程颢、程颐）善，屈致于颍昌，暇日同游西湖……②

（曹偁）为许州都监……尝从梅尧臣学诗。③

济阳丁公（丁谓）为举子时，与孙汉公客许田，公（胡则）待之甚厚。④

（崔象之）从事许昌日……其作诗尤工，人多赏其清丽。⑤

初，公（晁端仁）少日与……范公纯礼，俱学许昌。⑥

（孙侑）徙居颍川……聚书数千卷，以教诸子……遂以文学有大名。⑦

以上史料显示，确有较多许州长官，发挥了伯乐荐才之效，使许昌成为青年学子心仪之地，纷纷来此求学问疑。同时，诸如"西湖"为题材的歌诗，则成为联络人们思想感情的纽带，无形中提高了许昌的知名度和影响。

再者，寺观的兴盛，名僧大德的莅临，也在某种程度上使许昌文化艺术氛围更加浓厚。表现有二。一是寺观本身的文化艺术价值。如龙兴寺北廊帝释梵王壁画，就出自著名画家武宗元之手；开元寺则有宋初名画家赵光辅的手迹；⑧ 而西湖亭榭之上的精美彩绘，大多出自画匠崔白之手，⑨ 皆

① （宋）司马光：《传家集》卷七〇《送李子仪序》，《四库全书》第 1094 册，第 642 页。

② （宋）李幼武：《宋名臣言行录外集》卷三，《四库全书》第 449 册，第 673 页。

③ （元）脱脱等：《宋史》卷四六四《曹偁传》，第 15373 页。

④ （宋）范仲淹：《范文正文集》卷一三《兵部侍郎致仕胡公墓志铭》，李勇先、王蓉贵校点，四川大学出版社，2007，第 321 页。

⑤ （宋）韩琦：《故尚书比部员外郎崔君墓志铭》，李之亮、徐正英笺注《安阳集编年笺注》（下），巴蜀书社，2000，第 1519 页。

⑥ （宋）晁补之：《济北晁先生鸡肋集》卷六七《朝请大夫致仕晁公墓志铭》，上海书店，1989，第 995 页。

⑦ （宋）韩琦：《故太常博士通判应天府赠光禄少卿孙公墓志铭》，李之亮、徐正英笺注《安阳集编年笺注》（下），第 1472 页。

⑧ （宋）郭若虚：《图画见闻志》卷三《赵光辅》，《四库全书》第 812 册，第 535 页。

⑨ （宋）郭若虚：《图画见闻志》卷四《崔白》，《四库全书》第 812 册，第 548 页。

为"奇绝"①之品。二是高僧的学识修养影响:"颖昌府奏乞以保寿院为十方住持,仍乞以'天宁万寿禅院'为额,招徕四方学者。"②"韩持国许昌私第凉堂深七丈,每盛夏,犹以为不可居。常颖士适自郊居来,因问郊外凉乎? 曰:'凉。'持国诘其故,曰:'野人自知无修檐大厦,且起不畏车马衣冠之役,胸中复无他念……'而语未竟,持国亟止之曰:'汝勿言,吾心亦凉矣'。"③ 显然,通过政府的积极招徕,众多的名僧大德来到许昌,并借助其渊博学识、身体力行,熏陶感染着广大信徒和民众,产生了广泛影响,提升了许州的宗教文化水平和影响力。

五 结语

许昌西湖肇自唐代,发展繁盛于北宋,至金、元而泯没。这一过程的发生,是当时社会政治环境、自然地理和物候环境、人文社会环境及社会经济兴衰等因素共同作用的结果。

其一,社会政治环境是必要条件。如唐末的政令不一、藩镇割据,直接导致了城防建设的强化,许昌西湖也就在这种情况下应运而生。北宋相对宽松的政治生活环境,以及许昌长时期作为京都西南门户的政治地位,使其成为朝廷重臣、名儒大德的汇聚地,从而促进了许昌西湖作为休闲娱乐场所的快速发展。

其二,地理、物候自然环境变化是许昌西湖兴亡的关键因素。首先,唐、北宋时期,仍基本处于历史上暖温期阶段。一方面,降水较多,容易造成溟水等河流的泛滥(许昌地区是太行山区到豫东平原过渡的坡地地理环境)。这样,作为城区周边的蓄洪滞洪之所和调节漕河水量的水源,其存在是必要的。同时,充足的降水也使西湖面积不断拓展成为可能。另一方面,

---

① (宋)郭若虚:《图画见闻志》卷三《武宗元》,《四库全书》第812册,第532页。

② (宋)李之仪:《姑溪居士前集》卷三七《颍昌府崇宁万寿寺元赐天宁万寿敕赐改作十方住持黄牒刻石记》,《四库全书》第1120册,第567页。

③ (宋)叶梦得《玉涧襟书》,(元)陶宗仪:《说郛》卷二〇,《四库全书》第877册,第169页。

温润的气候条件，使这里植被茂盛，竹林密布，甚至可以生长海棠、蜡梅等植物，颇具江南、西蜀的物候色彩。故而吸引了如"三苏"、范缜、范仲淹等众多川蜀和南方人才的寓居，有助于许昌乃至西湖的发展。

其三，人文社会环境是许昌西湖文化氛围浓厚的催化剂。一方面，许州本身具有历史文化名人、曹魏故都遗迹众多的深厚底蕴积淀，尤其是唐薛能、宋梅尧臣、苏轼、苏辙、宋祁、韩维、二程、慧远法师等名人大德的莅临，直接地带动当地文化教育及宗教事业的发展繁荣，催生了西湖这一展现许昌乃至北宋文化风俗载体。另一方面，北宋社会安定、政治氛围相对宽松的特定时代背景，使民众得以更广泛地参与西湖游赏活动，使自古而来的中原民众"逸乐嬉游"习俗，也极大推动了西湖景观的发展繁盛。

其四，经济发展是西湖日趋鼎盛的物质保障。一方面，因唐末五代之际战争摧残，造成的人口亡失、良田抛荒现象，在北宋时期已经得到很大改观：人口大增，稻田广布，社会经济得到恢复和发展，民众生活也有了较大改善。正是在这一背景下，西湖游赏活动中才有了更多民众的身影。另一方面，一些官僚大族纷纷携资定居，以及州府财政状况的改善，使许昌城市建设及西湖景观拓展有了可靠的物质基础。

自然，随着北宋政权的亡没、气候变冷，许昌的政治地位不再，加之水陆枢纽地位削弱，人口大量流失、经济萧条，以及自然植被的变化，西湖景观逐步荒芜、消失，也是必然的事情。尽管曾经辉煌一时的许昌西湖已成为历史的记忆，但通过对西湖景观发展情况的考述，对于我们了解历史时期许昌，乃至中原地区的自然、人文和社会风俗变革大有裨益。

宋代救济鳏寡独老的方式及其演变

马晓燕

摘　要　北宋初年，宋廷对鳏寡独老的救济以赏赐为主，辅以季节性救助。宋英宗朝前，京师虽建有福田院，但收容人数极少。其后，宋廷在坚持冬季施以粮米的同时，扩大福田院收养人数，敕令地方建立救助机构，明确规定救济费用来源及救济标准。至宋徽宗朝，集中收养成为救济鳏寡独老的主要方式。南渡后，宋政府恢复、重建居养机构，继续沿用集中收养的方式救助鳏寡独老。在宋代救济鳏寡独老方式的转变中，孟学的崛起与土地制度的变迁是两大重要推动因素。

关键词　宋代　救济　鳏寡独老　居养院　安济坊

宋以前，政府对鳏寡独老的救济基本局限于临时性的赏赐。与前代相比，宋代发生了明显变化，多采用季节性救助及机构集中收养的方式救济鳏寡独老。宋代的救助机构已引起学界较为充分的关注，围绕居养院、安济坊等机构，涌现出一批研究成果。① 现有成果多从制度史的角度对宋代救助机构的建立、管理、运行、演变等问题进行探讨，其关注的对象是救助机构，而不是救助对象，因此较少从整体上系统探讨宋代救济鳏寡独老的方

---

① 代表性成果如下：金中枢《宋代几种社会福利制度》，《宋史研究集》第 18 辑，台北，"国立编译馆"，1987；宋采义《宋代的居养与宽疾》，《史学月刊》1988 年第 2 期；王卫平《唐宋时期慈善事业概说》，《史学月刊》2000 年第 3 期；宋炯《两宋居养制度的发展——宋代官办慈善事业初探》，《中国史研究》2000 年第 4 期。

式及其演变。事实上，宋代救恤鳏寡独老的方式经历了一个由临时性赏赐、季节性救助到集中收养的转变过程。这一转变过程不仅体现了宋代思想文化的变迁，而且也折射出宋代政治、经济的变化。因此，下文将专题探讨宋政府在不同时期救济鳏寡独老的具体方式，并分析影响救济方式转变的相关因素。

一　北宋救济鳏寡独老的方式

北宋时期，宋廷救济鳏寡独老的方式经历了从传统的赏赐到季节性救助、机构集中收养的演变。宋英宗朝以前，宋廷往往在朝廷大礼或雨雪天气赏赐鳏寡独老。虽然京师建有福田院，但收容人数只有 24 人，机构收养还未成为恤养鳏寡独老的主要方式。其后，宋廷在扩大福田院收养人数的同时，增设居养院、安济坊等救助机构，集中收养逐步演变为宋代救济鳏寡独老的主要方式。

（一）宋英宗朝前的救济方式

赏赐是中古时期救济鳏寡孤老的常见方式，这一方式在北宋前期也较为普遍。汉唐以来，政府多在登基、改元、大赦之际赏赐生活困难的鳏寡老人，宋太宗、宋真宗沿袭了这一传统。淳化元年（990），宋太宗改元，大赦天下，"赐鳏寡孤独钱"，[1] 以赐钱的方式传达官方对鳏寡孤老这一弱势群体的关注与恤养。大中祥符四年（1011）八月，宋真宗因东封之事赐"青州孤老惸独民帛"。[2] 除朝廷大礼外，雪寒天气也是宋廷赏赐鳏寡独老的重要时机。淳化四年（993）二月，雨雪大寒，宋太宗遣使"赐孤老贫穷人千钱、米炭"。[3] 嘉祐四年（1059）正月，因雨雪不止，"民饥寒，死道路甚觽"，宋仁宗诏令"遣官分行京城，视孤穷老病者，人赐百钱"。[4] 此外，政

---

① 《宋史》卷五《太宗二》，中华书局，1977，第 91 页。
② 《宋史》卷八《真宗三》，第 149 页。
③ 《宋史》卷五《太宗二》，第 91 页。
④ （宋）李焘：《续资治通鉴长编》（简称《长编》）卷一八九，中华书局，2004，第 4557 页。

府在自然灾害期间，也会赏赐生活能力不足的老疾之人。例如，庆历八年（1048），河北遭受水灾，次年春，"复疾疫"。宋仁宗遂下诏"八十以上及笃疾不能自存者，人赐米一石、酒一斗"，① 通过赏赐的方式救恤无法生存的贫老和残疾之人。

宋仁宗朝后，随着广惠仓的普及，定期施以粮米逐渐成为宋廷恤养鳏寡独老的主要方式。嘉祐二年（1057），在枢密使韩琦的建议下，宋仁宗下诏，"置天下广惠仓"，以作救济之用。二年后，即嘉祐四年，诏令地方州县选派"幕职、曹官各一人专监"广惠仓，每年十月"差官检视老弱疾病不能自给之人"，② 自十一月至次年三月对其施以粮米。由此以来，宋廷常在冬季定期对生活无依的老疾之人施以粮米。

（二）宋英宗朝后的恤养方式

1. 冬季单一的钱米救助

自宋仁宗应韩琦之请在地方建立广惠仓，冬季定期发放粮米成为官方救恤鳏寡孤老的重要方式，这一状况至熙宁年间有所变化。熙宁二年（1069）十一月，制置三司条例司上书进言，建议"出卖天下广惠仓见管田，为河北、河东、京东、陕西四路常平籴本"，③ 这一提议在熙宁四年付诸实施。该年正月，宋神宗正式下诏："出卖天下广惠仓见管田"，"所卖钱申司农寺，为三路并京东常平仓本钱"，④ 广惠仓的财源被截留，充入常平仓作为推行青苗法的储备金。其后，广惠仓的钱斛逐渐转入常平仓，无法继续为生活困难的鳏寡孤老提供粮米。

虽然广惠仓田被出卖，但冬季救济鳏寡独老的传统并未中断。熙宁八年（1075）十一月，京师遭遇大寒风雪，开封府奏请在"新旧城门、相国寺"等处为"京城内外老病孤幼无依乞丐者"⑤ 发放现钱，得到宋神宗的批准。

---

① 《宋史》卷九《仁宗三》，第 227 页。
② 李焘：《长编》卷一八九，嘉祐四年二月乙亥，第 4551 页。
③ 徐松等辑《宋会要辑稿》食货五三之八，上海古籍出版社，2014，第 7200～7201 页。
④ 徐松等辑《宋会要辑稿》食货五三之一一，第 7203 页。
⑤ 李焘：《长编》卷二七〇，熙宁八年十一月辛巳，第 6625～6626 页。

次年，神宗诏令地方州县每十月份统计"老病贫乏不能自存者"，登记入册，并在"十一月朔"与"明年三月晦"① 之间为其提供米豆。由此以来，冬季定期为鳏寡孤老发放豆米的做法得以继续，并成为神宗朝救济鳏寡孤老的法定方式。其后，宋哲宗坚持了这一做法。元祐二年（1087），宋哲宗明确要求畿县为"贫乏不能自存，及老幼疾病、乞丐之人"② 发放米豆，以帮助其渡过严冬。

2. 建立救助机构，集中收养

在救济鳏寡孤老方式的转变中，宋英宗具有先锋作用。北宋初年，政府仿照唐制在京师设置了东、西福田院，"以廪老疾孤穷丐者"，但"给钱粟者才二十四人"，③ 收养人数非常有限。直至宋英宗即位，福田院收养能力大增。嘉祐八年（1063）十二月，宋英宗诏令扩建福田院，"东、西各盖屋五十间"，同时"别置南、北福田院"，规定每所福田院"所养各以三百人为额"。由此以来，福田院救助人数可达 1200 人，远远超过原有人数。同时，宋英宗在还规定"岁出内藏五千贯给之"，后又"易以泗州大圣塔施利钱，增为八百万"，④ 为福田院正常运转提供资金保障。

在政治上表现平平的宋英宗，为何对福田院如此关注呢？李焘认为这与宋英宗的生母任氏有关。任氏为濮王赵允让之妾，被纳为妾室之前生活困窘。据《龙川别志》的记载推测，任氏曾有乞讨的经历，⑤ 这使宋英宗对以救助乞丐为主要功能的福田院产生特殊的感情。正缘于此，宋英宗才会扩建福田院，并增加拨款，使福田院突破单纯的象征意义，具有更为普遍的现实意义。

扩建后的福田院，成为宋廷冬季救助京师鳏寡独老的重要机构。熙宁二年（1069）冬，京畿内外正值寒雪，宋神宗诏令开封府将"老疾孤幼无依

---

① 李焘：《长编》卷二八〇，熙宁十年二月丁酉，第 6865 页。
② 李焘：《长编》卷四〇七，元祐二年十二月甲午，第 9907 页。
③ 《宋史》卷一七八《食货上六》，第 4338 ～ 4339 页。
④ 李焘：《长编》卷一九九，嘉祐八年十二月庚寅，第 4841 页。
⑤ 李焘：《长编》卷一九九，嘉祐八年十二月庚寅，第 4841 页。

乞丐者"集中到福田院收养，并明确指出可"于现今额定人数外收养"，①
不受固有名额限制。熙宁三年十二月，宋神宗再次下诏开封府，将"京城
内外贫寒、老疾、孤幼无依乞丐者""分送四福田院"，②避免他们流离失
所。熙宁六年，福田院在冬季集中收养鳏寡独老的做法，作为一项制度被固
定下来。当年十一月，宋神宗下诏京城内外老疾幼孤无依之人，"并收养于
四福田院"，明确规定"自今准此"。③其后，冬季集中收养成为京师救济鳏
寡独老的固定方式。

由上可知，早在宋神宗时期，救助机构集中收养就已成为京师救济鳏寡
独老的重要方式，然而这一新兴方式直至宋哲宗元符年间才被推广到地方。
元符元年（1098）冬十月，宋政府颁发了居养令：

> 鳏寡孤独贫乏不得自存者，知州、通判、县令、佐验实，官为居养
> 之；疾病者仍给医药。监司所至检察阅视，应居养者，以户绝屋居，无
> 户绝以官屋居之；及以户绝财产给其费，不限月分，依乞丐法给米豆。
> 阙若不足者以常平息钱充。已居养而能自存者，罢。④

此令在宋代救济鳏寡独老方式演变中，具有转折性意义。此前，地方州县在
救济鳏寡独老时多局限于冬季施以粮米，并未解决居住问题。而元符居养令
则明确规定，生活贫困、无所依靠的鳏寡独老，"官为居养之"，将户绝屋
或官屋作为他们的住所，从法律上推进了地方恤养鳏寡独老方式的转变。它
不仅体现出宋廷在救济鳏寡独老方面的探索与智慧，也成为北宋后期救助鳏
寡独老工作的指导方针。

元符元年以后，地方州县纷纷建立居养机构，集中收养鳏寡独老逐渐成
为政府救济鳏寡独老的主要方式。元符元年至崇宁二年（1103），明州地区
率先建立居养机构，据《宝庆四明志》记载，奉化、慈溪、定海、昌国、

---

① 徐松等辑《宋会要辑稿》食货六八之一二八，第 8031 页。
② 李焘：《长编》卷二一八，熙宁三年十二月甲子，第 5296 页。
③ 李焘：《长编》卷二四八，熙宁六年十一月庚寅，第 6051 页。
④ 李焘：《长编》卷五〇三，元符元年冬十月壬午，第 11976 页。

象山等县在此期间设立居养院。① 崇宁初年，中央下令规定"诸城、砦、镇、市户及千以上有知监者"，"依各县增置居养院、安济坊"，② 此法令再次推动了地方居养机构的发展。在敦促地方建立居养的同时，宋徽宗又御笔诏令开封府"依外州法居养鳏寡孤独及置安济坊"，③ 下令在京师增建居养院、安济坊。随着居养院、安济坊的普及，集中收养的救助方式更为普遍。大观三年（1109），由于地方州县"奉法太过，致州县受弊"，中央下令规范恤养标准，规定"以元符令"为准。次年，中央诏令地方州县可存留"以前所置居养院、安济坊"，但剩余的"更不施行"。京师所创置的"坊院悉罢"，现有的居养人"并归四福田院"，④ 由福田院承担京师鳏寡独老的救助工作。虽然大观年间的政策调整对居养机构的建设有所不利，但它主要因地方恤养标准过高和恤养对象不实而起，并不是对集中收养这一方式的否定。北宋末年，集中收养仍是法定的救济方式。

从整体上看，北宋英宗朝前，赏赐及定期施以粮米是政府救济鳏寡独老的主要方式。宋英宗虽然使京师福田院的救济功能得到扩展，但此时期宋廷救助鳏寡独老的方式仍以季节性恤养为主，这一状况至宋哲宗朝发生了转折性变化。元符居养令最终将集中收养的救助方式推广至地方州县，使其成为北宋后期救助鳏寡独老的主要方式。

二　南宋救济鳏寡独老的方式

两宋之交，由于战乱影响，原有居养机构受到较大的破坏，病坊和寺院常被仓促充作收养鳏寡老疾之人的机构。据《梦粱录》的记载，宋廷在恤

---

① （宋）胡榘修，方万里、罗濬纂《宝庆四明志》卷一四《奉化县志一·仓库场务等》、卷一六《慈溪县志一·仓库场务等》、卷一八《定海县志一·仓库场务等》、卷二〇《昌国县志一·仓库场务等》、卷二一《象山县志·仓库场务等》，《宋元方志丛刊》（5），中华书局，1990，第5179、5205、5230、5247、5263页。

② 《宋史》卷一七八《食货上六》，第4339页。

③ （宋）佚名编《宋大诏令集》卷一八六《开封府置居养安济御笔手诏》，中华书局，1962，第680~681页。

④ 徐松等辑《宋会要辑稿》食货六八之一三三，第8035页。

养"老疾孤寡，贫乏不能自存及丐者等人"时，委派钱塘、仁和两地行政长官将"病坊改作养济院"。① 由此可看出，临安城的养济院是由原来的病坊改建而来。此外，寺院也被用于收养无家可归的贫老。绍兴十三年（1143）十月，臣僚建议宋高宗命令临安府钱塘、仁和县"踏逐近城寺院充安济坊"，"本坊量支钱米养济"② 无所依靠老疾之人，此建议得到宋高宗的批准，寺院遂成为政府收养生活贫困鳏寡独老的机构。乾道元年（1165），浙西州军蒙受水灾，饥民流入临安。宋廷诏令临安府措置施粥赈济，人数达到数万人之多。对于"疾病残废、癃老羸弱、鳏寡孤独不能自存者"，③ 则发入病坊和寺院收养。京师尚要依靠寺院收养鳏寡独老，地方州县居养机构的建设也就可想而知。

尽管南宋初年救助机构的建设仓促、简陋，但政府依然坚持推行居养、安济之政，采用集中收养的方式恤养鳏寡独老。建炎元年（1127），京师物价居高不下，导致"鳏寡孤独不能自存之人艰食"，宋高宗命令"开封府依法居养"，④ 同时要求留守司对居养情况进行检查。除开封府外，宋高宗的驻跸地越州也建有养济院。绍兴元年（1131）十二月，绍兴府奏请将"无依倚、流移病患之人，发入养济院"，⑤ 予以救助。绍兴二年正月，中书省奏请以绍兴府例恤养鳏寡独老，宋高宗遂下诏"临安府委两通判并都监分头措置"，"依绍兴府已得指挥施行"。⑥ 由此以来，临安府与绍兴府一样，每年冬寒天气，皆集中收养当地无家可归的鳏寡独老。按照《建炎以来系年要录》的记载，绍兴十六年之前，"居养、安济已行之"，⑦ 这表明集中居养仍是宋高宗朝恤养鳏寡独老的惯用方式。宋孝宗在位时期，同样使用集中

---

① （宋）吴自牧：《梦粱录》卷一八《恩霖军民》，符均、张国社校注，三秦出版社，2004，第 285 页。

② 徐松等辑《宋会要辑稿》食货六八之一四〇，第 8038 页。

③ 徐松等辑《宋会要辑稿》食货六〇之一五，第 7430 页。

④ 徐松等辑《宋会要辑稿》食货六八之一三七～一三八，第 8037 页。

⑤ 徐松等辑《宋会要辑稿》食货六〇之二，第 7423 页。

⑥ 徐松等辑《宋会要辑稿》食货六八之一三七～一三八，第 8037 页。

⑦ 李心传编撰《建炎以来系年要录》卷一五五，绍兴十六年十一月辛未，胡坤点校，中华书局，2013，第 2946 页。

收养的方式救助鳏寡独老。隆兴二年（1164）十二月，权发遣临安府薛良朋奏请分委钱塘、仁和两县县尉审验乡村及临安周边州县的饥贫之老，其中委实贫乏之人"给牌、押赴养济院"，① 集中收养。

南宋中后期，地方居养机构的建设稳步推进，这为集中收养鳏寡独老提供了必要的硬件设施。嘉泰三年（1203），宋宁宗诏令"复置福田、居养院"，② 带动了地方居养机构的发展。真州居养院先是遭遇火灾，后又被当地豪民占为己有。庆元初年，提举常平官汪梓，"编茅织苇，架以散材，为屋十有六间"，重建真州居养院。刘宰到任后，认为现存的居养院"敝漏庳湿"，不适合老疾之人居住。于是，四处筹集经费，改造旧有居养院。改建后的居养院，"分两庑为八，以便其私。合中堂为一，以处义聚者。窗户床第，各称其所"，③ 布局合理，设施完整。庆元六年（1200），提举常平官韩挺申请在和州建立居养院，以收养"孤老残疾不出外乞食之人"。于是，和州地方长官在城西路逐买民田，创建居养院，收养"鳏寡孤独无依倚人六十九口"。④ 嘉定四年（1211），台州知州将养济院移至中津桥南，建造"屋总二十楹"，⑤ 由安老坊收养鳏寡独老。嘉定五年，知建康府黄度在城南、城北创建两个养济院，"为屋舍百间"，使鳏寡独老"安居饱食"，⑥ 避免其流离失所。

宋理宗朝，地方官员依然注重居养机构的建设，广泛采用集中收养的方式。苏州的居养机构即是在宋理宗时期得以建成。吴渊任姑苏郡守时，多方筹集资金，创建收养鳏寡独老的机构。绍定四年（1231），建成"屋七十程"，"厅堂耽如，廊庑翼如，男子妇人，各有位置，仓廪庖湢，井臼床几，鼎鬴备具，无一乏缺"，基础设施相当完备。绍定五年，魏了翁鉴于泸州原

---

① 徐松等辑《宋会要辑稿》食货六八之一四七～一四八，第 8043 页。

② 《宋史》卷三八《宁宗二》，第 735 页。

③ （宋）刘宰：《漫塘集》卷二〇《真州居养院记》，《宋集珍本丛刊》，线装书局，2004 年影印本，第 72 册，第 324 页。

④ 徐松等辑《宋会要辑稿》食货六〇之一～二，第 7415 页。

⑤ （宋）黄𪩘、齐硕修，陈耆卿纂《嘉定赤城志》卷五，《宋元方志丛刊》（7），第 7320 页。

⑥ （宋）马光祖修，周应合《景定建康志》卷二三《庐院·养济院》，《宋元方志丛刊》（2），第 1702 页。

有养济院"岁久朘削",无法承担收养鳏寡孤老的任务,遂"增置官田若干亩,增养百人",使"老且废者有养,疾且病者有疗"。① 四明虽为"浙左名郡",但在宝祐前"素无养济院,以存养鳏寡孤独之民"。郡守吴潜深以为憾,遂于宝祐五年(1257)在都酒务的基础上"就行增添屋宇,改创房屋,共为七十余间",② 以收养鳏寡孤独之民。作为东南重镇,建康府恤养鳏寡独老的任务相对繁重,地方官员因此格外重视居养机构的建设。转运使余晦认为"鳏寡孤独,天民之穷者",理应得到政府的救济,因此申请创置居养院。得到中央批准后,于宝祐六年正月开建,共建成房屋"六十余间",③ 可收养百人。

总而言之,在救济鳏寡独老方面,南宋政府仍沿袭北宋后期的方式,不断改建、重建居养机构,以集中收养鳏寡独老。

三 宋代救济鳏寡独老方式的演变轨迹及原因

北宋前期,宋廷在救济鳏寡独老方面的作用相对有限,在恤养方式上仍因袭传统,以赏赐为主。与唐代相同的是,北宋初年救助鳏寡独老的主体也呈现出明显的层级性,位于首要位置的是近亲,其次是乡里,最后才是政府。这在《宋刑统》中有明确的规定:

> 诸鳏寡孤独,贫穷老疾,不能自存者,令近亲收养;若无近亲,付乡里安恤。如在路有疾患,不能自胜致者,当界官司收付村坊安养,仍加医疗,并勘问所由,具注贯属、患损日,移送前所。④

从上述规定可看出,北宋初年,鳏寡独老一般由近亲或乡里收养。政府对鳏

---

① (宋)魏了翁:《鹤山先生大全文集》卷四五《泸州社仓养济院义冢记》第77册,《宋集珍本丛刊》,第188页。

② (宋)吴潜:《履斋遗稿》卷三《养济院记》,《景印文渊阁四库全书》(简称《四库全书》)第1178册,台北,台湾商务印书馆,1983,第422~423页。

③ (宋)马光祖修,周应合纂《景定建康志》卷二三《庐院·养济院》,《宋元方志丛刊》(2),中华书局,1990,第1706页。

④ (宋)窦仪等:《宋刑统》卷一二《脱漏增减户口》,薛梅卿点校,第215页。

寡独老的救助，仍以传统的赏赐为主。这种局面在宋仁宗朝开始有所改变。嘉祐二年（1057），随着广惠仓在地方州县的建立，每年冬季定期施以粮米成为政府恤养鳏寡独老的重要方式。

北宋仁宗朝，虽然京师设有福田院，但集中收养仍不是政府救济鳏寡独老的主要方式。直至宋英宗后，政府在鳏寡独老的救济中所发挥的作用才愈来愈明显，集中收养才成为主要的救助方式。宋英宗后，京师福田院的规模有了较大发展，地方上的居养机构也逐渐普及，标志着政府恤养鳏寡独老方式的转变。南宋以后，政府积极恢复、重建救助机构，继续使用集中收养的方式救助鳏寡独老。

宋代救助鳏寡独老的方式，先由临时性的赏赐过渡为季节性的救恤，继而又发展为救助机构集中收养。在这一过程中，孔孟思想，尤其是孟学的崛起与发展是一个不容忽视的因素。

在儒家思想体系中，救助鳏寡独老被视为帝王仁政的重要体现。作为孔子众多追随者之一，孟子继承并发展了孔子"仁"的思想，把"仁"和"义"当作基本的政治范畴和道德规范，形成了"仁义"之说，"恻隐之心，仁之端也；羞恶之心，义之端也；辞让之心，礼之端也；是非之心，智之端也"。① 在孟子看来，"恻隐之心"即为仁，是仁的根本。他从"人皆有不忍人之心"出发，实现了从道德到政治的转化，指出"先王有不忍人之心，斯有不忍人之政矣，以不忍人之心，行不忍人之政，治天下可运之掌上"。② 君主对鳏寡孤独的救恤，正是所谓"不忍人之政"的重要内容，孟子在回答齐宣王的提问时明确表达了这一思想：

> 老而无妻曰鳏，老而无夫曰寡，老而无子曰独，幼而无父曰孤。此四者，天下之穷民而无告者。文王发政施仁，必先斯四者。③

从孟子的回答中可知，救恤鳏寡孤独是周文王施政的核心，也是仁政的重要

---

① （汉）赵岐注，（宋）孙奭音义并疏，廖名春、刘佑平整理《孟子注疏》卷三下《公孙丑章句上》，北京大学出版社，2000，第113页。
② 《孟子注疏》卷三下《公孙丑章句上》，第112页。
③ 《孟子注疏》卷二上《梁惠王下》，第55页。

体现，这与孔子的思想有着明显的一致性。《礼记·礼运》记载了孔子的话："大道之行也，天下为公。选贤与能，讲信修睦，故人不独亲其亲，不独子其子，使老有所终，壮有所用，幼有所长，矜寡孤独废疾者，皆有所养。"① 在孔子所期望的理想社会中，鳏寡孤独之民要有所养，这是"大道之行"的标志之一。

孟子恤养鳏寡孤独的思想，受到官员、士子的青睐。景德初年，陈彭年向宋真宗献《大宝箴》一部，建议政府在"发号施令"② 时仿效周代，优先考虑鳏寡孤独。理学先驱胡瑗认为，帝王若"尽仁爱之道以养育万物"，使"鳏寡孤独皆得其所养"，便可避免"无妄之道"，③ 将救助鳏寡独老与政治秩序的稳定结合起来，从"道"的高度规劝皇帝关注、救恤鳏寡孤独。元祐二年（1087），著作郎兼侍讲范祖禹以孟子"文王发政施仁，必先鳏寡孤独"的成说为依据，奏请政府出资在京师增盖房屋，"不限人数，并以旧法收养"④ 鳏寡独老，同时建议政府恢复广惠仓，以恤养地方无所依靠的鳏寡独老。次年正月，宋哲宗下诏，"复广惠仓"。⑤

南宋时期，孟子惠养鳏寡孤独的主张，也得到皇帝与名儒的认同。宋高宗在位时期，遵循孟子之说，多次下诏敦促各级政府恤养癃老废疾之人。宋高宗认为"癃老废疾之人"，乃为"穷民之无告者""王政所先也"，⑥ 因此要求各地依照临安府的成例予以养济。绍兴十四年（1144）十二月，百官纷纷前来贺雪。宋高宗借机宣谕曰："天下穷民，宜加养济。孟子所谓文王发政施仁，必先斯四者"，诏令诸路常平官"严切约束州县如法奉行"，⑦ 以避免鳏寡孤老流离失所。杨时的门生张九成精研经学，在对待鳏寡孤独的态

---

① （汉）郑氏注，（唐）陆德明音义，孔颖达疏，龚抗云整理《礼记正义》卷二一《礼运第九》，北京大学出版社，2000，第769页。
② 《宋史》卷二八七《陈彭年》，第9363页。
③ （宋）胡瑗：《周易口义》卷一，《四库全书》第8册，第294页。
④ （宋）范祖禹：《范太史集》卷一四《乞不限人数收养贫民札子》，《宋集珍本丛刊》第24册，第229~230页。
⑤ 李焘：《长编》四〇八，元祐三年正月庚戌，第9919页。
⑥ 徐松等辑《宋会要辑稿》食货六八之一三九，第8038页。
⑦ 徐松等辑《宋会要辑稿》食货六八之一四一，第8039页。

度上，深受孟子的影响。他认为疲癃残疾、鳏寡孤独之人是"吾兄弟颠连而无告者"，均为"天民之穷也"。既然"同生于天地"，① 就应施以救恤。朱熹认为，鳏寡孤独之人"无父母妻子之养"，"尤宜怜恤"，② 因此政府应优先救恤。在真德秀看来，帝王"爱鳏寡孤独，无一不遂其生"，③ 恤养鳏寡孤独，避免其流离失所，便是所谓的"仁"。

两宋时期，随着孟学升格运动的进行，④ 救恤鳏寡孤独，行"不忍人之政"的思想获得更为广泛的认可，这正是宋代救助鳏寡独老的思想基础。

虽然两汉及盛唐时期同样推崇孔孟所倡导的"仁政"，也有赏赐鳏寡孤独的惠举。但宋以前的救恤，多局限于临时性的赏赐，几乎未创置专门机构收养鳏寡独老。而宋政府则突破了临时救恤的限制，大力推进居养机构的建设，将集中收养作为政府恤养鳏寡独老的主要方式，实现了制度性的收养。这既是孟学影响不断扩大的结果，也是宋代应对土地制度变迁、敦厚风俗的需要。

与唐代实行均田制所不同的是，宋代"不立田制"，鳏寡独老并无稳定的土地可以依靠。在均田制下，凡是政府的编户齐民，均可分得一定数量的土地。当年龄达到政府所规定的"入老"标准时，口分田需要上交，但依然可拥有永业田，这在法律上保障了鳏寡孤老的土地权。袁燮对唐代状况有所记载，"唐之口分、世业，尊卑贵贱莫不有分，废疾孤寡莫不有养，守而不失，自足以传远"。⑤ 宋代以降，不抑兼并，土地买卖合法化。在土地兼并盛行的情况下，处于弱势的鳏寡孤老根本无力购买土地。同时，由于身体原因，他们往往无法承佃土地，由此陷入生活的困境。为了谋生，他们被迫涌入城市，依靠乞讨为生。城市中乞丐的增加，尤其是大量贫老的存在，不仅对城市管理形成了较大的压力，而且有悖于政府所标榜的"仁政"，这促

---

① （宋）张九成：《张九成集·横浦集》卷一五《孟子拾遗》，杨新勋整理，浙江古籍出版社，2013，第 171 页。
② （明）丘濬：《大学衍义补》卷一五《恤民之穷》，《四库全书》第 712 册，第 223 页。
③ （宋）真德秀：《大学衍义》卷六《格物致知之要》，《四库全书》第 704 册，第 547 页。
④ 周淑萍：《两宋孟学研究》，人民出版社，2007，第 48 页。
⑤ （宋）袁燮：《絜斋集》卷六《策问田制》，《丛书集成初编》第 2027 册，商务印书馆，1935，第 74 页。

使宋人探索新的应对方法。京师的乞丐"困入泥涂，号呼里闾，呻吟道路"，在苏舜钦看来，这"甚伤化风"。因此，他在景祐四年（1037）奏请创置悲田院、病坊院收养"无家可归"①之贫老。由此可见，维护城市管理秩序和社会伦理秩序的双重需要，是宋政府突破传统恤养方式，建立专门机构收养鳏寡独老的重要推动因素。

结　语

救济鳏寡独老，是中国古代社会仁政的重要内容之一，受到历代贤明帝王和有志之士的重视，但直至宋代才突破传统临时性赏赐的限制，从京师到地方州县建立了居养院、安济坊、养济院，对鳏寡独老实行集中收养，在救济方式上实现转折性的变化。宋代救助方式的革新，正是国家的"仁政"及士人"仁心"的体现，也是政府追求稳定的政治秩序与社会秩序的伦理基础。

宋政府救济鳏寡独老方式的转变，固然不能完全解决所有鳏寡独老的生活问题，但它在一定程度上避免了鳏寡贫老在严冬流离失所，展现了政府对社会弱势群体的关注，标志着宋代政治文明的提高，对社会伦理秩序、政治秩序的维护有积极影响。但同时也需要指出，宋代居养机构的分布存在明显的城乡差别，最多延伸至县一级行政单位，乡村的鳏寡独老享受救济的机会非常有限。同时，地方官员在奉行居养之政的过程中也存在怠政、舞弊行为，冒名支取的现象比较突出，鳏寡贫老往往难以享受到政府的救恤。

---

① （宋）苏舜钦：《苏舜钦集》卷一一《论五事》，沈文倬校点，上海古籍出版社，2011，第141页。

宋代碑志文中所见郡名考论

——以《范文正公文集》为例

仝相卿

摘　要　宋人在撰写碑志文时，有使用在宋代无实际意义的郡名代替州名称的现象。以范仲淹为例，他撰写的碑志文中使用郡名主要有"沿袭唐代郡名""辖县＋郡""别名＋郡"三种形式。通过对宋人所用郡名对应州名的考证，可以丰富墓主的生平事迹及仕宦经历，有补充史籍不足的作用，甚至可以起到校勘史籍的功能。但是，作为有较强时代意义的地名，这样的借用现象无疑给研究者理解墓主生平增加了难度，需要在研究过程中认真厘清。

关键词　范仲淹　《范文正公文集》　墓志碑铭　郡名

宋代的地方行政区划，周振鹤先生称其为"二级半或虚三级制"，[①] 李昌宪先生则认为是"三级行政建制，于州、县两级之上设路，以总领三百余州军"。[②] 然无论如何定义"路"的地位，学者们对"府、州、军、监"作为统辖县的上一级政区之认识并无不同。然而，宋人在撰写碑志文时，常会用在宋代并无实际意义的郡名代指州的称谓。如：尹洙撰陈赓墓志铭，称其为"邺郡安阳人"[③]；尹洙在李渭墓志中记载了其上书治理黄河水患事：

---

①　周振鹤：《中国地方行政制度史》，上海人民出版社，2005，第72页。

②　李昌宪：《中国行政区划通史·宋西夏卷》，复旦大学出版社，2007，第13页。

③　（宋）尹洙：《河南先生文集》卷一四《故将作监主簿陈公墓志铭并序》，《宋集珍本丛刊》，线装书局，2004年影印本，第3册，第415页。

"先是，河决东郡，历岁未平，公以《治河十策》为献。会参知政事鲁公宗道奉诏行河，即奏同至东郡。"① 周行己提到"元丰作新太学，四方游士岁常数千百人。温海郡去京师阻远，居太学不满十人"；② 葛胜仲云祝康"崇宁元年守鲁郡"，并提及其曾有"知赵、晋、潞、兖四郡"的经历；③ 等等。撰者如此书写，当为对当时地名的雅化现象，对时人而言不会造成任何理解上的不便；但对于后世研究者来说，这样的雅化往往带来对墓主生平、仕宦等研究的困难。只有厘清碑志文中郡名所指，才能对墓主仕宦、生平事迹有更为准确的了解，以之为基础，从而推进对墓主生平事迹、仕宦经历、政治活动等各方面的研究。故就利用墓志碑铭分析墓主及与其相关的问题层面而论，这种借代现象似乎并不值得提倡。

以郡称代替当时地名的现象，较具代表性的反映在北宋名臣范仲淹、尹洙等作品当中。现尝试以《范文正公文集》为基础，讨论范仲淹在碑志文撰写中以郡称代替州名这一情况，以期引起研究者对类似现象的关注。今检《范文正公文集》计有神道碑 4 篇，墓志铭 17 篇，墓表 5 篇，凡涉及郡名 37 处 52 次。需要说明的是，在所涉及的 37 处郡名中，海陵郡出现 5 次，姑苏郡 4 次，回中郡 3 次，高密郡、寿春郡、桐庐郡、玉山郡、曹南郡及合肥郡各 2 次，其余出现 1 次，以下考述以出现次数多少为序，同样次数则以文集中先后为准。凡相同郡名可考实者，直接附于该郡名考证之后，不赘列史料；相同郡名有因直接资料不足而无法详考者，置于该郡名可考者之后稍加说明。

一　碑志所见郡名考实

1. 海陵郡

张纶墓志中云："海陵郡有古堰，亘百有五十里，厥废旷久，秋涛为

---

①　(宋) 尹洙：《河南先生文集》卷一五《李公墓志铭并序》，《宋集珍本丛刊》第 3 册，第 427 页。

②　(宋) 周行己撰，周梦江笺校《周行己集》卷七《赵彦昭墓志铭》，上海社会科学院出版社，2002，第 136 页。

③　(宋) 葛胜仲：《丹阳集》卷一三《左朝议大夫致仕祝公墓志铭》，《景印文渊阁四库全书》（简称《四库全书》），第 1127 册，台北，台湾商务印书馆，1983，第 522～523 页。

患。公请修之，议者难之，谓将有蓄潦之忧。"① 相同事情《续资治通鉴长编》卷一○四天圣四年八月丁亥条载："诏修泰州捍海堰。先是，堰久废不治，岁患海涛冒民田，监西溪盐税范仲淹言于发运副使张纶，请修复之。纶奏以仲淹知兴化县，总其役。难者谓涛患息则积潦必为灾。"② 既云修泰州捍海堰，那么海陵郡所指当为泰州。以海陵郡代指泰州还见于田锡墓志、滕宗谅墓志、王质墓志与谢涛神道碑当中。

2. 姑苏郡

谢涛神道碑中称："（谢涛）及冠，居姑苏郡。时翰林王公禹偁、拾遗罗君处约，并宰苏之属邑。"③ 尹洙撰谢涛行状曰："既冠，寓居吴郡。"④ 然而欧阳修撰谢涛墓志铭时则称其"稍长，居苏州"。⑤ 统而言之，范仲淹所言"姑苏郡"与尹洙所谓"吴郡"皆当为苏州。类似以姑苏郡代指苏州又见王质墓志。

另外，范仲淹撰许衮墓志与元奉宗墓志中皆有"姑苏郡"之称。许衮墓志中云："（许衮）乃拜太子右赞善大夫，通判姑苏郡事。"⑥ 元奉宗墓志铭中曰："（元奉宗）求分务南都，寻告老，归姑苏郡。"⑦ 然因对应资料不足，暂置于此，容后详述。

3. 回中郡

胡令仪神道碑中记载："朝廷以河东方窘财用，改河东转运使。公请借民飞挽，以实边郡。人或媒孽以为非便，朝廷惑其说，徙守回中郡。"⑧ 对

---

① （宋）范仲淹撰，（清）范能濬编集《范仲淹全集·范文正公文集》卷一二《宋故乾州刺史张公神道碑铭》，薛正兴点校，凤凰出版社，2004，第256页。

② （宋）李焘：《续资治通鉴长编》卷一○四，天圣四年八月丁亥，中华书局，2004，第2419页。

③ 《范文正公文集》卷一二《宋故太子宾客分司西京谢公神道碑》，第265页。

④ （宋）：尹洙：《河南先生文集》卷一二《故中大夫守太子宾客分司西京上柱国陈留县开国侯食邑九百户赐紫金鱼袋谢公行状》，《宋集珍本丛刊》第3册，第399页。

⑤ （宋）欧阳修：《欧阳修全集》卷六三《太子宾客分司西京谢公墓志铭》，李逸安点校，中华书局，2001，第913页。

⑥ 《范文正公文集》卷一三《赠户部郎中许公墓志铭》，第275页。

⑦ 《范文正公文集》卷一三《都官员外郎元公墓志铭》，第279页。

⑧ 《范文正公文集》卷一二《宋故卫尉少卿分司西京胡公神道碑》，第260页。

于此次任命，《续资治通鉴长编》卷一一〇天圣九年三月癸亥记载："河东转运使、金部郎中胡令仪知泾州，殿中侍御史朱谏知耀州，并坐调发扰民也。"① 胡令仪职官及调任缘由均与墓志一致，故回中郡当为泾州。滕宗谅墓志中亦见以回中郡代指泾州的情况。

4. 高密郡

蔡齐墓志铭中言及："（蔡齐）转礼部郎中、龙图阁学士，守西京。以便亲，求为高密郡，徙南京。"② 欧阳修撰蔡齐行状时，于此事记载曰："（蔡齐）迁礼部郎中，改龙图阁直学士，出为西京留守。是时鲁肃简公方参知政事，争之太后前，卒不能留。以亲便，求改密州。"③ 张方平撰蔡齐神道碑亦有类似说法："久之，除（蔡齐）龙图阁学士、知密州，徙应天府。"④ 均可推知墓志所云高密郡为密州。胡令仪神道碑中也有此指代现象。

5. 寿春郡（附高安郡）

谢涛神道碑中称："（谢涛）拜著作佐郎，太宗面诏通判大藩，得寿春郡，移高安郡，改知兴国军。"⑤ 其行状中则云："太宗面谕，令通判大藩，即通判寿州，迁秘书丞。又通判筠州，知兴国军。"⑥ 故寿春郡当为寿州，高安郡为筠州。王质墓志中也有以寿春郡代指寿州的情况。

6. 桐庐郡

田锡墓志中记载了他仕宦桐庐郡的事实："（田锡）出为河北转运使，改知相州，就除左［右］补阙。移桐庐郡。"⑦《宋史·田锡传》相应记载曰："（太平兴国）七年，徙知相州，改右补阙。复上章论事。明年，移

---

① 《续资治通鉴长编》卷一一〇，天圣九年三月癸亥，第 2555 页。
② 《范文正公文集》卷一四《户部侍郎赠兵部尚书蔡公墓志铭》，第 293 页。
③ 《欧阳修全集》卷三八《尚书户部侍郎赠兵部尚书蔡公行状》，第 555 页。
④ （宋）张方平：《乐全先生文集》卷三七《推诚保德守正功臣正奉大夫尚书户部侍郎知颍州军州事管内劝农使上柱国汝南郡开国公食邑二千户食实封四百户赐紫金鱼袋赠兵部尚书谥文忠蔡公神道碑铭》，《宋集珍本丛刊》第 6 册，第 181 页。
⑤ 《范文正公文集》卷一二《宋故太子宾客分司西京谢公神道碑》，第 264 页。
⑥ （宋）尹洙：《河南先生文集》卷一二《故中大夫守太子宾客分司西京上柱国陈留县开国侯食邑九百户赐紫金鱼袋谢公行状》，《宋集珍本丛刊》第 3 册，第 400 页。
⑦ 《范文正公文集》卷一三《赠兵部尚书田公墓志铭》，第 281 页。

睦州。"① 故此桐庐郡当为睦州。以桐庐郡指代睦州亦见于胡则墓志。

7. 玉山郡（附福唐郡）

胡则墓志记载了其丁忧后知玉山郡的经历："（胡则）移广南西路转运使。以户部郎中复充江淮制置发运使，转吏部郎中，改太常少卿。丁先君忧。终制，知玉山郡，移福唐郡。"② 《宋史·胡则传》称此次差遣变动的主要原因是与丁谓结党："（胡则）复为发运使，累迁太常少卿。乾兴初，坐丁谓党，降知信州，徙福州。"③ 可判断玉山郡当为信州，福唐郡为福州。滕宗谅墓志中也有以玉山郡代指信州的现象。

8. 曹南郡

谢涛神道碑中记载："边有急奏，上议北征，又京东有强寇惊郡县，而曹南阙守。朝廷虑之，遂命公往。"④ 其行状中云："真宗面谕宰相：'昨日京东奏，曹州阙人，谢涛可转官知曹州。'"⑤ 欧阳修撰其墓志铭中亦曰："边臣有急奏，天子诏且亲征。是时，大贼王长寿又劫曹、濮，真宗面语宰相，委公曹州，遂改屯田员外郎以往。"⑥ 故曹南郡当为曹州。

另外，上官融墓志中亦记载了其"除太子中舍致仕，居于曹南郡"，⑦ 但直接证据不足，无从考述。

9. 合肥郡

王质墓志中云："朝廷除公开封府推官，初兄雍为三司判官。公曰：'皆是要职，吾兄弟同日除拜，朝廷岂乏人哉？'乃坚请外补，愿留兄京师以奉家庙，士大夫闻而贤之。往守寿春郡，期月，改合肥郡。盗有杀其徒以并其财者，吏擒之，公令处死。法寺议当贷死，遂劾之。"⑧ 苏舜钦在其行

---

① 《宋史》卷二九三《田锡传》，中华书局，1977，第9790页。
② 《范文正公文集》卷一三《兵部侍郎胡公墓志铭》，第285页。
③ 《宋史》卷二九九《胡则传》，第9941～9942页。
④ 《范文正公文集》卷一二《宋故太子宾客分司西京谢公神道碑》，第264页。
⑤ （宋）尹洙：《河南先生文集》卷一二《故中大夫守太子宾客分司西京上柱国陈留县开国侯食邑九百户赐紫金鱼袋谢公行状》，《宋集珍本丛刊》第3册，第400页。
⑥ 《欧阳修全集》卷六三《太子宾客分司西京谢公墓志铭》，第914页。
⑦ 《范文正公文集》卷一五《太子中舍致仕上官君墓志铭》，第324页。
⑧ 《范文正公文集》卷一四《尚书度支郎中充天章阁待制知陕州军府事王公墓志铭》，第296页。

状中记载道："公兄雍，时亦为三司判官，公曰：'皆是剧职，吾兄弟并命，妨寒士之进。'遂恳辞之，出知寿州……又移庐州，巨盗张雄杀其党，并所赁而遁，逻者获之，公以法诛之。"① 由"盗杀其徒"事例可证，合肥郡当为庐州。

此外，范仲淹记载了范雍之父去世时的官职："以太傅（按指范雍之祖父）荫为供奉官，终于合肥郡之监军。"② 此事史籍未详，无从考实。

10. 辰溪郡、天水郡、清池郡

张纶神道碑记载："俄以边略典辰溪郡……（天圣）六年，有大绩，迁天水郡，实提重兵，以压庶羌，盖西诸侯之长焉。及朝廷有均劳之议，徙横海军，又徙瀛州，充高阳关兵马钤辖，重北门也。岁余请老，不获命，复莅清池郡。"③ 按《宋史·张纶传》记载称："奉使灵夏，还，会辰州溪峒彭氏蛮内寇，以知辰州。纶至，筑蓬山驿，路贼不得通，乃遁去。"④ 根据《宋史》相关记载与之对照，可知辰溪郡为辰州。又检《续资治通鉴长编》卷一〇六载："（天圣六年八月）甲戌，淮南江浙荆湖制置发运使、文思使、昭州刺史张纶知秦州。"⑤ 据以推知天水郡为秦州。

另外，张纶神道碑中言其"复莅清池郡"，故知他曾两次知清池郡。《宋史·张纶传》云："（张纶）历知秦、瀛二州，两知沧州，再迁东上阁门使。"⑥ 而《东都事略·张纶传》亦曰："累迁东上阁门，使历知泰［秦］、沧、瀛州，拜乾州刺史，再知沧州、徙颍州。"⑦ 均提及张纶两知沧州的事实，故可知清池郡当指沧州。

11. 新安郡、会稽郡

谢涛神道碑中称："（谢涛）历三司度支判官，出守海陵、新安二郡……

① （宋）苏舜钦：《苏舜钦集》卷一六《王子野行状》，沈文倬点校，上海古籍出版社，2011，第210~211页。

② 《范文正公文集》卷一四《资政殿大学士礼部尚书赠太子太师谥忠献范公墓志铭》，第306页。

③ 《范文正公文集》卷一一《宋故乾州刺史张公神道碑铭》，第254页。句读与点校本稍异。

④ 《宋史》卷四二六《张纶传》，第12694页。

⑤ 《续资治通鉴长编》卷一〇六，天圣六年八月甲戌，第2479页。

⑥ 《宋史》卷四二六《张纶传》，第12695页。

⑦ （宋）王称：《东都事略》卷一一二《张纶传》，台北，文海出版社，1979，第1728页。

俄求东归，除吏部郎中，直昭文馆，知会稽郡。"① 尹洙撰谢涛行状曰：
"（景德）四年，授三司度支判官。大中祥符初，出知秦州，又知歙州……
（乾兴元年）以疾求东归，除吏部郎中、直昭文馆、知越州。"② 而欧阳修撰
谢涛墓志铭时则曰："既而为三司度支判官，知泰州、歙州……迁吏部郎
中，直昭文馆，知越州。"③ 前述已知海陵郡为泰州，且"秦"与"泰"字
形相近，则尹洙所云"秦州"当为"泰州"之误。另可推知新安郡为歙州，
会稽郡为越州。

12. 覃怀郡

许衮墓志中言及："（许衮）以奉安先茔，请理覃怀郡，出奉公家，入
敦孝事，河内人歌焉。"④ 许衮因安葬先人坟茔求治理"覃怀郡"，而其去世
后，"以某年某月，归葬于怀之河内县某乡某里"。可以推测其应该是与先
人一起葬于"怀之河内县"。北宋时期河内县属于怀州，故覃怀郡当指
怀州。

13. 宣城郡、宛丘郡

田锡墓志云其"释褐，除将作监丞，通判宣城郡……公在西掖，会京
畿大旱，祷祠无应，遂抗章言切于时政，故有宛丘之行"。⑤《宋史·田锡
传》云："太平兴国三年，进士高等，释褐将作监丞、通判宣州……端拱二
年，京畿大旱，锡上章，有'调燮倒置'语，忤宰相，罢为户部郎中，出
知陈州。"⑥ 故可知宣城郡为宣州，宛丘郡为陈州。

14. 永嘉郡

胡则"丁太夫人忧。服除，以本官知永嘉郡，迁屯田员外郎，提举江
南路银铜场铸钱监"。⑦ 对于此事，《宋史·胡则传》记载："（胡则）以

---

① 《范文正公文集》卷一二《宋故太子宾客分司西京谢公神道碑》，第 265 页。
② （宋）尹洙：《河南先生文集》卷一二《故中大夫守太子宾客分司西京上柱国陈留县开国侯食邑九百户赐紫金鱼袋谢公行状》，《宋集珍本丛刊》第 3 册，第 400～401 页。
③ 《欧阳修全集》卷六三《太子宾客分司西京谢公墓志铭》，第 914～915 页。
④ 《范文正公文集》卷一三《赠户部郎中许公墓志铭》，第 275～276 页。
⑤ 《范文正公文集》卷一三《赠兵部尚书田公墓志铭》，第 281～282 页。
⑥ 《宋史》卷二九三《田锡传》，第 9789～9790 页。
⑦ 《范文正公文集》卷一三《兵部侍郎致仕胡公墓志铭》，第 285 页。

太常博士提举两浙榷茶，就知睦州，徙温州。岁余，提举江南路银铜场铸钱监。"① 则永嘉郡当为温州。

15. 吴兴郡

范仲淹撰沈严墓志首言"吴兴郡太守滕侯下车求故同年沈君之家，得诸孤，问其坟墓"。② 检《宋登科记考》大中祥符八年（1015）进士及第滕姓者，仅滕宗谅一人，故此同年滕侯当为滕宗谅。③ 既然滕宗谅到"吴兴郡"后首先问沈严葬所，后又葬沈严"德清县之永和乡"，④ 故德清县应该在吴兴郡统辖之下。检《太平寰宇记》及《元丰九域志》，德清县均为湖州管辖，⑤ 北宋前中期并无变化，故此吴兴郡当为湖州。

16. 金华郡

王丝"改太常博士，通判衢州……其堂室仅百楹，朝廷赐州学额。又营资粮之具，最于诸郡。时金华郡阙守，外台假君领之。衢之父老遮道于境上，谓婺民曰：'我州一鉴，何夺之为？'有诣外台乞还者"。⑥ 通过上述文字可以看出，王丝先为衢州通判，后改"金华郡"知州。而衢州父老极力挽留，并称婺州之民夺"我州一鉴"，则金华郡当为婺州。

17. 鄱阳郡

范仲淹在记述滕宗谅被罢黜时曰："俄以言得罪，换祠部员外郎，知信州，又监鄱阳郡榷酤。"⑦《续资治通鉴长编》卷一一六云："龙图阁学士、给事中、知兖州范讽责授武昌行军司马，不签书事。新广东转运使、祠部员外郎庞籍降授太常博士、知临江军。东头供奉官吴守则追一官。又降都官员外郎、判刑部李逊知潍州，祠部员外郎、知信州滕宗谅监饶州税。"⑧ 故鄱

---

① 《宋史》卷二九九《胡则传》，第9941页。

② 《范文正公文集》卷一四《宁海军节度掌书记沈君墓志铭》，第290页。

③ 龚延明、祖慧编著《宋登科记考》，江苏教育出版社，2005，第106~111页。

④ 《范文正公文集》卷一四《宁海军节度掌书记沈君墓志铭》，第290页。

⑤ （宋）乐史：《太平寰宇记》卷九四《江南东道六·湖州》，王文楚等点校，中华书局，2007，第1879页；（宋）王存：《元丰九域志》卷五《两浙路·湖州》，王文楚、魏嵩山点校，中华书局，1984，第212页。

⑥ 《范文正公文集》卷一六《权三司盐铁判官尚书兵部员外郎王君墓表》，第335~336页。

⑦ 《范文正公文集》卷一五《天章阁待制滕君墓志铭》，第318页。

⑧ 《续资治通鉴长编》卷一一六，景祐二年二月丁卯，第2721页。

阳郡即为饶州。

18. 雪上郡、岳阳郡

滕宗谅墓志云："（滕宗谅）在玉山、雪上、回中、岳阳四郡，并建学校。"[1]《能改斋漫录》中有滕宗谅在湖州兴学之记录："滕宗谅知湖州，兴学，费民钱数千万，役未毕而去。"[2] 前述已知玉山、回中分别为信州、泾州，滕宗谅贬知岳州后亦曾兴学，尹洙《岳州学记》中记载甚详，[3] 故岳阳郡为岳州，从而可知雪上郡为湖州。

19. 淮西郡

王质墓志中记载其在淮西郡毁淫祠事："（王质）进司封外郎，出领淮西郡……蔡俗旧祠吴元济，公曰：'岂有逆丑而当庙食耶？吾为州长，不能正民之视听，俾民何从哉！'"[4] 相同事件《续资治通鉴长编》卷一一八景祐三年（1036）五月丙戌言："（王）质尝知蔡州，州人岁时祠吴元济庙。质曰：'安有逆丑而庙食于民者？'"[5] 可知淮西郡当为蔡州。

20. 兖海郡、北海郡、汝阴郡

范仲淹记载，蔡齐"释褐，除将作监丞，通判兖海郡，移北海郡"。[6] 欧阳修撰其行状称："初拜将仕郎、将作监丞，通判兖州……逾年，通判潍州。"[7] 张方平在其神道碑中曰："释褐将作监丞、通判兖州，徙潍州。"[8] 知兖海郡为兖州，北海郡为潍州。

另外，范仲淹还言及蔡齐"以户部侍郎罢，终于汝阴郡"。[9] 蔡齐行

---

① 《范文正公文集》卷一五《天章阁待制滕君墓志铭》，第 320～321 页。
② （宋）吴曾：《能改斋漫录》卷一三《滕宗谅兴湖学》，上海古籍出版社，1979，第 389 页。
③ （宋）尹洙：《河南先生文集》卷四《岳州学记》，《宋集珍本丛刊》第 3 册，第 363 页。
④ 《范文正公文集》卷一四《尚书度支郎中充天章阁待制知陕州军府事王公墓志铭》，第 296 页。
⑤ 《续资治通鉴长编》卷一一八，景祐三年五月丙戌，第 2784 页。
⑥ 《范文正公文集》卷一四《户部侍郎赠兵部尚书蔡公墓志铭》，第 293 页。
⑦ 《欧阳修全集》卷三八《尚书户部侍郎赠兵部尚书蔡公行状》，第 554～555 页。
⑧ （宋）张方平：《乐全先生文集》卷三七《推诚保德守正功臣正奉大夫尚书户部侍郎知颍州军州事管内劝农使上柱国汝南郡开国公食邑二千户食实封四百户赐紫金鱼袋赠兵部尚书谥文忠蔡公神道碑铭》，《宋集珍本丛刊》第 6 册，第 181 页。
⑨ 《范文正公文集》卷一四《户部侍郎赠兵部尚书蔡公墓志铭》，第 293 页。

状中亦有涉及："久之，出（蔡齐）知颍州。宝元二年四月四日，以疾卒于官。"① 则汝阴郡当指颍州。

综合上述，范仲淹撰碑志文中出现的 37 个郡名，除弋阳郡、颍川郡、巴汉郡、历城郡、陇城郡、泲川郡、景陵郡及淄川郡等 8 郡名称因直接材料不足，无法确知外，其他均可证实。

而且，从上述考证中也可看出，范仲淹在行文中所涉及同一郡的称呼，所指均为同一地。如：范仲淹被贬后曾有诗文《赴桐庐郡淮上遇风三首》《出守桐庐道中十绝》《萧洒桐庐郡十绝》等数篇，其《潇洒桐庐郡十绝》中云："潇洒桐庐郡，严陵旧钓台。"② 而睦州桐庐县有 "严子陵钓台，在县南大江侧"，③ 故范仲淹所谓桐庐郡皆为睦州。再如：范仲淹称岳州为岳阳，其和庞籍诗现题为《和延安庞龙图寄岳阳滕同年》即为明证。④ 若如此，前述未能直接考详之处可加以核实，以便厘清墓主的仕宦经历：许衮仕宦与元奉宗安居的姑苏郡，当为苏州；上官融居住的曹南郡应为曹州；范雍之父去世时的合肥郡监军当为庐州监军。

然而，范仲淹所用的郡名是因袭前代而来，还是州之别名俗称，抑或有其他方式？若沿袭前代，则所述郡名属秦属汉，还是魏晋隋唐？其所用郡名是有一定规律，还是随心所欲而为之？都需要我们进一步梳理。

二 范仲淹所用郡名特点探析

中国传统社会的郡县制度在全国推行始于秦朝，两汉、魏晋及隋唐各有不同程度的施行。唐代以后，郡作为一级地方行政区划退出历史舞台，故范仲淹所用郡称在宋代行政区划方面并无任何实际作用。虽则如此，笔者以为，若把范仲淹碑志所见郡名与前代郡名做一对比，有助于我们对其使用郡称的规律有较为深入的理解。现以正史地理志、《太平寰宇记》、《元丰九域

---

① 《欧阳修全集》卷三八《尚书户部侍郎赠兵部尚书蔡公行状》，第 557 页。
② 《范文正公文集》卷一《潇洒桐庐郡》，第 84 页。
③ 《太平寰宇记》卷九五《江南东道七·睦州》，第 1912 页。
④ 《范文正公文集》卷六《和延安庞龙图寄岳阳滕同年》，第 103 页。

志》的记载为依据列表 1 如下。

表 1　范仲淹墓志所见郡名与前代郡名比较

序 号	郡 名	州 名	秦郡	汉郡	隋郡	唐郡	治所
1	海陵郡	泰州	属九江郡	属九江郡	属江都郡	属广陵郡	海陵县
2	新安郡	歙州	属鄣郡	属丹阳郡	新安郡	新安郡	歙县
3	姑苏郡	苏州	会稽郡	吴郡	吴郡	吴郡	吴县
4	回中郡	泾州	安定郡	安定郡	安定郡	安定郡	保定县
5	高密郡	密州	无	无	高密郡	高密郡	诸城县
6	寿春郡	寿州	属九江郡	属九江郡	淮南郡	寿春郡	下蔡县
7	高安郡	筠州	属豫章郡	属豫章郡	属豫章郡	属豫章郡	高安县
8	桐庐郡	睦州	属鄣郡	属丹阳郡	遂安郡	新定郡	延德县
9	玉山郡	信州	属豫章郡	属豫章郡	属豫章郡	属豫章郡	上饶县
10	福唐郡	福州	闽中郡	属会稽郡	建安郡	长乐郡	闽县
11	雪上郡、吴兴郡	湖州	属会稽郡	属鄣郡、吴郡	吴郡	吴兴郡	乌程县
12	岳阳郡	岳州	属长沙郡	属长沙郡	巴陵郡	巴陵郡	巴陵县
13	曹南郡	曹州	属济阴郡	属济阴郡	济阴郡	济阴郡	济阴县
14	合肥郡	庐州	属庐江郡	无	庐江郡	庐江郡	合肥县
15	辰溪郡	辰州	黔中郡	武陵郡	武陵郡	泸溪郡	阮陵县
16	天水郡	秦州	陇西郡	天水郡	天水郡	天水郡	成纪县
17	清池郡	沧州	属钜鹿郡	属渤海郡	渤海郡	景城郡	清池县
18	会稽郡	越州	会稽郡	会稽郡	会稽郡	会稽郡	会稽、山阴二县
19	覃怀郡	怀州	属北地郡	河内郡	河内郡	河内郡	河内县
20	宣城郡	宣州	属鄣郡	属宛陵郡	宣城郡	宣城郡	宣城县
21	宛丘郡	陈州	颍川郡	无	淮阳郡	淮阳郡	宛丘县
22	永嘉郡	温州	属会稽郡	属会稽郡	永嘉郡	永嘉郡	永嘉县
23	金华郡	婺州	属会稽郡	属会稽郡	东阳郡	东阳郡	金华县
24	汝阴郡	颍州	颍川郡	属汝南郡	汝阴郡	汝阴郡	汝阴县
25	兖海郡	兖州	属薛郡	无	鲁郡	鲁郡	瑕丘县

序　号	郡　名	州　名	秦　郡	汉　郡	隋　郡	唐　郡	治　所
26	北海郡	潍州	属北海郡	属北海郡	属北海郡	属北海郡	北海县
27	淮西郡	蔡州	属三川郡	汝南郡	汝南郡	汝南郡	汝阳县
28	鄱阳郡	饶州	属九江郡	属豫章郡	鄱阳郡	鄱阳郡	鄱阳县

从上述 29 个可考的郡名中，大体可概括出以下特点：

第一，范仲淹碑志文中有因袭唐郡名称现象。范氏所用郡名中计有十处与唐郡完全一致，分别为新安郡、高密郡、寿春郡、吴兴郡、天水郡、会稽郡、宣城郡、永嘉郡、汝阴郡与鄱阳郡；八处与隋郡一致，有新安郡、高密郡、会稽郡、宣城郡、永嘉郡、汝阴郡、北海郡与鄱阳郡；天水郡和会稽郡两处与汉郡一致，仅会稽郡一处与秦郡一致。不过，凡范仲淹所用郡名与秦、汉、隋郡名相同者，皆为唐代沿袭前代郡名所致，若范仲淹所用郡名与唐代郡名不同，则和隋代之前郡名绝无重合者；且唐代"寿州"为"寿春郡"，"湖州"为"吴兴郡"，是范仲淹在碑志中亦使用而隋及以前所无的郡称，故可知范仲淹所借用的应为唐郡之名称。

第二，范仲淹碑志文中所用郡称多以"辖县+郡"命名，其特殊形式则是"治所+郡"。在可考记录中，"辖县+郡"计有十八处，其中包括"治所+郡"共十二处。"治所+郡"形式中与因袭唐郡重合者有五处：越州（治会稽县、山阴县）、宣州（治宣城县）、温州（治永嘉县）、颍州（治汝阴县）和饶州（治鄱阳县），范仲淹分别撰为会稽郡、宣城郡、永嘉郡、汝阴郡及鄱阳郡。除此之外，还包括三个新置州和四处非新置州：新置州有泰州（治海陵县）、筠州（治高安县）、潍州（治北海县），范仲淹分别撰为海陵郡、高安郡及北海郡；非新置州有：庐州（治合肥县）、沧州（治清池县）、陈州（治宛丘县）与婺州（治金华县），分别记为合肥郡、清池郡、宛丘郡及金华郡。尤其值得注意的是新置州，指代它们的郡名之前并无成例可循，显示了范仲淹撰文使用郡名有"治所+郡"的习惯。此外，非"治所+郡"的"辖县+郡"有六处：密州（辖高密县）、寿州（辖寿春县）、睦州（辖桐庐县）、信州（辖玉山县）、辰州（辖辰溪县）、秦州

（辖天水县），范仲淹在碑志文中分别记为高密郡、寿春郡、桐庐郡、玉山郡、辰溪郡和天水郡。

第三，范仲淹所用郡名中部分为宋人对该州的别名，而此别名一般多与辖区的山川遗迹等地理方面的命名及辖区内重要历史事件、历史人物等人事方面的命名等有关，① 可简化为"别名＋郡"形式。就前述记录中，有姑苏、回中、福唐、雪上、岳阳、曹南、覃怀、兖海及淮西等九郡。

范仲淹有诗称："姑苏从古号，繁华却恋岩。"② 可见在范仲淹话语中，姑苏的称呼由来已久，而渊源当和辖区内之"姑苏山"有较大联系。③ 方勺也记载了姑苏即苏州的事实："吴伯举舍人知苏州日，谒告归龙泉，迁葬母夫人……舍人竟卒于姑苏。"④ 北宋泾州政区所辖范围，秦属北地郡，汉至唐郡县制时期一直沿用安定郡不变，范仲淹称泾州为回中郡，概因此地秦朝有回中宫。《史记·秦始皇本纪》载："二十七年，始皇巡陇西、北地，出鸡头山，过回中焉。"张守节引《括地志》云："回中宫在岐州雍县西四十里。"⑤ 北宋时期，福州有"福唐"的别称，张耒撰李处道墓志曾言及："五代时有讳澄者，尝为梁使闽，遂居晋福之连江，故今为福唐人。"⑥ 而1991年出土于湖北鄂州市的李处道墓志则曰："五代时有讳澄者，尝为梁使闽，遂留居福之连江，故今为福州人。"⑦ 丧家虽改张耒所撰福唐为福州，然这恰可说明"福唐"在北宋确属福州之别名，这应该和福州州治福清县唐代称福唐县有关。⑧ 湖州为雪上郡，晁补之曾云："奉敕就差知湖州，已

---

① 史念海先生以县名为例，认为县名来源有地理与人事两方面的命名现象，而华林甫则进一步研究，得出中国古代地名主要有"以方位命名""以山为名""以水为名""以具体地理实体为名""因事名之""年号地名""以形得名""以姓氏、人物为名"等原则。参阅史念海《论地名的研究和有关规律的探索》，《中国历史地理论丛》1985年第1期，第41～43页；华林甫：《中国地名学史考论》，社会科学文献出版社，2002，第23～39页。

② 《范文正公文集》卷五《依韵酬章推官见赠》，第88页。

③ 《太平寰宇记》卷九一《江南道三·苏州》，第1820页。

④ （宋）方勺：《泊宅编》卷一○，许沛藻、杨立扬点校，中华书局，1983，第60页。

⑤ 《史记》卷六《秦始皇本纪六》，中华书局，1959，第241页。

⑥ （宋）张耒撰《张耒集》卷六○《李参军墓志铭》，李逸安等点校，中华书局，1990，第883页。

⑦ 见熊亚云《鄂州出土墓志、地券辑录及讨论》，《东南文化》1993年第6期，第34页。

⑧ 《太平寰宇记》卷一○○《江南东道一二·福州》，第1994页。

于四月二十九日到任讫。始解蒲中，即临雪上，去股肱之要郡，得山水之名城。"知雪上为湖州别名，① 这或许与其辖境内有"雪溪"② 有关。怀州称覃怀郡，是因《禹贡》所谓"覃怀厎绩，至于衡漳"，③ 即为此地。范仲淹对岳州的称呼，其和庞籍诗《和延安庞龙图寄岳阳滕同年》，④ 即称岳州为岳阳，当为别称。宋人有关"曹南"的记载，苏颂在撰制书时云："敕具官某：朕以东畿积寇多出曹南，故严设捕格之科，以除生聚之患。以尔得调铨筦，往专尉循，能奋勇谋，悉擒凶党。"⑤ 从制书题名知王泊被任命为曹州县尉，而称积寇多出曹南，则此曹南定指曹州。曹南名称之由来，或与其境内辖"曹南山"⑥ 有关。兖海之称，王辟之曾云："王文正公曾、李文定公迪，咸平、景德间相继状元及第……文正送文定《移镇兖海诗》有'锦标夺得曾相继，金鼎调时亦践更'之句……盖文定再镇兖。"⑦ 上述可知，王曾因李迪知兖州而作《移镇兖海诗》，则宋代兖海当为兖州之别名。宋代称蔡州为淮西郡，陈师道诗曰："又为太守专淮右，胜喜郎君类若翁。"任渊注云："若翁，犹言乃翁，谓六一居士亦尝知蔡州，蔡州在淮西。"⑧ 故知蔡州称淮西郡亦当为宋代之别称。

如上述可见，范仲淹在碑志文中郡称并非有固定模式，但大体有以下三种形式：第一，因袭唐代郡名；第二，以州治所所在或州下辖县冠以"郡"字指代该州；第三，以别名、俗称加"郡"字代指该州。若上述原则无误的话，当可以之为基础，推测史料不足征而未能直接考实的郡称所指州名。

---

① （宋）晁补之：《鸡肋集》卷五五《湖州谢到任表》，四部丛刊初编本。
② 《太平寰宇记》卷九四《江南东道六·湖州》，第 1878 页。
③ 《尚书正义》卷六《禹贡》，十三经注疏本。
④ 《范文正公文集》卷六《和延安庞龙图寄岳阳滕同年》，第 103 页。
⑤ （宋）苏颂：《苏魏公集》卷三一《曹州南华县尉王泊可太常寺奉礼郎》，王同策等点校，中华书局，1988，第 448 页。
⑥ 《太平寰宇记》卷一三《河南道一三·曹州》，第 265 页。
⑦ （宋）王辟之：《渑水燕谈录》卷七《歌咏》，吕友仁点校，中华书局，1981，第 85 页。
⑧ （宋）陈师道撰，任渊注《后山诗注》卷一二《送欧阳叔弼弼知蔡州》，中华书局，1995，第 458 页。

三 未详考郡称试推测

未能详考的 8 处郡名中，前述总结范仲淹使用郡名的三种特点同时存在，以下试加推断。

1. 因袭唐代郡名

（1）胡令仪"丁太夫人忧，服除，补颍川郡法掾"。① 检《旧唐书·地理一》许州政区沿革，许州，"隋颍川郡，武德四年平王世充，改为许州"，"天宝元年改为颍川郡"，② 则范仲淹所谓颍川郡当为许州。

（2）范仲淹记载许衮生平时云："以前均榷浙右，坐联职之累，降品一等，领饶阳钱监。未几辩之，移倅弋阳郡。"③ 《太平寰宇记·光州》记载："秦属九江郡。汉为西阳县，属江夏郡。魏分置弋阳郡……隋初郡废为州，炀帝初又为郡。唐武德三年平江淮，改为光州，置总管府……天宝元年改为弋阳郡。"④ 故知弋阳郡乃因袭唐代郡称，所指为光州。

2. "辖县 + 郡"或"治所 + 郡"

（1）胡令仪"迁国子博士，拜虞部员外郎，典历城郡……徙陇城郡，历比、驾二部外郎"。⑤ 历城郡与陇城郡，《太平寰宇记》均有以之为县名者，其中齐州"今理历城县"，⑥ 秦州"元领县五。今六，成纪、陇城、清水，天水，长道，大潭"，⑦ 故历城郡和陇城郡当分别指齐州与秦州。

（2）墓主张问"不利于春官，退居景陵郡"。⑧ 《太平寰宇记》记载：复州，"今理景陵郡"。⑨ 则景陵郡应为复州。

---

① 《范文正公文集》卷一二《宋故卫尉少卿分司西京胡公神道碑》，第 260 页。

② 《旧唐书》卷三八《地理一》，中华书局，1975，第 1431 页。

③ 《范文正公文集》卷一三《赠户部郎中许公墓志铭》，第 275～276 页。

④ 《太平寰宇记》卷一二七《淮南道五·光州》，第 2511 页。

⑤ 《范文正公文集》卷一二《宋故卫尉少卿分司西京胡公神道碑》，第 260 页。

⑥ 《太平寰宇记》卷一九《河南道一九·齐州》，第 381 页。

⑦ 《太平寰宇记》卷一五〇《陇右道一·秦州》，第 2898～2899 页。

⑧ 《范文正公文集》卷一五《试秘书省校书郎知耀州华原县事张君墓志铭》，第 322 页。

⑨ 《太平寰宇记》卷一四四《山南东道三·复州》，第 2802 页。

（3）范仲淹撰蔡元卿墓表云："时方尚雕虫技，君以好古，不合于有司，退居淄川郡之北郊。"① 《太平寰宇记》云：缁州，"今理淄川县"。② 故淄川郡当为缁州。

3. "别名 + 郡"

（1）胡令仪在宋真宗即位后"改大理丞……秩满，迁守巴汉郡，赐五品服"。前代无以"巴汉"为郡名或县名者，则此巴汉郡所用当为别名。宋人用巴汉代指益州，胡宿有诗《送益州运使田学士》曰："巴汉静归筹笔内，岷峨闲入画图中。"③ 故墓志中巴汉郡应指益州。

（2）元奉宗墓志中，范仲淹称其"擢拜太子中允，领沘川榷酤"，④ 前代亦无以沘川为郡名或县名者，故此沘川郡也当为用别名。宋祁曾有诗《中山公损疾二首》，其后附注："时公有沘川之命。"⑤ 此处沘川，宋祁亦称沘上，《景文集》卷一三有诗题为《闻中山公沘上家园新成秘奉阁辄抒拙诗寄献》，其中曰"为乐东平得再麾"，其后注释云"两镇沘上"。⑥ 既称再麾东平，又云两镇沘上，则沘上应为东平之别称，而东平郡为郓州在唐天宝元年（742）所改郡名，⑦ 故范仲淹所谓沘川郡应为郓州。

结　语

对于范仲淹所撰碑志文中郡名的考证，可以厘清墓主的生平事迹及仕宦经历，有补充史籍不足的作用。如：传世文献对许衮、元奉宗、胡令仪及上官融等记载均不详，墓志材料成为研究他们生平事迹、仕宦经历及家族发展等最重要的依据，通过对郡名的考订，可以使他们模糊化的信息得以厘清。

---

① 《范文正公文集》卷一六《赠大理寺丞蔡君墓表》，第334页。
② 《太平寰宇记》卷一九《河南道一九·缁州》，第375页。
③ （宋）胡宿：《文恭集》卷五《送益州运使田学士》，丛书集成初编本。
④ 《范文正公全集》卷一三《都官员外郎元公墓志铭》，第279页。
⑤ （宋）宋祁：《景文集》卷一六《中山公损疾二首》，丛书集成初编本。
⑥ （宋）宋祁：《景文集》卷一三《闻中山公沘上家园新成秘奉阁辄抒拙诗寄献》。
⑦ 《太平寰宇记》卷一三《河南道一三·郓州》，第247～248页。

而且，用碑志材料与传世文献互证，有校勘史籍的功能。前述尹洙撰谢涛行状中记载谢涛"大中祥符初，出知秦州，又知歙州"，《四部丛刊初编》及《文渊阁四库全书》本《河南集》亦作是说。然欧阳修撰谢涛墓志中云谢涛"知泰州、歙州"，范仲淹撰谢涛神道碑称其"出守海陵、新安二郡"。通过考察范仲淹所用郡名，知海陵郡为泰州，与欧阳修记载一致，故可判断尹洙所载秦州为泰州之误，当据以改之。又如：传世文献中有关滕宗谅仕宦经历的记载，亦有歧互之处：《续资治通鉴长编》卷一一六景祐二年二月丁卯条云："龙图阁学士、给事中、知兖州范讽责授武昌行军司马，不签书事。新广东转运使、祠部员外郎庞籍降授太常博士、知临江军。东头供奉官吴守则追一官。又降都官员外郎、判刑部李逊知潍州，祠部员外郎、知信州滕宗谅监饶州税。"①《宋史·滕宗谅传》则曰："（滕宗谅）乃以泰州军事推官，诏试学士院……降尚书祠部员外郎、知信州。与范讽雅相善，及讽贬，宗谅降监池州酒。"② 其他材料不载此事，然根据前述考证，范仲淹记述滕宗谅被"俄以言得罪，换祠部员外郎、知信州，又监鄱阳郡榷酤"，③ 鄱阳郡乃采用"治所＋郡"的形式，所指为饶州，故《宋史·滕宗谅传》所载池州误，当据以改为饶州。

然而，宋代碑志文借用前代郡名的现象主要与撰者个人习惯有关，并不是所有人都使用或赞同的。与范仲淹、尹洙同时代的古文运动健将欧阳修撰写碑志文计 20 卷 111 篇，绝无以郡名替代当时州名的现象。前引传世文献李处道墓志与出土墓志对比，丧家把"福唐"订正为"福州"，也是不同意撰者用前代地名指代当时地名，在墓志刻石过程中所做的"润饰"。④ 另外，尹洙虽常用郡名代替当时州名，但有记载称其对类似问题进行质疑，毕仲荀《幕府燕闲录》中记载："范文正公尝为人作墓志，已封将发，忽曰：'不可不使师鲁见之。'明日以示师鲁，师鲁曰：'希文名重一时，后世所

---

① 《续资治通鉴长编》卷一一六，景祐二年二月丁卯，第 2721 页。
② 《宋史》卷三〇三《滕宗谅传》，第 10037 页。
③ 《范文正公文集》卷一五《天章阁待制滕君墓志铭》，第 319 页。
④ 详见仝相卿《北宋碑志文形成中的丧家因素——以石本、集本对比为重心》，《河南大学学报》2018 年第 6 期。

取信，不可不慎也。今谓转运使部刺史，知州为太守，诚为脱俗，然今无其官，后必疑之，此正起俗儒争论也。'希文抚己曰：'赖以示子，不然吾几失之。'"①尹洙认为将转运使写为部刺史、知州记为太守的做法会导致后人的疑惑，不利于理解。宋代碑志文中类似职官借用前代的情况并不多见，而地名的借用则属普遍，虽借代内容不同，然其实质则是一致的。赵翼亦曾云："文章家于官职舆地之类，好用前代名号以为典雅，此李沧溟诸公所以贻笑于后人也。孙樵云：史家纪职官、山川、地理、礼乐、衣服，宜书一时制度，使后人知某时如此，某时如彼，不当取前代名器，以就简牍。"②也是针对文章中职官、地理等借用前代名称现象给予的批评。

据学者研究，宋代碑志文开始对墓主事迹加以强调，较之唐代墓志所表现出来的哀悼文学性质，北宋墓志已经转化为传记文学或史传文学。③ 而传记文学或史传文学的一个重要特征即是对传主的生平事迹有较为详细的描写，以便为后世留下翔实可信的资料。许多学者在研究宋代墓志碑铭的史料价值时，都言及其对墓主生平事迹、家族发展、婚姻关系等研究的重要作用，④ 这需要利用到碑志文中职官、地名等方面的信息。然而职官、地名之类本是极具时代意义的内容，这已多为治政治史、家族史、历史地理等学者所利用，故借前代之名典雅与否可以见仁见智，但对研究者理解过程中"人为"增加难度，则是值得注意的现象，需要在使用时认真梳理。

（原载《中国历史地理论丛》2014 年第 3 期）

---

① （宋）毕仲荀：《幕府燕闲录》，（元）陶宗仪：《说郛》卷四一，中国书店出版社，1986，第 22 页 a。
② （清）赵翼：《陔余丛考》卷二二《文章忌假借》，中华书局，1963，第 429 页。
③ 刘成国：《北宋党争与碑志初探》，《文学评论》2008 年第 3 期，第 35～42 页。
④ 陶晋生：《北宋士族——家庭·婚姻·生活》序，（台北）"中央"研究院历史语言研究所专刊之一〇二，2001，第 ⅳ～ⅴ 页；王德毅：《墓志铭的史料价值》，《东吴历史学报》2004 年第 12 期，第 1～24 页。

国用安与金亡前夕的淮海地区

曹文瀚

摘　要　国用安是红袄军第三期的主要首领之一，同时也是金亡前夕淮海地区武装集团的盟主。这篇文章探讨他的传记史料来源及其复杂性。考释他的生平事迹并观察当时淮海地区诡谲多变的历史。指出国用安集团成员多是金朝军官及义军，他们与国用安的政治认同大不相同，以致行动上缺乏共识；加上当时淮海地区风雨飘摇的形势，因此这个集团名义上虽属金军，实际上却无法与金朝协同合作，甚至集团成员为各自利益而冲突，最终一事无成。

关键词　红袄军　国用安　国安用　李全　淮海地区

绪　论

南宋与金朝对峙百余年，其后期局势较大的变化是嘉定四年（金大安三年，1211）蒙古军南下袭击金朝。此后，金朝在华北的社会控制能力大幅下降，华北民众为因应局势的变化，组成大大小小的武装团体，在当时南宋、金朝及蒙古三方对华北的争夺中，这些武装团体有举足轻重的影响力，当中又以纵横山东、河北、淮海地区达半世纪的红袄军最具代表性，影响也最深远。不过作为历史上的失败者，传统史家给予的评价多为负面。直至20世纪中叶赵俪生与孙克宽从民族意识的角度重新解读并评价，这种现象才有改变，并产生出许多新的研究成果。①

我们如果对红袄军历史进行分期，根据其领导人的变动和军事势力的影响，约可分为四期：（1）杨安儿、刘二祖时期（1211～1215）；（2）李全时期（1215～1231）；（3）杨妙真时期（1231～1246）；②（4）李璮时期（1246～1262）。这四个时期对红袄军和当时宋、金、蒙之间的国际局势皆有其重要性，以往的研究仅重视李全、李璮父子，以第2期研究最为深入，第4期其次。第1期作为红袄军及李全崛起的背景，其余相关人物虽多未深入研究，但也会兼论之。唯第3期长期不受重视，以第3期的历史背景而论，1231年李全甫败亡于扬州城下，次年初金朝主力军队亦败于三峰山之役，经蒙军二度围汴后，金哀宗离汴，先至归德，再至蔡州，最后灭亡于蔡州城一役。与此同时，山东、淮海地区也因李全之亡及金朝濒临崩溃，除严实的东平、张荣的济南外，其余地区在杨妙真确切掌握前，属于权力重新分配的阶段，尤其淮海地区因位处南宋、金、蒙交界处，情势最为诡谲。尽管如此，以往学界多将焦点置于金朝灭亡及端平入洛。直至近年杨妙真的研究受到重视后，才有学人关注到此时期红袄军以及山东、淮海的概况，但除姜锡东《宋金蒙之际山东杨、李系红袄军领导人及其分化考论》曾简述国用安生平，并指出他是杨、李系红袄军领袖中最复杂多变的人物外，③ 对于红袄军第三期历史的研究还是仅仅集中在杨妙真身上，④ 至于杨妙真正式担任行省职务前的问题仍有许多复杂难解之处。同时因关注角色的不同，主要关注的地区仍以山东为主。若要掌握此时期的淮海概况，更须注意国用安及其集团的作为。

---

① 有关20世纪以来红袄军的研究成果，参见曹文瀚《20世纪以来红袄军研究综述》，未刊稿。

② 杨妙真时期和李璮时间的分期因李璮继位时间尚无法确定，学界未有定论。姜锡东认为是1252年，笔者据《兰山密氏祖茔碑》断为1246年之前，故暂以1246年分期。详见曹文瀚《胡公迁葬祖先之碑》及《兰山密氏祖茔碑》撰碑时间及史料价值析论》，未刊稿。

③ 姜锡东：《宋金蒙之际山东杨、李系红袄军领导人及其分化考论》，《中国史研究》2015年第1期。

④ 如王颋《牝鸡司晨——蒙古女行省杨妙真生平考》，载氏著《西域南海史地探索》，中国人民大学出版社，2010，第25～27页；姜锡东：《杨妙真新论——研究现状、基本事迹和评价问题》，《文史哲》2016年第1期；森田宪司「李璮の亂以前—石刻史料を材料にして」『元代知識人と地域社會』汲古書院、2004、243-246頁。

因此，本文以国用安为主轴，希望能透过一个从李全集团分化出去的红袄军首领，观察这段时期的红袄军历史以及此时期的淮海概况。① 因本文研究区域是以金亡前夕国用安及其集团的活动范围为主，故所谓的淮海地区系指金代的徐、宿、邳、海、泗及沂州等地。

一　《金史·国用安传》的史源问题

今日记载国用安事迹的相关史料并不多，以《金史·国用安传》（简称《国用安传》）最为详细、丰富，但《国用安传》的记载是在他投靠金朝后才开始，这已是他一生中最后数年，因此无法得知其早年生平，且其中仍有不少矛盾、错误之处。其余记载国用安事迹者尚有《宋史·李全传》《齐东野语》，《元史》的《纯只海传》《张荣传》《王珍传》《杨杰只哥传》《张子良传》《张进传》等传记，除此之外尚有部分史料有提及国用安，可为《国用安传》略做补充。前文提及《国用安传》记载本身的不足之处，此或与其史料来源有关。

《国用安传》的内容依叙述约可分为 10 项：（1）早期生平；（2）徐州兵变；（3）阿术鲁大怒；（4）国用安降金；（5）与杨妙真决裂；（6）二次封赠；（7）蜡书；（8）与王德全之间的争斗；（9）在金、宋、蒙之间反复不断及败亡；（10）国用安的日常形象。此十项中，除第 7 项蜡书一事的史源应是出自王鹗《汝南遗事》外，余事史源不得而知。第 2、4、6、8 四项，《哀宗本纪》皆有记载，只是详细程度不同，与《哀宗本纪》的记载出自同一史源的可能性不低。第 3、5、9、10 四项，《哀宗本纪》并无记载，虽然我们不能否认 3、5 两项有附于第 4 项之下的可能性，但依前文所见，这二项记载在时间上与其他史料比对，皆有矛盾、不合理之处，因此也不能排除这二项与第 4 项非同一史源，只是经史家之手拼贴在一起。

---

① 国用安，本名咬儿，又名国安用，投金后改名用安。其一生中用国用安之名不到二年，但《金史》既记其列传为《国用安传》，本文因之，故若非必要，皆以国用安称之。本文所用材料遍及宋、金、蒙三方，未免读者混乱，非引文处，以宋代纪年为主。

除《汝南遗事》外，《国用安传》的史源还有可能出自何处？金哀宗一朝的史料来源，今人已知者有元好问《遗山先生文集》《中州集》《壬辰杂编》《金源君臣言行录》，刘祁《归潜志》、王鹗《汝南遗事》、杨奂《天兴近鉴》以及元好问及王鹗在民间采集的野史传闻。[①] 记载蜡书一事的《汝南遗事》自不用提，除此之外，今日尚能见到的《遗山先生文集》、《中州集》及《归潜志》皆未载国用安事。故其他事迹较有可能的史源应是《壬辰杂编》《金源君臣言行录》《天兴近鉴》以及元好问及王鹗收集到的野史传闻。以下对此略做考证。

1.《壬辰杂编》。崔文印指出《大金国志》中的《义宗皇帝》一卷，其材料除取自《汝南遗事》《宋季三朝纲要》外，从完颜绛山的事迹记载可知亦有参照《壬辰杂编》，元人苏天爵曾言《大金国志》的作者并没有接触金朝"国史"的机会。[②] 就这点判断，若是《金史》有记载，但《大金国志》无记载者，可能就不是出自《壬辰杂编》。经检阅，《大金国志》对国用安事迹的记载错误甚多，当中涉及上述九项者，仅有第 7 项，此项史源出于《汝南遗事》，故透过《大金国志》可推论《国安用传》的史源应不包括《壬辰杂编》。

2.《金源君臣言行录》。张博泉认为《金源君臣言行录》应是元好问采集野史的原材料，并未成书，《中州集》中的人物小传及《壬辰杂编》可能源于此。[③] 前说甚是，唯《中州集》的人物小传及《壬辰杂编》是否源于《金源君臣言行录》，本文持保留态度。郝经《遗山先生墓铭》载：

> （元好问）以金源氏有天下，典章法度几及汉唐。国亡史兴，己所当为，而国史实录在顺天道万户张公府，乃言于张公，使之闻奏，愿为撰述。奏可，方辟馆，为人所沮而止。先生曰："不可遂令一代之美，泯而不闻。"乃为《中州集》百余卷。又为《金源君臣言行录》往来四方，采掇遗逸，有所得辄以寸纸细字亲为记录，虽甚醉，不忘于是，杂录近世

① 参见张博泉《〈金史〉的史料来源》，张博泉等著《金史论稿》，吉林文史出版社，1986，第 7~9 页；王明苏：《金修国史与〈金史〉源流》，氏著《辽金元史学与思想论稿》，台北，花木兰文化出版社，2009，第 39、42、44~46 页。

② 崔文印：《大金国志校证·前言》，《大金国志》，中华书局，1986，第 6~8 页。

③ 张博泉：《〈金史〉的史料来源》，张博泉等著《金史论稿》，第 9 页。

事至百余万言，梱束委积，塞屋数楹，名之曰《野史亭书》，未就而卒。①

就引文可知，《金源君臣言行录》未完成元好问就已过世，故确未成书；但郝经先载《中州集》，再言《金源君臣言行录》。又，按元好问《中州鼓吹翰苑英华序》，可知元好问编写《中州集》是从宋理宗绍定六年（金哀宗天兴二年，1233）至聊城后就已着手进行，②《壬辰杂编》亦是在聊城的二年间开始撰写，至于修筑"野史亭"已是元好问回到家乡以后的事，至少也是开始编写《中州集》及《壬辰杂编》的六年之后。③ 则《中州集》及《壬辰杂编》修书时间明显早于收集《金源君臣言行录》，不过材料重复使用的可能性应当很大。就上述说法可知《金源君臣言行录》是元好问在民间收集的野史传闻，因此国用安的事迹部分的确有可能源于此处。

3. 王鹗收集的材料。王恽曾上奏忽必烈："伏见国家自中统二年立国史院，令学士安藏收访其事，数年以来，所得无几。"④ 王恽的奏章如参考后文，主要是指从成吉思汗到蒙哥的事迹，作为对照用的史料，金方史料必然也是收集对象，不过按"所得无几"一语，可知此前收集到的金代史料可能也有限，修《卫绍王本纪》的过程即可为例："皇朝中统三年，翰林学士承旨王鹗有志论著，求大安、崇庆事不可得。"⑤ 也因此才有王恽对从征将士做"口述历史"的提议。⑥ 故王鹗即使有收集到国用安的相关史料，恐怕也不多，且可能多出于"口述历史"，国用安作为口述者的敌人，相关事迹的客观性自然要再打折。至于《天兴近鉴》无从检视，只能抱持宁可信其有的态度。

综上所述可知，《国用安传》非出自单一史源，而是多种史料混合而

① （元）郝经：《郝文忠公陵川文集》卷三五《遗山先生墓铭》，《北京图书馆珍本丛刊》第91册，书目文献出版社，1988，第2页上、下。
② （元）元好问，周烈孙、王斌校注《元遗山文集校补》卷三七《中州鼓吹翰苑英华序》，巴蜀书社，2013，第1280页。
③ 元好问生平，参见狄宝心《元好问诗编年校注·前言》，载（元）元好问《元好问诗编年校注》，狄宝心校注，中华书局，2011，第3~4页。
④ （元）王恽：《王恽全集汇校》卷八四《论收访野史事状》，杨亮、钟彦飞点校，中华书局，2013，第3477页。
⑤ （元）脱脱等：《金史》卷一三《卫绍王》，中华书局，1975，第298页。
⑥ （元）王恽：《王恽全集汇校》卷八四《论收访野史事状》，第3477页。

成。在这之中，除几可确定的《汝南遗事》外，最有可能的来源应是《天兴近鉴》及元好问、王鹗收集的野史传闻。既是野史传闻，且元好问不及整理就已过世，王鹗收集到的材料可能也不足，且可能多出于"口述历史"，"口述历史"若处理不当，容易出错，也许这就是造成《国用安传》记载上的混乱及错误之原因。

以下再以《国用安传》为核心，参考其余史料对其生平进行考订、增补并观察这时期的淮海地区概况。

二　李全时期的国用安

有关国用安的早期史料，《宋史·李全传》仅有一条：

> 初，大元兵破中都，金主窜汴，赋敛益横，遗民保岩阻思乱……（李）全与仲兄福聚众数千，刘庆福、国安用、郑衍德、田四、于洋、洋弟潭等咸附之。①

其后要到国用安等人意图杀李福及杨妙真一事，方有国用安事迹的记载。《齐东野语》亦至李福与刘庆福之争时，才提及国用安。② 其余红袄军常见史料多未提及国用安的早期生平。③ 故仅能推论国用安原居于淄州，可能在

① （元）脱脱等：《宋史》卷四七六《李全传》，中华书局，1977，第13817页。
② （宋）周密：《齐东野语》卷九《李全》，张茂鹏点校，中华书局，1983，第162~163页。
③ 《宋史纪事本末》载："（宋宁宗嘉定十一年，1218）五月金石州贼冯天羽败死，其党国安用来降，诏以安用同知孟州事。"此段记载源出《金史》，但笔者所见各版本《金史》在这部分的记载皆载安国用，《金史详校》亦未提及冯天羽一事，代表施国祁所见诸版本《金史》皆载安国用。且以活动地域而言，冯天羽主要活动地区在今日山西地区，与红袄军主要活动区域有一定距离，故当是陈邦瞻误将安国用当成国用安。本文所用的《金史》版本，除涉及版本学部分外，皆以中华书局点校本为主。（明）陈邦瞻：《宋史纪事本末》卷八七《李全之乱》，中华书局，1977，第971页；（元）脱脱等：《金史》卷一五《宣宗中》，中华书局，1975，第337~338页；《金史》卷一五《宣宗中》，明嘉靖八年南京国子监刊本，第12页下；《金史》卷一五《宣宗中》，清光绪二十九年五洲同文局石印本，第12页下~13页上；《金史》卷一五《宣宗中》，《四部丛刊百衲本二十四史》，第12页下~13页上；《金史》卷一五《宣宗中》，第337~338页；（清）施国祁：《金史详校》卷二，《续修四库全书》第293册，上海古籍出版社，2002，第33页下~35页下。

蒙古南侵后率族人自保，不久就依附李全。

宋理宗宝庆二年（金哀宗正大三年，1226），李全被蒙军困于益都（山东青州市），南宋得知后，以刘琸为知楚州，意图趁机除掉李全留在楚州的势力，不料引发夏全之乱，刘琸狼狈逃回扬州。南宋再以军器少监姚翀知楚州兼制置副使，此时国用安及王义深接替夏全之乱时不肯从乱，自焚以明志的张正忠为忠义都统权司。①

刘琸死后，南宋不再给予忠义粮，李全集团为此爆发内讧，先是李福与刘庆福之争，刘庆福及曾是金朝封建九公之一的张甫皆被杀害。李福又将无忠义粮的理由推给姚翀，意图谋害，姚翀为国用安所救，逃回明州，不久亦亡。姚翀死后，南宋执行轻淮重江政策，不再建闉，改楚州为淮安军，以忠义统制杨绍云兼淮东制置副使，通判张国明权守，视之为羁縻州。李福杀姚翀后，不但无法取得忠义粮，还使南宋全面放弃对忠义军的支持，以致国用安、阎通、张林、邢德、王义深等五人意图杀害杨妙真及李福，李福及李全的另一位夫人刘氏被杀，杨妙真逃走。国用安等人再与张惠及范成进商议分楚州军队为五，并准备断李全归路。商议完成后，他们将商议结果交给制府与朝廷，朝廷以时青威望较高，希望由时青规划。并派赵瀄夫率军，意图剿杀国用安等人，国用安等大怒，认为被张、范二人出卖，欲杀之，张、范遂逃归盱眙，并执彭，开城投金。时青则写信将淮南发生的事情告知李全，不久李全率军南归，国用安杀张林、邢德以自赎，李全饶恕了他。自此国用安复归李全军，并参与李全之乱。②

三　国用安与李全余党退回淮北

李全败亡扬州城下后，国用安"叹恨饮泣"，与李全南征残军商议，以

---

① 参见《宋史》卷四七六《李全上》，第13831～13832页；《宋史》卷四七七《李全下》，第13835～13836、13837页；（宋）周密：《齐东野语》卷九《李全》，第161～163页。

② 《宋史·李全传》记救姚翀者为郑衍德，《齐东野语》记为国用安，但郑衍德当时与李全一同被困于青州，故救姚翀者当为国用安。参见《宋史》卷四七七《李全下》，第13836～13838页；（宋）周密：《齐东野语》卷九《李全》，第162～163页。

一人为首，继续对宋作战，但南征诸将皆欲为主帅，互不相让，最后董进提议回淮安奉杨妙真为首，"众皆悦服"。① 残军且战且退，退至淮安与杨妙真会合后，仍不敌宋军，淮安亦失。杨妙真眼见战况不利，谕郑衍德等人曰：

> 二十年梨花枪，天下无敌手，今事势已去，撑拄不行。汝等未降者，以我在故尔。杀我而降，汝必不忍。若不图我，人谁纳降？今我欲归老涟水，汝等宜告朝廷，本欲图我来降，为我所觉，已驱之过淮矣。以此请降可乎？众曰："诺。"翼日，杨氏绝淮而去。②

乍看之下杨妙真似退隐为由，以让南宋接受李全残党，实际上恐非如此，按《宋史·李全传》，杨妙真在五月庚子离开楚城，六月己未抵涟水，③ 中间相隔十九日，涟水距淮安不过六十里，④ 一日至应是绰绰有余，何须花那么长的时间方能抵达。且杨妙真归涟水后三天，李全残军即渡淮北上。再比对《金史·白华传》的记载："夏五月，杨妙真以夫李全死于宋，构浮桥于楚州之北，就北帅梭鲁胡吐乞师复雠。"⑤ 如此来看，杨妙真应是眼见战况不利，紧急去向蒙军求援。若然，她向郑衍德等人所言，应是缓兵之计，并由郑衍德等人执行。因此尽管在这段时间，宋帅赵范对红袄军只是虚与委蛇，金朝亦无意接纳红袄军的投降，甚至打算与宋联手歼灭红袄军，但拖延时间的目的仍已达到。唯蒙军似未派兵协助，杨妙真只好南归接应红袄军北上，此时宋军亦开始攻击红袄军，红袄军得知杨妙真并未求得援助后，三日后紧急渡淮，在杨妙真率领下至海州。⑥ 国用安这段时间与郑衍德等人一同接受杨妙真的指挥。红袄军回海州后国用安被蒙古任命为都元帅、行山东尚书省

① 《宋史》卷四七七《李全下》，第 13848 页；（元）许时献：《元胶州知州董公神道碑》，（清）段松苓：《益都金石记》卷四，《石刻史料新编》第 1 编第 20 册，台北，新文丰出版股份有限公司，1977，第 7 页下。
② 《宋史》卷四七七《李全下》，第 13850 页。
③ 《宋史》卷四七七《李全下》，第 13851 页。
④ 参见（宋）王存《元丰九域志》卷五《淮南路》，王文楚、魏嵩山点校，中华书局，1984，第 195 页。
⑤ 《金史》卷一一四《白华传》，第 2507 页。
⑥ 《宋史》卷四七七《李全下》，第 13851 页。

事，成为红袄军名义上的最高统领，① 曾与蒙军一同攻打金朝占领下的归德及围攻汴京，② 金蒙议和期间归海州。

另外，在红袄军北归海州时，淮安及淮阴为金朝将领完颜合达取得，并将淮阴更名归州镇淮府，不久宋金双方又为盱眙大战，金泗州总领完颜矢哥以州归杨妙真，金盱眙总帅纳合买住则降宋，淮安及淮阴不久之后亦被宋取回。③ 至此淮南包括曾被金据有六年的盱眙皆已全归宋境，淮海诸州中，红袄军主要据点在海州，另有泗州以及山东东路多处州县。④ 金掌控徐州、邳州、宿州等地。

四　国用安掌控淮海地区并弃蒙投金

宋理宗绍定五年（金哀宗天兴元年，1232）金蒙三峰山之役，金军精锐全军覆没，金朝徐州行省完颜庆山奴即率军援汴。原用以维持地方秩序的军队一经抽调，淮海地区顿陷权力真空，爆发义胜军与夏全的叛变事件，不过作为金朝淮海地区统治中心的徐州与宿州，在新任山东行省徒单益都以及

① 行省一词，原名行台尚书省，又名行尚书省，李全山东、淮南行省这个身份，又可称为行山东、淮南尚书省事。故此时期红袄军虽以杨妙真为首，但名义上的最高统领是国用安。直到国用安投靠金朝并败亡后，杨妙真才成为名实相符的杨行省。有关行台尚书省，参见王明荪《论金代之行台尚书省》，《辽金元史论文稿》，台北，槐下书肆、花木兰文化工作坊，2005，第121~152页；杨清华：《金朝行省制度研究》，博士学位论文，吉林大学，2009，第2页。

② 忒木䚟所率益都之兵即是以国用安为代表的红袄军。《金史》卷一一七《国用安传》，第2561、2562页；《金史》卷一一六《石盏女鲁欢传》，第2543页。

③ 盱眙及淮阴参见余蔚的考证，淮安按《宋史·李全传》载可知是宋人得知淮阴降金后，又得探报云："宋师迟一宿攻城，淮安亦为金有矣。"则金应曾短暂据有淮安。淮安与淮阴归宋时间不得而知，但依刘祁所言可知金得淮阴不久后即以军成耗费过多而弃，则应当同时被宋取回。《宋史》卷四七七《李全下》，第13851页；《金史》卷一一四《白华传》，第2508~2509页；余蔚：《中国行政区划通史·辽金卷》，复旦大学出版社，2012，第795~796页。

④ 泗州最晚在绍定六年八月被宋所得。按理，杨妙真离开海州后应无余力控制泗州，又国用安相关记载皆未见及泗州，故可能在杨妙真离开海州后，泗州即为南宋所得。红袄军掌控山东东路多处州县一说参见余蔚《中国行政区划通史·辽金卷》。（元）王鹗：《汝南遗事》卷二，《景印文渊阁四库全书》（简称《四库全书》），台北，台湾商务印书馆，1983，第408册，第6页下；余蔚：《中国行政区划通史·辽金卷》，第840~841页。

张子良和宿州元帅纥石烈阿虎的奋战下转危为安。①

绍定五年六月，徐州再度爆发兵变，主导者为埽兵总领王祐、义胜军都统封仙以及河间张祚、下邑令李闰、遥授永州刺史成进忠，并挟当时生病的义胜军总领张兴一同为乱。徒单益都带妻子逃出徐州城，张兴推王祐为帅，后又诛王祐及张祚，大掠徐州，城中一片混乱。壬戌日，国用安至徐州，张兴降，国用安执张兴及其党十余人斩于市，以封仙为元帅、兼节度使，主徐州。金邳州帅让印予杜政，杜政投降国用安。同属金朝的宿州则在镇防千户高腊哥，小吏郭仲安，及从徐州逃至宿州的总领王德全、高元哥及东面总领刘安国主导下，杀死节度使纥石烈阿虎父子，投降杨妙真。②

《国用安传》记载蒙古大将阿术鲁得知国用安取得徐、邳、宿三州后，大怒曰："此三州我当攻取，安用何人，辄受降。"派曾为金朝大将的张进率兵攻徐州，欲图用安，夺其军。国用安大惊，问计于王德全，在王德全的建议下，杀张进及海州元帅田福等数百人，还邳州，与山东诸将及徐、宿、邳主帅，刑马结盟归金，再与王德全、刘安国一同委托宿州从宜完颜众僧奴告知金朝朝廷国用安等人欲归金一事。③金哀宗得知后大喜，予以丰厚的赏赐：

> 以安用为开府仪同三司、平章政事、兼都元帅、京东山东等路行尚书省事，特封兖王，赐号"英烈戡难保节忠臣"，锡姓完颜，附属籍，改名用安，赐金镀银印、驼纽金印、金虎符、世袭千户宣命、敕样、牌样、御画体宣、空头河朔山东赦文，便宜从事。④

金朝所予，虽然十分丰厚，唯此时金朝已是灭亡前夕，若不能再次中兴，这些奖励皆为虚名。这点曾参与窝阔台第一次攻汴之役的国用安及其他诸将皆

---

① 《金史》卷一一六《承立传》，第 2551～2552 页；《金史》卷一一七《徒单益都传》，第 2555～2556 页；《金史》卷一一四《白华传》，第 2503～2504 页；《元史》卷一五二《张子良传》，第 3597 页。

② 《金史》卷一一七《徒单益都传》，第 2556、2557 页；《金史》卷一一七《国用安传》，第 2561 页。

③ 《金史》卷一一七《国用安传》，第 2561～2562 页。

④ 《金史》卷一一七《国用安传》，第 2562 页。

相当了解，故犹豫未决，王德全及杜政亦不欲宣言，反而有意杀掉金朝使者。隔日，国用安见因世英等使者，表示能否不以朝礼受之，因世英等不同意，遂以金礼设宴拜授，以主事常谨等人随因世英等奉表入谢。同年九月，金哀宗又赐国用安铁券、虎符、龙文衣、玉鱼带、弓矢、郡王宣、世袭宣、大信牌、玉兔鹘带，并封赠其父母妻诰命。其中以郡王宣、世袭宣、大信牌、玉兔鹘带最值得注意，这是后来十郡王拥有之信物，是让国用安以笼络并节制其他武装势力首领之用，等于国用安可以借由这些金朝赐予的信物，在认同金朝统治的民众及武装集团中取得合法性权威，如卓翼及孙璧冲投靠国用安就是一个例子。

在这段时间，国用安又攻杨妙真，杨妙真怒国用安叛己，杀国用安家眷后逃至益都。自此红袄军集团分裂成杨妙真及国用安二部。① 国用安据有淮海全境及山东的沂、莱、潍等区域，但其支配权威相当脆弱。

五　国用安集团的内讧与败亡

《金史·哀宗下》载，绍定五年十一月：

> 兖王用安率兵至徐州，元帅王德全闭城不纳。会刘安国与宿帅众僧奴引兵入援，至临涣（安徽省淮北市濉溪县），用安使人劫杀之，攻徐

---

① 十郡王为李明德、封仙、张瑀、张友、卓翼、康琮、杜政、吴歪头、王德全、刘安国。另杨妙真弃海州的时间，姜锡东根据《国用安传》及林韶州墓志铭的记载，怀疑是宋理宗绍定五年底或六年。但《国用安传》此段记载有矛盾、不合理之处，若要据以判断，恐怕不足。若参酌其他史料来判断，按前文对国用安生平的分析，国用安取得徐、邳、宿等州是在绍定五年六月，杨妙真离开海州不可能在此之前；闰九月起国用安攻徐州达三个月，故不可能是闰九月至十一月；绍定六年三月，蒲察官奴与国用安商议让哀宗迁都海州，则此时海州肯定归国用安所有，故绍定六年三月为杨妙真离开海州的下限。则杨妙真离开海州有两个时间段最有可能，一是绍定五年六月至闰九月间，此较符合《国用安传》的论述顺序，且较为合理，因如杨妙真仍在海州，国用安何以敢攻徐州踰三个月？唯《国用安传》记载上的矛盾，故此说仍须持保留态度；一是绍定五年十二月至六年三月间，此符合林韶州墓志铭以及姜锡东先生的看法。至于何者为是，尚须有更进一步的材料才能分析。《金史》卷一一七《国用安传》，第 2562～2563 页；姜锡东：《杨妙真新论——研究现状、基本事迹和评价问题》，《文史哲》2016 年第 1 期。

州久不能下，退保涟水。制使因世英以用安不赴援，还至宿州西，遇大元兵，死之。①

此事在《国用安传》中亦有记载，内容更为详细。按传记所述，国用安攻徐州三月不能下，退归涟水。往前推算，则此段记载当是发生在闰九月因世英等人再次到国用安处后。《国用安传》里携带密诏前来的臧国昌也许是金哀宗派遣因世英后又派出，催促国用安尽快率兵入援勤王的使臣。在此之前因世英应有要求国用安尽快发兵勤王，但国用安只想借机征调王德全和刘安国的军队以助其攻打山东。王、刘二人亦知之，故不愿出兵，国用安大怒，派杜政率兵意图袭取徐州，却被王德全视破，杜政反与封仙一同被软禁。国用安愤而杀掉王、刘二人派遣的使臣温特罕张哥等九人，此时臧国昌刚好携带密诏前来，因此国用安透过密诏，终使刘安国相信国用安有勤王之意并率军出发。不过王德全仍抱持怀疑态度，因此仅放杜政出城，封仙则被杀掉。此时，国用安派人命刘安国归，然而刘安国及完颜众僧奴一心勤王，不愿退军，结果竟被国用安派人劫杀。② 此事亦可证明国用安实无勤王之意，包括哀宗密诏在内，皆为其工具。国用安杀刘安国后，攻徐州三个月不能下，遂回涟水。因世英则在国用安回涟水后，知其无勤王意，遂回汴京，在宿州之西被蒙军所捉，不屈而死。在此期间另有沛县卓翼、孙璧冲二人投靠国用安，国用安封卓翼为东平郡王，孙璧冲为博平公，并升沛县为源州，后完颜仲德为徐州行省，卓翼及孙璧冲皆投靠仲德。③

绍定五年底，金哀宗离开汴京，原欲往卫州，因作战不利，转往归德府。至归德后，因粮草不足，加上蒙军攻归德，又有迁都之意，蒲察官奴与国用安商议建议哀宗迁都海州，近侍局直长阿勒根兀惹也支持此论，他说："海州可就山东豪杰以图恢复，且已具舟楫，可通辽东。"但哀宗及侍从官听从了乌古论镐的意见，认为蔡州城池坚固，兵众粮广，多倾向迁蔡论。只

---

① 《金史》卷一八《哀宗下》，第 394 页。
② 《金史》卷一一七《国用安传》，第 2563～2564 页。
③ 《金史》卷一一九《完颜仲德传》，第 2606～2607 页。

是因为蒲察官奴之乱，直到六月哀宗才迁往蔡州。①

绍定六年六月二十五日，金哀宗到达蔡州。迁蔡之初，国用安已有听闻，他秘密派人送信给金哀宗，指出迁蔡不可，并建议若要迁都，不如至山东。蜡书二十九日至蔡，全文约为：

> 归德环城皆水，卒难攻击，蔡无此险，一也。归德虽乏粮储，而鱼芡可以取足，蔡若受围，廪食有限，二也。敌人所以去归德者，非畏我也，纵之出而蹑其后，舍其难而就其易者攻焉，三也。蔡去宋境不百里，万一资敌兵粮，祸不可解，四也。归德不保，水道东行犹可以去蔡，蔡若不守，去将安之？五也。时方暑雨，千里泥淖，圣体丰泽，不便鞍马，仓卒遇敌，非臣子所能救，六也。虽然，陛下必欲去归德，莫如权幸山东。山东富庶甲天下，臣略有其地，东连沂、海，西接徐、邳，南扼盱、楚，北控淄、齐。若銮舆少停，臣仰赖威灵，河朔之地可传檄而定。惟陛下审察。②

这篇分析可谓恳切，金哀宗至蔡州后，亦有悔意，故见蜡书后，以之示宰臣，但宰臣以"国用安反复，本无匡辅志"为由，反对国用安的提议，宰臣之说自有其理，毕竟国用安屡次不能积极援助金廷亦是事实，甚至在蒲察官奴死前，朝中已有官奴密令兀惹通知国用安，将威胁哀宗传位，恢复山东，若恢复不成，亦可将哀宗献给宋朝，以自赎反复之罪的传言。加上此时已迁至蔡州，此事不了了之。③

---

① 蒲察官奴对金哀宗重用马用，以及迁都海州及北渡恢复等提议被石盏女鲁欢所阻等诸事，大为不满，最终起而作乱，哀宗遭挟持三个月，至六月哀宗以计诛杀官奴方结束。《金史》卷一八《哀宗下》，第 394~396、397、398 页；《金史》卷一一六《蒲察官奴传》，第 2546~2547、2549 页。

② 本文引自《汝南遗事》，此事《金史》及《大金国志》亦有记载，《金史》将"敌人"更为"大兵"，"水道东行犹可以去蔡"更为"水道东行犹可以去"，"能救"更为"敢言"；《大金国志》将"能救"更为"救"。以史源关系而论，应以《汝南遗事》最早，参考《大金国志》可知四库馆臣无删改这段记载。《金史》不同处可能是王鹗或元朝史臣编撰《金史》时为避讳或其他因素，故有删改。（元）王鹗：《汝南遗事》卷一，第 5 页上~第 5 页下；《金史》卷一一七《国用安传》，第 2563 页；《大金国志》卷二六《义宗皇帝》，第 365 页。

③ （元）王鹗：《汝南遗事》卷一，第 5 页下。《金史》卷一一六《蒲察官奴传》，第 2549 页。

大约在哀宗逃至蔡州前后，国用安因军食不足，乞粮于宋，宋佯许之，即改宋衣冠，王义深等人亦在此时投靠国用安。①

绍定六年十一月，蒙古东平万户查剌率军至涟水，国用安以海、沂、涟、邳、莱、潍数州降蒙。② 查剌渡河前往蔡州后，端平元年（1234）初，南宋一方，赵葵派赵楷与刘虎北伐，国用安又率汲君立、张山及王义深等人降宋，被封为淮东总管、忠州团练使，后除顺昌军承宣使、右武卫将军。③ 端平元年正月蔡州城之战，金亡。该年底太赤与阿术鲁率军攻沛县，国用安率军救之，败走徐州，蒙军攻徐，国用安兵败，投水而死。蒙军再攻邳州，并在次年攻下。④ 上述记载代表国用安在最后一段时间，又抛弃金朝官员的身份，依违

① 《金史·哀宗下》载天兴二年（绍定六年）六月王义深据灵璧望口寨叛金，被女奚烈完出率徐、宿军队击败，逃至涟水入宋，涟水为国用安势力范围，且后来王义深成为国用安部下，故国用安投宋时间或在此时。《金史》卷一八《哀宗下》，第399页；（元）张铉：《至大金陵新志》卷一四《摭遗》，《四库全书》第492册，第59页上~59页下。

② 若依《元史》当是十二月，但《蒙古秘史》未载其事，代表此记载的史料来源应非脱卜赤颜，故此处采用王鹗的记录。（元）王鹗：《汝南遗事》卷四，第4页上；《金史》卷一一七《国用安传》，第2564页；《元史》卷二《太宗》，第33页。

③ 《金史·国用安传》记为浙东总管、忠州团练使；但根据宋人资料，应是淮东路而非浙东路。《金史》卷一一七《国用安传》，第2564页；（元）张铉：《至大金陵新志》卷一四《摭遗》，第59页上~59页下；（宋）洪咨夔：《平斋文集》卷二二《忠州团练使淮东路钤国用安除顺昌军承宣使右武卫将军制》，《四部丛刊续编》，商务印书馆，1934，第1页上；（宋）吴潜：《宋特进左丞相许国公奏议》卷二《奏申谕安丰军诸将功赏》，《宋集珍本丛刊》第84册，第44页上。

④ 《国用安传》记国用安败亡时间为端平元年正月，李天鸣依曾参与该场战役的蒙将张柔之传记以及宋方材料认为正确时间当是端平二年。蒙将张荣及王珍亦曾参与这场战役，据《张荣传》记端平元年攻沛，再攻徐州，并明确记载徐州城破，国用安赴水死。端平二年攻下邳州。《张柔传》虽载"乙未，从皇子阔出拔枣阳，继从大帅太赤攻徐、邳"。但枣阳之战时间实在端平二年秋，且就《王珍传》以及元好问《张公勋德第二碑》和苏天爵《元朝名臣事略·万户张忠武王》的记载顺序来看，徐州与邳州之战应在枣阳之战前，故《张柔传》此处记载在时间及事件顺序上应有误，应以《张荣传》所载时间为准。再结合李天鸣所引的宋方史料，此役应是始于端平元年末蒙军攻沛，止于二年正月邳州被蒙军攻陷。国用安兵败身亡的时间当在端平元年末徐州城破时。《金史》卷一一七《国用安传》，第2564页；李天鸣：《宋元战史》，台北，食货出版社，1988，第290~291页。《元史》卷一五〇《张荣传》，第3558页；《元史》卷一五二《王珍传》，第3592页；（元）元好问著，狄宝心校注《元好问文编年校注》卷六《顺天万户张公勋德第二碑》，第1192页；（元）苏天爵辑撰《元朝名臣事略》卷六《万户张忠武王》，姚景安点校，中华书局，1996，第98~99页。

在宋、蒙之间，另国用安身亡的徐州之战，宋军亦有参战，并全军覆没。①
国用安战死后，宋朝封赠顺昌军节度使，端平三年七月，封其子国兴为承
节郎。②

六　国用安集团与金亡前夕的淮海地区

前文透过对国用安生平的考订，我们对当时的淮海局势有一定程度的了
解，此处再进一步检视金亡前夕的淮海地区。

1214 年贞祐之乱以来，华北地区许多人民以自保团体的形式，以山寨
与水寨为据点，以求自保，③ 有时连正规军都选择以山寨或水寨作为据点。
尽管这些山寨与水寨难以阻止蒙军的势头，但这种敌后游击的作战方式仍给
予蒙军相当程度的困扰，甚至某程度来说，一个区域的攻取是要到攻下这些
山寨及水寨或使他们投降后才算完成。④ 这些自保团体多是当地民众为求生
存，自动自发组成的，故许多百姓藏身其中，因此这些山寨与水寨就成为金
末以来的兵家必争之地。淮海地区也不例外，如完颜仲德任命卓翼统河北诸
砦，即是以卓翼负责徐州所辖黄河以北地区各山寨水寨敌后游击的任务。⑤
国用安曾因避兵沫沟的砦主刘全不附己，愤而杀之。蒙军亦曾攻击过刘全，
并俘虏包括刘全之父在内的寨中老幼。⑥

但是淮海地区成为金蒙战争前线已是金亡前夕之事，加上史料的不足，
这些山寨与水寨在这之中起了多大的作用不易判断。不过按《国用安传》

---

① （宋）魏了翁：《鹤山先生大全文集》卷一九《初召除礼部尚书内引奏事第四札》，《四部
丛刊初编》，商务印书馆，1929，第 14 页下。

② 《宋史》卷四二《理宗二》，第 811 页。

③ 有关自保团体，参见曹文瀚《金代华北社会动乱研究》，博士学位论文，台北，中国文化
大学，2016，第 33～34 页。

④ 如武仙至河南后，其党仍在太行山区活动，常出来剽掠物资，山区附近的居民也暗中给予
帮助。张进借信安水寨的地利，与金经略使王子昌连乐，颇受蒙军忌惮。（元）元好问著，
狄宝心校注《元好问文编年校注》卷六《西宁州同知张公之碑》，第 1233 页；《元史》卷
一四七《张柔传》，第 3473 页。

⑤ 《金史》卷一一九《完颜仲德传》，第 2606～2607 页。

⑥ 《金史》卷一二三《刘全传》，第 2693 页。

载：国用安回邳州后，"会山东诸将及徐、宿、邳主帅，刑马结盟，誓归金朝"。① 则当时这些保据山寨与水寨的自保团体首领多应有参与这个联盟，不然国用安也不会因为刘全不附己就杀之。这个联盟也在一定程度上弥补了淮海地区在完颜庆山奴率军援汴后形成的权力真空。但这个联盟并不稳固，这从前文所引国用安集团的内讧已可见一二，除了前文提及的一些因素外，这也与集团首领的出身有很大的关系。

国用安集团以刑马结盟的参与者为主，当中核心人士即后来的十郡王：李明德、封仙、② 张瑀、③ 张友、④ 卓翼、⑤ 康琮、杜政、⑥ 吴歪头、王德全⑦

---

① 《金史》卷一一七《国用安传》，第 2561 页。

② 封仙原本可能是金朝义军，哀宗整编后成义胜军，任都统。王佑之乱后为徐州元帅兼节度使。国用安与王德全决裂时，被王德全软禁，后被杀。《金史》卷一一七《国用安传》，第 2561 页。

③ 张瑀按曾为金军提控，应也是义军出身。封十郡王后无其他记载。《金史》卷一六《宣宗下》，第 362 页。

④ 张友原为季先部下，季先死后曾迎石珪为帅。后成为李全部下，亦参与了李全淮海之乱。《宋史》卷四七六《李全上》，第 13821～13822 页。《宋史》卷四七七《李全下》，第 13845、13846 页。

⑤ 卓翼原在沛县，并未参加刑马结盟，在绍定五年下半年投靠国用安，被封为东平郡王，并升沛县为源州。次年完颜仲德至徐州任行省，即投靠仲德。仍拥有旧职，令统河北诸砦，行源州元帅府事。同年九月在徐州行省完颜赛不命令下，曾攻下丰县，后参与郭恩之乱，一同投蒙，绍定六年十月徐州之乱时叛金复归国用安。《金史》卷一一九《完颜仲德传》，第 2606～2607 页；《金史》卷一一三《完颜赛不传》，第 2483 页；《金史》卷一二三《张邦宪传》，第 2693 页。

⑥ 杜政原为邳州义胜军总领，绍定五年初曾投靠蒙古，后又归金。六月徐州王佑之乱时，邳州从宜兀林苔某将州让予杜政，遂以邳州投海州。国用安与王德全发生冲突时，曾命杜政率军以取粮为名之，为王德全所觉，被软禁，后放出城，归国用安。《金史》卷一一七《徒单益都传》，第 2555～2556 页；《金史》卷一一七《国用安传》，第 2561、2563～2564 页。

⑦ 王德全原是金朝徐州总领，与徒单益都一同至宿州，但因宿州节度使纥石烈阿虎不纳益都等人，遂驻于城南，与城中千户高腊哥，小吏郭仲安相结取宿州，杀纥石烈阿虎父子，投靠海州。后劝国用安投金。又跟金朝使者因世英要求先给予郡王宣，引发国用安军内讧，成为国用安未率师勤王的原因及借口之一。绍定六年完颜仲德为徐州行省，三月，蒙军攻萧县，王德全遣军救之，为蒙军击败。四月，仲德以发放粮饷为名至邳州，擒杀德全父子。其党有王琳、杨蕡及斜卯延寿，皆被完颜仲德所杀。《金史》卷一一七《徒单益都传》，第 2556～2557 页；《金史》卷一一七《国用安传》，第 2561、2563～2564 页；《金史》卷一一九《完颜仲德传》，第 2607 页；《金史》卷一八《哀宗下》，第 398 页。

及刘安国。① 因十郡王本就是金朝赐予国用安用来笼络当地武装集团的工具，因此除了从金朝使臣处获得十郡王身份的王德全及刘安国二人外，其余几位必然是国用安重点拉拢的对象，在当时淮海诸武装集团中也应是较有代表性的人士。十郡王中李明德、康琮及吴歪头事迹不可考，根据已知的七人生平，可分为三类：

> 一是李全集团：张友；
>
> 二是义胜军：封仙、杜政；
>
> 三是非义胜军的金军军官或义军：张璃、王德全、刘安国、卓翼。

国用安集团中，原属李全集团的仅国用安与张友二人及其部众。金朝军官及义军首领在集团中占多数，除封仙和杜政所属的义胜军，在绍定五年初背叛过金朝外，其他人包括卓翼在内，应对金朝较为忠心。但国用安却是一彻头彻尾的投机分子，武力与钱粮是其政治抉择的原动力，就前文所见，金朝给予的尊敬对他而言只是用来号令盟友的工具。他的盟友即使起初不知，后来多半也看得出来，因此国用安集团的成员，在政治认同上本就缺乏共识，他们只是在金亡前夕，淮海社会秩序崩解的情况下，为求生存而成的临时性武装集团联盟，偏偏这个联盟的盟主在政治认同上与其他人相去甚远，又没有足够的磨合期。尤其王德全及刘安国的郡王身份是来自金朝使臣而非国用安，这使得他们虽然当时在名义上为国用安的手下，但国用安仅能藉勤王之名向他们征兵，故国用安集团在行动上一开始就缺乏一致性，这种现象除了在国用安与王德全及刘安国的冲突间体现出来外，完颜仲德甫任徐州行省，卓翼即弃国用安而去亦是显例。

绍定六年初，完颜仲德以徐州行省的身份到达徐州后，原由王德全及刘安国掌控的徐、宿二州复归金朝统治。完颜仲德另以卓翼统河北诸砦，行源州帅府事。故绍定五年下半年名义上由国用安掌控的淮海地区，自此分东、

---

① 刘安国原是金朝东面总领，事迹多与王德全同，如一同至宿州、入宿州并杀纥石烈阿虎父子，投靠海州，劝国用安投金，向因世英要求先给予郡王宣皆是。后国用安以哀宗密诏檄刘安国入援，安国信之，遂与宿州从宜完颜众僧奴为先锋，率军勤王。国用安召还，不从，被国用安派人劫杀于临涣龙山寺。《金史》卷一一七《徒单益都传》，第 2556～2557 页；《金史》卷一一七《国用安传》，第 2561、2563～2564 页。

西二部，东半部的邳、海、沂等州由国用安掌控，西半部的徐、宿则为金朝控制。淮海诸州中以徐州做为此时期淮海地区金蒙战争的前线，战况最为激烈，除前引绍定五年初的例子外，又如《元史·杨杰只哥传》载："壬辰，师次徐州……进攻徐州，金将国用安拒战，杰只哥率百余骑突入阵中，迎击于后，大败之，擒一将而还。"① 《金史·完颜仲德传》载："（绍定六年）三月，阿术鲁攻萧县，游骑至徐，德全马悉为所邀……未及交战，元哥退走，北兵掩之，皆为所擒杀之，萧县遂破。"② 除金蒙相争外，国用安也未放弃对徐州的干预，尽管完颜仲德时期他对徐州的影响力略有减弱，但六月前来代行省事的完颜赛不老病缠身，给了国用安大好时机，先是源州守将麻琮投靠国用安，接着徐州元帅郭恩与郭野驴等人亦密谋投奔国用安，且杀死忠于金朝的商瑀父子及纥石烈善住，逐走斡转留奴、泥厖古桓端、蒲察世谋、李居仁、常忠等人，因病无法视事的完颜赛不为郭恩等人所制，自此徐州被河北义军掌控，最后麻琮与郭野驴联手攻下徐州，因此时蒙军已濒临徐州，麻琮等人不久以后转身又投降蒙古。③ 此事值得注意的是原本忠于金朝的卓翼，竟然也有参与麻琮和郭野驴主导的这场乱事，④ 可见对徐州的义军首领而言，此时他们的求生意识已全面压过对金朝的忠诚，是役后淮海地区仅剩宋蒙双方角逐。因蒙军此时在战略上主要目的是灭亡金朝而非占领土地，因此宋朝借着国用安集团的投靠取得淮海地区多处州县。然而金朝灭亡后，随着端平入洛，宋蒙双方展开全面冲突，淮海地区也再度成为蒙军的进攻对象，并随着国用安的败亡，落入蒙古之手。

小　结

本文一方面将国用安的事迹重新考订，同时借此观察李全死后的红袄军历史，以及金亡前夕的淮海概况。透过其他史料将《金史·国用安传》里

---

① 《元史》卷一五二《杨杰只哥传》，第 3593～3594 页。
② 《金史》卷一一九《完颜仲德传》，第 2607 页。
③ 《金史》卷一一三《完颜赛不传》，第 2483 页。
④ 《金史》卷一二三《张邦宪传》，第 2693 页。

记载矛盾、混乱之处尽可能的厘清，同时指出《国用安传》是多种不同史源的史料混合而成，这种混合结果形成记载上的矛盾，造成研究上的困难。再观察此时的淮海地区，分析国用安集团的组成分子及政治认同，指出除国用安和张友是李全集团出身者外，其他集团成员多原为金朝军官或义军，背景不同造成政治认同上的差异，又缺乏磨合的时间，加上王德全及刘安国的郡王身份不是国用安给予，这使他们名义上虽属国用安，却拥有一定的独立性，导致国用安集团始终是一个松散、缺乏共识的集团。绍定六年后淮海地区西半部的徐、宿二州重入金朝掌控，但国用安并未放弃对徐州的干预，借由该年十月的徐州之乱重新掌握该地。直至国用安败亡，淮海地区方入蒙军之手。

黄宽重曾以经济利益为李全政治抉择的主因，[①] 与李全相较，国用安是一个更典型的范本。正如姜锡东所言："（红袄军）最复杂多变的典型人物是国安用，先是随李全反金、投宋、叛宋，后来又降蒙、叛蒙、降金、投宋、降蒙、投宋、自杀。"[②] 但透过本文的研究，可以发现国用安本就对金朝没什么政治认同，只是走投无路，又在集团中占多数的亲金分子鼓吹下，姑且投金。尽管金朝给予相当丰厚的赏赐，使国用安曾有"意动"之心，但也仅此而已。这点从金朝屡次要他入援，他反而以金朝的命令为工具，意图要求集团成员攻打山东，以及他和金朝徐州行省完颜仲德、完颜赛不的貌合神离皆可得证。且当他缺乏粮草，向宋军求粮，宋仅佯许之，粮草未至，他就马上更换衣冠。更不用说早期他曾为了粮草意图杀害李福和杨妙真。当然我们也不能忽视金亡前夕淮海动荡的局势，这种局势特别容易使经济利益与求生本能，成为当时许多团体政治抉择的主要驱动力，尽管有许多金朝义军以自杀殉国，展现出既崇高又悲壮的一面，[③] 但更多的仍是随波逐流，在宋蒙之间游离，国用安亦仅是其中一员罢了。

---

① 黄宽重：《经济利益与政治抉择——宋、金、蒙政局变动下的李全、李璮父子》，载黄宽重《南宋地方武力——地方军民间自卫武力的探讨》，台北，东大图书股份有限公司，2002，第 275~306 页。

② 姜锡东：《宋金蒙之际山东杨、李系红袄军领导人及其分化考论》，《中国史研究》2015 年第 1 期。

③ 有关金末义军自杀殉国的事迹，参见李浩楠《金末义军与晚金军事研究》，博士学位论文，河北大学，2013，第 113~147 页。

明代士人复姓现象及其文化意涵[*]

汪维真　牛建强

摘　要　自明初始，明廷即允许因过继、乞养、入赘等方式而改从他姓者恢复本姓（复姓）。明代复姓采取身份差别原则：一般平民可自行复姓；士人阶层则较为复杂。因其序列结构存在着生员、科举功名获得者（举人、进士）和官员（在任、致仕家居者）的身份差异，其人事档案分存于学宫、礼部和吏部，因此其复姓需"请于官"，分别由地方有司、礼部和吏部经办。士人阶层因其读书、应试和入仕等经历，对孝道和祖姓的体认较一般人更为自觉和强烈。从历史的长时段看，士人复姓现象在明代繁盛且典型。在传统社会，复姓不只是厘清个体族姓的源流和归属，同时也具有倡行孝道的文化建设功用。

关键词　明代　士人　复姓　改姓　孝道

"复姓"一词有两种含义，一是指由两字或多字构成的姓氏，[①]另一种是指曾改从他姓、后来恢复本姓。本文所探讨的"复姓"属于后者。此类情况在官修史籍以及私人撰述中皆有记载。如《三国志》中记有马忠、王平复姓事。马忠，"少养外家，姓狐，名笃"。建安末举孝廉，自此入

---

[*]　本文系教育部人文社会科学研究项目"明代科举配额制度与区域人才关系研究"（项目号11YJA770047）、国家哲学社会科学规划项目"明清中原士绅与地方社会关系研究"（项目号11BZS033）的阶段性成果。承蒙匿名审稿专家提出宝贵修改意见，谨致谢忱！

[①]　《现代汉语词典》"复姓"条，商务印书馆，2012，第410页。

仕。后乃复姓，改为马忠。王平，本养于外家何氏，后以军功入仕，复姓王。①

中国男权社会确立后，子承父姓成为姓氏的基本传承方式。姓氏除了具有"别生分类"②的身份符号意义外，还被赋予了孝道的内涵，要"生生相承，历千百世不可易"。③姓氏的继承和延续被视作子孙贤否的分界，"人之自异于同类者，姓也"，"故善尊祖者，莫先于知其姓"。然而，在现实生活中，这一传承常受到干扰和挑战。如"自秦汉降，或更于俗主之赐，或以避仇而易，或以避嫌而变，或以委身他族而弃其族"。④"至于赘婿、养子、从外家及冒他氏者，往往而是。"⑤就是说，被传统孝道伦理肯定的父姓子传的姓氏传承，常因政治、经济等因素而中断，出现放弃本姓而改从他姓的现象。但是，"人各有本，不可以不复"。⑥"祖人之祖，必自绝其祖之祀矣。是岂仁孝子孙所忍为哉？"⑦祖姓乃人之本根，祖上不得已放弃本姓，孝子顺孙获知后自然产生苦痛和焦虑，一旦机缘合适，便会寻求复姓。

明人王世贞《大臣复姓》列举了明代31位复姓大臣之姓名，⑧凌迪知《氏族博考》提到明朝复姓臣僚36位，⑨王圻《续文献通考》中列有"改姓诸臣"33位，⑩可见明代上层人物的复姓已引起时人关注。关于历史时期

① 参见《三国志》卷四三《蜀书·马忠、王平传》，中华书局，1982，第1048~1050页。
② 梁潜：《罗氏复姓序》，《泊庵集》卷六，《景印文渊阁四库全书》（简称《四库全书》），台北，台湾商务印书馆，1983，第1237册，第304页。
③ 刘球：《周氏复姓记》，《两溪文集》卷六，《四库全书》第1243册，第488页。
④ 方孝孺：《丁氏复姓序》，《逊志斋集》卷一三，《四部丛刊初编》，商务印书馆，1936年影印本，第15页a、14页b。
⑤ 申时行：《申氏宗谱序》，《赐闲堂集》卷一〇，《四库全书存目丛书》集部第134册，齐鲁书社，1997年影印本，第197页。
⑥ 王直：《郭处士墓志铭》，《抑庵文后集》卷三一，《四库全书》第1242册，第213页。
⑦ 刘球：《周氏复姓记》，《两溪文集》卷六，《四库全书》。第1243册，第488页。
⑧ 参见王世贞《皇明奇事述四·大臣复姓》，《弇山堂别集》卷一九，中华书局，1985，第344页。
⑨ 凌迪知：《氏考下·复姓第一》，《氏族博考》卷四，《四库全书》第957册，第855~857页。
⑩ 王圻：《氏族考·改姓诸臣》，《续文献通考》卷二一二，《续修四库全书》第766册，上海古籍出版社，2002年影印本，第214~215页。

的复姓问题，目前学界关注不多。① 基于此，我们拟对明代士人复姓现象做系统探讨。② 不当之处，敬祈方家指正。

一 复姓士人之身份类型

（一）明代士人阶层之涵盖范围

科举制度经过唐、宋、元时期的发展，到明代更趋成熟。与士人身份相关的变革主要表现在两方面。其一，在直、省举行的乡试中的合格者便取得了举人身份，成为士人序列中的一个阶层，既可继续参加会试，也可直接铨选入仕。其二，围绕科举考试，形成了从童生试到岁、科试，再到乡、会、殿试的教育与考试制度。除国子监外，府、州、县皆建儒学，形成了从中央到地方的各级教育机构。一旦选择了读书应举之路，第一步便要参加童生试，考中者称为生员或诸生。"诸生，上者中式，次者廪生，年久充贡，或选拔为贡生。其累试不第、年逾五十、愿告退闲者，给与冠带，仍复其身。"③ 可见，在明代，诸生是士人求取功名的起点。生员中的优者，可以通过科举考试取得举人、进士科名，入仕为官；次者可成为廪生，凭年资充贡；屡试不第者，也可给予冠带、免除徭役。故学界一般认为，明代士人既包括尚未取得科举功名的下层士人生员，也包括取得科名的举人、进士，还包括步入仕途的官僚和致仕家居的乡宦。明代前期，除科举途径外，被荐举

① 目前仅见戴思哲《明代大学士李本为什么退休后改姓吕——吕府与吕家史》，南开大学中国社会史研究中心编《中国社会历史评论》第 10 卷，天津古籍出版社，2009；高楠：《宋代归宗改姓问题初探——从〈建炎元年兵士张德状〉谈起》，姜锡东主编《宋史研究论丛》第 12 辑，河北大学出版社，2011；王瑞来：《"范仲淹"问世文正的归宗更名》，《文史知识》2012 年第 6 期。

② 历史时期的复姓，多与归宗相连，因有"复姓归宗"的说法。关于"归宗"，传统解释为"出嗣异姓或别支的嗣子，仍回本族"，即复姓者在复姓后回到原乡居住。不仅恢复了祖姓，还实现了生活空间上的回归。而从血缘上找到本根，理清统系、房支和行辈，将复姓者归入宗谱，实质上也是归宗。明代士人复姓虽有当世改姓而复姓的，但多是在改从他姓数代后有了功名者才寻求复姓的。这种情况未必存在居住空间上的迁移，但其复姓入谱的归宗含义是不言而喻的。

③ 《明史》卷六九《选举志一》，中华书局，1974，第 1688～1689 页。

者和吏员出仕的情况并不鲜见，因此本文复姓士人的观照范围，除了上述士人阶层外，还包括以荐举、从吏等方式的入仕者。

（二）复姓士人之概况

史籍提及复姓者的材料不少，然记载详略不一。这有三种情况：第一种是复姓原委有详细记载；第二种是多种史籍结合起来可复原复姓过程；第三种是记载简略，复姓者情况无法获知。本文对士人复姓分类考察时的统计数据是就复姓事迹清晰可考者而言，因此本文所统计的复姓人数只是明代复姓士人中的一部分，实际数量应超出统计数据。

1. 以生员身份复姓者

在搜集到的资料中，以生员身份复姓者有三例。

第一例发生在永乐年间或更早，当事人是江西吉安府泰和县诸生刘道生。刘本姓罗。祖父五岁而孤，随母改嫁到城西刘茂林家，赖其"抚养立有，遂冒其姓"。道生"生而颖敏""选补郡生"，后因父丧需支撑门户而放弃举业，但仍保持读书的习惯，"以求古人言行自适……尝曰：'木有本，水有源，人可弃其祖乎？'遂与诸兄弟议，请复罗姓于官"，得以复姓。①

第二例发生在成化年间，申请复姓者是广东琼州府定安县儒学廪膳生员吴馥。其先祖赵谦，原系浙江绍兴府余姚县人。洪武二十五年（1392），由国子监典簿谪任琼山县县学教谕，不久卒于任上，留下一男孟时，孤贫不能还乡。永乐十年（1412），孟时"因母吴姓入籍定安县李家都粮差"，自此赵氏子孙便以吴为姓。孟时为吴馥曾祖。吴馥每念及"今姓则先妣外族之姓氏，未审本宗姓氏于家乡继否，堂祠则外族吴氏之神主矣，未卜本

---

① 陈循：《罗处士传》，《芳洲文集》卷一〇，《续修四库全书》第1327册，第598～599页。另，王直：《参政罗君神道碑》（《抑庵文后集》卷一二四，《四库全书》第1242册，第19页）所记改姓始祖为"均瑞"，与陈循所记不同（按，陈循《罗处士传》中未交代其复姓时间，但称罗氏"既复姓，命长子瑾为乡校弟子员"，据此可推罗氏复姓在其子入学之前；陈氏叙述作传理由时，提到自己与罗氏长子"瑾同乡校"、次子"谌同乡举"，而陈循系永乐十三年状元。综合这些信息，可以推知罗氏复姓时间在永乐年间或更早。另，复姓者复姓前后姓氏不同，文中称谓难以统一，故据叙述场景而变通）。

祀族宗于家乡存亡"，便"痛心疾首"。成化后期，恰逢浙江余姚人姜英来任广东布政司左参议，于是吴䕶便以乡谊关系呈书姜氏，请求复姓，获准。①

第三例是正德年间苏州府长洲县诸生朱天民，祖姓沈氏，"世居吴中"。其父因入赘朱家为婿，所以天民兄弟皆"氏朱而嗣于朱"。天民自从知道"失姓"后，担心"不得追复其始，以斩先世之泽，赔辱先人"，故"思复之"。因他是生员身份，"名录"存"于学官，不可私易"。后在"御史按学吴中"时"得以情告。下其事有司，如所请"。正德十三年（1518）正月初一日，天民将复姓事"告于先祠"，"易名曰民望，归嗣于沈"。②

2. 以举人、新科进士身份复姓者

先看以举人身份复姓的两例。一例是苏州府昆山县人魏希直，"其先李翁，居吴蓊门之庄渠"。高祖名琳，"依其姨母，因从其夫姓为魏氏"。随着时间推移和先人故去，子孙"迷所自出"。后在李姓合谱时，魏氏子孙才获知自己本姓李，希直伯祖魏奎"雅意复姓"，但未果。后来魏奎子魏校（弘治十八年进士）又乞复姓，"因其先有述所出而与李氏婚"，犯了同姓为婚之忌，未能获准。两次乞复失败后，其家人深感焦虑，以至于魏校"嗣子乡进士续，先从李姓"。魏续以乡进士（举人）身份私下改姓，不合正常复姓程序，故归有光称之为"先从李姓"而非复姓。其家族其他成员的复姓心情也同样急迫。嘉靖三十四年（1555），"希直中乡贡，在礼部，具牒复

---

① 此段文字综合焦竑《国朝献征录》卷一〇〇《琼山教谕赵撝谦传》（上海书店，1987年影印本，第4485～4486页。按，该书影印时省称为《献征录》，不妥，仍以全名称之）、赵撝谦《赵考古文集》（《四库全书》第1229册，该本著录为赵撝谦）卷二"附录"中之《琼州吴秀才上姜参政书》（第702～703页）和《赵䕶寄原乡书》（成化二十三年六月初八日，第704页）内容而成。据载，姜英成化十九年任广东左参议（《明宪宗实录》卷二三六，成化十九年正月丙辰，台北，中研院历史语言研究所，1962年影校本，第4019页。以下所引明代实录，版本同此），弘治三年由此职升任广东左参政（《明孝宗实录》卷四二，弘治三年九月丁丑，第868页），故吴䕶成化年间复姓时姜氏任参议而非参政，"上姜参政书"的题名当系后来所加。

② 《沈氏复姓记》，《文徵明集》卷一九，周道振辑校，上海古籍出版社，1987，第490页。

其姓"。此次请求获准。① 另一例是江西袁州府宜春县人刘祉，中举后在等待会试时请求复姓。祉本姓高。其曾祖改从刘姓，至其父琬"三世皆仍姓刘"。琬，成化十四年（1478）进士，以右副都御史抚治郧阳。嘉靖元年（1522），"祉领乡荐，会试礼部"，琬让子具奏复姓，于是祉"疏于朝，复姓高"。② 琬本人虽未提出过复姓，却让儿子祉在会试时请复，可见复姓之事他一直记挂在心，只是等待时机而已。

另两例是刚中进士即请求复姓的。一例是南直常州府武进县人金简，本姓陆。曾祖父名朝宗，生下时"即以后舅氏金彦名，遂袭金姓"。其父恺，正统十年（1445）进士。成化二年，恺见子简"叨进士及第，即移书命简上章陈乞复姓。曰：'此先世未毕之志，今以畀尔，当其时矣'"。简遵父命，具请复姓。③ 翻检成化二年会试录与登科录，"会试录"上信息为："第十五名，金简，直隶武进县，增广生，诗。"④ "登科录"上为："陆简，贯直隶常州府武进县，军籍，府学增广生，治诗经……曾祖朝宗……父恺，户部郎中……会试第十五名。"⑤ 可见会试录中的"金简"即登科录中的"陆简"，其复姓情况得到印证。另一例是浙江宁波府鄞县人薛宗明，本姓黄。其先祖育于舅氏薛子良家，取名薛秀，子孙遂袭薛姓。宗明祖父瑛曾任江西庐陵县县学教谕，希图复姓，未能如愿，心中颇为郁闷，"与祖母董夜坐，悒悒言"。宗明当时只有 8 岁，然"闻言自任，志不忘"。正德九年（1514），宗明"迨登（进士）第"，"首

① 此段文字综合归有光《外舅光禄寺典簿魏公墓志铭》（《震川先生集》卷一八，周本淳校点，上海古籍出版社，1981，第 443～444 页）、魏校《复姓疏》（《庄渠遗书》卷一，《四库全书》第 1267 册，第 681 页）、徐中行《明太常卿赠正议大夫资治尹礼部右侍郎恭简魏公墓碑》（《天目先生集》卷一五，《四库全书存目丛书》集部第 121 册，第 758～759 页）、同治《苏州府志》卷六一《明举人》（《中国方志丛书·华中地方》，台北，成文出版社，1968 年影印本，第 5 号，第 1581 页）信息而成。
② 雷礼：《敕使郧阳行实》"高琬"，《国朝列卿纪》卷一一二，《续修四库全书》第 523 册，第 740 页。
③ 陆简：《奉政大夫南京户部郎中陆公事状》，《龙皋文稿》卷一五，《四库全书存目丛书》集部第 39 册，第 338～339 页。
④ 《成化二年会试录》，《天一阁藏明代科举录选刊·会试录》，宁波出版社，2007 年影印本，第 16 页 b。
⑤ 《成化二年进士登科录》，《天一阁藏明代科举录选刊·登科录》，第 7 页 b。

疏复黄姓"。①

　　3. 以官员身份复姓者

　　以官员身份复姓者事迹明晰的共 36 位，见表 1。

表 1　36 位复姓官员相关信息

序　号	姓　名	出　身	复姓时间/职任	所从他姓	资料出处
1	黄　观	洪武二十四年状元	礼部右侍郎	许	《礼部侍中黄观》，焦竑编《国朝献征录》卷三五《礼部三》，第 1423 页
2	孙　杰	太学生	洪武九年给事中	邹	宋濂《邹氏复姓孙氏序》，《宋学士文集》卷三九，《四部丛刊初编》，第 2 页 a、b
3	陈彦回	荐举	建文间	黄	何乔远《英旧志·缙绅·兴化府·莆田县六》，《闽书》卷一一〇，福建人民出版社，1995，第 3300 页
4	况　钟	荐举	宣德四年礼部郎中	黄	《陈情奏疏·请复姓奏（宣德四年五月二十三日）》，《况太守集》卷七，吴奈夫等校点，江苏人民出版社，1983，第 70 页
5	熊　概	永乐九年进士	宣德五年大理寺卿	胡	《明宣宗实录》卷六四，宣德五年三月辛酉，第 1515 页
6	夏　杲	永乐十三年进士	翰林院庶吉士	朱	《太常寺卿夏杲传》，焦竑编《国朝献征录》卷七〇《太常寺》，第 3030 页
7	白　勉	永乐十三年进士	宣德六年刑部右侍郎	蒋	《明宣宗实录》卷八二，宣德六年八月丁未，第 1900 页
8	冯　敏	永乐十三年进士	君贵，得封其亲，始复姓	刘	王直《故绍兴知府冯君墓志铭》，《抑庵文集》卷九，《四库全书》第 1241 册，第 192～193 页（按，冯氏原名智安，敏系仁宗所赐）

---

　① 霍韬：《赠都察院右都御史礼部左侍郎致斋黄公宗明神道碑》，焦竑编《国朝献征录》卷三五《礼部三》，第 1440 页。

续表

序　号	姓　名	出　身	复姓时间/职任	所从他姓	资料出处
9	郭俊	永乐二十二年进士	正统九年兵部员外郎	毛	王直《郭处士墓志铭》，《抑庵文后集》卷三一，《四库全书》第1242册，第212~213页；隆庆《临江府志》卷一〇《选举》，《天一阁藏明代方志选刊》，上海古籍书店，1962年影印本，第35册，第22页a、b
10	谢一夔	天顺四年状元	成化八年左春坊左谕德	王	《明宪宗实录》卷一〇四，成化八年五月癸卯，第2032页
11	马绍荣	天顺六年举人	成化十五年吏部验封司员外郎	周	《太常寺卿马公绍荣传》，焦竑编《国朝献征录》卷二二《翰林院三》，第953页
12	丘霁	景泰五年进士	成化二十三年漕运总督兼凤阳巡抚	周	《明孝宗实录》卷三，成化二十三年九月辛酉，第50页
13	陆钦	天顺八年进士	翰林院修撰	吴	叶盛《陆氏复姓记》，《泾东小稿》卷五，《续修四库全书》第1329册，第65页
14	陆容	成化二年进士	南京吏部验封司主事	徐	程敏政《参政陆公传》，《篁墩文集》卷五〇，《四库全书》第1253册，第203~204页
15	陈晟	成化二年进士	翰林院庶吉士	锺	万历《广东通志》卷二四《郡县十一·广州府·人物二》，《四库全书存目丛书》史部第197册，第593~594页
16	潘蕃	成化二年进士	弘治十四年四川巡抚	锺	《明孝宗实录》卷170，弘治十四年正月丁丑，第3099页
17	林廷选	成化十七年进士	弘治六年浙江道监察御史	樊	郑岳：《资政大夫南京工部尚书致仕进阶资德大夫正治上卿竹田林公行状》，《山斋文集》卷一五，《四库全书》第1263册，第91~92页

序号	姓名	出身	复姓时间/职任	所从他姓	资料出处
18	孟凤	弘治三年进士	嘉靖二年 刑部右侍郎	臧	刘玉《资善大夫南京刑部尚书梧冈孟公凤墓志铭》，焦竑编《国朝献征录》卷四八《南京刑部一》，第2033、2034页
19	孙松	正德九年进士	嘉靖六年 通政司右参议	葛	《明世宗实录》卷七七，嘉靖六年六月癸丑，第1715~1716页
20	赵可与	正德八年举人	嘉靖初 衢州府知府	王	李默：《贺赵衢州复姓序》，《群玉楼稿》卷二，《四库全书存目丛书》集部第77册，第599页；康熙《衢州府志》卷一二《府官》，《中国地方志集成·浙江府县志辑》第55册，上海书店，1993年影印本，第234页
21	张经	正德十二年进士	嘉靖十六年前后	蔡	《四库全书总目》卷一七六《集部二十九·别集类存目三》"半洲稿"条，中华书局，1965年影印本，第1577页
22	崔涯	嘉靖八年进士	云南道监察御史	方	崔涯《陈情乞恩复姓疏》，《笔山崔先生文集》卷一，《四库全书存目丛书》集部第94册，第33页
23	申时行	嘉靖四十一年状元	嘉靖四十二年前后	徐	申时行：《申氏宗谱序》，《赐闲堂集》卷一〇，第198页
24	陆树声	嘉靖二十年进士	隆庆初	林	《明神宗实录》卷四一一，万历三十三年七月辛巳，第7684~7685页；何乔远《臣林记·陆树声》，《名山藏》卷八一，《续修四库全书》第427册，第352页
25	周国宾	嘉靖三十七年举人	万历间	王	徐显卿《周震川复姓叙》，《天远楼集》卷九，《四库全书存目丛书补编》第98册，齐鲁书社，2001年影印本，第117~118页；康熙《重修宜兴县志》卷一〇《杂志·异闻》，康熙二十五年刻本，第62页b~63页a

续表

序号	姓名	出身	复姓时间/职任	所从他姓	资料出处
26	戴濂	嘉靖四十一年进士	万历十五年前后	戴	罗大纮《袁州太守戴公墓志铭》，《紫原文集》卷一一，《四库禁毁书丛刊》集部第140册，北京出版社，2000年影印本，第111~112页（按，戴濂让子孙复高姓，自己未复）
27	张汝济	隆庆二年进士	万历十七年太常寺少卿	司	《明神宗实录》卷二一六，万历十七年十月癸未，第4039页；袁宗道《巡抚福建右副都御史傅野司公墓志铭》，《白苏斋类集》卷一一一，钱伯城标点，上海古籍出版社，2007，第143、145页
28	顾国辅	万历二年进士	万历二十一年前后	张	焦竑：《中宪大夫宝庆府知府前浙江按察司副使毅庵顾公墓志铭》，《澹园集》卷二九，李剑雄点校，中华书局，1999，第446~448页
29	吕坤	万历二年进士	万历五年大同县知县	李	《吏部题复姓》，《宁陵吕氏宗志》卷一，美国纽约州立大学布法罗分校戴福士教授提供
30	宁光先	万历四十四年进士	天启七年贵州道监察御史	韩	毕自严《贵州道监察御史忠门宁公墓志铭》，《石隐园藏稿》卷四，《四库全书》第1293册，第468~470页
31	杨尔铭	崇祯七年进士	崇祯十一年桐城县知县	陈	张国维：《抚吴疏草·陈令复姓疏》，《四库禁毁书丛刊》史部第39册，第516~517页
32	杨汝经	崇祯十年进士	崇祯十一年户部浙江司主事	许	民国《重修林县志》卷一二《人物上·列传二（忠义）》，《中国方志丛书·华北地方》第110号，第736页；《崇祯十年进士履历便览》，《天一阁藏明代科举录选刊·登录录》，第22页b

序 号	姓 名	出 身	复姓时间/职任	所从他姓	资料出处
33	黄周星	崇祯十三年进士	户部主事	周	陈鼎《笑苍老子传》，《留溪外传》卷五，《四库全书存目丛书》史部第 122 册，第 509 页
34	邹昊	弘治十二年进士	嘉靖初致仕七年复姓	马	康海《资善大夫都察院右都御史邹公昊墓志铭》，焦竑编《国朝献征录》卷六〇《都察院七》，第 2535 页
35	王科	正德十四年举人	60 岁致仕80 岁复姓	杨	何三畏：《王刺史南冈公传》，《云间志略》卷一一，《中国史学丛书三编》第 48 号，台北，台湾学生书局，1987 年影印本，第 795、802 页
36	吕本	嘉靖十一年进士	嘉靖四十年丁忧林居，隆庆四年复姓	李	吕德森：《吕氏宗谱·文安公请复姓疏》，转引自戴思哲《明代大学士李本为什么退休后改姓吕——吕府与吕家史》，《中国社会历史评论》第 10 卷，第 60 页

由表 1 可知，在任时复姓的有 33 人，致仕后复姓的有 3 人（序号第 34～36），表明在任时复姓乃官员复姓者的主体。从出身看，36 人中有 33 人拥有举人或进士身份，在复姓官员中占绝对比例。

综上可见，明代复姓士人涵盖了士人阶层所有身份类型，但以生员、举人和新科进士身份复姓者较少，官员致仕后复姓的也不多，绝大多数是官员任上复姓的。

二 明廷的政策支持与士人复姓的身份差别原则

（一）太祖确定的"凡有袭人姓氏者必令归其宗"的政策基调

明宣德初，杨士奇在为《况氏族谱》作序时说："姓氏，先王所以别生分类也。后世或不得已而去之，而能终复之者，子孙之尤贤也。"① 复姓虽系贤孝子孙所为，然成就此贤德者，除了个体因素外，还与特定时代的政策和政治环境有关。事实上，姓氏文化一直受到政治、文化的制约，如避讳制度。避讳制度"始于周，行于秦汉，盛于隋唐，严于赵宋，继之于明清，辛亥革命后才被废止"。② 在这种制度下，与帝王名讳相同甚至是音同的姓氏都要更改。明人梁潜就曾感喟道：宋代"大贤如文彦博、真德秀又以时之所讳忌者改其所生"。③ 因君讳而改姓，实际上是以君权凌驾于姓氏文化之上。学界从政治权力视角认为明代是封建专制集权较为强化的时期，然从避讳的影响来看，明代似较宋代宽松，故有人说："明代公讳相对于我国避讳历史上的汉、唐、宋、清四个高潮时期宽疏。"④ 在明太祖朱元璋的政治实践中也的确如此，其立国之初，不仅主动为义子沐英等复姓，⑤ 且自洪武三年（1370）起即着手复姓相关制度的制定。洪武九年，太祖曾受理过一位臣僚的复姓请求，其态度值得关注。该年六月，给事中邹杰面请复姓，太祖说："朕为亿兆生民主，凡有袭人姓氏者必令归其宗。"⑥ 这可看作其当政期间关于复姓的基本政策，也是其复姓制度制定的基本思想。

太祖的后继者关于姓氏的直接言论不多，但其对待复姓的态度，可从朝臣的表现和有关复姓的档案中窥出一二。如建文朝重臣方孝孺，为乡人复姓者丁氏撰写复姓序。⑦ 洪熙至正统初年为"三杨"（杨士奇、杨溥、杨荣）秉政时期，杨士奇、杨溥都有过复姓经历，⑧ 其支持复姓自不待言。他们的态度强化了此期复姓政策的执行力度，黄钟的复姓可为例证。黄钟，本姓况，其父幼孤，同里黄氏育之，遂因其姓。洪熙元年（1425），黄钟由礼部

①　杨士奇：《况氏族谱序》，《东里续集》卷一三，《四库全书》第1238册，第536页。

②　楚庄：《古代的避讳制度及其影响》，《河北学刊》1993年第2期。关于避讳问题，学界成果颇丰，恕不赘列。

③　梁潜：《罗氏复姓序》，《泊庵集》卷六，《四库全书》第1237册，第304页。

④　赵永泉：《明代公讳宽疏考》，《沈阳大学学报》2009年第6期。

⑤　参见《明太祖实录》卷二一八，洪武二十五年六月丁卯，第3205～3206页。

⑥　宋濂：《邹氏复姓孙氏序》，《宋学士文集》卷三九，《四部丛刊初编》，第2页b。

⑦　参见方孝孺《丁氏复姓序》，《逊志斋集》卷一三，《四部丛刊初编》，第14页a～15页b。

⑧　参见凌迪知《氏考下·复姓第一》，《氏族博考》卷四，《四库全书》第957册，第856页。

仪制司主事升为该部郎中时被封赠三代，当时"所受诰命，俱系黄姓"。宣德四年（1429）请求复姓获准后，又具奏"乞照所复况姓，颁赐诰命"，也得到允准。朝廷在颁给他的《赐复姓制词》中称赞其复姓是"不忘所本""是宜嘉奖"。①

可见，明初朝廷着意于朴茂风气的养成，主动关注复姓问题。自宣德后，明廷的主动作为已不复见。不过，值得一提的是，嘉靖初年的大礼议本与复姓无关，但客观上营造了有利于复姓的政治氛围。世宗朱厚熜乃兴献王独子。兴献王乃孝宗之弟、武宗叔父。武宗无子，正德十六年（1521）突然崩逝后，皇位继承出现真空。内阁首辅杨廷和等依据《皇明祖训》中"兄终弟及"的原则，以武宗"遗诏"的方式称厚熜"伦序当立"，"遣官迎取来京，嗣皇帝位"。然而在对这一说法的理解和具体即位名义上，双方存在分歧，由此引发大礼议之争。大礼议之争最终以杨廷和等被逐出政坛、皇帝完胜而终结。② 这一事件客观上对复姓活动产生了有利影响：其一，世宗态度坚定，绝不放弃与生父间的亲子关系而屈就于所设定的与孝宗间的虚拟父子关系，体现了人子对生父的尊重和以孝事亲的浓厚感情，为天下臣民做了表率。其二，支持世宗的臣僚对父子关系的阐发，为复姓者提供了普遍适用且具说服力的理由。如张璁认为："孝子之至莫大乎尊亲"，"夫人，必各本于父母而无二"，③ 并反复强调"父子之恩，天性也，不可绝者也"，"不可强为也"。④ 不排除这些说法有迎合世宗的用意，但皆顺乎人情、合乎常理，不仅为世宗认同，也影响了人们对于复姓的态度。如崔涯在《复姓疏》中称："人生皆本乎祖，天亲不可人为。"⑤ 嘉靖六年（1527），葛檜请

① 参见《况太守集》卷七《陈情奏疏》之《请复姓奏（宣德四年五月二十三日）》第70页、《请赐复姓诰命奏（四年九月初四日）》第70~71页及卷六《诰命·赐复姓制词（宣德五年二月二十一日）》第66页。大礼议详情，可参考田澍《嘉靖革新研究》，中国社会科学出版社，2002，第41~59页。

② 大礼议详情，可参见田澍《嘉靖革新研究》，第41~59页。

③ 《正典礼第一（正德十六年）》，《张璁集》卷一，张宪文校注，《温州文献丛书》，上海社会科学院出版社，2008，第19、20页。

④ 《正典礼第二》后所附《大礼或问》，《张璁集》卷一，《温州文献丛书》，第22、24页。

⑤ 崔涯：《陈情乞恩复姓疏》，《笔山崔先生文集》卷一，《四库全书存目丛书》集部第94册，第33页。

求复姓，遇到养家的阻力，吏部复议道："襘既孙氏子，不得背天经以犯人子之戒，复姓为宜。"① 显然，这样的氛围对天亲不违、祖姓复归的复姓行为是有利的。

综上可知，明太祖确立的政策为后来者所承继，成为有明一代复姓政策的基调。明廷的政策支持，是士人得以顺利复姓的政治和制度保障。

（二）士人复姓的身份差别原则

明廷的复姓制度建设主要集中在洪武时期，其中最核心的内容是洪武二十六年（1393）的"更名复姓"的规定。然而，该规定主要针对文官复姓，对于一般人如何复姓缺少相应内容。我们拟结合相关制度，对普通人和士人复姓的差异以及士人诸阶层间复姓的差别进行勾画。

冯梦龙在《醒世恒言》中写道："假如上一等人，有前程的要复本姓，或具札子奏过朝廷，或关白礼部、太学、国学等衙门，将册籍改正，众所共知。"卖油郎朱重，复本姓秦氏。他想，一个卖油的复姓后谁人晓得？于是想了个点子，"把盛油的桶儿，一面大大写个'秦'字，一面写'汴梁'二字，将此桶做个标识，使人一览而知。以此，临安市上晓得他本姓，都呼他为秦卖油"。② 这段文字揭示了复姓者因身份不同而有差别，具体体现在两方面：一是上等人与一般人复姓程序繁简有别；二是在上等人之间也有"奏过朝廷"或"关白礼部、太学、国学"等不同部门之分。

先看一般百姓的复姓事例。据方孝孺载，其乡人丁先生，"世为越之新昌人"。丁的曾祖父"不幸少孤，母夫人来归宁海陈氏，遂从而家焉。陈氏因而子之"。改为陈姓后，"百年承陈氏祀"，以致与新昌宗族两相"忘也久矣"。后来丁先生在途中遇到了新昌县宗人丁宜民，讲述了其家世。宜民从家谱中找到了相关记载，印证了丁氏的说法，便把手头的家谱给了他。丁先生"奉以归，率昆弟子姓祇告祖考，易神主为丁氏，祀礼所得祀者如常仪"。③ 丁

---

① 《明世宗实录》卷七七，嘉靖六年六月癸丑，第1715页。
② 冯梦龙：《卖油郎独占花魁》，《醒世恒言》卷三，《古本小说集成》，上海古籍出版社，1990～1994年影印本，第117页。
③ 方孝孺：《丁氏复姓序》，《逊志斋集》卷一三，《四部丛刊初编》，第14页a、b。

氏在家谱中核实祖先信息后，便直接"率昆弟子姓祗告祖考"而复姓。明末清初，浙江桐乡县人张履祥也记有一则乡人复姓的事例："同邑高氏……虽未尝贵显，然墟接室比，凡若干家。吾友云翅，一日以其先人所辑家乘示予，而问以复姓之义，曰：'吾九世以上本姚姓，自崇德至，赘于高而家焉，遂为桐乡高氏。今自族人以及里闾，几忘吾宗之为姚矣。先府君惧焉，将使子孙复姓，未及而没。某承厥志，名子以姚姓可乎？'"① 作为一般人家的高云翅，打算以直接改用姚姓的方式恢复祖姓。这两个普通人的复姓与冯梦龙笔下卖油郎的复姓同样简单。官府对普通百姓的复姓关注不够，当与传统国家的社会管理水平和能力有限相关。

对于士人复姓，因国家制度规定和管理上的需要，其情况与普通人相比则又作别样。不同身份士人复姓差异的某些细节虽然模糊，但其分属于不同的受理部门则是可以确定的。

1. 生员复姓由地方有司办理

前述三位生员，刘道生复姓的记载较为简单（"请复罗姓于官"），另两例稍详。吴䕶是直接上书广东左参议姜英而得以复姓的，朱天民则是在御史按学苏州时以复姓相告，经提学"下其事"于"有司"而复姓的。这两位生员都履行了呈请复姓的程序；然这两人呈请的官员不同，一个是布政司参议，另一个是负责提调学校的提学。出现不同受理部门的情况，当与两者皆拥有地方学校的管理权有关。

明代士人通过入学考试后，其所入儒学便为其建立学籍档案。明初，地方儒学由巡按御史、布按二司及府州县管理。② 正统元年（1436）又设提学，"专一提调学校"。景泰年间罢废，天顺六年（1462）复设。③ 因此，上述生员复姓事例既有呈请提学的，也有上书布政司参议的。

2. 举人、新科进士复姓由礼部经管

在前述以举人、新科进士身份复姓的事例中，其细节都很简略。然结合

---

① 张履祥：《姚子复姓记》，《杨园先生全集》卷一七，陈祖武点校，中华书局，2002，第513页。

② 《明史》卷六九《选举志一》，第1687页。

③ 《礼部三十五·学校一·风宪官提督》，《正德大明会典》卷七六，汲古书院，1989年影印本，第2册，第187、188页。

科举考试过程中举子档案的管理以及前引冯梦龙作品中关于"上等人"复姓的几种情况，大体可以推知，拥有举人和新科进士身份者复姓需"关白礼部"。

士人应乡试前，除"由有司保举"，还需"各具年甲、籍贯、三代、本经，县州申府，府申布政司"，且每场的草卷、正卷皆"首书姓名、年甲、籍贯、三代、本经"。会试、殿试也皆如此。按照洪武十七年（1384）的规定，乡试中试者，"出给公据，官为应付廪给、脚力，赴礼部印卷、会试，就将乡试文字咨缴本部（即礼部）照验"。[①] 科举考试系礼部掌管，办理完相关手续后，无论是行将参加会试的举人，还是已经中式尚未授职的新科进士，其相关档案皆在礼部，故向礼部提出复姓请求完全正常。[②]

3. 入仕后官员复姓由吏部经管

无论是科举中式者，还是来自他途者，一旦由吏部铨选授职后，身份便成为官员，在管理上与未入仕的生员、举人、进士已有很大不同。按照规定，"除授过官员"皆需"开写年、籍、乡贯、住址、脚色贴黄，通类具奏，赴内府用宝附贴"，[③] 然后由吏部集中管理，因此官员复姓由吏部经管。如洪武二十六年"更名复姓"规定明确指出："凡官吏人等，或年幼过房、乞养欲复本姓者，经由本部（即吏部）移文原籍官司体勘是实，及官幼名改讳，具奏改正贴黄，仍行知会、移咨户部改附籍册。"[④] 即是说官员具奏复姓时由吏部出面，移文其原籍地方有司查勘；若情况属实，吏部便代为具奏，请求皇帝允准改正。吏部还需将档案改动的内容知会和移咨户部，要其对所掌册籍上的信息做相应的变动。该规定乃有明一代复姓制度之基本内容，因此成为官员复姓的基本操作程序，这可从嘉靖年间魏校《复姓疏》中得到印证。其疏称："臣登进士，历官中外。从弟庠由太学人官。皆有籍

① 《礼部三十六·学校二·科举》，《正德大明会典》卷七七，第2册，第190、195页。
② 清道光六年，吏、礼二部围绕江苏举人王荫槐人籍安徽一事归哪部管理的争议，从制度承延的角度或可为我们这一推断提供佐证。详情参见《起送会试·杂项人员会试·例案》，《钦定科场条例》卷七（沈云龙主编《近代中国史料丛刊三编》第48辑，第472册，台北，文海出版社，1989年影印本，第586~589页）。
③ 《吏部十二·稽勋清吏司·贴黄》，《正德大明会典》卷一三，第1册，第150页。
④ 《吏部十二·稽勋清吏司·更名复姓》，《正德大明会典》卷一三，第1册，第153页。

于朝，不敢轻改。臣敢追述先志，爰具家世源流，上达天听。乞敕吏部移文原籍官司体勘是实，具奏改正贴黄，户部改附册籍。"① 魏校与从弟魏庠皆为官员，档案存于吏部，不可像一般人那样自行复姓，为此疏请皇帝敕令吏部遵照相关规定为其办理复姓事宜。明代后期，文官复姓程序发生了某些改变。② 不过，这些变化主要体现在地方有司对复姓官员姓氏事实的查勘与具奏方面，吏部所承担的审核具奏、改正贴黄和知会户部等环节未有任何变动。由此来看，士人为官之后，其复姓之事皆由吏部负责。

综上可知，复姓执行程序的差异与复姓者的身份相关。士人阶层因为人事册籍存于学宫或官府，需"请于官"且于批准后才能复姓。其具体经管和受理部门，则视乞复者的身份而异。

三 士人复姓与读书应举成功间的内在关系

（一）读书应举的成功对于士人复姓的意义

"自五代北宋门第消融之后，科举成为一般平民名利之薮"，③ 士人通过科举入仕后复姓的情况时有发生。有资料显示，宋人已将科举入仕与复姓建立起关联。南宋人徐定（绍兴二十一年进士），其父泽，"少孤，母刘夫人挈之从吕氏，因以所从为姓五十年"。但吕定并不知其本系"徐氏子也"。其父临死前给他讲明了真相，并说："即有立，毋忘吾宗。"为了实现父亲遗训，吕定兄弟刻苦发奋，相约"不取科名勿止"，明确地将"有立"的含义锁定为取得科名。最终，他们考取进士，步入仕途，实现了复姓的夙愿。④

类似事例在科举兴盛的明代屡见不鲜。福建长乐县人樊廷选，本姓林。其高祖昊生赘于樊氏，子孙因从樊姓。廷选少时便颖异嗜学，后选补为府学

---

① 魏校：《复姓疏》，《庄渠遗书》卷一，《四库全书》第1267册，第681页。
② 明代文官复姓程序的变迁过程较为复杂，将另文讨论。
③ 何炳棣：《中国会馆史论》，台北，台湾学生书局，1966，第8页。
④ 叶适：《徐德操墓志铭》，《水心先生文集》卷一四，《四部丛刊初编》，第4页a。

生员。其父宗礼病重时，"以先世谱图授之，意公必显，属以复姓"。其父病重时将复姓之事嘱托给当时尚是生员的儿子，显然是把复姓的希望寄托在其读书应举的成功上。成化十三年（1477）廷选考中举人，十七年考取进士，自此入仕为官，弘治六年（1493）"疏得复姓"。① 再如，大学士李本，祖姓由吕误为李，其祖德玉曾言："倘后子孙有出士者，奏复之。"② 也是把复姓希望寄托在子孙读书应举的成功上。而前举复姓事例中，绝大多数士人都是在取得科名或入仕后复姓，可以说这种路径已成为士人复姓的基本模式。

科名获取与复姓间形成如此紧密的关联，其关键在于自宋代以来，科举入仕已成为士人晋身、起家的津梁，士人一旦取得科名，等于获得了政治和经济资本。在明代，复姓与国家的教化提倡是吻合的。士人在获得官员身份后，由于官为民表，官员复姓常被上升到礼教风化的认识高度，这就为其复姓增添了有利因素。对于改从他姓者来讲，其多与继养之家建立了密切联系，如若复姓，一般都要面对养父母与生父母的孝养或财产分割问题。如范仲淹任官后"欲还范姓"，范氏有人担心他归宗后分割财产，故"有难之者，公坚请云：'止欲归本姓，他无所觊'"，才得到应允而复姓归宗。③ 明代因立嗣而发生的民事纠纷有些就是因财产问题所引发。④ 士人科举入仕后，有了稳定的官俸收入，"奠定"了"身家的经济基础"，⑤ 可避免或减少复姓过程中家族间经济纠纷的发生。因此，明代士人复姓呈现出多于科举入仕后复姓的特点。

（二）士人读书、 应举、 入仕过程中祖先意识的强化

传统社会关于士、农、工、商四民的划分，士为其首，是拥有知识的阶

---

① 郑岳：《资政大夫南京工部尚书致仕进阶资德大夫正治上卿竹田林公行状》，《山斋文集》卷一五，《四库全书》第 1263 册，第 91～92 页。

② 吕德森：《吕氏宗谱·文安公请复姓疏》，转引自戴思哲《明代大学士李本为什么退休后改姓吕——吕府与吕家史》，南开大学中国社会史研究中心编《中国社会历史评论》第 10 卷，第 60 页。

③ 王瑞来：《"范仲淹"问世——文正的归宗更名》，《文史知识》2012 年第 6 期。

④ 钱娜：《试论明代晚期广东立嗣制度的现状——以〈盟水斋存牍〉为依据》，硕士学位论文，西南政法大学行政法学院，2007，第 18～21 页。

⑤ 何炳棣：《中国会馆史论》，第 8 页。

层。士人自幼习读儒家经典,《孟子·万章》中的"孝子之至,莫大乎尊亲"、《礼记·祭统》中的"孝子之事亲也,有三道焉:生则养,没则丧,丧毕则祭"的孝道内容,自是耳熟能详,并内化为观念贯穿于行为之中。江西泰和县举人罗性(字子理)为继子士奇复姓的事例,可视作对儒家经典认知和践行相统一的代表。杨士奇三岁丧父,六岁时母亲改适罗子理。洪武七年(1374),罗子理以举人身份授为湖广德安府同知,全家随之到了德安府。子理岁时祭祀先祖,且注重这一礼仪的传承,"恒命诸子陪礼",然从未让士奇参与。士奇怪而问母,母泣告身世。士奇得知真相后,"因恻日益感发。私窃土砖,做作神主,于外别室,祀其三世"。子理见士奇私祀杨氏先祖,且进退拜俯如成人,对之非但未加干涉,反而给以尊重,摒弃当时从后父姓的习俗和士奇已改罗姓的事实,主动复其杨姓。① 这表明士人出身的罗氏重本敬祖意识浓厚,同时又能以孝子之心体及他人。因此,士人复姓当是内化的儒家孝道的自然生发。

明代士子在入学、应试的诸多环节,如在亲供和卷头都要填写三代(曾祖、祖、父)名讳等。入仕后考满时,朝廷又以推恩方式封赠其亲,以奖励尽职之臣,这样政绩卓异的臣子即可实现光宗耀祖的目标。如大学士李本上复姓疏时说:"昔年一品,三、六年考满,二次蒙世宗皇帝恩,自曾祖父皆锡以诰命,赠如臣官。"② 因此,无论是所受的儒学教育,还是应试时登记三代名姓的规定,以及入仕后的封赠制度,莫不提醒士人铭记宗亲,其祖宗意识因之不断强化。

当时还有一种朴素的观念,即时人常把功名的获得和仕途的顺达,归诸祖先恩泽的流延和冥冥庇佑的结果,因之常怀反哺感念之心。如山东济南府

---

① 此段文字综合杨思尧等《太师杨文贞公年谱》(《北京图书馆藏珍本年谱丛刊》,北京图书馆出版社,1999 年影印本,第 37 册,第 465~467 页)、陈赏《东里先生小传》(焦竑编《国朝献征录》卷一二《内阁一》,第 403 页)、光绪《德安府志》(《中国方志丛书·华中地方》第 117 号)卷九《职官上·郡职·同知》(第 292 页)和卷一〇《职官下·列传》(第 340 页)相关信息而成。

② 吕德森:《吕氏宗谱·文安公请复姓疏》,转引自戴思哲《明代大学士李本为什么退休后改姓吕——吕府与吕家史》,南开大学中国社会史研究中心编《中国社会历史评论》第 10 卷,第 60 页。

德平县人葛守礼，嘉靖七年（1528）举乡试第一，即作《乡荐祭先祖文》，称"万物本天，长育开泰，惟天之能。人生本祖，显遇荣耀，惟祖之功"。次年，考中进士，授河南彰德府推官，又作《登进士拜官推府祭先祖文》云："夫人有命而行道，祖宗无遇而代兴，所以子孙之际，皆其先德之凝。"① 这种观念也是祖先意识强化的重要精神资源。《荀子·礼论篇第十九》中云："先祖者，类之本也……无先祖，恶出？"即是说，作为正常的人，都应把爱敬先祖作为自然行为。"登枝而崇本，溯流以自源"，② 说的就是这个意思。这种植根于人们心中的普遍观念，应是促动士人复姓行为的内在动力。因此，士子读书应举成功后的复姓之举就成为再正常不过的行为。

士人读书、应举和入仕的经历，以及受儒家礼制、孝道教育的熏陶，其对儒家孝道伦理的体认和尊祖敬宗的意识较一般人更为浓烈。在举业兴盛的明代，士人复姓与读书应举的成功之间存在着密切联系。尤其是在入仕后，赢得了一定的政治地位，拥有了一定的经济基础，为复姓铺平了道路，因此科举入仕后的复姓者成为复姓士人的主体，这应是科举制全面渗入社会生活后所产生的独特文化现象。这一现象为清代所承延，如江庆柏就指出："清朝进士经常有改姓、复姓的问题。这些改变，在《碑录》中常被注出，在题名碑上，有时也有说明，也有直接在碑石上改动的。"③

四　士人复姓之文化意涵

自宣德时起，明代的科举考试愈益严格地依照额定人数录取，这使一县中能够考中的举人、进士的数量非常有限。冯琦曾言："一县之内，生齿不下十万，成科名、为仕宦者不过数人。"④ 故士人的举动颇引社会注意。按

---

① 《葛守礼传》，《明史》卷二一四，第5666页；葛守礼：《祭文》，《葛端肃公文集》卷六，《四库全书存目丛书》集部第93册，第325、326页。

② 孔贞时：《启·复王金阳宗长复姓》，《在鲁斋文集》卷四，《四库禁毁书丛刊》集部第16册，第481页。

③ 江庆柏：《清进士题名碑考述》，《古籍整理研究学刊》2009年第6期。

④ 冯琦：《书牍·答左海楼侍御》，《宗伯集》卷七三，《四库禁毁书丛刊》集部第16册，第185页。

照规定，士人复姓后，除了更改个人贴黄内容外，族属信息也需一并改正。在整族改姓的特殊情况下，地方有司甚至还要择日送匾，举行仪式。① 这样，士人复姓行为以及复姓过程中对本生家庭与继养家庭关系的处理都会为时人所关注。也正因此，士人复姓具有文化传承的丰富内涵。这也是士大夫对复姓行为乐于推介的重要原因。

（一）寻根复姓，弘扬孝道

《孝经·开宗明义章》云："夫孝，始于事亲。"宋人有云："祖先者，吾身之所自出也，定于有生之初而不易者也。其为人虽有穷达、贤不肖之异，而子孙之所以爱之、敬之则一而已矣。象之后不得舍象而祖舜，管、蔡之后不得舍管、蔡而祖周公，宋祖帝乙，郑祖厉王，亦各言其祖也。"② 即是说，祖姓是前定的和不可选择的，不管祖先贤德抑或昏蔽，子孙都没有理由不把祖姓传承下去。然而，"自夫后世孝弟之道衰，上有赐姓者，下因有冒姓者，亦有贫穷患难，不得已而易姓者，有出赘继绝，而因蒙其姓者"。③ 姓氏因此淆乱，"使人莫究其本根"，④ 也影响了对"亲亲之道也，百世不可改"⑤ 的儒家信条的坚守。有人说，姓氏淆乱始于秦朝，⑥ 也有人说"始于汉，盛于唐，极于五季"。⑦ 这种情况在元代也有，当时汉人改用蒙古姓名的现象非常突出。⑧ 因此，明太祖颁布"禁无子立异姓者，而凡冒姓者许复

① 如，万历三十七年方孝孺后裔整体复姓，地方政府为之举行过这种仪式（姚履旋：《督学杨廷筠为复姓建祠奉祀移文》，《方正学先生逊志斋外纪》卷下，《四库全书存目丛书》史部第 85 册，第 691 页）。
② 《官吏门·冒立官记以他人之祖为祖》，《名公书判清明集》卷二，中国社会科学院历史研究所宋辽金元史研究室点校，中华书局，2002，第 44 页。
③ 张履祥：《姚子复姓记》，《杨园先生全集》卷一七，第 513 页。
④ 方孝孺：《丁氏复姓序》，《逊志斋集》卷一三，《四部丛刊初编》，第 14 页 b。
⑤ 张履祥：《姚子复姓记》，《杨园先生全集》卷一七，第 513 页。
⑥ 按，方孝孺在《逊志斋集》卷一三《丁氏复姓序》中有"自秦汉降"的说法，《文徵明集》卷一九《沈氏复姓记》中有"自秦有赘子"的说法。
⑦ 史鉴：《吴江曹氏复姓序》，《西村集》卷五，《四库全书》第 1259 册，第 807 页。
⑧ 参见那木吉拉《元代汉人蒙古姓名考》，《中央民族学院学报》1992 年第 2 期；李治安：《元代汉人受蒙古文化影响考述》，《历史研究》2009 年第 1 期。

其本宗"之令，被视作"尽涤累世之弊陋"之举。① 然而，其最初倡行的效果并不理想。据明初贝琼估计，当时能知姓氏所出、"绝而复续"者，"盖千百而十一"。② 除了"文献残缺""不敢果其是非"，③ "虽有贤子孙，无能为矣"④ 的客观因素外，还在于有些人"昧于利而狃于习，见其小而忘其大"的功利选择。⑤

"昧于利而狃于习"的概括，切中肯綮。王敏夫曾祖"蚤孤，随母适何氏。蒙何姓者三世若干年，至敏夫始去何归王"。贝琼因王敏夫复姓而作《复姓解》，列举了时人对于复姓的三种质疑：第一种是"章其祖蒙何之非"，即认为敏夫复姓等于是把高祖母改嫁、子孙改从何姓的家丑抖搂出来。第二、三种是以历史上乞养于人而从其姓、接受帝王赐姓而改姓的事例来否定敏夫复姓的必要。⑥ 这后两种质疑其实是"狃于习"的反映。再来看"昧于利"的表现。福建闽县人颜恢永，本姓周，元至元年（1264），其曾祖周大椿"来为安福州学正，以没。子庆源娶州袁氏，生子仲温"。仲温三岁时父亡，随母适颜氏，因蒙颜姓。后仲温子恢永等思复周姓。有人劝他说："周虽故姓，然久去乡土，无宗族可亲。颜为负郭巨族，宗人子弟甚盛，可借其助，以为子孙久安计。奈何舍强宗以自孤其势、弱其家声也？"⑦ 在规劝者看来，攀缘大族获取利益比恢复本姓更有意义。

在太祖明令禁止冒用他姓的情况下，受利益驱使，违令而行的情况依然存在。如苏州府太仓州人张泰（天顺八年进士），原本姚姓，家隶匠籍。明初，"朝廷方隆重军士而畿内之民徭赋烦重"。其曾祖姚原瑞为逃避沉重匠役，觊觎军户的优渥条件，私冒晋陵（常州）张某的太仓卫军

① 刘崧：《书孙氏复姓文后》，《槎翁文集》卷一四，《四库全书存目丛书》集部第24册，第556页。
② 贝琼：《云间集·复姓解》，《清江贝先生文集》卷四，《清江贝先生集》，《四部丛刊初编》，第1页 b。
③ 方孝孺：《丁氏复姓序》，《逊志斋集》卷一三，《四部丛刊初编》，第15页 a。
④ 《沈氏复姓记》，《文徵明集》卷一九，第491页。
⑤ 史鉴：《吴江曹氏复姓序》，《西村集》卷五，《四库全书》第1259册，第807页。
⑥ 贝琼：《云间集·复姓解》，《清江贝先生文集》卷四，《清江贝先生集》，《四部丛刊初编》，第1页 a。
⑦ 刘球：《周氏复姓记》，《两溪文集》卷六，《四库全书》第1243册，第488页。

籍而易为张姓。①

在"因焉而不革，冒焉而不去"②的姓氏淆乱背景下，复姓不只是遵循国家号令，厘清个体族姓源流，其更大的意义在于文化建设。士人复姓，包括普通百姓复姓，得到了主流社会的支持和认同，士大夫纷纷为之撰序作记。其序记，多就姓氏传承与祖先统系间的关系钩玄索隐，阐扬孝道伦理，端正百姓认识。如贝琼认为："氏族必本其所出，有不可得而乱者。义苟当复，孰计其远近邪？此固无足疑者矣。"③刘球认为："古者因生以受姓，非姓无以别其所由生。生生相承，历千百世不可易，散之四方不得混者，托姓以表之也……姓之不可紊，犹松之不可称为柏，桃之不可称为李，禾麻菽麦不可称为稂莠蓬蒿也。"④当时有种看法，认为养育之家有恩于己或是祖上，遽然复姓，是不念"抚育之恩而甘就薄德之行"，⑤为"负德事"。⑥这对欲求复姓者来讲是有影响的。周是修以郭从陵为例对复姓是否负恩的问题做了剖断。他说："从陵之归其宗，非昧恩于陈氏，非背义于陈氏也，政〔正〕欲使陈氏之族姓纯一而不乱也，欲遵古之礼也，欲全孝之德也，欲不愧于士之行也。"⑦士大夫希望通过对具体复姓行为的褒扬来树立榜样，"以警天下后世之失而不正者也"，⑧"使附势慕利以紊族姓者有所愧而知改焉"。⑨

（二）感恩报本，两者兼及

周是修从古礼和孝德的角度阐发复姓的深意，认为："复姓，古礼也，孝德也，士君子之善行也……则虽蒙鞠于他族，承祀于他族，受业于他族，

---

① 陆容：《翰林院修撰沧州张先生行状》，黄宗羲编《明文海》卷四三二《墓文四·文苑》，《四库全书》第1458册，第207页。

② 方孝孺：《丁氏复姓序》，《逊志斋集》卷一三，《四部丛刊初编》，第15页a。

③ 贝琼《中都稿·胡氏复姓序》，《清江贝先生文集》卷二八，《清江贝先生集》，《四部丛刊初编》，第8页a。

④ 刘球：《周氏复姓记》，《两溪文集》卷六，《四库全书》第1243册，第488页。

⑤ 徐显卿：《周震川复姓叙》，《天远楼集》卷九，《四库全书存目丛书补编》集部第98册，第117页。

⑥ 李默：《贺赵衢州复姓序》，《群玉楼稿》卷二，《四库全书存目丛书》集部第77册，第599页。

⑦ 周是修：《郭从陵复姓卷跋》，《刍荛集》卷六，《四库全书》第1236册，第123页。

⑧ 贝琼：《云间集·复姓解》，《清江贝先生文集》卷四，《清江贝先生集》，《四部丛刊初编》，第1页b。

⑨ 刘球：《周氏复姓记》，《两溪文集》卷六，《四库全书》第1243册，第488页。

成名于他族，姓固不可以不复也。"① 周氏的说法虽有道理，然现实情况复杂，复姓常会受到多种因素的干扰。下面几位复姓者的处理方式，从不同角度展示了士人对儒家伦理的把握与活用。

生员张诗，原为李姓子，出生后有人对其父母说，"此儿有奇骨，非尔家所能畜"，于是便被送给乏嗣的张氏为子。养父到去世时也未告诉他这一真相。三十多岁后，张诗方知身世，痛不欲生，亲往老家访寻，访得二位兄弟，但父母已逝，于是三人一起到墓地哭祭。归后打算复姓，但执友劝他：养父母已死且无尺寸之孤，生父母有子有孙，何忍"割张而益李"？没有养父母"腹汝、顾汝、长汝、教汝、付业于汝"，哪能有今日？这番话让张诗思索了三年。为不使养父母失去香火而沦为"若敖氏之馁鬼"，② 张诗放弃复姓念头，以续香火。③ 由此可以看出，当时人虽多主张复姓，但在养父母无人嗣续香火的情况下，放弃复姓的选择还是可以接受的。当然，张诗的情况特殊，更多的则是力求生父母与养父母两者兼顾。

前面曾提到长洲县生员朱天民恢复沈姓事。天民考虑到外祖父无子嗣，为延续朱家香火，天民等"求于朱之族，得再从侄轮，告于廷礼之祠，使嗣于朱"。④ 自己实现了复姓，又为朱家找到了后嗣，两全其美。

戴濂，先祖高姓。其父锃初生时，广东泷水训导戴选因无嗣养为己子，锃遂从戴姓。锃以岁贡起家，后官至福建松溪县知县。戴濂幼时，戴选"甚怜爱之，经书皆口授"。因受戴氏之恩，锃不欲复故姓。万历十五年（1587），戴锃卒后，戴濂"乃命祠并祀二氏祖。而以书告抚台滕公、御史蔡公"，请复本姓。允准后，戴濂采取折中策略，让子孙复高姓，自己仍旧戴姓，他称这种做法是"无敢忘吾祖且父志也"。⑤ 又如宁光先，其父母生

---

① 周是修：《郭从陵复姓卷跋》，《刍荛集》卷六，《四库全书》第 1236 册，第 122～123 页。
② 宋濂：《邹氏复姓孙氏序》，《宋学士文集》卷三九，《四部丛刊初编》，第 2 页 b。
③ 吕楠：《明昆仑处士张子言墓志铭》，《泾野先生文集》卷三五，《续修四库全书》第 1338 册，第 236 页。按，张诗，初名张学诗。吕楠为其更名，字子言。
④ 《沈氏复姓记》，《文徵明集》卷一九，第 490 页。
⑤ 罗大纮：《袁州太守戴公墓志铭》，《紫原文集》卷一一，《四库禁毁书丛刊》集部第 140 册，第 111～112 页（按，此墓志中无戴濂祖、父姓名，相关信息采自《嘉靖四十一年进士登科录》第 32 页 b）。

四子，光先排行第三。其舅父有子而殇，光先被过继给他，遂改姓韩。养父母为了给他创造良好的生活、学习环境，吃尽了苦头。万历四十四年，光先考中进士，有人怂恿他复姓，光先正色道："吾少失怙，微韩父若母，不及此。且韩父若母发种种矣。方虑报韩日短，何忍以是举伤厥心乎？"他在任保定府新城县知县时，将养父母迎养于官邸。"光宗登极，覃恩中外，封韩父如公官，韩母封孺人。"天启初年，养父母相继辞世，光先皆如礼守制。天启七年（1627），光先升任贵州道监察御史，此时便思报答生父母之恩，他说："吾以宁嗣韩，犹侨居也。向吾不即归宗者，以韩父若母拊鞠〔育〕劬劳，思图报万一耳。今韩父若母偕即黄垆，封章具矣。而生我者曾未沾一命之荣，天下宁有无父母之子哉？"乃具疏复姓，且请以新衔封赠亲生父母。"情词恳切，上为感动，于是赠公父如其官，母封孺人。"①

倘若养父母或生父母一方或是两方家庭状况皆欠佳时，将如何处置？崔涯分俸侍养的做法不失为一种两全的办法。

崔涯，原为崔氏第五子，因家贫子众，父母年衰，其出生后无力抚养，为方氏夫妇收养，取名方涯。嘉靖八年（1529），方涯考中进士，入仕为官。后来养父也生一子，日渐长成，方涯见其有后，便思复姓。他在请求复姓疏中道，"容臣改复崔姓，以笃天伦，以正祀族"，并表示复姓后对养父母将尽生养死葬之责，"其于恩养方氏父母，仍乞分俸侍养，以子道终其天年，丧服祭葬一如礼制"。从崔涯的复姓理由和后续的处理来看，他把复姓与养父母的赡养较好地兼顾起来，力求做到"恩义曲全"。②

"袭人姓氏者必令归其宗"，可以理解为明廷的态度；"人生皆本乎祖，天亲不可人为"则是复姓者的共识。然继养之家恩泽也重，正如崔涯所说："无生父母则无此身，至得生活以致有今日者，又养父母之恩也。"③ 因此，

---

① 毕自严：《贵州道监察御史忠门宁公墓志铭》，《石隐园藏稿》卷四，《四库全书》第1293册，第468～470页。
② 崔涯：《陈情乞恩复姓疏》，《笔山崔先生文集》卷一，《四库全书存目丛书》集部第94册，第33页。
③ 崔涯：《陈情乞恩复姓疏》，《笔山崔先生文集》卷一，《四库全书存目丛书》集部第94册，第33页。

无论是本生家庭还是继养家庭，皆需感恩报答。上述各种处理方式，皆在曲全恩义，在儒家文化所提倡的孝道与报恩之间求取平衡。孝敬父母、知恩图报是中华民族的传统美德，是贤德之人必须具备的素养。也正因此，复姓本身以及在复姓过程中几方关系的妥善处理，对于倡行儒家伦理道德、"启孝爱而厚俗化"① 有着文化建设上的意义。

五　余论

明代的复姓活动，从太祖立国到崇祯末年连绵不断。复姓者除了本文所讨论的士人阶层外，还有武将士卒、平民百姓乃至净身宦官，而以士人复姓最为突出。士人由于漫长的习读过程，儒家的孝道、本根和尊亲意识逐渐内化，并贯穿到日常生活之中。起先，祖先或出于经济拮据的现实考虑，无奈入赘、出继、随母嫁而改从他姓。随着子孙读书应举的成功，实现了个体身份的上行流动，在拥有荣耀的政治地位和独立的经济地位之后，这种转身便促动和刺激了其内心的孝道意识和本根自觉的异常勃发，寻求复姓的愿望便由追求层面转化为现实结果，其引领孝道、敦厚风俗的文化建设意义也就彰显出来。从长时段的历史比较来看，士人读书应举成功后复姓的现象在宋代即已有之，到了明代则更为普遍，除了科举社会成熟程度差异的间接作用外，国家政策和政治环境则是主要因素。宋代执行严格的避讳制度，这在某种程度上与复姓相矛盾，从而限制了宋代复姓政策的推出和复姓的灵活性。而明朝从太祖立国起，便把复姓视为国家教化体系的组成部分而大力支持，还从政策和法律上予以保障。当国家力量与士人的主观愿望一致时，复姓行为成为普遍现象则是必然的。

明朝立国之初，国家以强力严禁养异姓子以乱宗族。如洪武三十年颁行《大明律》规定："其乞养异姓义子，以乱宗族者，杖六十。若以子与异姓人为嗣者，罪同，其子归宗。"② 弘治年间，《弘治问刑条例》又规定："若

---

① 杨士奇：《况氏族谱序》，《东里续集》卷一三，《四库全书》第 1238 册，第 536 页。
② 《大明律》卷四《户律一·户役·立嫡子违法》，怀效锋点校，辽沈书社，1990，第 45 页。

义男女婿为所后之亲喜悦者，听其相为依倚，不许继子并本生父母用计逼逐。仍依大明令分给财产。"后来的《嘉靖问刑条例》《万历问刑条例》皆沿袭此例。① 该例允许无子者与义男、女婿相为依倚，并分给财产。从表面上看，其与明初律文相悖，然结合前面士人复姓时对继养家庭的种种处置办法，这其实也有香火嗣续不能断绝的传统文化的支撑和历史变迁的原因，这样改姓就有了一定的存在空间。也即是说，改姓和复姓这样对立的两种现象具有共生环境。

改姓与复姓是一组对应的概念。改姓在先，复姓在后，复姓的时机和可行性受到改姓原因的制约。改姓原因虽然复杂，② 但大体可归为两类：一类是非政治性的，另一类则是和政治有关联的。前者主要由个人及家庭情况引发，比如入赘、继绝、养子、从外家、随母嫁等。本文所研讨的复姓事例即属此类。该类型的当事者对复姓时机的把握具有一定的自主性，但这并不意味着所有申请者皆能实现愿望。前面征引过嘉靖年间魏校请求复姓的疏文，但其请求并未获允。与政治相关联的改姓，如赐姓、贬姓、避讳改姓、避祸改姓等，当属改姓中的特殊情况。在其所处的时代，当事人及其子孙一般不敢轻易提出复姓，故其复姓时机非个人所能掌控。

---

① 黄彰健：《明代律例汇编》下册，台北，中研院历史语言研究所，1979，第462、464页。
② 参见王圻《续文献通考》卷二一二《氏族考·改易姓氏》（《续修四库全书》第766册）对历史上改姓史实的梳理和归类。

乞留：明代舆论的清官期盼与官员调留[*]

展　龙

摘　要　明代乞留表现出时间长、次数多、规模大、影响深的时代特征。乞留行为的此起彼伏，曲折表达了广大民众对清官群体的集体期冀和无限眷恋，充分彰显了民众舆论力量对明廷执政理念的预警、矫正和干预。而官方对乞留行为的诸般应对，不仅折射出明代治吏方略的演进轨辙、政治意蕴及其时代特质，凸显了明廷对民望、民意、民心的顺应和尊重，而且反映了此期民众公共话语力量的日趋强化和民主自觉意识的日渐勃兴，一定程度上对整肃纲纪、澄清吏治、伸张正义、淳化世风起到了极其重要的推动作用。

关键词　明代　乞留　舆情　清官

在中国历史上，官员在任满当迁、丁忧当服、患疾当免、受诬当贬、获罪当惩时，吏民集体上书或诣阙吁请留任，是谓乞留。汉唐以来，有关乞留的记载不绝于书，但作为一项颇具"民主"色彩的特殊制度，乞留现象的频繁发生和相关制度的有效推行当在明代。当时，作为一种集体性、自觉性社会舆论，乞留现象纵贯终明一代，且表现出时间长、次数多、规模大、影响深的时代特征，实为中国古代所仅见。乞留故事的此起彼伏，赓续不绝，

---

*　本文系国家社科基金项目"明代社会舆论与政治秩序研究"（项目号 11CZS017）；中国博士后科学基金特别资助项目（项目号 2013T60694）；河南省高等学校科技创新人才计划资助项目（2014）。

曲折表达了广大民众对清官群体的集体祈盼和无限眷恋，充分彰显了民众舆论力量对明廷执政理念的预警、矫正和干预。而官方对乞留行为的诸般应对，不仅折射出明代治吏方略的演进轨辙、政治意蕴及其时代特质，凸显了明廷对民望、民意、民心的顺应和尊重，而且反映了此期民众话语力量的日趋强化和民主自觉意识的日渐勃兴，一定程度上对整饬纲纪，澄清吏治，伸张正义，淳化民风起到了极其重要的推动作用。然而，对明代乞留这一重要问题，迄今论者尚少。① 有鉴于此，本文拟围绕明代社会舆论中的"清官"话语，结合官员铨选、考核、任期、致仕、丁忧、诣阙等制度，对明代乞留的演进轨迹、生成机制、表达形式和社会功能予以较为深入、全面的探讨。

一　明代乞留的演进轨迹

明代乞留现象的发生表现出鲜明的阶段性特征。明初，在官方的倡导、鼓励和褒奖下，乞留现象渐多，相关制度初具。承此，永宣时期，乞留现象一如既往，络绎不绝。至英宗时，乞留现象臻至频繁。尔后直至明亡，乞留现象趋少，这既反映了明中期以后吏治不治，人心浇薄的态势，也印证了乞留之于明代兴衰的重要意义。

洪武时，太祖鉴于元季吏治纵弛，重绳贪吏，奖掖清官。当时，群臣每有小过便严加惩处，但若为清官廉吏便既往不咎，甚至大加赏赉，破例超擢。这一点，在吏民乞留时表现得尤为突出。如洪武二十九年（1396），灵璧知县周荣、宜春知县沈昌、昌乐知县于子仁、新化县丞叶宗等坐事逮讯，民众叩阍乞留，奏称其贤，太祖大喜，提拔四人为知府，"由是长吏竞劝，

---

① 隋喜文先生《明代的乞留》一文用 2000 余字的篇幅扼要介绍了明代乞留的类型及其作用（《北京社会科学》1986 年第 4 期）；郭培贵先生在《明史选举志考论》自序《〈明史·选举志〉编纂考述及研究意义》中，也用近 400 字的篇幅介绍了明代民众乞留地方官员制度的特色及意义（中华书局，2007，第 21～22 页）；赵克生先生《明代国家礼制与社会生活》中编《丧服制度与明代文官的丁忧、夺情和匿丧》则用近 700 字的篇幅，描述了明代官民保留丁忧地方官的情形及原因（中华书局，2012，第 178 页）；拙文《明代官员久任法研究》（《清华大学学报》2013 年第 4 期）在论及明代官员久任原因时，也将"乞留"视为原因之一。

一时多循良之绩焉"。① 同年，定远知县高斗南、永州知府余彦诚、齐东知县郑敏、仪真知县康彦民、岳池知县王佐等人犯事，耆民奔走阙下，陈列善政，乞求留任。太祖听从民意，留任不罚，并赐赏衣钞，对乞留耆民也赐给旅费，以示褒奖。② 在太祖看来，治国安民须重视民意，"夫国之大权惟赏与罚，故赏无私赏，必因民之所共好而赏之；罚无私罚，必因民所共恶而罚之"。③ 乞留作为至公无私的民意表达，实际是对官员政绩的最高表彰，其背后所蕴含的深层意义在于："人君狩于四方，询于民情，知政之得失，然后赏罚行焉，所以官之贤否民情为验。"④ 依此，太祖对乞留的推扬，实则是对民意的尊重和对清官的褒奖。洪武十八年（1385）七月，丹徒知县胡孟通、县丞郭伯高以事当逮，耆民韦栋等诣阙乞留，太祖特命释放。太祖明白，胡孟通等为民所乞，在于其平日为政，"能尽父母斯民之道"，而韦栋等之所以愿意诣阙举留，则在于"令丞之政，境内怀泽，审如是官得其人矣"。⑤ 同年，金坛县丞李思进亦坐事，邑民诣阙乞留，太祖命留任，理由是"尔为政有方，士民乐业……朕非私尔，特为民也"。⑥ 总体上，太祖时期对乞留持鼓励态度，与此期允许民众状奏地方官员的规定有一定联系，"官吏有能清廉直干，抚吾民有方，使各得遂其生者，许境内耆宿老人，遍处乡村市井士君子人等连名赴京状奏"。⑦

永宣时期，承太祖遗风，仍鼓励乞留，尤其是"承流宣化"⑧ 的地方守令，因"国家置守令，但欲其得民心"，⑨ 故每有吏民乞留，朝廷多能准允。如吉水知县钱本忠，素有廉名，因事罢官，父老奔走乞留，得以还任。永乐

---

① 张廷玉等：《明史》卷二八一《循吏传》，中华书局，1974，第7191页。
② 张廷玉等：《明史》卷二八一《循吏传》，第7190页。
③ 胡广等：《明太祖实录》卷一七四，洪武十八年七月乙丑，台北，中研院历史语言研究所，1962年影印本，第2645页。
④ 胡广等：《明太祖实录》卷一七四，洪武十八年七月乙丑，第2646页。
⑤ 胡广等：《明太祖实录》卷一七四，洪武十八年七月乙丑，第2646页。
⑥ 胡广等：《明太祖实录》卷一七四，洪武十八年七月乙丑，第2647页。
⑦ 朱元璋：《大诰·民陈有司贤否第三十六》，《续修四库全书》第862册，上海古籍出版社，2002年影印本，第254页。
⑧ 张廷玉等：《明史》卷二八一《循吏传》，第7192页。
⑨ 张廷玉等：《明史》卷二八一《循吏传》，第7190页。

中卒官，百姓号泣，留葬吉水。① 东阿知县贝秉彝，善于决狱，凿渠引水，民食其利。永乐初，朝廷征用，耆老诣阙乞留，许之。② 洪熙元年（1425）五月，贵池典史金兰以政绩显著，调任京师，父老诣阙，称其"施政宽厚，有爱民心"，请复其任，仁宗以为百姓"能致数千里乞留，是不负朝廷使矣"，遂升金兰为本县知县。③ 宣德时，会宁知县郭完廉洁正直，爱民勤事，却被奸民诬告，耆老乞留，宣宗说："今一人言其恶，而众人称其善"，遂命陕西按察司特加辨明，以防冤枉。④ 山西参政樊镇，考满当升，然"吏民信服，乞留再任"，升秩正三品。⑤ 南城人邓棨，永乐进士，授监察御史，巡按苏松，"清慎有威望"，任满将去，父老赴阙乞留，得请。⑥ 与吏民乞留官员相联系，永宣时期往往按照民众意愿，允准官员复任久任。如永乐时，汶上知县史诚祖，廉平宽简，政绩显著，擢济宁知州，仍视汶上县事。后屡次当迁，均被乞留，在任二十九年，卒后，县民"留葬城南，岁时奉祀"。⑦ 蠡县吴祥，永乐时任嵩县知县，阅三十二年，至宣德中卒于任。临汾人李信，永乐时任遵化知县，阅二十七年，至宣德才升任无为知州。涠县人房岩，宣德间任邹县知县，阅二十余年，至正统卒于任。⑧

英宗时，吏民乞留现象日盛，"吏治淳厚，部民奏留率报可"，⑨ 以致"秩满奏留者，不可胜纪"。⑩ 据笔者考察，有明一代，英宗时期乞留次数最多，仅以"乞留"为关键词在《明实录》检索：太祖、成祖时，吏民乞留各 11 次，仁宗时 4 次，宣宗时 53 次，英宗时 153 次，宪宗时 18 次，孝宗时 10 次，世宗时 25 次，穆宗时 4 次，神宗时 36 次，光宗时 9 次，熹宗时 4

① 张廷玉等：《明史》卷二八一《循吏传》，第 7192 页。
② 张廷玉等：《明史》卷二八一《循吏传》，第 7194 页。
③ 杨士奇等：《明仁宗实录》卷一五，洪熙元年五月戊寅，第 305 页。
④ 杨士奇等：《明宣宗实录》卷三五，宣德三年正月己酉，第 887 页。
⑤ 杨士奇等：《明宣宗实录》卷一一一，宣德九年六月壬子，第 2488 页。
⑥ 张廷玉等：《明史》卷一六七《邓棨传》，第 4506 页。
⑦ 张廷玉等：《明史》卷二八一《循吏传》，第 7192 页。
⑧ 张廷玉等：《明史》卷二八一《循吏传》，第 7192 页。
⑨ 张廷玉等：《明史》卷二八一《循吏传》，第 7200 页。
⑩ 张廷玉等：《明史》卷二八一《循吏传》，第 7199 页。

次，思宗时无"乞留"记载。不仅如此，这一时期很多乞留事件，英宗都亲自过问。如正统九年（1444）五月，均州知州王从，秩满当升，民众数百人称其"从政勤廉，抚民有方"，乞留复任，英宗从其请。① 清河知县李信圭，正统元年，因侍郎章敞举荐，擢蕲州知州，清河民众诣阙乞留，命以知州治理县事，在清河达二十二年。② 陈复，正统时任杭州知州，廉静无私，遭逢丧葬，部民乞留，英宗下诏留任。③ 陈璇任浙江按察使，严惩污吏，缓解民困。后因同僚诋毁去任，"行李萧然，唯图书数册"，军民号泣拦道，诣阙奏留，英宗从之。④ 较之永宣，英宗时期民众对乞留行为已习以为常，对乞留官员及留任官员的认识也趋于理性和务实。盖因如此，这一时期对民众乞留大都批准，但对官员去世后的祠祭行为，已不再如永宣一样予以认可，如处州知府李信圭，为政宽简，后将调任，民众拦道乞留；及卒，又立祠奉祀，但官府认为"信圭之事，乃职分当为"，不可祠祭，遂毁其祠。⑤ 综上，这一时期乞留现象之所以频发，英宗之所以准许民众乞留官员，并升以禄位，盖与地方缺官现象严重、部分官员的推助、太祖遗训的影响等不无关联，但究其根本，则在于"固为民计"。⑥

成化以降，世风日下，人心浇薄，吏治废弛，乞留现象趋少，且乞留往往发生在官员任满之际。如成化年间，镇江府知府姚堂，"治有善状"，任满将去，县民乞留，遂升其俸，复任三年。⑦ 广东左布使张瑄，在任九年，吏民怀服，秩满当去，但因战事频仍，官民千余人奔走乞留，遂再任三年。⑧ 邠州知州王谏，在任期间，"赋平讼简，盗贼不生，流亡复业"，考满将代，州人相率乞留，复任三年。⑨ 四川乌撒军民府同知刚正，"抚字有

---

① 李贤等：《明英宗实录》卷一一六，正统九年五月乙亥，第 2351~2352 页。
② 张廷玉等：《明史》卷二八一《循吏传》，第 7198 页。
③ 张廷玉等：《明史》卷一五八《轩𫐐传附陈复传》，第 4325 页。
④ 李贤等：《明英宗实录》卷二三〇，景泰四年六月乙巳，第 5031 页。
⑤ 李贤等：《明英宗实录》卷二〇九，景泰二年十月丁卯，第 4486~4487 页。
⑥ 李贤等：《明英宗实录》卷一二〇，正统九年八月庚戌，第 2420 页。
⑦ 刘吉等：《明宪宗实录》卷四，天顺八年四月己丑，第 97 页。
⑧ 刘吉等：《明宪宗实录》卷七一，成化五年九月甲午，第 1394 页。
⑨ 刘吉等：《明宪宗实录》卷七九，成化六年五月辛巳，第 1530 页。

方"，九年秩满，族民乞留，再任三年。① 瞿式耜，万历末任永丰知县，有惠政，后调江陵，永丰百姓夹道乞留，遂命再任。② 但较之以往，这一时期明廷对乞留现象的应对趋于漠然。如成化时，兵部郎中邹袭因事降德安府同知，张旺等百人乞留，吏部称"其奏保出于公论"，宪宗虽复其官，但仍斥责吏部官员说："黜陟，朝廷大柄，尔等何以知奏保出于公论，事当究治，姑宥不问。"自此事始，"诸司坐黜罚者甚众"。③

实际上，明代乞留的演进轨迹，一定程度上彰显了明代吏治的发展大势，生动再现了明初吏风清明，明中期吏治浇薄，明末吏治颓败的基本趋势；更具意义的是，乞留现象的此起彼伏，以异样的画面展示了明代官方执政理念的变动，尤其是官方对民意舆论效益的尊重和重视程度，实际上有效区分了明代不同时期的舆论环境和吏治状况。总体上，政治承平、世风淳厚、吏治严明之际，清官就多，民众乞留清官的意愿就会愈发高涨，而明廷对乞留现象的诸般应对，则进一步为清官文化的形成提供了政策保证和舆论语境。

二 明代乞留的生成机制

明代乞留作为一种自下而上的群体性舆论行为，成为明廷评价官员政绩的重要依据，时常引起各级政府不同程度的关注，并逐渐形成应对乞留的相关制度。明代乞留行为的生成与泛起，既有一定的社会突发性，也有一定的制度规定性。前者是指乞留往往发生在官员任满、丁忧、患疾、受诬、获罪时，颇具偶然性和突发性；后者是指乞留的运作与官员铨选、考核、任期、致仕、诣阙等制度密切相关，且有严格的运作方式和程序。而乞留现象的持续发生，既需要良好吏治风气、舆论环境的引领和熏染，也需要广大民众能够对清官的为人之德、为政之能、为官之道给予集中关注和集体判断，并在恰当时机公开表达乞留清官的意愿。

---

① 刘吉等：《明宪宗实录》卷一五九，成化十二年十一月庚申，第2913页。
② 张廷玉等：《明史》卷二八〇《瞿式耜传》，第7179页。
③ 刘吉等：《明宪宗实录》卷二七六，成化二十二年三月戊午，第4649～4650页。

（一）乞留群体

明代主导乞留舆论的社会群体主要是清官所辖区域的民众，他们是默默无闻、平平常常的普通人，但其中所蕴含的巨大精神能量却不容小觑；他们乞留官员的理由虽有不同，但大多是基于官员赢得人心民望的惠政和善政。

1. 民众乞留。在乞留群体中，最为常见、最有规模、最具影响的当是来自基层的广大民众。总体上，民众乞留在明前期较为常见，这与此时鼓励"耆民奏有司善恶""民陈有司贤否"有一定关系。① 如安陆知州余彦诚，以征税延期，按例当罚，父老伏阙乞留，太祖赐宴嘉赏，遣归还任。郑敏坐事被逮，部民数千伏阙求宥，太祖赐宴慰劳，复任其官。② 永乐七年（1409），青田知县谢子襄，考满当迁，部民乞留，遂擢处州知府，"俾得治其故县"。③ 尤堪一提的是，在民众乞留中，生员作为一股特殊力量参与其中。如阎禹锡，天顺初任国子监丞，得罪贵幸，迁徽州经历，诸生伏阙乞留。④ 鹤庆儒学训导杨应，九载秩满，将赴吏部，生徒乞留复任。⑤ 建安县学训导杨寿，考满当去，诸生乞留，升建安教谕；后"以内艰服阕"，诸生又乞留。⑥ 魏骥，永乐中任松江训导，潜心育人，九年考满，诸生诣阙乞留。⑦ 正统时，京卫武学教授纪振，九年秩满，改除吉安儒学教授，生员冯凯等言其"学行端方，诲迪有法"，乞留复任，英宗特准。⑧ 教官因乞留而久任，是生员对其业绩的认可和肯定，无疑对地方学校教育的发展颇具意义，"受其指教以有成者，盖多矣"。⑨

---

① 朱元璋：《大诰·民陈有司贤否第三十六》《大诰·耆民奏有司善恶第四十五》，《续修四库全书》第 862 册，第 254、256 页。

② 张廷玉等：《明史》卷二八一《循吏传》，第 7190 页。

③ 张廷玉等：《明史》卷二八一《循吏传》，第 7192 页。

④ 张廷玉等：《明史》卷二八二《阎禹锡传》，第 7230 页。

⑤ 李贤等：《明英宗实录》卷一一六，正统九年五月壬子，第 2334 页。

⑥ 王直：《抑庵文后集》卷一五《送杨修撰致仕序》，《景印文渊阁四库全书》（简称《四库全书》），台北，台湾商务印书馆，1983，第 1241 册，第 683 页。

⑦ 邓元锡：《皇明书》卷二一《魏骥传》，《续修四库全书》第 316 册，第 117 页。

⑧ 李贤等：《明英宗实录》卷一一〇，正统八年十一月甲寅，第 2216 页。

⑨ 王直：《抑庵文后集》卷一五《送杨修撰致仕序》，《四库全书》第 1241 册，第 683 页。

从规模上看，乞留民众少则数人，多则数百、数千，乃至数万。如况钟，正统时任苏州知府，人称"况青天"，九载满去，郡民乞留者八万余人，再遣复任，民众如"赤子之得慈母"；① 七年（1442）卒于官，苏人哭送其丧，立祠祀之。② 谢骞，正统中任郿州知府，考绩为最，军民恐其调离，乞留者达五千八百余人。③ 滕霄，永乐初任黄州知府，以宽为政，秩满当去，属民数千人乞留，复任十九年，"廉贞之操终始不渝"。④ 嘉定县丞俞贵芳，九载秩满，吏民一致认为："自君之来，民有父母，自君之来，礼义以兴……曷若借请于朝，庶得以久安吾民。"于是四千余人拜疏乞留，至复任时，民众"咸歌舞于道"。⑤ 汀州府经历王得仁，"廉能勤敏"，秩满当迁，军民数千人乞留，遂增秩再任。⑥ 杨大荣，成化中任江西按察司佥事，遭到同僚排陷，自劾辞职，吏民数千人遮道乞留。⑦ 邓荣，明初巡按苏松等处，恩威并著，考满将去，耆老二千余人上疏乞留。⑧ 盖因民众乞留关乎民心民意，关切民望民怨，故明廷一般都会予以准许，以便表达尊重民意、善待民心的政治意图和治国理念。长远来看，这一举措无疑深孚民望、广得人心，对于明廷获得坚实的统治基础极具意义。

2. 官员乞留。官员乞留时常以正式奏言的形式出现，乞留意见直达皇帝，皇帝也多会批准，而其意义则在于可以更直接地彰显清官政绩，推扬清官形象。以官员乞留发生最为频繁的英宗、景帝时期为例：正统十四年（1449）三月，右佥都御史寇深"抚治有方，番人畏服"，参议陈敏及各位土官乞求留守，英宗允准。⑨ 咸阳知县王瑾，任满当升，巡按御史陆厚保荐其"廉能有为"，乞留复任，吏部覆验无异，遂留任。⑩ 正统时，大同知府

---

① 张萱：《西园闻见录》卷九七《况钟》，《续修四库全书》第 1170 页，第 250 页。
② 尹守衡：《皇明史窃》卷一〇〇《况钟》，《续修四库全书》第 317 册，第 586 页。
③ 过庭训：《本朝分省人物考》卷四〇《谢骞》，《续修四库全书》第 534 册，第 77 页。
④ 孙奇逢：《中州人物考》卷五《滕知府霄》，台北，明文书局，1991，第 428 ~ 429 页。
⑤ 倪谦：《倪文僖集》卷一六《赠贰尹俞君重理嘉定序》，《四库全书》第 1245 册，第 379 页。
⑥ 张廷玉等：《明史》卷一六五《王得仁传》，第 4469 页。
⑦ 王鏊：《震泽集》卷二五《江西提刑按察司佥事杨君墓表》，《四库全书》第 1256 册，第 397 页。
⑧ 李贤等：《明英宗实录》卷一八一，正统十四年八月壬戌，第 3597 页。
⑨ 李贤等：《明英宗实录》卷一七六，正统十四年三月戊戌，第 3398 页。
⑩ 李贤等：《明英宗实录》卷一九三，景泰元年六月甲戌，第 4028 页。

霍瑄秩满当迁，巡抚诸臣乞留，诏加山西右参政，仍治府事。① 四川布政使李敩，以母丧去任，重庆等府官员称其"处事公平"，乞夺情复任。② 兵科给事中栾恽任满当迁，都给事中薛谦等言其"廉介公勤"，乞求留任。③ 泗州判官黄绂，九载任满，巡按御史奏其"在任廉慎，深得民心"，乞令复职。④ 宜春县丞孙昇，九年考满，巡按监察御史等奏其"抚字公勤"，乞留复任。⑤ 较之民众乞留，官员乞留一般规模较小，多则数人，少则一人，且多是科道官员或被乞留官员的同僚。而且，官员乞留时除了要依据巡查考核成绩，更要借助"民吏畏服""深得民心"等民众意愿，换言之，官员乞留实际是民众乞留的延续，代表的仍然是广大民众的普遍利益。

3. 吏民同乞留。一些官员在任期间，既得民意，又得官心。因此，在其离任之际，民众与官员便同道乞留。如万观，永乐中任严州知府，励学校，劝农桑，九年考绩，海内第一，丁忧除服，同僚上章乞留。⑥ 正统时，陈复任杭州知府，"持己廉静，为政宽平"，以母丧去职，耆民千余乞留之，巡按监察御史及布、按二司亦连章奏请，英宗认为："既有耆老民人告保，复其任。"⑦ 景泰时，许仕达任巡按福建御史，整肃风纪，因弹劾镇守宦官廖秀等罢官，耆老数千人乞留，给事中林聪等亦为仕达辩护，遂命留任。⑧ 成化时，张瑄任广东布政使，考满当赴京，军民千余奔走乞留，巡抚陈濂等也交章乞留，为"慰民情"，宪宗诏令留任。⑨

（二）乞留渠道

明代吏民乞留，渠道较多，近有知县，远有皇帝，"有力者即走北京，

---

① 张廷玉等：《明史》卷一七一《霍瑄传》，第 4570 页。
② 李贤等：《明英宗实录》卷五〇，正统四年正月辛丑，第 966 页。
③ 李贤等：《明英宗实录》卷九七，正统七年十月庚午，第 1973 页。
④ 李贤等：《明英宗实录》卷六〇，正统四年十月戊寅，第 1141 ~ 1142 页。
⑤ 李贤等：《明英宗实录》卷九五，正统七年八月乙未，第 1908 页。
⑥ 张廷玉等：《明史》卷二八一《循吏传》，第 7195 页。
⑦ 李贤等：《明英宗实录》卷七九，正统六年五月戊申，第 1566 页。
⑧ 张廷玉等：《明史》卷一六四《许仕达传》，第 4455 页。
⑨ 焦竑：《献征录》卷四八，童轩撰《南京刑部尚书观庵张公瑄墓志铭》，《续修四库全书》第 527 册，第 504 页。

诉于通政司，弱者诉于府，诉于总兵官，诉于巡抚侍郎"。① 根据不同情况，民众可以选择不同渠道进行乞留，而不同的渠道，乞留效果也不尽相同。一般而言，乞留衙门或官员职别越高，反而乞留越易获准，反之则难。其中原因，主要在于乞留作为一种关乎官员任期的民意表达，一般须经掌管监察的按察使、巡按御史以及掌管人事的吏部；有时候，吏民会同时向布政司、按察司、府、州、县及监察部门乞留，"相率诉于府、于藩宪、于巡按御史乞留之"②；当然，直达阙下，由皇帝亲自定夺的情况也时常发生。

1. 御史：核实乞留

明代设按察使、巡按御史、总督御史、巡抚等，纠察地方官员。其中，巡按御史作为"代天子巡狩"③ 的监察官员，品级虽为七品，但职权重大，"大事奏裁，小事立断"，④ 更有"天下生民休戚，吏治臧否，系于巡按御史"之说法，⑤ 在维护整饬吏治、淳化风俗、振纲立纪、剔弊发奸等方面发挥了重要作用。一般而言，明代民众乞留都要经过"临事大臣"，⑥ 或经由巡按御史核实查验，若情况属实，则准允留任。如涿州知州朱巽，任满当代，耆老称其"躬亲劝课，有惠及民"，乞留复任，巡按御史覆实允准。⑦ 砀山知县杜钊，秩满赴京，县民言其"有惠政"，恳求留任，巡按御史核实留任。⑧ 淮安同知程宗，"端谨慈明"，考满当迁，百姓恳留，巡按御史等核实复任。⑨ 严州同知杨彦祯，"公勤廉慎"，任满当迁，部民乞留，巡按监察御史核实以闻。⑩ 曹县知县范希正，九载任满，邑民保留，巡按御史核实复

① 王直：《抑庵文集》卷五《赠李太守赴清河序》，《四库全书》第 1241 册，第 105 页。
② 王直：《抑庵文后集》卷二〇《送陈经历序》，《四库全书》第 1241 册，第 804 页。
③ 张廷玉等：《明史》卷七三《职官志二》，第 1768 页。
④ 张廷玉等：《明史》卷七三《职官志二》，第 1768 页。
⑤ 张居正等：《明世宗实录》卷二四八，嘉靖二十年四月甲戌，第 4982 页。
⑥ 顾秉谦等：《明神宗实录》卷四二四，万历三十四年八月庚戌，第 8010 页。
⑦ 李贤等：《明英宗实录》卷四一，正统三年四月癸酉，第 806 页。
⑧ 李贤等：《明英宗实录》卷八七，正统六年十二月戊戌，第 1737 ~ 1738 页。
⑨ 李贤等：《明英宗实录》卷一七二，正统十三年十一月壬子，第 3319 页。
⑩ 李贤等：《明英宗实录》卷四四，正统三年七月庚戌，第 863 页。

任。① 怀宁知县宋显，"勤慎爱民"，九载任满，县民乞留，巡抚御史核实复任。② 嘉兴知县李逊，"刚明廉能"，任满当去，属民乞留，副都御史轩輗等核实复任。③ 有时，对于一些乞留行为，巡按御史等监察官员要协同布政使、按察使等地方官员核实。如渭南知县周璘，考称当迁，属民称其"抚字公勤"，乞求复任，巡按御史会同布、按覆核留任。④ 德安经历张孟昇，秩满去任，属民累章奏其"律己奉公，袪革奸弊"，乞留复任，巡按御史并布、按覆验其实，复其任。⑤ 安定知县杜让，任满当代，县民奏其"勤于抚民"，乞留复任，巡按御史并布、按覆实以闻，升俸复任。⑥

2. 吏部：覆奏乞留

明代吏民乞留行为一般要涉及官员的任期、调迁、考核、丁忧等制度，而允准乞留也要突破明代人事制度的相关规定。因此，每逢吏民乞留官员，吏部（或行在吏部）即要依制加以覆奏。如南昌同知王庸，九年考满，例应升迁，部民数百人奏其"处事公廉"，乞留复任，行在吏部覆奏，复其任。⑦ 顺天府通判沙安，任满当升，属民认为他"处事勤慎"，乞留复任，吏部侍郎陈恭等覆奏，升为本府治中。⑧ 广平府推官郑谈，"谳狱明慎"，秩满当迁，部民乞留，行在吏部覆奏复任。⑨ 通州知州魏复，"公廉慈惠"，丁忧去职，部民乞留，行在吏部覆奏留任。⑩ 开州判官林伯兴，九年考满，州民保其"公勤"，乞留之，吏部覆奏复任。⑪ 隆德知县马玉，九载考满，民众不忍其去，乞留复任，行在吏部覆奏留任。⑫ 巩昌府通判李宗政，"佐政

① 李贤等：《明英宗实录》卷九一，正统七年四月甲午，第 1813 页。
② 李贤等：《明英宗实录》卷一〇五，正统八年六月戊戌，第 2136～2137 页。
③ 李贤等：《明英宗实录》卷一九三，景泰元年六月己丑，第 4050 页。
④ 李贤等：《明英宗实录》卷一〇六，正统八年七月甲子，第 2153 页。
⑤ 李贤等：《明英宗实录》卷一一六，正统九年五月乙丑，第 2343 页。
⑥ 李贤等：《明英宗实录》卷一五六，正统十二年七月乙巳，第 3044 页。
⑦ 李贤等：《明英宗实录》卷四九，正统三年十二月丁巳，第 942～943 页。
⑧ 李贤等：《明英宗实录》卷一六九，正统十三年八月甲寅，第 3257 页。
⑨ 李贤等：《明英宗实录》卷四四，正统三年七月甲申，第 849～850 页。
⑩ 李贤等：《明英宗实录》卷四九，正统三年十二月癸酉，第 950 页。
⑪ 李贤等：《明英宗实录》卷一三七，正统十一年正月壬午，第 2723 页。
⑫ 李贤等：《明英宗实录》卷五〇，正统四年正月戊戌，第 964 页。

平恕，抚字有方"，秩满当迁，县民乞留，吏部覆奏核实，故留任。①

3. 皇帝：定夺乞留

明代诣阙乞留现象较多，尤其明前期，民众诣阙络绎不绝。从制度程序而言，民众乞留不应直达阙下，但在实践中，很多乞留会越过相关部门直至阙下，这在明前、中期表现得尤为普遍，对于这种法外之举，明廷多予以宽容和理解，"军民诣京陈诉，似非蓦越"。② 如会宁知县郭完廉洁正直，爱民勤事，为奸民诬告，里长老人数十人诣阙乞留，宣宗说："众好之必察，众恶之必察。今一人言其恶而众人称其善，其令陕西按察司特与辩明，毋为所罔。"③ 徐永达，洪武时授宝鸡教谕，"科条甚严，士类化之"，即将离任，宝鸡百姓诣阙乞留，太祖可其奏。④ 王黻，永乐时任峄县知县，"莅政廉勤，练达治体"，秩满当迁，峄民伏阙乞留者千人，成祖从之，并赐书褒谕。⑤ 杨信民，宣德时任广东左参议，"清操绝俗，性刚负气"，因事被逮，军民诣阙乞留，诏复其官。⑥ 通城县知县杨庆，"奉公守法"，任满当迁，民众乞留，巡按御史会核以闻，英宗允准。⑦ 安福知县何澄，在任"慈祥外若无为，内有区画"，拟调任京师，县民诣阙乞留，英宗从之。⑧ 总体上，由皇帝定夺的乞留有两种情形：一是民众的诣阙乞留；二是巡按御史、吏部官员的覆奏乞留。当然，民众乞留阙下，皇帝也不一定批准，如吴讷，宣德初巡按贵州，恩威并行，将代还，部民诣阙乞留，宣宗不许。⑨

（三）明廷应对

针对吏民乞留，明廷的应对方式大体有二：一是留任，一是不留。就留

① 李贤等：《明英宗实录》卷八七，正统六年十二月庚戌，第1748页。
② 李贤等：《明英宗实录》卷一一六，正统九年五月癸亥，第2341页。
③ 杨士奇等：《明宣宗实录》卷三五，宣德三年正月己酉，第887页。
④ 雍正《河南通志》卷五八《人物二·徐永达》，《四库全书》第537册，第429页。
⑤ 陈玉中等：《峄县志点注》卷一九《职官下·王黻》，枣庄出版管理办公室，1986，第401～402页。
⑥ 张廷玉等：《明史》卷一七二《杨信民传》，第4589页。
⑦ 李贤等：《明英宗实录》卷一〇七，正统八年八月戊子，第2166页。
⑧ 李贤等：《明英宗实录》卷四五，正统三年八月甲戌，第879页。
⑨ 张廷玉等：《明史》卷一六七《吴讷传》，第4317页。

任而言，又有同级留任、升秩留任、增俸留任三类。其中，同级留任最为普遍，兹不赘述。

1. 加秩复任

所谓"加秩复任"，即提升品秩留任。这一应对方式，意义有二：一是满足了民众的乞留意愿，达到了抚慰民意、营造舆论的目的，"牧民官许民保留升以禄秩者，固为民计也"①；二是在以增秩方式肯定了官员政绩之时，也部分补偿了留任官员因不能晋升而造成的"损失"。明代针对乞留的增秩较为普遍，但也会在增秩复任的原则下，根据情况加以变通。一是晋职还任。如陈琏以政绩卓著，拟调往北京，滁人恐其升去，诣阙乞留，遂擢扬州知府，仍治滁州事。②清河知县李信圭，为政宽简，及调任蕲州知州，县民千余人诣阙请留，遂以知州治县。③刘智，正统时任绛县知县，"以公平著绩"，九年考满，百姓诣阙乞留，晋六品阶，仍知县事。④二是进秩还任。琼山知府易先，有善政，岁满还朝，郡人乞留，增秩三品还任。⑤吉安知府陈本深，九年考满，郡人乞留，"增其禄秩，俾复任"。⑥宣德中，巩昌知府孙瑄，九年考满，耆老乞留，增秩三品。⑦

2. 增俸留任

增俸留任一般发生在官员任满时，若有人乞留，明廷便增俸留任，并赐衣币诸物，以示褒赏。此类事例在《明实录》中所载极多，以《明英宗实录》为例，此期被乞留的官员在升俸时，并无统一标准，或升俸一级，如瑞州知府刘说、巩昌知府韩福等由知府（正四品）升从三品俸；安定知县（正七品）杜让、隆德知县马玉、东阿知县叶骐、婺川知县冯翊、高阳知县王弼、卢氏县知县张慎等升从六品俸。或升俸二级，如湖州府知府（正四品）赵登、松江知府赵豫、庆远知府杨禧、常州知府莫愚、凤翔知府扈暹

① 李贤等：《明英宗实录》卷一二〇，正统九年八月庚戌，第 2420 页。
② 李贤等：《明英宗实录》卷二四六，景泰五年十月甲午，第 5341 页。
③ 李贤等：《明英宗实录》卷二〇九，景泰二年十月丁卯，第 4486 页。
④ 李贤等：《明英宗实录》卷二一九，景泰三年八月丁亥，第 4741 页。
⑤ 张廷玉等：《明史》卷一五四《易先传》，第 4232 页。
⑥ 王直：《抑庵文后集》卷一七《送陈太守致仕序》，《四库全书》第 1241 册，第 744 页。
⑦ 何乔远：《名山藏》卷一〇《典谟记》，福建人民出版社，2010，第 277 页。

等升正三品俸；卢氏知县张慎、赣县知县李素、滦城知县傅善、阳城知县韩谨、长清知县汤思恭等升正六品俸。应该说，"增俸"一定程度上弥补了留任官员的利益损失，激发了留任官员的积极性，也同时达到了抚慰民意的目的。当然，除英宗时期，其他时期乞留升俸事例也时有发生，如仪封知县许誉，秩满至京，着民诣阙乞留，成祖说："守令民休戚所系，欲知其贤否，但观民心之向背。今民不忍其去，此必尝有及人之德。"遂增俸二级，并赐钞衣。① 洪熙元年（1424），思州通判檀凯，考满当升，百姓乞留，加正五品俸复任。② 成化时，邠州知州王谏，"赋平讼简，盗贼不生，流亡复业"，考满将代，州人乞留，增俸一级，复任三年。③

3. 乞留不从

明代民众的乞留行为，既不是私人行为，也不是法律赋予的权利，而是由广大民众自由集合在一起而形成的自发性、集体性舆论行为。民众对官员的乞留，是官员的政治行为赢得了民众的集体关注和一致赞誉，且其本身也暗含着民众寻求自身利益的深层目的。从这个意义上说，民众的普遍利益实际是乞留行为得以发生的基础，乞留的意义也在于通过留任官员的政绩，尽量满足民众的利益需求。与此相联系，明代民众的某些乞留行为，有时并不能与明廷的国家利益保持一致，也难以引起一些官员的利益共鸣，所以在应对乞留事件时，明代各级政府也会拒绝民意，反对乞留。

明代吏民乞留发生最频繁是在英宗、景帝时期，乞留不从也多在此期，而之所以不从，官方自有理由。如景泰四年（1453）二月，福建耆老乞留御史许仕达，都察院以仕达巡按福建已有二年，"如仍留，恐岁久情稔，乖于激扬"，最终景帝按都察院意见，按例遣代。④ 杭州府同知侯昌，"守职勤能"，九载任满，民众千人乞留，不得，理由是"处州民盗矿为业，实难抚治"。⑤ 工科都给事中李偁，九载任满，同僚乞留，吏部认

---

① 杨士奇等：《明太宗实录》卷二五，永乐元年十一月己亥，第459页。

② 孙承泽：《春明梦余录》卷三四《吏部·考课》，北京古籍出版社，1992，第558页。

③ 刘吉等：《明宪宗实录》卷七九，成化六年五月辛巳，第1530页。

④ 李贤等：《明英宗实录》卷二二六，景泰四年二月庚子，第4933～4934页。

⑤ 李贤等：《明英宗实录》卷一五六，正统十二年七月丁巳，第3049页。

为按例当迁，英宗也认为其"历任既久，宜循例迁用，不可徇情以戾旧典"。① 至明后期，对于越来越少的乞留行为，明廷也多不允准。如张天禄，成化时任峄县知县，丁内艰，峄人乞留，宪宗不从。② 王仪，嘉靖时任苏州知府，因事获罪，苏州士民乞留，世宗不许。③ 杨博，隆庆初任吏部尚书，以事忤旨，谢病告归，尚书刘体乾等交章乞留，穆宗不听。④ 每当乞留不准时，民众会深感无奈，"涕泣而去"，⑤ 甚而遮道哭留、立祠奉祭，以表达他们对"清官"的无限眷恋和感念之情。如黔阳知县陈钢，成化时"均定徭役，招复流离"，考满当代，民众乞留，监司不许。陈钢离任时，数千民众送行百里，"无不拦车哭泣"，归后又立生祠，碑曰"以无忘仁人于世世"。⑥ 马图，弘治时任巴陵知县，"推诚布泽，故习大革"，九年考满，百姓摆酒乞留，"泣送遍野，乃立祠祀"。⑦ 李淮之曾任东平知州，兴利除害，"州民悦而戴之"，九年秩满，民不忍其去，相率乞留，不得，"怏怏而去"。⑧ 海瑞任应天巡抚半年即被革职，"小民闻当去，号泣载道"，乞海瑞留任，但未被批准。⑨

有时，针对民众的乞留行为，明廷有时也尊重官员的不留意愿，尤其是身患疾病、高年致仕的官员，民众的乞留深情，并不能改变官员的离任意愿。如浙江按察司佥事彭贯，刚毅善断，然"负气寡合"，因遭到都御史洪英的弹劾，自陈辞职，浙民诣阙乞留，但彭贯仍"以疾致仕"。⑩ 孙子良，正统时任山东参政，年七十时奏乞致仕，巡按都御史贾谅及军民皆上书挽

① 李贤等：《明英宗实录》卷八七，正统六年十二月己未，第 1754 页。
② 雍正《平阳府志》卷二三《张天禄》，清乾隆元年（1736）刻本，第 18 页。
③ 张廷玉等：《明史》卷二〇三《王仪传》，第 5374 页。
④ 张廷玉等：《明史》卷二一四《杨博传》，第 5658 页。
⑤ 嘉靖《潮州府志》卷七《林兴祖》，明嘉靖二十六年（1547）刻本。
⑥ 过庭训：《本朝分省人物考》卷一〇《陈钢》，《续修四库全书》第 533 册，第 79 页。
⑦ 崔铣：《洹词》卷六《明朝列大夫沁州知州马公墓志铭》，《四库全书》第 1267 册，齐鲁书社，1997，第 503 页。
⑧ 王直：《抑庵文集》卷五《赠李知府赴任诗序》，《四库全书》第 1241 册，第 106 页。
⑨ 张廷玉等：《明史》卷二二六《海瑞传》，第 5932 页。
⑩ 李贤等：《明英宗实录》卷二三四，景泰四年十月壬辰，第 5107 页。

留，然孙子良去意已决："吾老且病，不去将以废事得罪。"遂归去。①

三 明代乞留的表达形式

明代吏民乞留行为的发生时常有许多契机和缘由，诸如官员考满时乞留，调任时乞留，丁忧时乞留，违法时乞留，患病时乞留，罢免时乞留，致仕时乞留，等等。这些缘由，实际成为吏民乞留的合理表达途径，也成为普通民众彰显清官形象、表达政治意愿的特殊时机。在"民望"与"制度"、"民愿"与"权力"发生博弈时，吏民的乞留行为及其理由所蕴含的深刻道理，往往会以"合理"的方式突破制度的规定和权力的规约，最终使得一大批"清官"得以复任或留任。

1. 九年考满乞留

明代官员任期九年，称作"秩满"，秩满之官由吏部考核，确定黜陟。九年中，三年初考，六年再考，九年通考。在通考中，按九年功过表现定为称职、平常和不称职。除了考满，还有考察，即针对须处理的官吏定为贪、酷、浮躁、不及、老、病、罢、不谨等八种情况，分别予以降调、致仕等处理；而有"殊勋异能、超迈等伦者"，② 不受考满限制，可随时升迁。与此相联系，明代吏民乞留官员也多发生在官员考满之际。当时，凡逢官员考满，民众总能以各种理由乞留官员。

（1）政尚宽简，莅事公平。此类情形侧重于对官员为政业绩的评判。如抚州知府王昇，任满当迁，部民乞留，理由是其"政尚宽简"。③ 吉安知府陈本深，九年任满，县民乞留，理由是其"为政平易，庭无滞讼"。④ 阳城知县韩谨，秩满去任，邑人保其"守法奉公"，乞留复任。⑤ 寿州同知李

---

① 王直：《抑庵文后集》卷二四《参政孙公神道碑》，《四库全书》第1242册，第23页。

② 张廷玉等：《明史》卷七一《选举三》，第1722页。

③ 李贤等：《明英宗实录》卷八四，正统六年十月戊辰，第1668页。

④ 李贤等：《明英宗实录》卷八四，正统六年十月己巳，第1669页。

⑤ 李贤等：《明英宗实录》卷六九，正统五年七月丙午，第1335页。

亨，九年将满，州民言其"廉慎平易"，乞留之。① 大邑知县冯泰，九载任满，县民保其"莅事公平"，乞留任事。② 临川主簿丁耀，九年当迁，县民奏其"宽惠廉能"，乞留复任。③ 镇江知府姚堂，九年将去，县民乞留复任，理由是其"治有善状"。④

（2）律己公勤，廉能公恕。此类情形侧重于对官员政治纪律的评判。以被民众乞留的知县为例：刘英，洪武中任繁峙知县，"廉能守法，深得民心"，秩满当迁，县人诣阙乞留，特诏复任，并予以褒奖，"以晓示天下"。⑤ 信丰知县王学古，任满当去，耆民乞留复任，理由是"廉干精勤，爱民如子"。⑥ 怀集知县谢有立，"廉慎公恕，吏畏民怀"，秩满当迁，邑人乞留，擢本府通判。⑦ 元氏知县尚俊，任历九载，属民言其"慎于持己"，乞留复任。⑧ 山阴知县慕宁，任满当迁，邑民保其"公勤爱民"，乞留复任。⑨ 寿昌知县范衷，任满当迁，邑人保其"廉恕"，乞留之。⑩

（3）赞画有方，民怀其惠。此类情形侧重于对官员安抚民众的评判。如荆州知府张岩，"善抚字细民"，九年将满，属民乞留。⑪ 安定县丞柴林，九载秩满，县民言其"廉正爱民"，乞留还任。⑫ 真定知事卫景严，"赞郡勤慎，有泽于民"，九年考满，属民乞留。⑬ 汶川知县霍泰，"善于抚绥"，考称当迁，民众乞留。⑭ 湖州知府赵登，秩满去任，部民"怀其善

① 李贤等：《明英宗实录》卷八六，正统六年闰十一月乙亥，第 1722 页。
② 李贤等：《明英宗实录》卷一〇五，正统八年六月壬寅，第 2139 页。
③ 李贤等：《明英宗实录》卷五六，正统四年六月乙酉，第 1069 页。
④ 刘吉等：《明宪宗实录》卷四，天顺八年四月己丑，第 97 页
⑤ 过庭训：《本朝分省人物考》卷一《刘英》，《续修四库全书》第 533 册，第 32 页。
⑥ 李贤等：《明英宗实录》卷一九四，景泰元年七月己酉，4077 页。
⑦ 民国《怀集县志》卷四《宦绩列传》，民国五年（1916）铅印本，第 16 页。
⑧ 李贤等：《明英宗实录》卷一一五，正统九年四月丙午，第 2319 页。
⑨ 李贤等：《明英宗实录》卷六九，正统五年七月壬寅，第 1329 页。
⑩ 李贤等：《明英宗实录》卷七〇，正统五年八月辛未，第 1350 页。
⑪ 李贤等：《明英宗实录》卷三四九，天顺七年二月己卯，第 7027 页。
⑫ 李贤等：《明英宗实录》卷一一七，正统九年六月戊戌，第 2368~2369 页。
⑬ 李贤等：《明英宗实录》卷一一四，正统九年三月丙子，第 2309~2310 页。
⑭ 李贤等：《明英宗实录》卷五七，正统四年七月庚戌，第 1086 页。

政"，乞留复任。① 阳城县典史赵智，"赞画有方"，考满当迁，属民乞留。② 巩昌知府韩福，任满当升，巡按御史及当地官员言其"民怀其惠"，乞求留任。③

由上可见，明代吏民乞留官员的理由符合官方倡导的"清官"形象，因而吏民的乞留行为，时常成为明廷考评官员和复职留任的重要依据。如正统六年（1441）九月，山东参议孙子良，九年考满，升为本司参政，原因是他在任期间，"措置有方"，官民不忍其去。④ 松江知府赵豫，任满当迁，"廉静爱民"，耆民五千人乞留，英宗对吏部官员说："豫治郡绩最，当升。民既恳留，宜俯从之，令其复任。"⑤ 沂水县丞马麟，九载任满，邑民言其"公勤"，升本县知县。⑥ 左通政陈恭，九载秩满，保定等处柴夫数千人乞留，遂升为工部侍郎，仍理前事。⑦

2. 调任乞留复任

在明代乞留官员中，有人已经调任，但民众鉴于其任内勤政廉洁，业绩卓著，心系民意，故乞求离任官员复任原职。对于此类情形，明廷也多会尊重民意，予以准允。如康彦民，洪武时任天台知县，政绩卓著。永乐初罢归。洪熙元年（1424），县民言彦民"廉公有为"，乞求还任天台，宣宗叹曰："彦民去天台二十余年，民犹思之，其有善政可知。"乃起用为江宁县丞。⑧ 砀山知县刘伯吉以亲丧离任，接任知县已到任两年，但砀山百姓感念刘伯吉，乞求复任，得到允准。⑨ 永乐时，原宁阳知县孔公朝戍边已达二十年，宁阳民众眷念公朝，乞求复任，朝廷接受民意，官复原职。⑩ 正统四年（1439），徐州知州杨秘坐事被免，新任知州获罪入囚，徐州军民念杨秘

---

① 李贤等：《明英宗实录》卷五三，正统四年三月己巳，第1027页。
② 李贤等：《明英宗实录》卷六四，正统五年二月乙未，第1231页。
③ 李贤等：《明英宗实录》卷七五，正统六年正月己卯，第1490页。
④ 李贤等：《明英宗实录》卷八三，正统六年九月庚戌，第1662页。
⑤ 李贤等：《明英宗实录》卷六五，正统五年三月己酉，第1241页。
⑥ 李贤等：《明英宗实录》卷一三二，正统十年八月庚午，第2636页。
⑦ 李贤等：《明英宗实录》卷一二四，正统九年十二月乙巳，第2649页。
⑧ 张廷玉等：《明史》卷二八一《循吏传》，第7190~7191页。
⑨ 张廷玉等：《明史》卷二八一《循吏传》，第7199页。
⑩ 张廷玉等：《明史》卷二八一《循吏传》，第7199~7200页。

"弭寇盗，均徭役"，诣阙乞复，英宗认为杨秘虽然有罪，但百姓思之，必有善政，遂复原职。① 正统五年，绍兴府知府罗以礼，丁忧去官，继任者不胜其任，耆民称以礼"有治才"，乞求还任。② 次年，顺德平乡县知县丘陵丁忧离任，新任知县许永生庸懦不称，恰逢丘陵服丧期满，邑民奏保丘陵廉勤公谨，巡按御史核实后，如民众言，召回许永生而复丘陵以旧任。③ 正统十四年十月，长清知县汤思恭，任满将去，接任者已至，然民众以思恭"抚民有惠，守己无私"，乞留复任，遂召回接任者，命思恭复任。④ 景泰五年（1454）五月，莒州知州李经，任满将调，逢接任者因患病不能任事，耆民奏请李经"勤能有为"，乞留复任。⑤ 成化初，仪封知县胡澄，"治有异政"，拟调任杞县，县民乞留者千余人，宪宗"不忍夺，乃归澄"。⑥ 不仅如此，明代甚至出现了两地争留一官的现象，如金砺，嘉靖间，任太原知县，有惠政。后调汾阳，父老奔走乞留，复调太原，汾阳民众又拦道乞留，致使金砺数日不能出发。⑦

3. 丁忧服阕乞留

明代官员丁忧之制甚严，凡逢重祖父母、父母丧事，官员须离任守丧，期满起复。英宗正统七年（1442）有令："凡官吏匿丧者，俱发原籍为民"；正统十二年又令，"内外大小官员丁忧者，不许保奏夺情起复"。⑧ 但实际上，当时很多官员并未严守丁忧之制，夺情事件时有发生。究其根本，民众乞留无疑是原因之一。在孝道与民意之间，明廷往往秉承官为民治的理念，不惜违背丁忧之制，尊重民心民意，"民情不可拂""以慰众情"，⑨ 批准官

---

① 李贤等：《明英宗实录》卷五一，正统四年二月己未，第 977~978 页。
② 李贤等：《明英宗实录》卷七三，正统五年十一月戊辰，第 1427 页。
③ 李贤等：《明英宗实录》卷八三，正统六年九月丁巳，第 1664 页。
④ 李贤等：《明英宗实录》卷一八四，正统十四年十月戊辰，第 3647 页。
⑤ 李贤等：《明英宗实录》卷二四一，景泰五年五月辛亥，第 5241 页。
⑥ 何乔新：《椒邱文集》卷一〇《送大尹胡君永清复任诗序》，《四库全书》第 1249 册，第 166 页。
⑦ 道光《太原县志》卷五《名宦·金砺》，清道光六年（1826）刊本，第 6 页。
⑧ 申时行等：万历《明会典》卷一一《吏部·丁忧》，中华书局，第 153 页。
⑨ 李贤等：《明英宗实录》卷五四，正统四年四月乙未，第 1044 页。

员复任原职，夺情视事，"以福吾民"。① 明代丁忧乞留现象在洪武时已有先例。如盱眙知县方素易在职三年，民受其惠，后以母丧当去，耆民刘本等诣阙乞留，太祖特准。② 明廷准允民众乞留，个中原因太祖一语道出："盱眙知县方素易莅政三载，惠爱在民，俱称廉能，今以内艰去官，民弗忍舍，诣阙恳留再任。非能尽牧民之职者，曷以致此？"③ 此后，丁忧乞留现象渐多，其中尤以英宗时期为盛，"正统以后，遂有京官营求夺情，而在外方面以下等官，往往部民耆老诣阙请留，辄听起复还任"。④

总体上，明代丁忧乞留一般表现为以下四种情形：一是父母丧后，民众乞求留任，此属"夺情视事"。如儋州知州陈敏，"宽厚得民"，以丁忧归，民众遮道乞留，仍任原职。⑤ 陈复，正统间任杭州知府，"洁廉无私"，寻丁忧去，民众当道乞留者万余人，遂夺情视事。⑥ 咸阳知县王瑾，父丧去职，县民千人言其"廉能公恕"，乞留复任。⑦ 二是丁忧官员服阕，民众追念其政，乞求复任。如郑辰，永乐十六年（1418）迁山西按察使，纠治贪浊，后丁忧归，军民乞留，服阕还任。⑧ 正统十年（1445），三河知县孙理以父丧去任，后服阕至京，民众诣阙乞留。⑨ 三是丁忧之际，乞留升职。如两淮盐运司同知耿九畴，"尽革宿弊，条奏数事"，正统八年（1443），丁母忧，盐场数千人赴阙乞留，乃进盐运使。⑩ 虞瑄，正统中任温县知县，以丁忧去，邑民诣阙乞留，诏迁河南知府。⑪ 四是两次丁忧，两度乞留。如：洪武时，宁州知州刘纲在任期间，"一郡翕然"，以母丧免，吏民诣阙乞留；后又

---

① 胡广等：《明太祖实录》卷二三五，洪武二十七年十一月癸亥，第3434页。
② 胡广等：《明太祖实录》卷二三五，洪武二十七年十一月癸亥，第3434页。
③ 胡广等：《明太祖实录》卷二三五，洪武二十七年十一月癸亥，第3434页。
④ 夏燮：《明通鉴》卷二五《纪二十五·恭仁康定景皇帝》，岳麓书社，1999，第737页。
⑤ 光绪《广西通志辑要》卷一五《人物》，清光绪十七年（1891）刊本，第35页。
⑥ 万历《杭州府志》卷六三《名宦三》，明万历刻本，第49页。
⑦ 李贤等：《明英宗实录》卷九三，正统七年六月壬寅，第1879页。
⑧ 乾隆《大同府志》卷一七《郑辰》，清乾隆四十七年（1782）重校刻本，第42页。
⑨ 李贤等：《明英宗实录》卷一三一，正统十年秋七月己卯，第2602页。
⑩ 孙奇逢：《中州人物考》卷四《耿清惠九畴》，台北，明文书局，1991，第307~308页。
⑪ 顺治《温县志》卷之下《人物》，清顺治十五年（1658）补修本，第66页。

以父忧去，再次乞留，许之。① 英宗时，平山知县张璟，任满九载，民众保其"居官有善政"，乞留复任；后又以母忧去，民众再次乞求夺情视事。② 德平县丞徐善以母忧服阕，县民奏乞复任。后又丁父忧服阕，县民再次乞留。③

4. 违法罢职乞留

按明制，若官员违法犯事，理当受到处罚，且无复出机制；但此时若得到民众乞留，官员不但可以免罪，反而会恢复原职，甚至获得提拔。这种特殊的乞留现象，实际反映了法律和民意的博弈。明代官员违法罢职时发生的乞留故事屡见不鲜。如钱本中，洪武中任吉水知县，有廉名，后因事免官，父老号泣乞留，人们听说本中归来，奔走迎拜。④ 洪武二十九年（1396），定远知县高斗南、永州知府余彦诚等犯法，民众赴京"具列善政"，太祖下令免罪，并"皆复官"。⑤ 洪武时，朔州知州石享"劝民力穑，讼至立得"，后坐事免官，父老赴阙乞留。⑥ 有些官员屡次违法，均因民众乞留而豁免，如苏亿、赵森、孟廉犯法时，县民"颂其廉勤"，太祖特赦免罪，恢复原官。⑦ 宣德时，恩县县丞好学"坐科敛罚役"，县民奏其"一心抚民，公勤廉能"，宣宗认为："丞佐令之官而能使民爱慕不忘，非有实惠不能然，且言所坐非其罪，此则法司之过。"遂官复原职。⑧ 吴县知县叶锡，有人诬告他"贪酷枉己"，耆民称其"清廉仁恕，政平讼理"，乞求留任，英宗说："民既欲留，其毋罪之，令视事。"⑨ 清苑知县屈义，有人诬陷他"受财枉法"，而民众称其"在任廉勤，招徕有方"，请与诬告者当面对证，最终诬告者被编戍辽东，而屈义官复原职。⑩ 可见，民众乞留一定程度上给违法官员的留任和复出提供了广泛的社会支持，官员的复出既实现了"取信于民"

---

① 孙奇逢：《中州人物考》卷二《刘知州纲》，第 109 页。
② 李贤等：《明英宗实录》卷一九二，景泰元年五月甲子，第 1880~1881 页。
③ 李贤等：《明英宗实录》卷二二，正统元年九月癸卯，第 433 页。
④ 万历《常州府志》卷一四《人物二》，明万历四十六年（1618）刻本，第 83 页。
⑤ 张廷玉等：《明史》卷二八一《循吏传》，第 7190 页。
⑥ 雍正《朔州志》卷六《名宦宦绩》，清雍正十三年（1735）石印本，第 196 页。
⑦ 张廷玉等：《明史》卷二八一《循吏传》，第 7190 页。
⑧ 杨士奇等：《明宣宗实录》卷九四，宣德七年八月甲午，第 2126 页。
⑨ 李贤等：《明英宗实录》卷一四二，正统十一年六月甲辰，第 2813 页。
⑩ 李贤等：《明英宗实录》卷九七，正统七年十月乙卯，第 1958 页。

的效果，也达到了"惩前毖后，治病救人"的目的。实际上，明代各级政府接受民众乞留意愿而赦免违法官员，无非是想通过这种方式弘扬民本理念，坚守清官政治。

5. 致仕患疾乞留

明代官员致仕年龄一般为六十岁以上直至七十岁，每逢此时，地方民众会纷纷乞留，很多"清官"因此得以留任，甚至久任官职直至死而后已。如潘海，正德十四年（1519）以监生知封川，"廉平不苟，节用爱民，抚绥流亡，民赖安集"。后致仕，因士民乞留，得以复任。① 潮州知府王源，三年考绩，将致仕，县民相率诣阙，奏其"兴学弭盗"，乞留复任。② 周尚文，成化间任平乐府同知，九年致仕，郡民乞求留任。③ 黄琥，弘治初任肇庆知府，后引疾解职，民众争相乞留。④ 后又以母老致仕，兵民拦道哭留，终不可得。⑤ 青州知府陈永，乞归养病，耆民诣阙乞留，认为陈永"莅政公勤，刑狱无滞，有为有守，吏民畏服"，宣宗说："郡守以疾求去，民不忍舍，为政之善可知。虽病，岂不堪卧治，其遣还任。"⑥

6. 官员缺员乞留

按制，明代各级政府机构的官员额数有定，但因告病、致仕、丁忧、终养、获罪、病殁等原因，某些机构一时会出现官缺现象。凡逢此时，明廷便会按制补授空缺，而这一特殊的人事状况，时常给民众乞留提供了契机。前述宣德年间，民众乞留行为频发，一个重要原因就是此时期地方缺官严重。宣德四年（1429）初，浙江布政司奏，府县及杂职官缺一百一十一员。⑦ 次年（1430），行在吏部又奏各府知府多缺。⑧ 至英宗时，官缺现象更加严重，

---

① 雍正《广西通志》卷七八《潘海》，《四库全书》第567册，第327页。
② 李贤等：《明英宗实录》卷七五，正统六年正月甲寅，第1459页。
③ 汪森：《粤西诗文载》六四《周尚文》，《四库全书》第1467册，第76页。
④ 道光《广东通志》卷二四四《宦绩录十四》，清道光二年（1882）刻本，第7715页。
⑤ 蔡清：《蔡文庄公集》卷五《祭新淦周虚白宪副公文》，《四库全书存目丛书》集部第42册，第723页。
⑥ 杨士奇等：《明宣宗实录》卷四五，宣德三年七月己卯，第1114页。
⑦ 杨士奇等：《明宣宗实录》卷五〇，宣德四年正月壬申，第1208页。
⑧ 杨士奇等：《明宣宗实录》卷七二，宣德五年十一月乙未，第1691页。

民众乞留也日益增多。如清苑县主簿高俨，九载秩满，会县丞缺员，耆民奏保高俨可堪其任，英宗从之。① 亳县知县徐贵，任满辞职，邑民念他"详明勤慎，善革奸弊"，诣阙乞留，吏部认为"当狥民情"，遂复其任。② 长清典史何聪，初任长寿典史，以忧去，改除长清，后长寿缺知县，民众乞求以何聪补缺，英宗认为："何聪去长寿已十年，而民犹思之不忘，其从之，以慰民望，且使为政者有所劝。"③ 历城县丞熊观，"持身廉谨，政尚宽平"，秩满去任，逢知县缺员，耆民乞以熊观补缺，吏部认为不合旧例，英宗说："有司贤否，观民心向背，历城民于令之去不加意，而于丞拳拳保留如此，贤否可以验矣。"遂升为知县。④ 崇仁县丞潘原清，九年考满，属民乞留，仍旧职管事；后缺知县，县民乞以原清补之。⑤ 当然，明代官缺与乞留的发生并无必然联系，很多时候，官缺情况严重，却少有乞留事件。如嘉靖以后，官缺普遍，衙署皆空，且长期不补，但有关官缺的乞留行为却罕有发生。究其原因，并非民众不愿乞留，也并非无清官可乞，而是与党争日炽、吏治腐败、人心浇薄、士风空疏等衰敝之际的时代风气休戚相关。

可见，明代乞留行为的发生，无疑有着特殊的舆论契机、社会氛围和政治基础，也表明明廷对乞留行为的特殊推重和奖掖。在明代乞留舆论与国家权力的政治共鸣当中，不仅触及了民众对清官群体的集体期待，彰显了民间力量参与政治的集体自觉，而且更具意义是：乞留行为的持续发生，一定程度上突破了明代官员铨选、任期、致仕、丁忧、考核等国家制度的原则性规定，充分展示了明代国家政治运作的日趋"灵活"和"民主"。

余　论

有明一代，乞留和允准乞留成为一大盛事。洪武时规定：地方民众可赴

---

① 李贤等：《明英宗实录》卷一一五，正统九年四月壬寅，第 2328 页。
② 李贤等：《明英宗实录》卷二五九，景泰六年十月甲子，第 5560 页。
③ 李贤等：《明英宗实录》卷一〇九，正统八年十月庚戌，第 2213 页。
④ 李贤等：《明英宗实录》卷一一七，正统九年六月壬寅，第 2371 页。
⑤ 李贤等：《明英宗实录》卷一一四，正统九年三月乙亥，第 2308 页。

京陈诉贪墨官吏，对居官清廉者和乞留再任者，可来京陈诉。因此，赴阙乞留官吏的民众络绎不绝，至于到巡按御史、吏部、布政使、按察使及府、州、县等处乞留的民众更是不计其数。由于允许乞留，许多官员久任一职长达十年乃至数十年，在协调社会关系、主持社会公正、发展社会经济中发挥了重要作用；乞留行为作为一种公共舆论，一定程度上代表了参与民众的普遍利益，具有一定的社会公正性。因而，吏民的乞留行为及其表达的政治意愿，有时实际成为明廷施政的舆论基础和重要依据，对于国家政治的运作颇具意义。

其一，缓解民困，应对危机。官员被乞留后，往往能久任官职，"政绩益著""地方幸甚"。① 如郑珞，宣德中任宁波知府，后丁忧归，逢海寇为患，民众乞留，遂夺情留任，以防海寇。② 新城知县周义善于抚民，六载任满，例应赴部，官民乞暂留协同捕蝗，英宗认为："蝗为民患，宵旰在心，考课固不可废，而民事尤所当急。"③ 孙亶，洪武时任巩昌知府，"躬行节俭，振扬风教"，官满当代，民众乞留，得以复任，"政绩益茂"。④ 嘉靖时，都指挥李宗佑守备铜仁，后被裁革，但镇巡官员考虑到"苗贼窃发"，乞留复任。⑤ 王谦在任寿州知县时，"宣布德威，号称神明"，九载考绩，州民赴京乞留，朝廷褒之。⑥ 万历时，副总兵陈燮升京营副将，同僚乞求仍守天津海防，"俟田工已毕，绩效果著，不妨扰擢"，总兵从之。⑦

其二，奏乞留用，连续行政。如况钟在任苏州知府时，"凡是不便于百姓者，一律革新"，后屡次调任，均被乞留；任内"治久而化孚""事有不便辄上闻，上亦辄报可"，⑧ 时人称赞："自国初以来，有功于吾郡未有如侯

① 温纯：《温恭毅集》卷四《边海要郡恳乞圣明久任贤能府正官员以安民生疏督抚》，《四库全书》第1288册，第460页。

② 弘治《八闽通志》卷六三《人物》，明弘治刻本，第1725页。

③ 李贤等：《明英宗实录》卷七九，正统六年五月壬寅，第1559～1560页。

④ 万历《常州府志》卷一四《人物二》，明万历四十六年（1618）刻本，第84页；乾隆《许容甘肃通志》卷三一《孙亶》，《四库全书》第558册，第1614页。

⑤ 张居正等：《明世宗实录》卷一七，嘉靖元年八月丙戌，第523页。

⑥ 乾隆《甘肃通志》卷三六《王谦》，《四库全书》第558册，第2036页。

⑦ 《明神宗实录》卷三七三，万历三十年六月癸巳，第6991页。

⑧ 尹守衡：《皇明史窃》卷一〇〇《况钟》，《续修四库全书》第317册，第586页。

之多者。"① 谢子襄，建文中任青田知县，"为人廉谨"。永乐七年（1409），考满当迁，民众乞留，擢处州知府，"俾得治其故县""声绩益著"。② 史诚祖，洪武末任汶上知县，为治"廉平宽简"。永乐初，特擢济宁知州，仍视汶上县事，"慎终如始""益勤于治"，竟卒于任。③

其三，风厉激劝，澄清吏治。明代被乞留的官员，往往具有"守己之廉，存心之正，爱民之实，处事之确，率属之端"的官德，于此"人人无异词"，④ 成为百官学习的榜样。同时，通过乞留，使广大民众能够对官员间接地进行监督、品评和鉴定，这既是对清官的褒扬和勉励，也是对贪官的贬斥和抨击，不仅达到了劝惩吏治、影响官员黜陟的目的，也激发了官员清廉之风的高涨，"由是长吏竞劝，一时多循良之绩焉"，⑤ 乞留"以风厉激劝者甚至，以故其时吏治多可纪述"。⑥

其四，抚慰民意，彰显民本。民众若能乞得一位清官，是极为欣慰的，"惟恐迁去失我慈母，乃知父老之情真矣"。⑦ 如福山人孙遇，九载考最，百姓相聚乞留，复任时，男女老少"舞蹈欢呼"，相互祝贺："吾族克安而生矣。"在任期间，"益见侯治行卓卓"。⑧ 杨纯以监察御史按贵州，任满，百姓乞留，许之，民谣曰："邻水杨，但愿年年巡贵阳。"⑨ 檀观，宣德中任永州知县，"以廉静治"，三载当迁，民众请留。又三载当迁，民众再次乞留，直至考满，才升任云南按察司佥事。这些乞留故事，生动再现了广大民众对清官的一片真情，"乃知父老之情真矣"。⑩

---

① 徐有贞：《武功集》卷三《送太守况侯述职诗序》，《四库全书》第 1345 册，第 107～108 页。
② 张廷玉等：《明史》卷二八一《循吏传》，第 7193 页。
③ 张廷玉等：《明史》卷二八一《循吏传》，第 7191～7192 页。
④ 温纯：《温恭毅集》卷四《边海要郡恳乞圣明久任贤能府正官员以安民生疏督抚》，第 460 页。
⑤ 张廷玉等：《明史》卷二八一《循吏传》，第 7191 页。
⑥ 张廷玉等：《明史》卷一四〇《赞曰》，第 4011 页。
⑦ 温纯：《温恭毅集》卷四《边海要郡恳乞圣明久任贤能府正官员以安民生疏督抚》，《四库全书》第 1288 册，第 460 页。
⑧ 程敏政：《新安文献志》卷二一《美新安太守孙侯诗序》，《四库全书》第 1375 册，第 286 页。
⑨ 朱彝尊：《明诗综》卷一〇〇《贵州谣》，中华书局，2007，第 4601 页。
⑩ 温纯：《温恭毅集》卷四《边海要郡恳乞圣明久任贤能府正官员以安民生疏督抚》，第 460 页。

总之，明代吏民把一切希望寄托于清官身上，并期待更多人格完美的清官能主持公道、为民做主。同时，清官身上公正廉明、克己奉公的崇高形象，也始终带给民众莫大的审美喜悦和精神慰藉。这种充满正义的乞留行为，无疑表达了他们对清官群体的集体期冀和无限眷恋，更彰显了他们恒久而深沉的清官情结。在传统专制社会，这种略带悲怆和无奈的乞留行为，不仅可以激发一些官员成为清官的坚定信念和自觉意识，而且官方对乞留意见的听取和接受，无疑裨益于清官文化的建设。同时，广大民众借助乞留的舆论评价和舆论效应，客观上对官员的执政行为产生了广泛的社会监督。当然必须承认，在明代政治博弈与利益妥协的复杂格局中，民众乞留的积极作用是有限的，具体表现在以下几个方面。

一是有些乞留是官员制造的假象，于此时人已经看到："各府州县官九年考满，多因在任买田置宅娶妻立籍，恐迁别处，要民保留，甚为妨政。"① 如宣德时，永宁税课大使刘迪杀羊置酒，"邀耆老请留"，宣宗怒，下之吏。② 大同总兵石彪骄横残暴，为保住官位，"乃阴使大同千户杨斌等五十人诣阙，乞留为镇守"，事闻，罢官归籍。③ 为了解决这一问题，英宗时曾规定："今后有保留者，其令巡按御史布按二司及该府官从公会核，果有廉能公勤抚字有方者，须具实迹奏来。"④ 若乞留是官员为了私利而暗箱操作，御史、吏部等官要一并治罪。

二是被乞留的官员不一定都是清官，这在官员乞留中表现得尤为突出。如崇祯时，刑部尚书徐石麒获罪，吏部尚书郑三俊率同官合疏乞留。⑤ 河南推官汤开远监左良玉军，因奏言军势，惹怒思宗，被削籍讯治，左良玉等七十余人乞留，遂释还。⑥ 可见，徐石麒、汤开远等人之所以被乞留，实际是政务所需，并不能因此就认为他们一定都是"清官"。

---

① 李贤等：《明英宗实录》卷一二〇，正统九年八月庚戌，第2420页。
② 张廷玉等：《明史》卷二八一《循吏列传》，第7200～7201页。
③ 谷应泰：《明史纪事本末》卷三六《曹石之变》，中华书局，1977，第543～544页。
④ 李贤等：《明英宗实录》卷一二〇，正统九年八月庚戌，第2420～2421页。
⑤ 张廷玉等：《明史》卷二四〇《郑三俊传》，第6565页。
⑥ 张廷玉等：《明史》卷二五八《汤开远传》，第6677～6679页。

三是乞留时常成为政治斗争的工具。如万历时，在首辅张居正的"夺情"事件中，无论是张居正自己的《乞恩守制疏》，还是太监冯保、户部侍郎李幼孜等人的上章乞留，除了皇帝年幼、整饬吏治、刷新颓风、革新税赋、整顿边防等现实问题的考虑外，更多的是出于维护自身政治利益的目的，虽然有人堂而皇之地认为"今六部九卿各上章乞留居正者，诚非私也"，①但仍旧无法掩盖乞留背后暗藏的政治斗争，毕竟张氏的"夺情"引发了吏部尚书张瀚、翰林院编修吴中行及检讨赵用贤等的强烈反对。

明代官民的乞留行为纵然可以在特定历史时期营造良好的舆论氛围，甚至一定程度上转变、革新专制背景下的治国理念和施政方略，但广大民众基于清官崇拜的有限政治诉求，尚难以构成明代官场文化的主流形态。虽然人数相对较少的清官群体代表了民众与统治者的共同愿望和利益，但民众乞留清官的意图与官方对清官的期盼并不完全契合。民众对清官的乞留凝聚了他们对清平政治的向往和切身利益的考量，体现了民心所向和舆论力量；官方对清官的期盼和褒扬，则旨在通过弘扬其清正、清明、清廉的吏道形象，树立理想官员的良好标范，其中对清官伦理功能、舆论价值的"工具性"诉求，已经超越普通民众单纯的清官信仰和崇拜。这种立足点的内在差异，时常让广大民众的乞留行为陷入一厢情愿的尴尬局面，他们可以为了自身利益不惜历经艰难诣阙哭乞，但官方也可以根据利益所需认同或拒受乞留。囿于时代，明代民众的乞留诉求时常沦为一种奢求，代表民心、民愿的舆论力量不得不一如既往地受到专制权力的宰制。

---

① 王樵：《方麓集》卷一《拟全谏臣以安大臣疏》，《四库全书》第1285册，第100页。

清儒开庆《四明续志》评判再议

张保见

摘　要　开庆《四明续志》在保存宋代文献、史料等方面有一定价值。清咸丰时徐时栋曾予以精校。清儒认为开庆《四明续志》为一人家传及私集，不合志体。回顾志书成书历程，可知开庆《四明续志》是宝庆《四明志》续修志书的一种，因为篇幅较大而单独成册。结合方志发展史分析，开庆《四明续志》仍应归于志书之目。

关键词　开庆《四明续志》　宝庆《四明志》　清儒　吴潜

开庆《四明续志》是继宝庆《四明志》后，宁波地区至今保存完整的两种宋代方志的又一种，也是存世不多的宋元方志之一。开庆《四明续志》世称名志，然清儒对其评价不佳。

一　开庆《四明续志》及其在清代的刊刻流传

开庆《四明续志》十二卷，宋梅应发、刘锡同撰。梅应发，字定夫，广德（今安徽广德）人。喜读书，历仕两朝，秩至中奉大夫、直宝章阁致仕，爵广德县男。元初，召，辞不起。刘锡，永嘉（今浙江温州）人。著此书时为奉议郎、添差沿海制置大使司主管几宜文字、新添差通判镇江府。二人俱为淳祐间进士。全书共分庆元府额、增秩因任、学校、科举、城郭、坊巷、郡圃、驿亭桥路、惠民药局、水利、兴复省并酒库、经总制司、兴复经总制诸酒务坊场、广惠院、两狱、架阁楼库、新建诸寨、九寨巡检、烽燧探望、三郡艍船、出戍、水阅、作院、武藏、小教场、帐前拨发壕寨官舍、排役、楼店务地、府仓斗斛、蠲放官赋、蠲放沙岸、蠲免抽博倭金、赈济、祈祷、瑞麦、吟稿、诗余等凡三十七子目。因为前有罗濬等《四明志》，此称《续志》。又以成书于开庆年间，故后人以"开庆"名之。

所谓"四明"，指明州，唐开元二十六年（738）置，以境有四明山为名。宋绍熙五年（1194），以宁宗潜邸升庆元府。明洪武十四年（1381）改宁波府，清朝因之。是本书修撰时明州已升庆元府，书名题作"四明"，有仍旧称之意。

开庆《四明续志》成书不久即有刻本，后多与宝庆《四明志》合刊。至清代，宋刻为藏书家所珍视，已罕有流传，诸家所见多为抄本。乾隆时，官方修"四库全书"，收录开庆《四明续志》一书，今以之与宋开庆刻本对勘，除部分专有名词有所更改，部分文字偶抄录有误外，两书文字大体相同，疑库本所录当本自宋本，然普通读书人罕睹其貌。咸丰间，鄞人徐时栋氏鉴于诸家抄本"鲁鱼壹矢，讹谬相踵"，[1] 汇集诸本，精加勘校，耗时二十年，两经火灾，始得刊刻，是为咸丰徐氏校勘本。又因所刊还包括乾道《四明图经》、宝庆《四明志》、延祐《四明志》、至正《四明续志》、大德《昌国州图志》，故又称"宋元四明六志本"。徐氏用力精勤，版本收罗较多，又收集明、清时期所成之宁波地区诸种地方志作为校勘资料，校勘亦认真，每卷之后均有《校勘记》或《勘误》等，可谓颇有成绩，成为通行的本子。

开庆《四明续志》为存世较少且至今能够保存较为完整的宋元撰修方志之一，在保存宋代文献、史料方面有一定价值。此外，作为修志连续性较强的今存宋代四明诸志之一，对于考察宋代方志编撰、续修方式，提供了可靠的案例例证，在中国方志发展史上也具有一定地位。历代目为名志，其来有自。然而，以四库馆臣为代表的清儒却对其评价不高，甚至认为不应将其

---

① （清）董沛：《校刻宋元四明志序》，宋元四明六志本。

归为志书一类。目前，学术界对于开庆《四明续志》虽有部分关注，① 然于清儒之评判，并未展开讨论，殊为憾事。

二 清儒对开庆《四明续志》评判有失偏颇

开庆《四明续志》之作，源于"所以志大使、丞相履斋先生吴公三年治鄞民政、兵防、士习、军食、兴革、补废大纲小纪也"，② 所述皆吴潜在庆元府之行踪及吟咏。然正以志吴潜四明之迹为纲，文字取舍时"其已作而述者不复志"，舆地沿革等传统地理之书必述，且前所修诸《四明志》亦多所留意者，则削而不载，致为论者所诟病。四库馆臣指出，该书"是因一人而别修一郡之志，名为舆图，实则家传，于著作之体殊乖"。③ 杭世骏也认为"其书卷只十二，而《吟稿》《诗余》居其四，似潜一人之私集，于地志之例不合"。④ 钱大昕称该书"前八卷皆述吴潜在任政绩，而以《吟稿》二卷、《诗余》二卷附焉，盖吴氏一家之书，非志乘之体矣"。⑤ 全祖望虽说"予谓丞相莅吾乡，最有惠政，即此《志》可备见其实心实政之及民者，而以其余闲从容诗酒，又想见当日刑清政简之风，原不必以志乘之体例求之也"，⑥ 然以知识分子节操行事之目，来转移该书体例之争，实际上还是承认开庆《四明续志》未必合乎志书体例。

综观清人所诟病者，不外乎二。一是该书"所述多吴潜在官事实，而山川疆域已详于旧志者则概未之及"。⑦ 然四明地志在宋代已先修图经于真宗朝以备咨询。徽宗时，为修《九域志》，令诸州军修图经以上，明州亦奉

---

① 参看李致忠《宋代图书编撰出版纪事—图经地理（南宋）》，《文献》2005 年第 1 期；张唯《宋元"四明六志"述略》，《沧桑》2011 年第 6 期。

② （宋）梅应发：《四明续志·序》，宋元四明六志本。

③ （清）纪昀等：《四库全书总目·开庆四明续志》，《景印文渊阁四库全书》（简称《四库全书》），台北，台湾商务印书馆，1983，第 2 册，第 462 页。

④ （清）杭世骏《道古堂文集》卷二七《开庆四明续志跋》，扫叶山房本。

⑤ （清）钱大昕《潜研堂文集》卷二九《跋开庆四明续志》，学海堂本。

⑥ （清）全祖望《鲒埼亭集外编》卷三五《再跋四明宝庆、开庆二志》，清嘉庆刻本。

⑦ （清）纪昀等《四库全书总目·开庆四明续志》，《四库全书》第 2 册，第 462 页。

命成书，可称作"大观明州图志"。乾道间，明州守臣张津俾幕僚以《大观明州图志》为蓝本，重加修订而成乾道《四明图经》。宝庆二年（1226），胡榘被命守郡，又命罗濬等再修新志，所成书即宝庆《四明志》。是四明之志，一代凡已数修，密度不可谓不大。① 疆域沿革、山川舆图，前《志》已备载，开庆再修，实无必要收录。以此目之，我们认为开庆之书取舍颇为合理。再者，此一取舍，看似有违志体，细细分析则不然。梅应发氏在述撰修之意的本书《序》中，已明言为"续修"，实有接续前书之意，意味读此《志》者，不可不备前《志》，删除前《志》已备述之文，既可与前《志》衔接，又可避免重复。故本书后世刊行多与宝庆《四明志》合刻，自有其道理。大凡我国古代修地志必追述沿革，陈陈相因，而内容大多并无新意，甚而转相抄录，文字丛杂，至有讹谬百出，不能不称之为一大弊病。开庆《四明续志》立足当时修志的实际情况而有所取舍，在一定程度上纠正了古代地志此一大弊端，不仅无错，反而有功。

以现存之罗濬宝庆《四明志》言之，其书成于宝庆年间，而宝庆之后事迹亦多，显然在书成后，后守应有所续增。钱大昕云："《志》修于宝庆，而卷内叙事往往及绍定、端平、嘉熙、淳祐、宝祐，盖后人次第增入，非宝庆原刻本。"② 四库馆臣亦云："志中所列职官科第名姓及他事迹或下及咸淳，距宝庆三四十年，盖后人已有所补益，非尽罗濬之旧，然但逐条缀附而体例未更，故叙述谨严，不失古法。"③ 全祖望以所增补全出于刘黻之手，云："《宝庆志》中有载及胡尚书以后事者，予初甚疑之，既而知是书尝为刘制使黻所增加也。第一卷牧守自尚书以后凡二十人，而至吴丞相又十人，而至制使皆附列之，则为制使所增加可知矣。及读第二卷《经籍志》，有'《四明续志》三百三十幅，大使吴丞相置；四十五幅，制使刘公置'。吾乡志乘，自吴丞相而后，直至延祐方有续本，未闻有刘《志》，乃知四十五幅即散入《宝庆志》中所增加者。"继此又说道："然刘制使之莅吾乡在咸淳，

---

① 参看张保见《宝庆四明志述论》，《中国地方志》2015 年第 5 期。
② （清）钱大昕：《潜研堂文集》卷二九《跋宝庆四明志》，学海堂本。
③ （清）纪昀等：《四库全书总目提要·开庆四明续志》，《四库全书》第 2 册，第 462 页。

自淳熙四先生而后，吾乡人物之当表彰者不可胜举，制使一无所增，而增其事之小者，抑末矣。"① 虽语有微讽，而实似有所疑。至徐时栋重刊其书时，详细考察，益加推广，今录其文于次：

> 高隐学疑宝庆《志》中间多载淳祐守陈垲事，又疑进士科目终于开庆，而不得其说。至谢山则据《志》中刘制使龂置《四明续志》四十五板之文，谓刘制使曾有增加，而不知后守之刊附者，不独刘也。以余考之，得四人焉。初增刻于淳祐之初陈垲。陈公经制水利，详悉备载，当时以所记示郑安晚，安晚答书云："事实系之郡谱，使来者有考。" 应参政亦云"以其式登郡乘，使来者有所稽"是也。再增刻于淳祐中之颜颐仲。凡修举事迹亦备卷中，而其文必称"颜公"，盖出当时幕僚之手，决非后人为之记述者也。三增刻于开庆初之吴潜丞相。《戊午岁乡举劝驾诗》云"来岁《图经》用再开"，而此《志》进士题名终于开庆己未，此非丞相增刻而何？且《志》首有《郡圃图》，位置方向悉与开庆《志》合，而转与宝庆《志》不符，盖丞相重作桃源洞，乃刻图附之《旧志》，尤丞相尝增刻之明证也。四增刻于咸淳间之刘黻，即本《志》学校中所谓四十五板"制帅、集撰刘公龂置"者是也。故郡守题名终于刘公。②

是徐氏认为今本宝庆《四明志》在成书后先后又经淳祐初陈垲、淳祐中颜颐仲、开庆初吴潜、咸淳间刘黻增补重刊。今通观宝庆《四明志》全书，笔者赞同徐时栋所言。也就是说，在宝庆《四明志》成书后，后守续修几成惯例，吴潜本人也曾简单增加过部分内容以附缀于文中各条目。

吴潜，字毅夫，号履斋，宣州宁国（今安徽宁国）人，嘉定十年进士第一。端平元年，诏求直言，潜陈九事，以直论忤时相，罢。擢太常少卿，进右文殿修撰、集英殿修撰、枢密都承旨、督府参谋官，兼知太平州，五辞，不允。改权兵部侍郎，兼检正。试工部侍郎、知庆元府，兼沿海制置

---

① （清）全祖望：《鲒埼亭集外编》卷三五《三跋四明宝庆、开庆二志》，清嘉庆刻本。
② （清）徐时栋：《烟屿楼文集》卷一一《宋元四明六志作者传序目》，民国十七年鄞县徐氏本。

使，改知平江府。授宝谟阁学士，知绍兴府、浙东安抚使，辞，提举南京鸿庆宫，遂请致仕。授华文阁学士，知建宁府，辞。召同知枢密院，兼参知政事。淳祐十一年，入为参知政事，拜右丞相，兼枢密使。明年，以观文殿大学士提举洞霄宫。又四年，授沿海制置大使，判庆元府。至官，条具军民久远之计告于政府，奏皆行之。又积钱百四十七万三千八百有奇，代民输帛。前后所蠲五百四十九万一千七百有奇。以久任丐祠，且累章乞归田里。进封崇国公，判宁国府。还家。以醴泉观使兼侍读召，拜特进、左丞相，进封庆国公。改封许国公。以论立度宗为太子事落职，谪建昌军，寻徙潮州，责授化州团练使，循州安置。景定三年五月，端坐而逝于贬所。德祐元年，追复元官，仍还执政恩数。明年，赠谥，特赠少师。《履斋遗稿》卷首、《宋史》卷四一八有传。视吴潜之经历，知其实为南宋晚期之重臣。潜所历有声，尤其是判庆元府时，多所措置，四明之民被其实惠甚多，颇有古循吏之风，青史留名，固宜矣！①

从吴潜生平事迹，观其在庆元府的作为，我们认为他应该是宝庆后守四明中的佼佼者，按照宝庆《四明志》的续修惯例，其作为不可能不述诸竹帛。然而在增修吴潜时代志文时，因吴氏本人在庆元府的作为相当可观，故可述者众，其篇幅自然就较大，基本可以单独成书，远超前几次续修。以如此大的篇幅，如果仿照前几次续修的处理方法，续添于各条目之后，则有喧宾之嫌，显然不妥，单独编册要可取得多。或许正是这个原因，这次续修最终选取了与前此不同的处理方式，那就是单独成册，也就是我们今天所见的这个所谓似是"家传"，不类"志乘"之书。就此来看，揆诸实际情理，我们认为开庆之书实为宝庆志书续修之一部分，应当归于志书之目，清儒之评判脱离或者没有考察修志的实际情况，有失偏颇。

---

① 作为宋季重臣，学术界已经展开了吴潜的相关研究，如张津津《吴潜家世考》，《宜宾学院学报》2013年第2期等。甚至还成了一些研究生学位论文选题对象，如孙广华《吴潜及其词》，硕士学位论文，南京师范大学，2005；郭伟婷《吴潜任官庆元府时期词作研究》，硕士学位论文，哈尔滨师范大学，2010；王侃《略论南宋名臣吴潜的政治生涯》，硕士学位论文，重庆师范大学，2010；王山青《南宋名臣吴潜及其词研究》，硕士学位论文，西北师范大学，2013；等等。

　　清人所诟病开庆《四明续志》之二，则是所载吴潜吟咏所占比重过大。然而综观中国古代志书的修撰，我们发现，在唐、宋之际地理总志有一个大的改变，即由"地记型"向"胜览型"的转变，①而地理总志类型的转变对于其他地理志书的修撰，影响是显而易见的。自宋初乐史《太平寰宇记》成书，以后的志书编撰，无论是全国性的一统志、地方性的省志，还是州、县、场、镇、山、川等志，无不重视资料的收集和丰富，以致"宁略建置沿革而人物琐事登载不遗"。②是出于博物以及夸耀和求全的心态，后世所修志书，对于前人有关本地之记述，无不远搜旁绍，勿穷相关文献，导致"艺文"一类无一不占全书重要比重。更何况以"续"名，而以记载吴潜事迹为己任的开庆《志》呢？并且，这种记载体例也大大丰富了地方志书的记载内容，增强了志书的可读性和资料性，有其合理之处。

　　再看清儒对于《开庆四明续志》价值之评估，大抵皆以该书所载系一代名臣之清政及吟咏，始有些许推许。至于全祖望所云"吾乡志乘，以乾道《图经》与此二《志》最古，实为文献之祖，可宝也"，③亦仅仅停留在其成书较古较早而已，殊乏全面与客观。以今天所见文献看来，开庆《四明续志》保存文献之功，不仅表现在"至潜所著《文集》，世久无传，后人掇拾丛残，编为《遗稿》，亦殊伤阙略。此《志》载潜《吟稿》二卷，共古、今体诗二百九首。《诗余》二卷，共词一百三十首，皆世所未睹。虽其词不必尽工，而名臣著作藉以获存，固亦足资援据"，④且书内所录之朝廷诏诰、诸臣奏议及吴潜之批文、凡所兴创之《记》，亦大多为他种文献所无，故近年所修之《全宋诗》《全宋词》《全宋文》皆有取于此。此外，本书所记皆作者所耳闻目睹，文献可征，是名为方志，实则为宋代当代之史，可信度高，故其史料价值亦大。其所载赋役、税收、兵政等，皆详其因革，

① 有关"地记型"和"胜览型"地理志书的讨论，详见郭声波《唐宋地理总志从地记到胜览的演变》，《四川大学学报》（社会科学版）2001 年第 6 期。
② （清）洪亮吉：《万刺史廷兰校勘〈太平寰宇记〉序》，《太平寰宇记》卷首，台北，文海出版社，1975 年影印万氏本。
③ （清）全祖望：《鲒埼亭集外编》卷三五《跋四明宝庆、开庆二志》，清嘉庆刻本。
④ （清）纪昀等：《四库全书总目·开庆四明续志》，《四库全书》第 2 册，第 462 页。

条其细目，是价值很高的个案资料。至于记述兴修水利、建筑道路，种种措施亦皆详细，对于考察相关技术的发展程度也有一定的参考价值。也就是说，清代学者以艺文所占篇幅较大来批评开庆《四明续志》，似有苛求之嫌。

就全书考察，本书虽以吴潜事迹作为为纲，并舍弃沿革不录，然所记者则全为庆元一府之事，且地志相关之水利、赋役、兵政、兴学、艺文等重要条目无一不备，而"诏观事""诏地事"之意图可达，因此，即使但就开庆《四明续志》本书来看，尽管外形似有残缺，实际上还是具备志书之神，列入志书，较为合适。清儒所评，就讲求地志体例之严谨方面来看，认为开庆《四明续志》于志书之体确有不合，实有其合理之处，但若认为该书"实则家传""一人之私集""一家之书"，显然脱离了著此书时之实际情况，完全就体例而求体例，言有所过，立论偏颇，有失公允。

后　记

　　《古史新探》是河南省高校人文社会科学重点研究基地——河南大学中国古代史研究中心创办的一份"以书代刊"性质的刊物，刊登本中心教师的最新研究成果，目前已出版三辑，每辑40万字左右。河南大学中国古代史研究中心于2005年9月正式获批建立，由著名学者程民生教授担任中心主任，中心自获批以来，遵循"以人为本、凝练方向、汇集人才、打造平台、提高水平、服务地方"的建设思路，在科学研究、人才培养、学术交流、服务地方等方面取得了显著成绩，高质量完成了各项建设目标任务，进一步形成了稳定且能体现本学科发展前沿的研究方向。目前中心拥有宋史、先秦秦汉史、明清史三个特色鲜明、影响较大的研究方向。中国古代史专业是黄河文明省部共建协同创新中心与教育部人文社科重点研究基地黄河文明与可持续发展研究中心的重要支撑专业，本中心设有河南省高等学校人文社科开放研究中心"宋史研究所"、河南大学与开封市合办的宋文化研究院、河南大学中国思想文化研究所、历史地理研究所、历史文献研究所、礼学研究所等科研机构。近年来，本中心研究人员在科研方面取得了突出成绩，在《历史研究》《中国史研究》《考古学报》等核心期刊发表论文350余篇，其中20余篇被《新华文摘》《中国社会科学文摘》《人民大学复印资料》等转载、摘录；申报获批国家级、省部级以上课题近60项；先后出版《先秦诸子思想研究》《历史与思想》《中华文明中的汴京元素》《唐宋时期中央政治制度变迁史》等学术专著40多部；获得省级以上优秀社科成果奖20余项。此外，中心在历史学科的发展中也发挥了重要作用，参与历史学科获批中国史、考古学两个一级学科博士学位点，中国史、考古学两个一级学科博士后科研流动站，中国史、考古学两个省级一级重点学科；孵化了历史文献学、中国史学史、历史地理学等三个二级学科；获批"宋代历史文化"与"明清历史文献"两个省级科研创新团队，中国古代史省级教学团队、中国古代史省级精品课程，支持获批历史学国家级特色专业。在学校学院的大力支持和程民生教授的带领下，经过中心全体教师的不懈努力，中心在全省62个人文社科重点研究基地中，绩效排名始终居于前列，其中2013～2016年度河南省高校人文社科重点研究基地考评中排名第四，在河南大学八个同类型基地中排名第一。相信在以后的发展中，中心全体教师一定会再接再厉，取得更大的成绩，《古史新探》仍会继续出版，将中心最新的研究成果呈学界指正和交流。

最后，感谢河南大学人文社科研究院与历史文化学院领导对中心发展的支持和"黄河文明"学科群建设经费的资助出版。

田志光

2019 年 9 月 1 日于博雅楼办公室

图书在版编目（CIP）数据

古史新探. 第三辑 / 程民生主编. -- 北京：社会
科学文献出版社，2020.4
ISBN 978 - 7 - 5201 - 5987 - 6

Ⅰ.①古… Ⅱ.①程… Ⅲ.①中国历史 - 古代史 - 研
究 Ⅳ.①K220.7

中国版本图书馆 CIP 数据核字（2020）第 012854 号

古史新探（第三辑）

主 编／程民生
执行主编／田志光

出 版 人／谢寿光
责任编辑／宋 超

出 版／社会科学文献出版社·历史学分社（010）59367256
　　　　　地址：北京市北三环中路甲 29 号院华龙大厦　邮编：100029
　　　　　网址：www.ssap.com.cn
发 行／市场营销中心（010）59367081　59367083
印 装／三河市龙林印务有限公司

规 格／开本：787mm × 1092mm　1/16
　　　　　印张：21　字数：330 千字
版 次／2020 年 4 月第 1 版　2020 年 4 月第 1 次印刷
书 号／ISBN 978 - 7 - 5201 - 5987 - 6
定 价／98.00 元